中学生思辨读本

经典名著的人生智慧

（修订本）

余党绪 著

上海教育出版社

九部名著与你一起思考九个人生问题

序 一

于 漪

余党绪老师的"中学生思辨读本"丛书即将出版,嘱我写序。有幸先期阅读,深受启发的同时,敬意油然而生。在当下急功近利之风劲吹的日子里,能静下心来坚持十多年研究中学阅读教学,并作切实的改进,使学生实实在在受益,很是难能可贵。

阅读是一种心智锻炼。读现代人的书,可与同时代的人作精神上的沟通交谈;读古人的书,可继承古圣先贤的精神遗产。读书可以享受或吸取学问家思想家多年的心血的结晶,是青年学生获得真正教养的最重要的途径之一。阅读的量与质直接影响他们心灵发育的状况。有人如此判断:一个人的阅读史就是他的心灵发育史。此话寓意深刻,一点不假。然而,由于较长时间应试教育作祟,育书不育人、求学不读书的现象比比皆是。说的是素质教育,行的是应试教育,对分数顶礼膜拜;说的是阅读重要,行的是题海战术,对考点奉若神明。在功利氛围浓重的情况下,要破解阅读教学难题,是要有点勇气、执着精神和仁爱之心的。

首先是勇于直面学生阅读状况的现实。课外阅读量少,只做题目,不读书,有些只读片段。教材阅读量又有限制,每册仅六七万字。阅读贫困,何来文化积淀?何来视野?何来识见?何来语文素养?阅读量不足显而易见,阅读的质、阅读的方式也令人担忧:低水平重复,在文字表面跳荡的"浅阅读",从应考派生出来的机械化阅读模式等,对学生心灵的滋养不仅无益,而且在有意无意间产生负面影响。余党绪老师对此了然于胸,从思辨性阅读入手,改进阅读教学,破解中学阶段阅读低效的难题,冲破阅读定式,打开阅读教学的新局面。

说说方便,做起来绝非轻而易举。需要时日、精力与智慧,没有十数年如一日的孜孜以求的执着精神,是难以见到成效的。

中学阶段是人的价值观、思维方式与人格形成的关键时期,读什么,怎么读,影响他们价值取向的选择,思维的锻炼与发展,思想、道德、性格、气质、知识、能力向上向善的逐步形成与完善。因此,从学生成长的内在需求出发,余党绪老师以思辨性阅读为抓手,从四个方面着力。

一是阅读杂文佳品。杂文是作者思想根基与文化底色的生动反映,文字特色鲜明,尺幅能起波澜,千字可兴风雨,学生坚持阅读其中作品,内心在受到思想穿透力冲击的同时,思维方式获得锻炼,还享受到激浊扬清、正本清源的快乐。二是阅读经典。经典是历久弥新的人类精神世界的精华,自然的魅力、社会的奥秘、生命的密码、人生的智慧均蕴含于其字里行间,能从不同角度、不同层面给人以无限的遐想和不尽的启迪,组织学生切实读几本经典,不是附庸风雅,不是装门面,而是静下心来,以读促写,以写促读,来回数遍,从中吸取养料,滋养心灵。中学阶段以此作人生的奠基,认识社会,思考人生,追求高尚,憧憬理想,终生受到教益。三是阅读"万字时文"。徘徊于精巧的"心灵鸡汤"式美文的阅读,学生写作不仅容易模式化,而且容易视野狭窄,胸中无时代风云激荡,无多彩文化赏析、滋润。精选"万字时文"组织学生阅读,上百万字的佳文进入学生的眼帘,进入学生的心田,文化视野得到大大开阔,思维力获得发展,理解和运用语言文字能力于潜移默化中获得提升。四是阅读古典诗歌。优秀的古典诗歌不仅是炼字炼句的高标,而且是抒写生命的本真、人性的本色。引领学生进入此瑰丽的宝库,他们会从驰骋的想象、充沛的感情、鲜明的形象、深邃的思想和音乐般的语言中,感受到优美、动人、鼓舞、力量。诗,像种子一样,有一股顽强的爆发力,好的诗歌破土而出之后,会和芳香的空气融合,长久地弥漫大地。余党绪老师组织学生读诗,不仅披文以入情,而且引导学生由"情"而入"理",以"理"的观照,突破"情"个体的局限。古典诗歌思辨性地阅读,别有一番生命感受与心灵体验。

这套读本,单是选择就需花费大量精力。博览才能做到约取,其中的筛选、剔除,要有眼力,有识见,作品本身要反复比较、多方衡量,更为重要的是,中学生健康成长在情感、态度、价值观等方面内在需求这把标尺。既尊重今日学习的现实,又瞻望明日长足发展的需要,铺几块扎扎实实的基石,让学生今日走得稳当,明日更能大步前行。这种十几年坚持不懈的阅读实践,支撑的是教师对学生生命成长的热切期盼,对莘莘学子的仁爱之心。

这种阅读教学的改进一扫我说你做的陈腐气,而是师生互动,思想碰撞,心灵交流。比如杂文卷文后点评就是教师和学生一起学习、探究、争议的产物;经典名著阅读指导的撰写,让学生分享阅读的智慧,分享教师的人生;时文阅读中学生俨然是主角,他们写摘要,写读后感,写评点,还要写5000字的"时文综述",逻辑思维得到大大锻炼,对文章宏观把握与掌控的能力得到大大提升,文后附的"读点"就是师生共同阅读的感悟和创造。至于诗歌卷思辨性阅读指导是教师和工作室学员的共同创造,学生要读,提高阅读的量和质;青年教师更要读,率先垂范,做"腹有诗书气自华"的人。

古今中外的佳作珍品具有巨大的魔力,亲近它,热爱它,人会改变,心灵会辉煌起来,语文会高雅起来。不说别的,单读一读这套读本,就可感受到一届届学生在专心阅读,用心思考,精心表达,一个个鲜活的生命在进步,在成长,一扫人间低俗之气,带给人们无限的希望。

希望以书为伴的美丽风景线能辐射到更多的学校、更多的学生之中。

序 二

孙绍振

我读过不少中学骨干教师、特级教师的很有见地的文章,往往以感性经验的丰富见长。经验是可贵的,但是,不管是个人的还是集体的,甚至是民族的、时代的,都免不了狭隘。不向理论层面提升,就不可能全面而深邃:感觉到了的不一定理解,而且可能肤浅、片面乃至错误,故不论阅读还是为人,都不能仅跟着感觉走。只有理解了的才能纠正错误的感觉,使原本肤浅的感觉进一步深化。而这种深化,就要有相应的广度,起码要超越教科书的限度。这就需要相当的学养。对经验作理性的分析,把丰富的教学经验和理论研究结合起来,是语文教学在质量上突破的战略方向。然而,当前语文教学的瓶颈,乃在教师中鲜有学术追求者,这在文本阅读中表现特别突出。面对个案文本不能作深度分析,从表面到表面作无效低效的滑行,滔滔者天下皆是"语文课上和不上一个样"的抱怨之声。

这是由于一味把精神集中于"怎么教"却脱离了"教什么"这一根本问题,一味满足于在教法上花样翻新,沉迷于多媒体的豪华包装和肤浅的伪对话。根治之道乃是提高广大一线教师对文本的研究能力,缩短和学术前沿的距离。这当然任重道远,也许需要不止一代人的努力,但若不如此,语文教学表面性、陈腐性的顽症就很难根治。

当然,在这方面,就我有限的涉猎而言,在中学一线教师中有深厚学养基础且有相当研究能力者正在崛起,像黄玉峰、王栋生、程少堂老师那样的当非个别,只是在数量上稀罕而已。

可喜的是,由于一批拥有硕士乃至博士学位的后起之秀正在改变教学落后于学术研究的现状,他们在语文教学上表现出某种学术性,如浙江的沈江峰、谢澹,广东的熊芳芳,湖北的文勇,山东的单波,等等。他们个性风貌各有不同,但在学术性上都有某种可喜的突破,这正是语文教学的希望所在。在这一群体中,余党绪当属佼佼者,虽然在学术上还有相当长的路要走,这与他还年轻有关。他引起我惊异的是他的文本分析能力,他在写作上的逻辑展开能力,甚至他在一些观念上的突破能力。例如,对于古典诗歌,一般老师拘于"诗缘情"的经典论说,缺乏对此说的具体分析,而他特别提出不能停留在"诗缘情",不能只停留在情感宣泄和感染上,因为古典诗歌拥有穿透时空的情感力量,与其蕴含的思想密不可分,与其构思中的思维特性相关。因此,诗歌的"理解"最重要。值得一提的是,这表面上是一种观念,实质上则是一种自觉的思想方法,也就是把情与理作为对立面来分析的辩证的思维方法。正是由于对辩证方法的灵活运用,他对于杂文的理解达到了相当深邃的境地。他认为杂文的思维方式,主要是批判性的、逆向的,这有利于培养一个人独立、自主和求异的思维方式。因此,他不像一般教师那样停留在对杂文的被动欣赏层次上,而是把杂文作为在思维上展开分析的素材,或者可以说,当作叶圣陶先生所说的"例子"。一般论者都把叶圣陶所说的"例子"理解为静止的阅读的例子,这无疑是片面的。叶圣陶文本解读的开山之作《文章例话》还有一个副标题——叶圣陶的二十七堂作文课。余党绪不但继承了叶圣陶的这种精神,而且将其发扬光大。他显然意识到自己作为一线教师与一般文学评论家不同,其任务不仅在于理解,而且在于将理解转化为学生写作的能力,这是一个艰巨的系统工程,难得的是,他建构了相当可行的操作程序,不但贯串在他的课本教学中,也贯串在课外文学经典的阅读中,他把文学经典阅读与写作(包括高考写作)结合起来。文学经典是历史的积淀,与青少年的经验有时间上和空间上的遥远距离,但是,余党绪聪明地将之归结为一系列超越时空和民族文化的共同"母题",诸如成长、苦难、良知、命运等,这就缩短了经典与当代青少年的距离。借助名著及名著之间的"互文"关系,可以更好地理解这些"母题"。比如从"成长与成功"的角度解读《西游记》,但《哈姆莱特》《鲁滨孙漂流记》《悲惨世界》《红与黑》《红楼梦》何尝不能理解为关于成长与成功的故事?将之与中学生的写作联系起来,这样,他归纳出经典名著阅读的要义乃在基于理解,深化于运用,就相当切实、相当深邃,不像某些热衷于玩弄种种大而化之口号者那样流于空洞。

这当然与他作为高中教师独特的教学思想有关,他比较强调"理性"与"理解"。"理性"主要指教学内容和思维方法,"理解"是对教学过程的一个概括,即以学生的"理解"为核心,组织教学和相关活动。在写作教学中,也很注重理性内容的建构,注重将不同类别的阅读与写作实践结合起来。这套书包括诗歌、名著、杂文和时文等,都体现了这一理念。

前言

我的阅读教学改进：思辨性阅读

余党绪

一

2015年初,"中学生思辨读本"一套四本面世了。编写这套读本的初衷很简单,就是总结10多年思辨性阅读教学的经验,同时将自己精心搜集和整理的阅读资源分享给更多的人。没想到,书一面世就受到市场的肯定,一印再印;有些学校将这套书作为推荐书目,引导学生通读;还有教研机构,甚至将其作为教师培训用书。诸如此类,都给了我极大的鼓励,让我坚信我的探索是有意义的,思辨性阅读是有价值的;同时也给了我很多压力,总害怕因为自己的能力缺陷或观念偏见而愧待了读者。现在有机会修订再版,虽然不能让它脱胎换骨,但总算也能借机做一点调整,做一些修补,减少一点遗憾,于这套书也算是一件幸事了。

阅读是语文的命门,而思维是阅读的命门;在教学的意义上,有什么样的阅读就有什么样的思维,有什么样的思维就有什么样的阅读。这个观念,从模糊到清晰,从游移到坚定,从自我反省到传播推广,几乎用去了我半生的时光。回望这20多年的探索,我不知道,这到底是值得开心呢,还是应该悲哀。这原本应该是个常识,也应该是个共识。可在众声喧嚣之下,常识与共识却成了稀缺的东西。想想当初的自己,也曾一度沉溺于各种大词,好发高论,喜作深沉,譬如我的一篇关于经典阅读的文章《阅读经典,涵养人文》,现在看看,难掩羞赧。什么叫"涵养"?如果没有下足文本细读的功夫,如果缺乏真切的思辨与必要的探究,"涵养"何来?但是,我们习惯了这一套宏大的语词,沉溺其中,难以自拔。譬如现在谈语文教学,几乎人人都在强调"守正创新",听起来正大光明;可是,何谓"正",何谓"新"?倘若连"正"的内涵都人言人殊,每个人都以"正"自居,高喊"守正创新"又有什么意义!

重建共识与常识,不仅关乎语文这个学科的发展,而且与一代教师的职业生命相关,还会长久地影响青少年的语文学习与精神成长。

2018年,《普通高中语文课程标准(2017年版)》颁布。新课标明确提出了"思维发展与提升"的教育目标,并推出了"思辨性阅读与表达"学习任务群。该任务群的目标是"发展实证、推理、批判与发现的能力,增强思维的逻辑性和深刻性……提高理性思维水平"。新课标确立了思维教育的地位,阐明了思辨性阅读的价值,彰显了批判性思维的意义。也许,新课标有助于我们达成新的共识。

2015年,这套书刚面世的时候,批判性思维还被不少人视为异端;4年之后,批判性思维已经回归了原本的内涵:探究与实证、求真与发现。

一套书的命运,也折射出观念的更新,思想的开化,时代的进步。

二

量少,质次,结构不合理,效益也有限,这是10多年前我对学生阅读状况的评价。遗憾的是,时至今日,这个状况并未得到根本的改变。

"量"的问题众所周知,自不必说。关键是这有限的"量",其"质"也不能让人信服。首先,课文在长度、容量和难度上缺乏梯度。文章的优劣,自然不能以长短、容量来论,但一篇一两千字的文章,不管怎样严丝合缝、花团锦簇,承载的内容都是有限的。随着学生认知水准与阅读能力的提升,他们热爱新知,渴望挑战,寻求突破。遗憾的是,在阅读教学中,低水平重复的多,老生常谈的多,内容浮浅的多,课文多是些一眼即可洞穿的文章。在语文学习中,有些重复和反复是必要的、有价值的,但低水平的反复只能加重学生的厌倦和厌恶。

不同的文章,阅读的心境不同,对阅读素养的要求也不一样。读物的容量小,思想肤浅,时间久了,学生自然心生居高临下之感。这种"君临式"的阅读,容易养成随意、散漫和浮躁的阅读心理,即人们常说的"浅阅读"。当然,容量超越了学生的认知水平和阅读能力,又会挫伤学生阅读的热情和兴趣。但是,目前的主要危险还是来自"浅阅读"。当下盛行的网络阅读,在阅读方式上主要是浏览、跳读、略读,缺乏独立、理性的分析与论证,我将其称之为"感知—印证"式阅读,它印证的只是老生常谈或自以为是的观念;在内容上,则趋于平面化、娱乐化、简单化,"抓眼球"的诉求远胜于"撄人心"的实效;而现行的阅读检测,也存在将文本碎片化、简单化和教条化的倾向。若教材选文的容量和难度再不能激发学生细读与探究的欲望,必然会助长这种"浅阅读"的习气。

相反,如果读物的内容保持恰当的新鲜感与挑战性,保持略高于学生水准的长度和容量,则需要学生精神集中,摒除杂念,思维清晰,前后关联,排除干扰,且需要有一定的人生体验、背景知识和逻辑思维素养。这一点恰恰是目前的阅读教学中最稀缺的。

学生读长文的机会不多,读经典名著的机会更少。限于教材的篇幅,即便读,也多是节选,接触的是名著的片段,算是蜻蜓点水、浮光掠影、浅尝辄止。像沈从文的《边城》、卡夫卡的《变形记》、梭罗的《瓦尔登湖》、鲁迅的《阿Q正传》等,都以节选的形式出现在教材中。这自有其价值,但名著的价值离不开它的全息性和生命整体性。读片段,或许就破坏了这种完整性,就像欣赏美人,只能看到她最漂亮的鼻子或脖子,却看不到她的全身,总有遗珠之憾。其实,窥一斑而知全豹,见一叶而知秋,又要短平快,又要高效益,至少在艺术欣赏方面难以做到两全其美。

量不足,质不高,结构比例也不合理。中学阶段是人的价值观、思维方式和人格形成的关键时期。从认知方式和思维特点看,这个阶段是理性精神和逻辑推断力、抽象思辨和批判性思维形成的关键时期。在我看来,这方面的强调还远远不够,与人们对"想象力"的鼓吹比较一下,就不难明白。有人将牛顿发现万有引力归功于他的想象力,却没想到,倘若牛顿没有良好的科学素养,没有科学的思维方式,缺乏质疑反思的能力,再多的苹果砸在他头上,也催生不了万有引力的灵感。其实,理性精神与想象力一样重要。孤零零地强调想象力的培养,反而会妨碍我们去做一些基础性的工作,比如培养学生的独立人格、批判精神和怀疑意识。想象力主要是一种天赋和潜能,更需要的是保护、鼓励和开发;与此相对,理性精神则主要通过后天的教育而养成,只有严密的课程设计和教学安排才能保障它的生长与发育。单从目前的课文构成看,理性的、思辨性的、批判性的文章数量偏少,编排上也缺乏必要的合理设计。结合学生精神与文化成长的实际状况,是不是应该考虑一下其中的比例偏向呢?

量少,质次,结构不合理,而在方法上,除了感悟、揣摩、涵养、沉浸之类看似亲切实则玄空的字眼,实际上也提供不了什么行之有效的具体方法。

阅读教学效益的低下,自然有众多原因,但读什么与怎样读,肯定是两个关键因素。

三

阅读教学的改进,不外乎两种思路:一是阅读内容的重组,从"读什么"的维度寻求改进之道;二是教学方式的革新,从"怎样读"的维度进行方法变革。自然,"读什么"也会刺激"怎样读",而"怎样读"也会刺激"读什么",两种改进的思路总会交织和融汇在一起。近20年来,我进行过万字时文阅读、杂文阅读、经典精读、诗歌阅读等探索,一开始只是希望增加学生的阅读量,随着阅读内容的不断拓展和边界的不断跨越,阅读方式也必须随之做出调整,这促使我反思以感受与体验为主的传统阅读教学的不足,而选择了以"超越感性、走向理性"为精神实质的"思辨性阅读"。

比如万字时文阅读。本来,开展万字时文阅读,是为了纠正中小学阅读中短文与片段"为王"的偏颇,但随着阅读改进的不断深入,我发现,长文与短文的区别,绝不仅仅只是字数和容量上的差距,更多的是结构方式与思维方式的不同。长文阅读,不仅需要更多的时间和精力,而且需要更高的思维品质与阅读素养。曹文轩说:"一个孩子必须阅读规模较大的作品,随着年龄的增长,越应当如此。因为,大规模的作品,在结构方式上,是与短幅作品很不一样的。短幅作品培养的是一种精巧和单纯的思维方式,而长篇作品培养的是一种宏阔、复杂的思维方式。"与短文相比,长文就属于"规模较大的作品"。

习惯了短文阅读的学生,面对长文与整本书,阅读品质方面的缺陷一下子就暴露了。他们很难长时间地集中注意力——我称之为不能"坐下来",这是外在的表现。我做过一些粗略的统计,发现高一学生的有效阅读时间大多在10多分钟,此后就会抓耳挠腮,左顾右盼,开始走神与分心。这与长期的短文阅读习惯相关——短文阅读大多能在10来分钟完成。更难的则是"读下去"——在阅读过程中,始终保持思维的专注、持续与连贯,这是典型的浅阅读的内在状态——常常读了后面忘了前面,看到结果忘记了原因,思维处在飘忽不定的碎片化状态,结果自然是难以"读进去"。

坐不下来,读不下去,读不进去,这是长文阅读必须解决的问题。为了改变学生浮躁、肤浅、随性的阅读习惯,我在选文上下足了功夫,希望借助读物本身的特质来吸引或者逼迫学生"坐下来,读下去,读进去",这就是我后来总结的选文"三标准":一是思想认知上,要高于学生;二是文化视野上,要宽于学生;三是写作艺术上,要优于学生。形象地概括,就是要接近学生阅读水准的"极限"。那些华而不实、空洞无物的,一概不选;晦涩、玄虚的,不选;与学生的认知水准距离太远的,不选;伪抒情、伪情调、伪崇高的,不选。面对这样的选文,"一眼洞穿""瞬间把握""整体感悟"显然已不可能,学生必须保持聚焦的、持续的挑战与求索的心态,必须借助已有知识和信息,进行有效的分析、推断与论证,这样的阅读,必然走向深度思考与深度学习。

四

引进万字长文阅读,算是我的一个"创举";而对习以为常的阅读方式的批判与改进,则是我的阅读改进的另一个尝试,比如在诗歌与杂文的阅读中,我一直探索的专题式阅读,在经典名著阅读中开展的母题式阅读。

我主张中小学生多读古典诗歌,原因在于,古典诗歌可能是传统文化中最纯净的类别,虽然在诗歌的汪洋大海中,难免有无聊、庸俗甚至堕落之作,但相比其他文类,古典诗歌总体上更健康、更纯洁、更富有生活的情趣、更富有生命的力量。

但问题是,我们的学生从幼儿园到高中读的古诗,单看数量已经很可观了,但有多少转化成了自身的生命资源和文化资源呢?个中原因:第一,缺乏深切的理解,伪鉴赏盛行;第二,缺乏必要的思辨与整合。碎片化阅读的结果,必然是一地鸡毛。

从初中就开始的诗歌教学,在刷题中狂飙,在套路中突进,一路走来,收缴的是学习古诗的热情与兴趣,掠夺的是学生的灵性与创造性。这样的诗歌教学,恰恰践踏了诗的精神,背离了诗的本真。我们仰望的不再是星空,而是虚空;触摸的不是空灵,而是空洞。这样的诗歌学习,除了"眼前的苟且",哪还有什么"诗和远方"?

理解是鉴赏的基础,缺乏分析与理解的所谓移情与顿悟,都是伪鉴赏。这样的诗歌教学,很难切入学生的认知建构,更难切入学生的精神成长。

缺乏必要的思辨与整合,则是诗歌教学低效的另一个重要原因。

阅读古诗,理解传统的价值观与生活方式,理解传统文化的是非优劣,在现代人与古人之间,架起一座生命体验与人生经验的桥梁,汲取诗歌中的精神力量,这是比中高考拿分更有意义的事情。显然,这个过程需要学生的对比、辨析、整合和转化,而不仅是死记硬背与所谓的沉浸体验。

我的改进之道,就是专题统领与驱动下的思辨性阅读。将诗词归纳在不同的专题下:生与死、情与怨、功与名、家与国、物与我、穷与达……这些专题基本上囊括了一个传统诗人所要面对的社会命题、所要经历的生命境遇和所要解决的人生问题。孤零零的一首诗,很容易沦落为汪洋大海中的一叶孤舟。要想牢记它,让它成为自己的"活性知识",还须将它与其他诗歌关联起来,与真实的生活关联起来,与自我的人生体验关联起来。这样,专题的辨析与探究就构成了阅读与学习的任务,有了明确的任务,思辨就有了源源不断的动力。

在杂文阅读中,我也借鉴了专题阅读的做法。杂文犀利的思想、思辨的说理和精巧的构思,往往能给学生醍醐灌顶、恍然大悟的感受,甚至让某个理念从此在他心里生根发芽。我给杂文的功能定位,就是"让思想摇撼心灵",给学生以思想的冲击与启迪。我的做法是按照思想专题给杂文分类,一个专题之下搜罗10来篇文章,让学生在这些经典杂文的交相辉映下,开展群文阅读,以准确和明确地认识某个理念。我指导过的专题,包括独立人格、自由思想、公民意识、理性精神、质疑能力、悲悯情怀、回到常识、坚守良知、拒绝遗忘、审美人生,等等。效果之妙,堪比四两拨千斤。

从长文阅读到群文阅读与专题阅读,这个演进的线路里,隐含着怎样的内在机理呢?

五

我还有一个颇为自得的阅读改进,就是坚持了近20年的经典精读。这里特别说明,是精读,不是一般意义上的阅读。从理念看,比较接近今天的整本书阅读。骄傲地说,读经典名著的学校不少,但像我们那样,十几年前就用课程与教学来保证与支持的,恐怕不多。所谓"精读",强调的就是在老师的指导下开展文本细读。在单调而又烦琐的应试教育中,经典精读教学给了我另一种深切的教育体验。那就是创造的乐趣与育人的喜悦。我开过《呐喊》《彷徨》《俄狄浦斯王》《鲁滨孙漂流记》《三国演义》《悲惨世界》等课程,而教学,也从一开始的天马行空、高谈阔论推进到后来的母题式阅读。这其中经历的苦闷与挫折,可谓一言难尽,而今回想起来,则是无尽的感慨与获得感。

一部伟大的经典所能提供的精神与心理空间,大到足够每个读者都可以在其中找到自己的镜像,这是我们对经典的信托。其实,在经典面前,我们也应该有足够的自信——我说的这种自信与我们的学识无关——人性的相通,这是任何一个读者都该自信的理由。相信自己的理解力与批判力,也是基于对人性的信任,坚信另一个时空下的人,也和我们流着一样的泪。每个人都可能在用自己的人生诠释一部经典,这种自信才是理解力与批判力的源泉。

这就是经典的思辨性教学的初衷。经典看起来高不可攀,读者往往处在从属的、被动的位置,作为模仿者、练习者和体悟者而存在,似乎阅读所能追求的最高境界,就是与作品达成共鸣。对于那些有碍于共鸣的因素,都须"反躬自问",而反思也局限在"自我检讨"的层面。思辨性阅读则强调读者以主体的姿态切入文本,不以共鸣为目标,而以平等对话为桥梁,追求个人理解的完善与超越。这必然是一个不断质疑、论证、反思和评估的过程,也是一个反复的、螺旋式发展的过程。

号召学生拥抱经典,鼓动学生积极思辨,不如为学生提供必要的目标、路径与方法。后者才是教师的本职与本行。如何来激励、引导和驱动学生持续的阅读与深度的思考?我曾经尝试过各种读法,但最终选择了以"母题"来引导和推动学生的阅读与理解。在课程建设与教学安排上,以母题的理解与探讨为核心,追求经典名著资源化、阅读过程思维化、思维过程任务化与任务设计情境化,我将这种阅读称之为"母题式阅读"。譬如,这套读本中的《经典名著的人生智慧》所涉及的文学母题是这样的:

1.《鲁滨孙漂流记》:冒险与生存

2.《红与黑》:野心与尊严

3.《三国演义》:功名与道义

4.《西游记》:成长与成功

5.《悲惨世界》:苦难与罪恶

6.《复活》：堕落与拯救

7.《俄狄浦斯王》：命运与担当

8.《水浒传》：反叛与规训

9.《哈姆莱特》：使命与命运

母题是个体在成长中必然面临的问题与选择，母题也是连接个体与社会、个体与文化的桥梁。因此，母题的思辨与探究，有助于将经典名著转化成为学生的文化成长与人格成长的资源，有助于推动学生的深度思考与研究性学习。

六

从单篇文章到群文阅读，从专题阅读到母题阅读，内在的驱动因素就是思考，思考才是阅读中最重要的因素，这就是本文开首所说的阅读教学的常识与共识。长文阅读，希望借助文章的主题与内容的压力，迫使学生进入真正的思考之中，而不要停留在飘飘忽忽、随意散漫的状态；群文阅读，试图通过文章与文章的关联，推动学生的推断、溯因、寻找异同，进行有意义的思考与建构；专题阅读，通过合理的专题设定，为学生的思考提供方向与源源不断的动力；而母题的选择与确定，则有利于引导学生在一个相对明晰的视域与框架下，让思考走向理性与清明。

阅读教学的探索，方向不少，路径很多，但总会聚焦到学生的阅读活动，聚焦到阅读中的思考，聚集到学生的学习方式。这是一种必然，这是当代教育"人文转向"的重要表现，也是现代学习理论的重大转向。

聚焦阅读中的思考，这必然导向思辨性阅读。思辨性阅读是理性主导的阅读，是对话式的阅读，是探究式的阅读，也是建构式的阅读。

目录

一、冒险与生存：《鲁滨孙漂流记》/ 001

1. 一个历险者的故事 / 003
2. 在求生与找死之间 / 007
3. 冒险，超越凡俗的起点 / 014
4. 做个行动的巨人 / 019
5. 活下去，这就是意义 / 027
6. 生存智慧 / 033

二、野心与尊严：《红与黑》/ 041

1. 一个野心家的故事 / 043
2. 野心笼罩人生 / 046
3. 自卑与自尊 / 054
4. 三种活法 / 061
5. 幸福在哪里 / 073
6. 尊严是生命最后的屏障 / 079

三、功名与道义：《三国演义》/ 083

1. 一个群雄争霸的故事 / 085

2. 一群野心家 / 089
3. 刘备的道德焦虑 / 101
4. 性命与名节 / 111
5. 梦断帝王师 / 119
6. 误读知多少 / 129

四、成长与成功:《西游记》/ 137

1. 一个降妖伏魔的故事 / 139
2. 是历险记,也是成长史 / 142
3. 成长,不可复制 / 148
4. 唐僧不辱使命 / 157
5. 最大的敌人是自己 / 165
6. 成长比成功更重要:享受成长 / 173

五、苦难与罪恶:《悲惨世界》/ 181

1. 一个关于苦难的故事 / 183
2. 奥德修斯式的历险 / 187
3. 恶之花 / 195
4. 冉阿让的爱 / 203
5. 良知 / 210
6. 在苦难中呼唤 / 216

六、堕落与拯救:《复活》/ 221

1. 一个关于堕落的故事 / 223
2. 堕落是个慢性病 / 226
3. 羞愧的瞬间 / 234
4. 谁救谁 / 244
5. 如此荒谬 / 251

6. 带自己走出泥泞 / 258

七、命运与担当：《俄狄浦斯王》/ 267

1. 一个关于命运的故事 / 269
2. 斯芬克斯之谜 / 272
3. 命运是什么 / 278
4. 就是不认命 / 285
5. 人是折翼的天使 / 290
6. 戏如人生 / 296

八、反叛与规训：《水浒传》/ 303

1. 一个江湖行走的故事 / 305
2. 就是不服你 / 308
3. 野性的规训 / 319
4. 善与恶 / 329
5. 超越江湖与庙堂 / 337
6. 告别暴力思维 / 344

九、使命与命运：《哈姆莱特》/ 353

1. 一个关于复仇的故事 / 355
2. 王子的使命 / 357
3. 延宕的复仇者 / 363
4. 权力魅影 / 371
5. 成长的悖论 / 377
6. 一千个哈姆莱特 / 386

后记　让智慧启迪人生 / 391

一 冒险与生存——《鲁滨孙漂流记》

1. 一个历险者的故事

我是鲁滨孙,英国约克人。我从小就向往远方。1651年的9月1日,19岁的我瞒着父母,决心出海远行。

船刚驶出海口,便碰到了可怕的风浪。在万分恐惧中,我发誓,假如上帝给我留下一条命,我一定要回到父母身边,脚踏实地过安生日子。

第二天风停了,浪也歇了。太阳西沉,继之而来的是一个美丽可爱的黄昏。喝了一碗甜酒,我就把昨天痛改前非的决心丢到九霄云外了。

这以后,我更加迷恋上了冒险的航行,虽然九死一生,却从没想过要改弦更张。那一年,我去非洲几内亚做生意,被一艘土耳其的海盗船俘获,卖身为奴,差点丢了命。经过诸多波折,我终于逃到了巴西,在那里经营一个甘蔗种植园,生活过得还算顺心。巴西这个地方人工不足,有几个种植园主知道我到过非洲,便竭力哄诱我作一次航行,到非洲买些黑奴回来。

这是1659年9月30日。这一回,船触了礁,所有的人都淹死了。上帝保佑,只有我一个人被高高的海浪卷到了海滩上,算是保住了一条命。体力刚刚恢复,我就爬上荒岛,寻找生路。这是一座孤岛,似乎没有人光顾过。为了安全,我爬到一棵树上,在树上度过了荒岛的第一夜。

版本参照:《鲁滨孙漂流记》(译林出版社2010年版)。丹尼尔·笛福著,郭建中译。

醒来后,竟然看见了那艘触礁的船。潮水退了,船离海岸并不远,我竭尽全力游到了船上。船上除了一只狗和两只猫,再没有别的生物。不过,船上还有大量的生活必需品。我忙碌起来,制作了一只木筏,将所能运走的一切,包括吃的用的,还有能找到的滑膛枪、手枪、鸟枪、弹药全都装上了船。我还发现了一些钱币,这些炙手可热的东西,如今却毫无用处。为了搬运这些东西,我整整用了13天时间。我别无选择,我必须为荒岛生存做好准备。

岛上有不少野果树,还有到处乱跑的山羊。我常想,要不是我从船上取来了枪支弹药,它们对我又有何用处呢?因此,我要感谢仁慈的上帝,让船搁在海岸边,直到我搬走了对我有用的一切东西。

要想在岛上生存下来,还有许多事情要做。我考察了整个小岛,观察了小岛的方位和地貌;我在海边竖立了一个十字架,按照最原始的方法,用刀刻痕迹来记录时间。我想,我必须保持对时间和空间的敏感,否则时间混乱,方位模糊,有一天自己会神经错乱的。

在度过了最初的惊恐不安之后,我决心把小岛建设成一个安居乐业的家园。但是很艰难。我在第一次播下大麦和稻子种子时,这些宝贵的存货就浪费了一半,因为播种的不是时候。我辛辛苦苦花了几个月工夫,挖了几个地窖贮存淡水。花了42天时间,才把一棵大树砍成一块长木板。我起劲地干了好几个星期,想制造一个捣小麦的石臼,最后却只挖空了一大块木头。我足足花了5个月工夫,砍倒一棵大铁树,又劈又削,把它做成了一只很像样的独木舟,结果却发现,单凭自己的力量,无论如何也没法把它弄到海里去。

岛上经常电闪雷鸣,狂风暴雨,还有地震。每当这个时候,我就在心里默默祷告,在祷告中似乎感受到了上苍的关爱。一段时间之后,我对一切都适应了。我收获了我亲手种下的粮食;我学会了制作美味的葡萄干;我驯化野山羊,有了自己的牧场和牲口圈。在这样的地方,我的日子也算是丰衣足食了。

就这样，我在荒岛上安安静静过了12个年头。直到有一天，沙滩上出现了一个人的脚印。

我好像挨了一个晴天霹雳。我四处查看，可除了那一个脚印，什么也没有！我奔命似的逃回住处。一连三天三夜，我大门都不敢出。经过了12年的独处和苦干，我已经习惯独自一人生活。

有一天早晨，我从望远镜里看见一群土著人围着篝火跳舞，篝火上烧烤的却是人的尸首。这让我非常恶心。我提着枪和大刀冲过去。正在享用人肉的土著人一片慌乱，我趁机救下了一个俘虏。

我把我救下的这个人起名为"星期五"，以纪念他在星期五这一天获救。这是我25年来第一次见到的人。我利用空闲教他英语，借助简单的语言和各种手势、表情，星期五跟我讲了他在岛上的事。我意识到，我生活了25年的荒岛并不安全。我决心要离开这个曾经让我安心的孤岛了。

我们制造了一只船。有一天，又有21个野蛮人乘着三只独木船，带着3个俘虏到这个岛上来开宴会。我发现，其中一个俘虏是个白人，这可把我气坏了。我和星期五冲下山去，战斗过后，只逃走了4个野蛮人。

巧的是，俘虏中有一个是星期五的父亲。那个白人是西班牙人，也是与我一样的触礁幸存者。他比我更不幸，他和他的同伴被土著人俘虏了。

我给了西班牙人和星期五的父亲枪支和食物，叫他们回岛上把那些水手带到我的岛上来。正在等待他们回来时，一艘英国船因水手闹事而在我的岛屿附近抛了锚。我帮船长夺回船，跟他一起回了英国。临走时，我们把闹事的水手留在了岛上。

我在岛上待了28年2个月零19天。我总以为我一到英国就会高兴不已，没想到我在那里却成了一个异乡人。我的父母都已去世，太令人伤感了。现在，除了从岛上带回来的钱财，我在巴西的种植园也积累了丰厚的财富。这真是子欲养而亲不待啊!

我成了家,养育了三个孩子。但一段时间之后,我的内心又开始焦虑不安,我那习惯了远行的双足在骚动,似乎上天注定我的一生是动荡和流浪的一生,冒险和历险的一生。

1694年,我已经62岁。我终于回到了我开垦的那片土地,见到了我的"子民"们。在那里,虽然西班牙人和英国人打打杀杀,同时又与土著人打打杀杀,但人丁兴旺,荒岛终于成了一代又一代人的家园。

2. 在求生与找死之间

远方的呼唤

《鲁滨孙漂流记》之所以成为经典中的经典、名著中的名著，为世界各国读者所痴迷，很重要的一点，在于它用半纪实、半虚构的方法，描述了一个半童话、半神话的梦想：关于流浪与穿越的梦想。

鲁滨孙出生在一个家境富裕的人家。小说一开始就反复提及鲁滨孙出生于"上流社会的家庭""体面人家"，既非"穷无立锥之地的人"，也不是"富于资财和野心的人"。父亲为鲁滨孙设计的人生之路，是按部就班地接受规规矩矩的教育，学习法律，学成后找一个稳定而体面的职业，过上中产阶级的优裕生活。

鲁滨孙的父亲老克鲁索洞悉社会，省察人性，他不求鲁滨孙大富大贵，只求儿子能够身居"中产"，过上安定富足的日子。

他苦口婆心地劝导鲁滨孙：

> 只要用心观察，就会发现上层社会和下层社会的人都多灾多难，唯中间阶层灾祸最少。中间阶层的生活，不会像上层社会和下层社会的人那样盛衰荣辱，瞬息万变。而且，中间地位不会像阔佬那样因挥霍无度、腐化堕落而弄得身心俱毁；也不会像穷人那样因终日操劳、缺吃少穿而搞得憔悴不堪。唯有中间地位的人可享尽人间的幸福和安乐。中等人常年过着安定富足的生活。适可而止，中庸克己，健康安宁，交友娱乐，以及生活中的种种乐趣，都是中等人的福分。这种生活方式，使人平静安乐，悠然自得

地过完一辈子,不受劳心劳力之苦。他们既不必为每日生计劳作,或为窘境所迫,以致伤身烦神;也不会因妒火攻心,或利欲熏心而狂躁不安。中间阶层的人可以平静地度过一生,尽情地体味人生的甜美,没有任何艰难困苦;他们感到幸福,并随着时日的过去,越来越深刻地体会到这种幸福。

显然,这是一个有人生经历的老人才能讲出的真挚之语。他为儿子设计的生活,其实就是大多数人梦寐以求的生活,也是大多数家长希望给予孩子的理想生活——一辈子衣食无忧,波澜不惊,四平八稳,安然无恙。老克鲁索还老泪纵横地搬出鲁滨孙大哥的例子教训他:当年大哥不听劝告,自恃年轻气盛,血气方刚,出去闯荡,结果命丧战场。长子的死,是老克鲁索悔恨不已的伤心事。

但是,优越的家庭条件,严厉的家庭教育,并没有让这颗骚动的心安定下来。鲁滨孙天生就不是个安分守己的家伙:

> 我是家里的小儿子,父母亲没让我学谋生的手艺,因此从小只是喜欢胡思乱想,一心想出洋远游。当时,我父亲年事已高,但他还是让我受了相当不错的教育。他曾送我去寄宿学校就读,还让我上免费学校接受乡村义务教育,一心一意想要我将来学法律。但我对什么都没有兴趣,只是想航海。

1651年,鲁滨孙不顾父母的反对和亲友的劝告,第一次出了海。这是一艘开往伦敦的船。船刚驶出海港,便遭遇了滔天巨浪。此时的鲁滨孙好似初生牛犊,对浪迹天涯的人生充满着许多天真烂漫的想象。他设想过无数美好的浪漫与惊喜,就是没想到这船倾人亡的危险。此刻,当他意识到危险就要降临,他恐惧了,他绝望了,开始为自己的莽撞与无知而后悔。他想起了"所有我双亲的规劝,母亲的哀求,父亲的眼泪"。他在风雨中忏悔过去的自以为是:"这时,我开始对我的所作所为感到后悔了。我这个不孝之子,背弃父母,不尽天职,老天就这么快惩罚我了,真是天公地道啊!"

在恐惧和悔恨中,他暗下决心:"如果上帝在这次航行中留我一命,只要让我双脚一踏上陆地,我就马上回到我父亲身边,今生今世再也不乘船出海了。我将听从父亲的劝告,再也不自寻烦恼了。"只有在生命危亡的时刻,鲁滨孙才领悟父亲的告诫:"我父亲关于中间阶层生活的看法,确实句句在理。就拿我父亲来说吧,他一生平安舒适,既没有遇到过海上的狂风恶浪,也没有遭到过陆上的艰难困苦。"

鲁滨孙决心像一个真正回头的浪子,回到家里,回到父亲身边。当死亡来临的时刻,求生的本能攫取了鲁滨孙年轻好胜的心,他全然忘记了,就在昨天,他还做着五彩缤纷的航海之梦。

幸运的是,鲁滨孙捡回了一条命。按说,经历了此番风雨的他,该安分守己了吧?可是,一旦风平浪静,之前的誓言与决心又都烟消云散了。这个天生的冒险家,刚刚与死神擦肩而过,惊魂尚未落定,便又开始向往新的阳光和新的景致了:

> 到了傍晚,天空完全放晴了,风也完全停了,继之而来的是一个美丽可爱的黄昏。当晚和第二天清晨天气晴朗,日落和日出显得异常清丽。此时,阳光照在风平浪静的海面上,令人心旷神怡。那是我以前从未见过的美景。

从未见过的风景始终召唤着鲁滨孙。

不久之后,更可怕的风暴来临了。这一次,连最有经验的水手们都慌了手脚,一向处变不惊的老船长也绝望了。他们放下备用锚,为了稳住船体,把桅杆都砍掉了。鲁滨孙开始了新一轮的后悔,为自己的莽撞与无知;他又一次下决心痛改前非,从此听从父母的教诲,改邪归正,过正常的日子。万幸的是,虽然大船沉没了,所有船员都得救了。

鲁滨孙又一次逃脱了死神的魔爪。

这九死一生的经历,依然没能让鲁滨孙回心转意。在得救的那一刻,回家的念头又被抛到九霄云外,远方的诱惑又一次召唤着他:

> 但我厄运未尽,它以一种不可抗拒的力量迫使我不思悔改。有好几次,在我头脑冷静时,理智也曾向我大声疾呼,要我回家,但我却没有勇气听从理智的召唤。我不知道,也不想知道该怎么称呼这种驱使自己冥顽不化的力量,但这是一种神秘而无法逃避的定数;它往往会驱使我们自寻绝路,明知大祸临头,还是自投罗网。很显然,正是这种劫数使我命中注定无法摆脱厄运。也正是这种劫数的驱使,我才违背理智的召唤,甚至不愿从初次航海所遭遇的两次灾难中接受教训。

这就是死不悔改的鲁滨孙。

他始终游走在求生与找死之间。求生,是因为对死亡的恐惧本能,而找死,则是为了寻找生活的乐趣,探寻生存的意义,满足内心的热情与渴望。在鲁滨孙的心里,行尸走肉般活着与寂寂无声地死去并无差别。

两年后,鲁滨孙踏上了去几内亚的商船。与多数历险小说的情节逻辑一样,主人公这一次的遭遇,比前一次更为曲折和惨烈——他遇到了比狂风巨浪更危险的海盗,鲁滨孙被海盗掳获,卖为奴隶,被带到北非的萨累,彻底失去了人身自由。

为了自由,鲁滨孙冒着生命危险盗走了海盗的小舢板,毫无目的地奔向一望无际的大海。逃命的日子是艰难的,他不得不登上野兽出没的小岛寻找补给,与凶猛的狮子对峙,还要提防野人的突然攻击。

就这样,在海上孤苦无依地漂流了一个多月,才被一位仁慈的船长救起。可事与愿违,这艘大船并不打算回欧洲,而是要去更加遥远的南美。

经历了各种艰难险阻,鲁滨孙终于漂流到了巴西。在那里,凭着自己的眼光与勤劳,他成功地经营起了一个种植园;又凭着自己的生意头脑和敢作敢为的性格,不久就发了财,过上了父亲期望他过上的安定而富足的中产阶级生活。

哲学就是怀着乡愁到处流浪

俗话说,江山易改,本性难移。安定的日子并没有泯灭鲁滨孙的漂流梦,财富与地位也没有羁绊住他那颗渴望自由的心。在庸常而刻板的生活中,鲁滨孙始终有一种惘然若失的感觉。在朋友们的鼓动下,他决定去非洲贩卖黑奴。

> 现在的生计与我的天性和才能是完全不相称的,与我所向往的生活也大相径庭。为了我所向往的生活,我违抗父命,背井离乡。我现在经营种植园,也快过上我父亲一直劝我过的中产阶级生活了。但是,如果我真的想过中产阶级的生活,那我可以完全待在家里,何必在世界上到处闯荡,劳苦自己呢?要过上中产阶级的生活,我完全可以留在英国,生活在亲朋好友中间,又何必千里迢迢,来到这举目无亲的荒山僻壤之地,与野蛮人为伍呢?在这儿,我远离尘世,谁也不知道我的音讯。

如果人生就是为了过上衣食无忧的日子,那么鲁滨孙一出生就拥有了。难道一辈子就这样守着现成的家业,静等死亡的降临?难道就这样在享乐和无聊中虚度一生?不安分守己的鲁滨孙,又一次选择了起航。不过这一次,他没了以前的幸运。他流落到南美的一个孤岛上。这就是小说主体部分所描述的28年荒岛生活,漫长、艰辛而又充满传奇色彩的28年。

人是一个矛盾体,既热爱故土,又向往远方;既安于经验,又渴望新知;既追求稳定,又厌恶陈旧;既追求自由,又渴望秩序;既沉溺于已有,又希望于未来;既肯定自我,又羡慕他人……这些矛盾的甚至对立的心理,奇妙地统一在每个人的身上。当然,面对这些矛盾,绝大多数人都会选择一种兼顾和平衡的处理方式,将冲突保持在一个适度的状态上,以保持生活的正常与平静,而竭力避免走向极端和偏执。

但鲁滨孙不同。作为一个文学形象,鲁滨孙对流浪的痴狂世所罕有,对远方的热望无法阻挡。无论是家庭的阻挠、生死的考验,还是优裕生活的诱惑,都不能改变他对流浪远方的执着。有时候,"找死"的欲望几乎胜过了求生的本能。从这个意义上看,鲁滨孙是一个文学的典型形象,代表了人类心理深处对流浪、冒险和新奇生活的梦想。

德国18世纪浪漫主义诗人诺瓦利斯说:"哲学就是怀着一种乡愁的冲动到处去寻找家园。"诺瓦利斯赋予"流浪"哲学的意味,因为流浪是人类永恒的渴望,流浪的冲动与生命同在。

人不仅渴望在空间上突破各种局限,上穷碧落下黄泉,走遍五湖四海,纵横东西南北,也希望在时间上突破生命的局限,穿越上下五千年,阅尽世间沧桑事。现代科幻作品中,有许多关于"时光机"的想象。人们幻想通过类似"时光隧道"这样的东西,回到过去的某一天,或者穿越到未来的某一年。日有所思,夜有所梦,任何幻想都是对现实缺憾的一种想象性补偿,这样的穿越,正好反映了人类突破时间限制的渴望。这一点,在历史学家那里表现得最为明显。醉心于古文化研究的英国历史学家汤因比曾说,如果可以选择出生的时代与地点,他愿意出生在公元一世纪的中国新疆,因为当时那里处于佛教文化、印度文化、希腊文化、波斯文化和中国文化等多种文化的交汇地带;而日本宗教和文化界著名人士池田大作在与汤因比的对话中,也流露出对中国唐朝的向往。当汤因比表达了对唐朝的好感之后,池田大作马上试探性地追问:您是不是喜欢唐朝的长安?

庄子在《秋水》中写道:"井蛙不可以语于海者,拘于虚也;夏虫不可以语于冰者,笃于时也;曲士不可以语于道者,束于教也。"庄子道出了人类面临的三个局限,就是空间、时间和教化。人生苦短,再长命的人也不能纵横古今;空间有限,再伟大的人也不能穿越宇宙;而任何文化都有着自己的局限性,当你接受了一种文化的影响,也就意味着你接受了这个文化的缺陷和偏见。从更旷远的时空和更宽广的文化背景看,每个人都是一只见识浅陋的"井蛙"和"夏虫",都是一个被某种文化教养所束缚的"曲士"。

从这个意义看,人们之所以不安分守己,向往新的时间和时代,向往新的空间与领域,是因为人们意识到了时代的不完满、现实的不完满、生命的不完满、自我的不完满。所以,越是陌生的人,越能激发我们的好奇;越是陌生的地方,越能激起我们的向往;越是遥远的时代,越能激发我们的想象。好奇之心,求新之念,完美之思,总是诱使人们做着关于流浪与穿越的五彩缤纷的梦。

流浪与穿越,都是人的天性。区别只在于,时间上的穿越依靠我们的想象,而空间上的流浪取决于我们的双脚。

在求生与找死之间,鲁滨孙赋予人生以强烈的个性色彩。

3. 冒险,超越凡俗的起点

"没有冒险,文明就会衰败"

《鲁滨孙漂流记》问世后,世界上多种语言都有它的译本、节本、节译本以及专为青少年阅读的改编本、改译本。在中国,这个充满异域色彩和冒险刺激的小说,更是给了读者新鲜而强烈的阅读体验。自1898年沈祖棻将它节译成《绝岛漂流记》之后,这本书便成了译本最多的外国经典之一。

一部经典在阅读与传播中的命运,是由多种因素决定的。《鲁滨孙漂流记》之所以被中国读者热爱和追捧,很重要的一个原因,就是鲁滨孙所展现的那种听从内心的召唤、执着于流浪与冒险的精神与气质,让向来信奉"平安即福""不患贫而患不安"的中国人感到新奇和向往,这个来自英国的硬汉"替代式"地满足了我们对流浪、穿越、冒险、征服的渴望。

马克思·韦伯在其著作《中国的宗教:儒教与道教》中提出一个重要观点,即中国文化以适应既有环境为目的,更倾向于保守和封闭,与西方文化以"开创新领域"标榜的理念迥然不同。中国在传统上是个农业国家,而农耕文明的一个重要特征,就是崇尚稳定与秩序。从这片土壤里生长起来的中国文化,主流上都致力于解释和维护这种根深蒂固、世代不变的"秩序"。比如"父母在,不远游,游必有方",这样的说教比比皆是。在文化观念上,鼓吹恪守祖训,祖宗之法不可违,祖宗之法不可变,要"萧规曹随",墨守成规。重名分、重家族、重忠孝节义,把安于本分、服从长辈、听从教诲作为美德,将知足常乐、循规蹈矩视为人的义务。

《鲁滨孙漂流记》给中国人带来了全新的生活图景和生活哲学,让中国人耳目一新。1902年,高梦旦在《绝岛漂流记·序》中说"此书以觉吾四万万之众";宋教仁在1906年读了此书后,认为鲁滨孙的"冒险性及忍耐性均可为顽懦者之药石";林纾在此书译序中说,鲁滨孙"唯不为中人之中,庸人之庸,故单舸猝出,海狎风涛,濒绝地而处,独行独坐,兼羲、轩、巢、燧诸氏所为而为之"。林纾将鲁滨孙的冒险精神与中华民族的始祖伏羲、轩辕等人的所作所为等相提并论,其实就是为了让中国人顺理成章地理解和学习鲁滨孙的精神。他认为要彻底改变贫穷落后的国家面貌,必须学习鲁滨孙精神。

近代中国的式微与落后,自有其多种原因,但从国人的精神气质看,保守而拒绝拓荒,守成而不乐于开创,求稳而拒绝冒险,确实严重地阻碍了国家的进步与民族的发展。英国哲学家怀特海说:"没有冒险,文明就会全然衰败。"对于近代中国,此话确实一针见血。

鲁滨孙的冒险精神似乎与生俱来,百折不挠,这其实也象征了海洋文明熏染下的人们对"冒险"的积极理解和评价。在鲁滨孙精神的"家族谱系"上,我们可以开列一长串人物名单,比如古希腊神话中历经千难万险回家团圆的奥德修斯,跨越大西洋、开创新航路的麦哲伦、哥伦布,横穿南极的挪威人阿蒙森,发现新西兰及诸多太平洋岛屿的库克船长,遍布非洲、亚洲和美洲的西方近代殖民者,还有众多的考古探险家如斯文·赫定等。这些人不畏艰险,不惧死亡,勇往直前,正是他们在不断发现新大陆,开创新领地,不断拓展着人类的生存空间。

"一切旅行中最长的旅行"

在礼赞鲁滨孙的冒险精神时,也有人认为,金钱与财富才是鲁滨孙冒险的动力,似乎一为金钱,鲁滨孙的冒险精神就黯淡了。不可否认,鲁滨孙的冒险,很大程度上就是为了财富。鲁滨孙曾在船长的建议下,用凑来的 40 英镑购买了珠子、玻璃之类的小玩意以及望远镜、刀子、剪刀、斧子一类的新奇杂货,到非洲换回了市值 300 英镑的金粉。航行期间,虽然要面对恶心、呕吐、发烧的生理挑战,以及往返近一万两千公里航程的单调与漫长,但数倍的贸易回报,还是让小试牛刀的鲁滨孙尝到了冒险的甜头与成功的喜悦,也更强化了鲁滨孙进一步冒险的决心。他之所以流落孤岛 28 年,贪图贩卖黑奴的暴利就是直接动因。

但是,即便是为了金钱与财富,冒险也是值得肯定的品质与行为。以今天的眼光看鲁滨孙,鲁滨孙贩卖黑奴而牟取暴利,是反人道的行为,他对此沾沾自喜,津津乐道,确实难以见容于当代读者。但在鲁滨孙时代,这却是一个正常的社会观念和习以为常的风尚。这是个罪恶,但这个罪恶理所当然是社会的罪恶,是历史的罪恶,与鲁滨孙的冒险精神无关,与鲁滨孙追逐财富也关系不大。相反,我们应该看到,无论是人类社会的进步,还是人类个体的不断发展,往往都与追逐财富联系在一起。为了开辟新的市场,寻找新的资源,才有了新航路的开辟和新大陆的发现;为了创造更多的财富,才有了众多的技术发明和科学创新。即便是今天,人类探索天空,征服宇宙,也夹杂着各种各样的功利因素。谁能说,这样的探索没有积极的意义呢?

更为重要的是,作为一种精神气质,冒险有其独立的价值与意义,并不必然与金钱财富相关。鲁滨孙家境优越,本可衣来伸手饭来张口;离家闯荡后,至少也有两次机会,可以安然地享受自己创造的财富。一次是他在巴西经营种植园,已经是当地的暴发户;一次是离开生活了 28 年的孤岛,回归社会之后。特别是第二次,鲁滨孙俨然是大富翁了,完全可以安享闲适的晚年生活了。但他还是控制不住流浪的冲动,还是喜欢"折腾"。小说中他的最后一次航行,是在他 62 岁的时候。暮年的鲁滨孙,又开始了他"一切旅行中最长的旅行"——死也要死在路上。

对于鲁滨孙来说,金钱与财富始终处在从属的地位,满足自己冒险和拓展的欲望,才是他的根本追求。在孤岛上,鲁滨孙孜孜不倦地耕耘、播种、收割,因为只有在永不停息的劳动与探索中,他才能生存下去,才能战胜孤独,他的生命才不至于在无聊与虚无中彻底消磨掉。这使他更深刻地理解了金钱、财富、奢侈品与生命的关系:

> 事理和经验使我懂得,世间万物,只是有用处,才是最可宝贵的。任何东西,积攒多了,就应送给别人;我们能够享用的,至多不过是我们能够使用的部分,多了也没有用。即使是世界上最贪婪、最一毛不拔的守钱奴,处在我现在的地位,也会把贪得无厌的毛病治好,因为我现在太富有了,简直不知道如何支配自己的财富。我心里已没有任何贪求的欲念。我缺的东西不多,所缺的也都是一些无足轻重的小东西。前面我曾提到过,我有一包钱币,其中有金币,也有银币,总共大约值三十六金镑。可是,这些肮脏、可悲而又无用的东西,至今还放在那里,对我毫无用处。我自己常常想,我宁愿用一大把金币去换十二打烟斗,或换一个磨谷的手磨。我甚至愿意用我全部的钱币去换价值仅六个便士的英国萝卜和胡萝卜种子,或者去换一把豆子或一瓶墨水。可是现在,那些金钱银币对我一点用处也没有,也毫无价值。它们放在一个抽屉里,而一到雨季,由于洞里潮湿,就会发霉。

很多人故作姿态,声称淡泊名利,标榜蔑视金钱。而实际上,他可能从来就没有体验过赤贫的滋味,也没有经历过大富大贵。鲁滨孙不是这样,他曾腰缠万贯,也曾身无分文。更重要的是,他曾坐拥一堆金币银币,却痛感濒临绝境的悲哀。这样的体验,恐怕与李白的那种"千金散尽还复来"的气派大相径庭。

在孤岛上,鲁滨孙真切地体验到,生命的真正需要其实很简单,而金银财宝的价值也并非那样煊赫辉煌。在生存的斗争中,他认识到,积累财富和赚取金钱,如果不能体现自己的价值,仅仅是为了满足奢华与虚荣,是多么浅薄和无聊的举动。

鲁滨孙的"天问"

在孤岛漫长的岁月里,鲁滨孙有了更多自我省视的机会,他像屈原一样的问天问地问人生:

> 这大地和大海,尽管我天天看到,可到底是什么呢?它们又来自何方?我和其他一切生灵,野生的和驯养的,人类和野兽,究竟是些什么呢?又都来自何方?毫无疑问,我们都是被一种隐秘的力量创造出来的。也正是这种力量创造了陆地、大海和天空。但这种力量又是什么呢?

日复一日的单调而重复的生活,在不经意间变得庸常和琐碎。正是在这日常生活的消磨中,我们逐渐失去了对这些形而上的问题的兴趣。多少豪杰才智之士,就是在这日复一日的消磨中,失去了高远的眼光和博大的心胸,最终沦为碌碌无为之辈,沦为金钱和享乐的奴隶。

时空上的拓展,心灵上的穿越,这是超越凡俗的起点。

鲁滨孙最终拥有了一个"新大陆",这是对他冒险的回馈。

4. 做个行动的巨人

多亏了这艘船

鲁滨孙孤岛生存28年,年复一年,艰苦奋斗,自食其力。他是一个探险家、一个实干家,他是个行动的巨人。他不无自豪地说,他的财富是用"劳力和苦心"获得的。

劳力与苦心,就是一个行动者必备的品质。

鲁滨孙落脚的这个荒岛,是一块远离人烟的蛮荒之地。当鲁滨孙从最初的恐惧和慌乱之中镇静下来,他便开始了一场一个人的生存战斗。他采取的第一个行动,就是冒着危险,泅水越过海湾,到搁浅的破船上取走了几乎所有可以取走的东西。面包、饼干、酒、米、干羊肉、荷兰酪干、欧洲麦子,这些食物可以保证他短期内不会饿死;各种武器:枪械、弹药和旧刀剑,用来对付可能的危险和隐患;各式工具,比如锯、锤子、斧子,为日后的生产自救做准备。

这些凝聚了人类智慧与心血的物品,奠定了鲁滨孙在荒岛上生存的物质基础。马克思在《〈政治经济学批判〉导言》中写道:

> 孤立的个人在社会之外进行生产——这是罕见的事,偶然落到荒野中的已经内在地具有社会力量的文明人或许能做到——就像许多人不再一起生活和彼此交往竟有语言发展一样,是不可思议的。

马克思的这个论断,解释了鲁滨孙孤岛生存的一个秘密:鲁滨孙原本是个文明人,他的知识、思维方式和行动能力,凝结了人类几千年积累的智慧与能力。与此同时,鲁滨孙所使用的各种工具,也凝结了人类在漫长的生存斗争中积累和创造的文明成果。鲁滨孙从船上运回来的物品,解决了他基本的安全、生活、生产与精神之需。当然,这些物品都来自一艘远洋轮船,小说的真实性也经得起推敲。

遇险的最初13天,他把所有精力与时间,都用来拆运船上的货物。他找到了螺丝钉、钉子、小斧、大钳子、磨刀刃的磨轮、铅皮、帆布、被褥、吊床、大剪子、剃刀、十几把刀子和叉子、墨水、笔、数学仪器、罗盘、望远镜、日晷、航海书籍、地图;发现了许多钱币,有巴西钱、欧洲钱、西班牙钱,有银币、金币,尽管暂无用处,他也收入囊中。此外,他还从船上带走了一条狗和两只猫。有了这些物品,短时间内的温饱不成问题了,安全也有了保障。当然,猫和狗可解决短时间的精神孤独问题。金币虽然无用,却无意中显示了鲁滨孙的财富意识,以及回归社会的强烈愿望——这也是支撑鲁滨孙苦苦求生28年的一个重要信念与力量。

还有《圣经》。

西方读书界有个"荒岛之书"的说法。意思是,如果把你流放到一个没有人烟的荒岛上,只允许你带一本书,你所带的那本书就是"荒岛之书"。显然,"荒岛之书"是用来陪伴孤独灵魂的书,必须耐读,值得反复读,要百读不厌。《圣经》显然具备这样的特质。若没有上帝与《圣经》的陪伴,28年的孤寂日子,鲁滨孙怎么熬过?不待大自然与野蛮人吞没他,单是孤独与寂寞,就会要了他的命。

接下来,鲁滨孙要为自己找个居住之所。这个地方必须符合四个条件:一要有淡水,要卫生;二要能遮住太阳;三要能避开凶猛的动物或野人;四要能看得见海,可随时向路过的船只求救。这表明,鲁滨孙是个头脑明晰、思路清晰的富有智慧的人。鲁滨孙找到了。鲁滨孙在荒岛上有了自己的"王宫"。

度过了最初的危险和艰难,考察了荒岛的位置与环境,鲁滨孙冷静下来,他开始为荒岛生活做长远安排。人类文明的成果依然在支配着他,他首先想到了时间:

> 现在,我要开始过一种寂寞而又忧郁的生活了。这种生活也许在这世界上是前所未闻的。因此,我决定把我生活的情况从头至尾,按时间顺序一一记录下来……上岛后约十一二天,我忽然想到,我没有书、笔和墨水,一定会忘记计算日期,甚至连安息日和工作日都会忘记。为了防止发生这种情况,我便用刀子在一根大柱子上用大写字母刻上以下一句句子:"我于一六五九年九月三十日在此上岸。"
>
> 我把柱子做成一个大十字架,立在我第一次上岸的地方。在这方柱的四边,我每天用刀刻一个凹口,每七天刻一个长一倍的凹口,每一月刻一个再长一倍的凹口。就这样,我就有了一个日历,可以计算日月了。

鲁滨孙像古人结绳记事一样刻字记事,记录自己的荒岛生活。人类总是借助时间、方位、度量衡等范畴将自己的生活与生产安排得井井有条,这就是知识、理性与智慧的力量。设想一下,若鲁滨孙在荒岛上失去了时间感和空间感,他如何能在28年的生存中保持健全和明澈的心智?

劳力与苦心

凭借自己的"劳力与苦心",鲁滨孙硬是一个人解决了衣食住行的各方面问题。看到小说中栩栩如生的叙述,我们不禁感慨:这真是一个强大的行动者。

鲁滨孙究竟做了哪些事呢?

1. 动手制作了桌子、椅子、箩筐、筛子等日常生活用品和劳动工具;

2. 用羊油做灯盏,用羊脂造蜡烛;

3. 用自己制作的木铲开辟土地,种植大麦、稻子,学会了施肥,驱赶害虫与飞鸟,甚至还摸索出啤酒的酿造方法;

4. 隔三岔五地出去打猎,捕捉山羊圈养,喝到了羊奶,甚至尝试用剩下的羊奶制作奶油和乳酪等奶制品;

5. 采摘树林里的葡萄、酸橙、柠檬并探索贮藏的办法,造出了葡萄酒和饮料;

6. 探索粮食精加工,给谷粒脱壳,并磨成粉,做出了面包和糕点;

7. 制作陶器,满足了烹调、餐饮等日常所需;

8. 用打猎获取的兽皮做成皮帽、皮衣、背心、短裤,还为自己做了一把伞;

9. 用大半年时间做出了一只独木舟;

10. 仔细观察和观测荒岛上的物候与气象,发现这里与欧洲的不同,不是分为夏季与冬季,而是分成了雨季和旱季;

11. 驯养鹦鹉说话,保持自己的语言能力;

12. 经常巡视荒岛,不仅锻炼了身体,保持了体力,而且在巡视中不断有新的发现,比如发现岛上的另一种美味:鳖。

……

只要想好一件事,鲁滨孙就会着手去干,并且百折不挠,绝不半途而废。他的狩猎、农耕、日常生活的水平与技术日渐长进。多年以后,他有了海滨"行宫",又有了树林里的乡间别墅,日子过得富足而惬意,俨然孤岛上的皇帝。

在日复一日的生存战斗中,鲁滨孙不断发现新的需求,又不断解决和满足这些需求。每一次探索,都增加了他的生存能力和智慧。为了圈养山羊,鲁滨孙用三个月的时间修筑篱笆,这样繁重的工作恰好填补了他的空虚与失落;为了避免生火做饭的火光烟气暴露他的行踪,招引"食人族"的攻击,鲁滨孙把木头烧制成木炭,用木炭生火做饭;为了避免狩猎的枪声惊动"食人族",他尽可能不开枪,特别是在食人族通常光顾的那一带海岸;为了防备野人的偷袭,他把之前集中饲养的山羊转移到密林深处,化整为零,不至于太引人注目。这些都是在行动中积累的经验,在实践中感悟的智慧。

鲁滨孙始终保持着乐观的生存状态,不断增长的生存技能,也让他越来越自如。他说:

> 我一生从未使用过任何工具,但久而久之,以我的劳动、勤勉和发明设计的才能,我终于发现,我什么东西都能做,只要有适当的工具。然而,尽管我没有工具,也制造了许多东西,有些东西我制造时,仅用一把手斧和一把斧头。我想没有人会用我的方法制造东西,也没有人会像我这样付出无穷的劳力。

"等待大难临头比遭难本身更令人痛苦"

与食人族的周旋和斗争,也显示了鲁滨孙行动的能力。

鲁滨孙上岛的第12年,他在沙滩上偶然发现了一个人的脚印。这让他恐慌了一阵子,他几乎不敢出门了。但是,此后再无野人的踪影出现,直到鲁滨孙上岛的第23年的12月的一个黎明,鲁滨孙才真正看到了吃人的野人们。鲁滨孙嗅到了巨大的威胁,但蹊跷的是,此后的15个月又没了什么动静。

> 在这一年多中,我却时刻担心遭到他们的袭击,所以日子过得很不舒畅。由此,我悟出一个道理:等待大难临头比遭难本身更令人痛苦。尤其是无法逃避这种灾难而不得不坐等其降临,更

是无法摆脱这种担惊受怕的恐惧。

心理上的折磨,让鲁滨孙不堪重负。刚上岛时,小心翼翼,整日提心吊胆,后来,随着处境的日渐改善,他几乎忘记了危险的存在。而实际上,"可能只是一座小山,一棵大树,或是夜正好降临,才使我免遭杀害,而且,将会是以一种最残忍的方式的杀害:那就是落入吃人生番手里。如果落到他们手里,他们就会把我马上抓起来,就像我抓只山羊或海鳖一样。同时,在他们看来,把我杀死吃掉,也不是什么犯罪行为,就像把一只鸽子或鹬杀了吃掉在我看来也不是什么犯罪行为一样"。

鲁滨孙也由此更深地理解了人类的处境和人生的偶然,感悟了生命的价值和珍惜生命的意义。实际上,人类生活在种种危险之中,"但造物主不让人类看清事实真相,使他们全然不知道四周的危险,这样,人们就过着泰然宁静的生活"。人类在认识和知识上的局限与狭隘,有时候倒成全了人的幸福与快乐,这真是生活的辩证法。在如此浩渺和宏大的宇宙间,人类是多么渺小,生存是多么艰难!但如此渺小的人类却以万物之灵长的姿态生存了下来,这是多么伟大的奇迹!撇开宗教色彩,鲁滨孙对生命的感恩与敬畏,更坚定了他战斗和生存的勇气。

侥幸之余,鲁滨孙决心离开这座孤岛。下这样的决心并不容易。要知道,此时的荒岛已经被他建设成一个欣欣向荣的家园了。但他必须离开。这就是鲁滨孙,理性,果断,想好了就做。以前,为了长留海岛,鲁滨孙开展了一系列生产、创造与发明,如今这些活动不得不停止了;以前,他可以悠闲自得地漫步海滩,在山间散步,享受习习的凉风和飒飒的雨声,现在,这些有限的风景和享受也不得不停止了。

为了生存,他必须战斗。他修筑工事,穴居山洞,储存食物,研究作战方案,警戒野人……他又开始了新一轮的奋斗。

鲁滨孙明白,仅靠自己一个人的力量,无论如何是逃不出这荒岛的。"我若想摆脱孤岛生活,唯一的办法就是尽可能弄到一个野人;而且,如果可能的话,最好是一个被其他野人带来准备杀了吃掉的俘虏。"鲁滨孙终于战胜了对野人的恐惧,开始了消灭食人族、抓获野人俘虏的筹备工作:

> 这样决定之后,我就经常出去侦察。我一有空就出去。时日一久,就又感到厌烦起来。因为这一等又是一年半以上,差不多每天都要跑到小岛的西头或西南角去,看看海面上有没有独木舟出现。可是,这么长时间中一次也没有看到,真是令人灰心丧气,懊恼至极。但这一次我没有像上次那样完全放弃希望,相反,等待时日愈久,我愈急不可待。总之,我从前处处小心,尽量避免碰到野人,可现在却急于要同他们碰面了。

机会总是青睐有准备的人。最终,他顺利地抓获了星期五,并开始"驯化"这个还保持着吃人恶习的野蛮人。

征服、驯化和改造野人的过程持续了三年多。鲁滨孙用欧洲的先进武器解救了险遭杀害的星期五,成了星期五的救世主和恩人。他先用火枪杀死了一只小羊,星期五被他的"魔力"所震惊,不由自主地跪了下去。武力征服了星期五的身体之后,鲁滨孙开始有条不紊地教化他的精神,改造他的内心。他警告星期五不得再吃人肉,否则就杀了他;让他学会穿衣服,给他穿麻纱短裤和羊皮背心。星期五渐渐穿惯了衣服,并终于很喜欢穿衣服了。鲁滨孙让他吃炖肉,喝羊奶,教他说英语,教他使用工具和枪支。

这是文明对野蛮的改造。

学会了英语之后,鲁滨孙开始对星期五进行更深层次的灵魂改造和精神塑造。鲁滨孙"有意识地往他心里灌输一些基本的宗教观念",让他敬畏上帝。他不厌其烦地向星期五灌输基督教思想。经过三年有条不紊、循循善诱的教化，鲁滨孙终于把星期五改造成了一个虔诚的基督徒。

> 对星期五，我根本用不着采取任何防范措施。任何其他人都不可能拥有像星期五这样忠诚老实、听话可爱的仆人。他没有脾气，性格开朗，不怀鬼胎，对我又顺从又热心。
> 他对我的感情，就像孩子对父亲的感情，一往情深。我可以说，无论何时何地，他都宁愿牺牲自己的生命来保护我。后来，他的许多表现都证明了这一点，并使我对此毫不怀疑。因此，我深信，对他我根本不用防备。

卧榻之侧，有人茹毛饮血、割腥啖膻，任何人对此都会食不知味，寝不安席，惶惶而不可终日。但鲁滨孙却能化惶恐为行动，从发现食人族的脚印，到与野蛮人的正面交锋，鲁滨孙整整准备了三千多个日日夜夜，把交锋可能出现的种种情况考虑得细致周全，最终赶走了野蛮人，救下了星期五，并使星期五成了他永远的朋友和助手。

世上从来就没有什么心想事成，为了生存，为了安全，为了离开荒岛，除了实干，没有任何捷径。通过实干，鲁滨孙真正主宰了自己的生活，主宰了自己的命运。

鲁滨孙的哲学是行动的哲学，不怕困难的哲学。他认为"一个人只是呆呆地坐着，空想自己所得不到的东西，是没有用的。"他要去干，去开辟。他经历了采集、渔猎、畜牧、种植、建筑、制造等生产过程，彻底改变了荒岛的面貌和无衣无食的苦难命运。

命运，在日复一日的行动中。

5. 活下去，这就是意义

鲁滨孙的生命清单

鲁滨孙痴迷于冒险，他也因此经历了多次濒临死亡的"临终"体验。他所面临的死亡，既有狂风巨浪中的瞬间毙命，也有流落荒岛在孤独与无聊中消磨时日的慢性自杀。但是，无论面对哪一种绝境，鲁滨孙都有一个顽强的信念：活下去。

在荒岛上，鲁滨孙按照商业簿记的格式，分"借方"和"贷方"，把他的幸运和不幸、好处和坏处"公允"地排列出来，为自己算了一笔账，一笔关乎生死存亡的"生命账"：

祸与害：

1. 我流落荒岛，摆脱困境已属无望。
2. 唯我独存，孤苦伶仃，困苦万状。
3. 我与世隔绝，仿佛是一个隐士，一个流放者。
4. 我没有衣服穿。
5. 我无法抵御人类或野兽的袭击。
6. 我没有人可以交谈，也没有人能解救我。

福与利：

1. 唯我独生，船上同伴皆葬身海底。
2. 在全体船员中，我独免一死。上帝既然以其神力救我一命，也必然会救我脱离目前的困境。
3. 小岛虽荒凉，但我尚有粮食，不至于饿死。

4. 我地处热带，即使有衣服也穿不住。

5. 在我所流落的孤岛上，没有我在非洲看到的那些猛兽。假如我在非洲沿岸覆舟，那又会怎样呢？

6. 但上帝神奇地把船送到海岸附近，使我可以从船上取下许多有用的东西，让我终身受用不尽。

从这个账目，我们发现，鲁滨孙有一个非常可贵的心态，那就是乐观和感恩。在最绝望与最无助的时刻，他的生存逻辑依然是"活下去"，是不放弃，他看重的是"福与利"，他总能在各种细节中发现上苍对他的眷顾和恩惠：

> 我有时一连几小时，甚至好几天沉思冥想。我自己设想：假如我没能从船上取下任何东西，那将怎么办呢？假如那样，除了鳖外，我就找不到任何其他食物了；而鳖是很久之后才发现的，那么，我一定早就饿死了。即使不饿死，我也一定过着野人一样的生活，即使想方设法打死一只山羊或一只鸟，我也无法把它们开膛破肚，剥皮切块，而只好像野兽一样，用牙齿去咬，用爪子去撕了。
>
> 我感到，我是被奇迹养活着，这种奇迹是罕见的，就像以利亚被乌鸦养活一样。应该说，正是由于发生了一系列的奇迹，我至今还能活着。在世界上所有荒无人烟的地区，我感到没有一个地方会比我现在流落的荒岛更好了。虽说这儿远离人世，形单影只，使我非常苦恼，但这儿没有吃人的野兽，没有凶猛的虎狼害我性命，没有毒人的动物和植物吃下去会把我毒死，更没有野人会把我杀了吃掉。

设想，鲁滨孙换一种算法，只看到祸与害而看不到福与利，他靠什么来支撑这28年艰难的生存？相反，在经过了这一串的反省之后，鲁滨孙庆幸自己活了下来，并且还能继续活下去。中国有句俗话，"大难不死，必有后福"，"后福"从何而来？大概与这种劫后余生的庆幸和感恩的心态有关吧。这样一想，鲁滨孙完全抛却了刚刚落难时的沮丧、绝望和怨恨。他变得乐观了：

> 总而言之，我的生活，在一方面看来，确是一种可悲的生活；在另一方面看来，却也是一种蒙恩的生活。我不再企求任何东西，以使自己过上舒适的生活，我只希望自己能体会到上帝对我的恩惠，对我的关怀，使我时时能得到安慰。我这样提高了自己的认识，就会感到心满意足，不再悲伤了。

鲁滨孙的语言疗法

鲁滨孙始终坚信，自己的幸存是一种神圣的奇迹。对这种奇迹，他充满了感恩与敬畏，不敢有丝毫的亵渎。他想："只要上帝不丢弃我，那么，即使世人丢弃我，那又有什么害处，又有什么关系呢？从另一方面来说，即使世人不丢弃我，但我若失去上帝的宠幸和保佑，还有什么能比这种损失更大呢？"

撇开鲁滨孙的宗教信仰，我们完全可以将这段话中的"上帝"替换成"自己"。是啊，若是自己放弃了自己，就算整个世界都眷恋你，这世界对你又有什么意义？宗教的力量来源于信仰，来源于自己对命运的理解。换句话说，鲁滨孙用宗教语言表达的心声，完全可以理解为他自己的人生信念，是他说服了自己，让自己接受了命运的安排。

当一个人走进绝境的时候，首先要做的，就是接受它，面对它。怨天尤人无济于事，倒不如彻底清零，放下思想包袱，直面绝境，从头开始。

鲁滨孙告诫自己：

在我们的生活中,我们竭力想躲避的坏事,却往往是我们获得拯救的途径;我们一旦遭到这种厄运,往往会吓得半死,可是,正由于我们陷入了痛苦,才得以解脱痛苦。

既然无法摆脱困境,那就在困境中寻找"凤凰涅槃"的磨炼和成长吧。

鲁滨孙在28年的孤岛生存中,面临的最大问题,不是食物和野兽,也不是野人和海盗,而是他自己。他每天都在与自己对话,对消极情绪严防死守,不让自己被消极情绪所控制。鲁滨孙为自己编写了一系列的"语言疗法"：

上帝啊,我怎么竟能上岸呢!
我自我安慰了一番,庆幸自己死而复生。
过去,我所理解的所谓拯救,就是把我从目前的困境中解救出来,因为,虽然我在这里自由自在,但这座荒岛对我来说实在是一座牢狱,而且是世界上最坏的牢狱。而现在,我从另一种意义上来理解"拯救"的含义:我回顾自己过去的生活,感到十分惊恐,我深感自己罪孽深重。因此,我现在对上帝别无他求,只求他把我从罪恶的深渊中拯救出来,因为,我的负罪感压得我日夜不安。至于我当前孤苦伶仃的生活,就根本算不了什么。我无意祈求上帝把我从这荒岛上拯救出去,我连想都没有这样想过。与灵魂获救相比,肉体的获救实在是无足轻重的。

于是,身处最绝望的孤岛,他反而有了一种满足感。他感慨道："一般人往往有一种通病,那就是不知足,老是不满于上帝和大自然对他们的安排。现在我认识到,他们的种种苦难,至少有一半是由于不知足这种毛病造成的。"

鲁滨孙在生命的危机和生活的困苦中所领悟的人生道理,显然要比风花雪月下的吟诵要真切得多。

鲁滨孙理性地认识到,种瓜得瓜,种豆得豆,今天的结果源于昨天的选择。当初没人强迫你做这样的冒险,既然是自己的选择,就该直面自己选择的结果。所以,他不再自暴自弃,不再怨天尤人,而是坦然地面对。

他不仅要活下去,而且还要好好活下去。

生存,是意义的滥觞,价值的源泉。

即便仅仅为了"活下去",鲁滨孙的奋斗与跋涉也是可歌可泣的。

直面,是战斗的开始

荒岛生存的第 12 年,鲁滨孙又一次陷入了灭顶般的威胁之中。不过这一次,让他感到恐惧的,不是风雨雷电,而是他的同类。在与自然的搏斗中取得胜利的鲁滨孙,又开始了与同类的生存斗争。

这个渴望回归社会的人,却是如此惧怕人类:

> 以前,我觉得,我最大的痛苦是被人类社会所抛弃,孤身一人,被汪洋大海所包围,与人世隔绝,被贬黜而过着寂寞的生活,仿佛上天认定我不足与人类为伍,不足与其他人交往似的。我当时觉得,假如我能见到一个人,对我来说不亚于死而复生,那将是上帝所能赐给我的最大的幸福,这种幸福仅次于上帝饶恕我在人间所犯的罪孽,让我登上天堂。而现在呢,只要疑心可能会看到人,我就会不寒而栗;只要见到人影,看到人在岛上留下的脚印无声无息地躺在那里,我就恨不得地上有个洞让我钻下去。

这个脚印带给鲁滨孙的心理冲击，不亚于当年落难于孤岛的那一刻。他在"家"里躲避了三天三夜，恐惧攫取了他的心，他甚至想废掉亲手建立的家园，毁灭自己的羊圈和作物，以免引起野人的怀疑。但是，鲁滨孙迅速战胜了恐惧，他意识到了自己的懦弱与昏庸：

　　对危险的恐惧比看到危险本身更可怕千百倍。

　　就像当年接受了落难荒岛的事实一样，在经历一阵惊恐和茫然之后，他逐渐接受了荒岛上有人类活动的"残酷"事实，而不再继续用各种莫名其妙的理由来欺骗和吓唬自己。

　　面对，是战斗的开始。很多时候，我们缺乏的并不是战斗的力量，而是直面的勇气。事实证明，鲁滨孙的这一判断和选择是明智的。当他做好了应对野人的方案之后，他重拾信心："现在，我可以说已竭尽人类的智慧，千方百计地保护自己了。"凡事预则立，不预则废。他用了好几个月加固外墙，修筑工事，在墙外栽植了两万多棵杨柳，他选择了多处羊圈，修建了多处住处，选择了射击点，战备工作非常细心。

　　生存的渴望激发了鲁滨孙的斗志，也激发了他的勇气与智慧。在小说的后部分，节奏明显加快：他收服了星期五，搭救了西班牙人，拯救了英国船长，最后带着星期五回到了人类社会。

　　生存，是力量的源泉。

6. 生存智慧

知识与理性

一个人,一座孤岛,孤独生存 28 年,最终回归社会。鲁滨孙为什么能做到?

这当然得益于他强烈的生存欲望和执着的生存信念,得益于他坚韧不拔的心理承受力和敢于行动的性格。但是,这还远远不够。28 年的坚持,28 年的孤独,单靠信念和行动,是难以支撑下来的。身单力薄,他靠什么来解决生存与生活中具体的挑战?孤家寡人,他靠什么来安抚精神上的惶恐、情感上的脆弱与心理上的绝望?

鲁滨孙崇尚知识,信仰智慧。正是靠着知识、智慧的支撑,他才有了生存的信心与源源不断的力量。

鲁滨孙属于 18 世纪,这是一个崇尚知识与智慧的时代。这个时代的人们坚信,世界表面看起来杂乱无章,不可捉摸,实则存在着秩序与规律。更重要的是,这个秩序与规律是能被人类发现、认知和利用的。因此,人才是这个世界的主人。任何一个人,只要他有足够的知识与智慧,他就可以解决自己的生存问题。笛福的前辈,提出"知识就是力量"的哲学家弗兰西斯·培根,这样表达他对知识的理解:

> 知识的真正目的、范围和职责,并不在于任何貌似有理的、令人愉悦的、充满敬畏的和让人钦慕的言论,或某些能够带来启发的论证,而是在于实践和劳动,在于对人类从未揭示过的特殊事物的发现,以此更好地服务和造福于人类生活。

在鲁滨孙眼里,大自然不再是神秘、恐怖、不可思议和不可战胜的。浩瀚的大西洋,任他自由穿越;遥远的非洲部落和大西洋岛屿,是他流浪途中的一个驿站。自然不再是一种压迫人类的敌对的力量,相反,它是人类生存的资源、探索的对象、精神的家园。即便流落到荒无人烟的孤岛,濒临绝境,鲁滨孙也没有低下高贵的头颅。曾几何时,电闪雷鸣,狂风暴雨,地震火山,都让先祖们惊恐不安。但到了鲁滨孙的时代,这些自然现象已经不再具有曾经的邪恶色彩与颠覆性的魔力。科学告诉人类,这只是自然界的一些自然的现象而已。鲁滨孙的自信,就来源于人类的知识、科学与技术。流落荒岛之前,小说就展示了鲁滨孙在生活和经济事务中的精准眼光和丰富的知识;流落荒岛之后,他种植、放牧、纺织、制作、观测天文、研究物候,这一系列生存活动,靠的是他先前储备的技术与知识,受益于他已养成的理性的思维方式和眼光。与单纯的勇气与体力相比,科学、知识与技术在他的生存活动中扮演了更为重要的角色。

小说这样写道:

> 推理乃是数学之本质和原理,因此,如果我们能对一切事物都加以分析比较,精思明断,则人人都可掌握任何工艺。

鲁滨孙的自信和力量,很大程度上来源于这个世纪的人们对科学的信仰,对知识与理性的崇尚。

在鲁滨孙的精神世界中,支配他的,始终是生存的意志和理性。不难想象,一个人孤独生活28年,感情的失落、欲望的空虚、感觉的迟钝,对生命会造成多少戕害与抑制?怎样才能填补内心的空虚,寄托情感的落寞,转移感觉上的渴求?除了顽强的求生意志,就是理性的力量了。

《鲁滨孙漂流记》很少描写主人公的情感生活,即使涉及婚姻和亲情,也是一笔带过,点到为止。这恐怕不是作者的疏忽,也不是作者的偏见,这是由小说的内容、立意和主旨所决定的。荒岛生存,感情的缠绵、柔弱和丰富,并不是一件好事,倒可能是一件致命的事。

小说所展示的世界,是一个男人的世界;而小说要张扬的,就是人类理性的力量。

在巨大的压力与绝境面前,鲁滨孙总是力图摆脱喜怒哀乐的纠缠,尽快恢复到理智与冷静状态。他的任何决定,都是在经过一番比较、借鉴的沉思之后做出的,他始终将自己的行为控制在一个合理的范围内,扩张的时候有节制,收敛的时候有底线。在荒岛上,他既是管理者,又是落实者;既是气象学家、地质学家、生物学家、军事家,又是农民、工人、战士。他把生产与生活安排得井井有条,既合乎自然的规律,又合乎自身的需要。他头脑清明,条分缕析,对于事情的原因、结果、来龙去脉了然于胸,对事情的轻重缓急、利弊得失胸有成竹。他不做傻事,不做疯事,不干不可能的事,不做没好处的事。每每有所冲动,常常自我反思,吸取经验,总结规律,他总是按照最合理、最有利的方式去做事,使他的荒岛事业多次渡过难关,终得以延续和发展。

鲁滨孙的思维方式和行为方式也是理性的。他对野人、宗教、财富、金钱甚至生死的看法,都处在一个理性的范畴之内,不过分、不走极端。鲁滨孙是一个理性的教徒,一个理性的资产者。这一点,尤其对中国的读者具有不可抗拒的魅力。为什么缺少宗教情结的中国人,对鲁滨孙这样一个教徒也能欣然接受?为什么一向耻于言利的中国人,对鲁滨孙这样一个终生为钱财奔波的奴隶贩子喝彩呢?其实,鲁滨孙的理性与中国人的"中庸"之道,颇有近似之处。

文 明 的 力 量

在荒岛生活的最后几年,鲁滨孙先后解救了星期五,解救了差点被土著人吃掉的西班牙人,还解救了被叛乱的水手劫持的英国船长。

鲁滨孙冒险搭救星期五,并不只是出于人道与同情,他有自己的考虑:

> 这时候,我脑子里突然产生一个强烈的、不可抗拒的欲望:我要找个仆人,现在正是时候;说不定我还能找到一个侣伴,一个帮手哩。这明明是上天召唤我救救这个可怜虫的命呢!

鲁滨孙需要一个仆人为其耕植放牧,需要一个伴侣陪他聊天谈话,他需要一个追随者供他教化,需要一个助手帮他离开孤岛。这些理由,足以使他在星期五的生死关头出手相救。抓获星期五之后,他自作主张,给他起了一个名字:星期五。命名权,这是所有权的象征,如同父母之于子女一样。之后,他制定了一套完整的"教学方案",教星期五说英语。语言是一种文化、一种思维方式、一种价值观。星期五学习英语的过程,就是鲁滨孙将自己的文化观念和思维方式移植给他的过程,就是改造和教化他的过程。他训练星期五称呼他为"主人",在看似漫不经心实则处心积虑的过程中,完成了对星期五的思想和身体的改造与支配。

但是,在鲁滨孙的身上,我们很少看到血腥与暴力,倒是看到了他试图与土著人互相理解的愿望与友谊。必须承认,在文化观念上,土著人还处在茹毛饮血的野蛮阶段;在知识、技术与装备上,土著人与鲁滨孙不可同日而语。虽然鲁滨孙对土著人充满了恐惧,但当他真的与土著人交火之后,他马上就明白了他拥有无可置疑的生杀予夺的大权。他拥有足够的军火,他一个人的军事实力要胜过那些食人族百倍。对于食人族,对于相互蚕食这种灭绝人性的罪恶风俗,鲁滨孙深恶痛绝。他曾设想消灭掉那些食人的野人,让他们再也不敢踏上小岛半步。但冷静下来之后,鲁滨孙与自己进行了一番激烈的争辩:

毫无疑问,这些人并不知道他们互相吞食是犯罪行为;他们那样做并不违反他们的良心,因而他们也不会受到良心的谴责。他们并不是知道食人是违背天理的罪行而故意去犯罪,就像我们大多数人犯罪时一样。他们并不认为杀死战俘是犯罪行为,正如我们并不认为杀牛是犯罪行为;他们也不认为吃人肉是犯罪行为,正如我们并不认为吃羊肉是犯罪行为。我稍稍从这方面考虑了一下,就觉得自己不对了。我感到他们并不是我过去心目中所谴责的杀人犯。有些基督徒在战斗中常常把战俘处死,甚至在敌人已经丢下武器投降后,还把成队成队的敌人毫无人道地杀个精光。从这方面来看,那些土人与战斗中残杀俘虏的基督徒岂不一样!

其次,我又想到:尽管他们用如此残暴不仁的手段互相残杀,于我却毫无干系。他们并没有伤害我。如果他们想害我,我为了保卫自己而向他们进攻,那也还说得过去。可现在我并没有落到他们手里,他们也根本不知道我的存在,因而也不可能谋害我。在这种情况下,我若主动攻击他们,那就没有道理了。我若这样做,无异于承认那些西班牙人在美洲的暴行是正当的了。

最后,他得出这样的结论:他不该去袭击那些食人族,不该去干预他们的事情、他们的生活;他应该做的事情是,尽最大可能防止他们攻击他。所以,鲁滨孙对土著人的打击,主要是出于自卫。显然,我们不能将这种被迫的自卫简单等同于侵略或杀戮。鲁滨孙的选择,在更高的层面上为自己赢得了安全:

这种主动攻击野人的计划不仅不能拯救自己,反而会完全彻底地毁灭自己。因为,除非我有绝对把握杀死当时上岸的每一个人,还能杀死以后上岸的每一个人;否则,如果有一个人逃回去,把这儿发生的一切告诉他们的同胞,他们就会有成千上万的人过来报仇,我这岂不是自取灭亡吗?

中国古代思想家老子说:"常有司杀者杀,夫代司杀者杀,是谓代大匠斫。夫代大匠斫者,希有不伤其手矣。"老子的意思是,每个人的性命都是不可侵犯的,任何人都没有权利剥夺别人的性命。有时候,迫不得已杀死那些该死的人,也只是代老天爷行使生杀大权,所谓"替天行道",所以,一定要慎重,否则就会像笨手笨脚的木匠,早晚都会砍伤自己的手。

在鲁滨孙身上,我们看到了文明对野蛮的较量。最终,文明战胜了野蛮,人道战胜了无辜的杀戮。

鲁滨孙的魅力

鲁滨孙是一个虔诚的教徒,是个忠诚地践行宗教教义的教徒。在岛上的日子,鲁滨孙经常翻阅经文,从中领悟上帝的教诲。每每遭到天灾人祸、感到恐惧或死亡的威胁,他都不由自主地向上帝祷告、悔罪,并从中得到力量和安慰,充满虔诚和敬畏。

但鲁滨孙并不狂热、痴迷、冥顽不化。在荒岛上,他孤身无援,一场小小的感冒就能要了他的命,一场轻微的地震就能埋葬了他,一个刀耕火种的土著人,就能袭击他,甚至吃了他。种种威胁、种种灾难、种种孤独包围着他。在孤苦无援的情况下,他虔诚地来到上帝面前,祈求上帝的帮助。但即便如此,他对上帝的信仰,在很大程度上还是基于生存的功利性考虑。他并不指望祷告能给他带来生存的奇迹,如同那些愚昧的信徒们所幻想的那样——圣迹显灵,时来运转,春暖花开。他也不是为了虚幻的下辈子而祈祷,他关心的是当下的生存,而不是身后的世界。在28年的孤独与苦难中,他需要一个活下去的精神支柱,需要一个凝神沉思的主题,需要一个灵魂对话的伴侣。他的祷告、他的沉思、他的忏悔、他的一切宗教活动,首先服从于他的生存和生活。

当然,鲁滨孙也是个致力于发家致富的"资产者"。但是,我们也发现,鲁滨孙与那些视金钱如生命的资产者有着明显的不同。在鲁滨孙身上,我们很容易看到马克思·韦伯所描述的那种"清教精神":清教徒将劳动视作每个人的"天职",看作上帝赋予人的使命。相应的,财富也被视作上帝对人的奖赏和恩宠,以合法的途径获取财富就是对上帝的礼赞。新教还强调,创造财富的目的,不是为了满足个人的欲望,或供尽情地挥霍与享乐。相反,新教提倡过一种节俭、勤勉、清心寡欲的生活,因为人只是上帝的财富的管理者。统观全书,我们很容易发现,那些支撑着鲁滨孙艰苦奋斗的信念,就是清教的基本教义。

作为一个原始积累时期的资产者,他没有葛朗台那样令人惊叹的吝啬和贪婪。他追逐金钱,是因为追逐的过程能给他带来快乐,给他以价值感,因此他不会在赚钱的道路上疯狂或沉沦,不会成为金钱的奴隶。

作为人生理想的追求者,他不同于塞万提斯笔下的堂吉诃德,他不是伟大而盲目的浪漫骑士;也不同于歌德笔下的浮士德,他不是一个执着地探究和追逐形而上意义的人。

这就是鲁滨孙的魅力。

鲁滨孙首先是一个理性的人。他对探险的渴望超乎寻常,但对自己的生命倍加珍惜;他注重实用与实利,远胜于对价值与主义的追求;他看重现实与眼前,但又拒绝沉溺于享乐与挥霍。在人类文学史上,鲁滨孙是一个以"理性精神"出现的崭新的人类形象。

流浪与穿越,需要激情与壮志;要欣赏远方的风景,却需要更多的理性、智慧和力量。

二 《红与黑》野心与尊严……

1. 一个野心家的故事

法国小城维里埃，市长德·莱纳先生和他年轻的妻子就生活在这里。

德·莱纳先生正谋划替三个儿子找一个家庭教师，因为他正同贫民收容所所长瓦勒诺先生较劲。瓦勒诺是个暴发户，而市长却有个贵族身份。在他看来，请个家庭教师，才能显示其贵族的教养和高雅。

家庭教师是木匠索莱尔的儿子于连。当于连站在夫人面前时，他和她都愣住了。于连从未见过这么高贵、美丽、娇艳、温柔的女人。德·莱纳夫人则完全被于连那苍白而清秀的面色、羞怯而温柔的眼睛迷惑住了。

可是，谁能想到，这个只有19岁的年轻人，在少女般的文弱外表下，竟藏着一颗宁可死上一千次也要飞黄腾达的野心呢！他崇拜拿破仑，但拿破仑时代已经过去，如今走俏的是教士，40来岁就有十万法郎的年俸，相当于拿破仑的那些著名将领的收入的三倍。所以，于连渴望穿上黑袍，成为一名"虔诚"的教士。

来到市长先生家，于连凭着庄重的神情以及对《圣经》极其流利和娴熟的背诵征服了所有人。一时间，于连成了维里埃市民们津津乐道的话题。德·莱纳夫人的贴身女仆爱丽莎很快就爱上了于连。当然，德·莱纳夫人也发现，自己对于连产生了一种从未有过的感情……

市长先生很乐意模仿宫廷的习惯，春天的晴好日子一到，就举家迁进乡村别墅韦尔吉。德·莱纳夫人和孩子们在果园里奔跑，扑蝴

版本参照：《红与黑》（译林出版社2001年版）。斯丹达尔著，郭宏安译。

蝶,同于连终日说个不停,而且兴趣极浓,她从未如此快乐和年轻过。

大热天来了。房外有一株大椴树,到了晚上,大家坐在树下闲聊。一天晚上,于连侃侃而谈,说得兴起,无意间触碰到夫人的手。夫人的手很快抽了回去。于连的快乐顿时烟消云散。他想,必须握住这只手,这是他的"职责",否则他就成笑柄了。他给自己的期限是第二天晚上的十点。第二天晚上十点,他做到了。

这一晚,德·莱纳夫人陶醉在爱的幸福中,而于连却觉得自己尽到了"职责",完成了自己给自己的使命。他同样感到幸福,但不是因为爱情,而是因为自尊心得到了满足,他完成了他的英雄壮举。

出于妒忌,爱丽莎把德·莱纳夫人与于连的秘密关系告诉了瓦勒诺先生。瓦勒诺贪恋夫人的美色而碰过壁,便给市长写了一封匿名揭发信。为了保护于连,夫人精心谋划,令市长先生半信半疑;妒火中烧的爱丽莎却到处散播,结果还是搞得满城风雨。关心于连的谢朗神父,便介绍于连到省城的贝藏松神学院进修。

在贝藏松,由于出众的神学才华和拉丁文功底,于连的成绩始终名列前茅,在一群俗不可耐的僧徒中脱颖而出,受到院长彼拉神父的器重。后来,彼拉在派系斗争中失败,被迫辞职。离开神学院的时候,他带走了于连,推荐他去侯爵府做了爵爷的私人秘书。于连终于有机会来到巴黎,进入他向往已久的上流社会——"巴黎的客厅"。

在德·拉莫尔侯爵的府第,于连每天抄写稿件和公文。侯爵对于连十分满意,派他去管理自己两个省的田庄,还让他负责自己的诉讼通讯,后又派他去伦敦搞外交,并赠给他一枚十字勋章,这使于连获得了极大的满足。他很快学会了巴黎上流社会的处世之道,成了一个衣冠楚楚、做派奢华的花花公子。

侯府小姐玛蒂尔德相貌出众,神情高傲,她有一双十分美丽的眼睛,但这双眼睛始终闪烁着某种冷酷的光芒。每年4月30日,她都坚持穿一身黑色丧服,以此纪念祖先博尼法斯·德·拉莫尔与皇后玛格丽特的那段浪漫悲壮的爱情。她十分崇敬皇后为爱情而敢冒天下之大不韪的精神。

于连故意表现出对玛蒂尔德的冷淡与漠视,这引起了她的注意;于连的低微出身,更激起了她挑战社会等级与财富观念的欲望——爱一个卑微的人是一件多么与众不同的事。在两个人的爱情较量与纠葛中,玛蒂尔德对浪漫爱情的渴望与于连的虚荣心同时得到了满足。不久,玛蒂尔德怀孕了,侯爵在爱女的坚持下,一再让步。先是给了他们一份田产,随后,又给了于连一张骠骑兵中尉的委任状,授予他贵族封号。于连陶醉在野心满足的巨大快乐之中。

正在于连做着美梦的时候,德·莱纳夫人给德·拉莫尔侯爵写了一封信,揭露于连的老底。恼羞成怒的于连立即赶往维里埃,买了一支手枪,来到教堂,向正在祷告的德·莱纳夫人连发两枪,夫人当场中枪倒地。于连被捕。

入狱后的于连特别平静,与此前的那个野心家判若两人。当他获悉德·莱纳夫人只是受了点外伤并没有死亡时,他感到无比庆幸,甚至是愉悦。玛蒂尔德从巴黎赶来,为营救于连四处奔走,使出了浑身解数,但于连并不接受,反而感到厌烦。他觉得他的案子再简单不过:"这是杀人,而且是预谋杀人。"法庭最终宣布于连犯了蓄谋杀人罪,判处死刑。于连拒绝上诉,不祈求任何人的恩赐,也拒绝做临终祷告。

德·莱纳夫人不顾一切前来探监。于连这才知道,她给侯爵的那封信,是由听她忏悔的教士起草并强迫她抄写的。于连和德·莱纳夫人彼此理解了,他们在死牢里重新开启了真挚的爱情之门。

在一个晴朗的日子,于连走上了断头台。玛蒂尔德买下了他的头颅,按照她敬仰的玛格丽特皇后的方式,亲自埋葬了自己的情人。至于德·莱纳夫人,亦忠于她的诺言,没有企图自杀,却在于连死后的第三天,离开了人间。

2. 野心笼罩人生

"苦闷的时代"

《红与黑》的副标题是"1830年纪事"。斯丹达尔有一个"野心",他写的是一个人,要反映的却是一个时代。

这是一个动荡的时代,一个混乱的时代,一个革命与复辟反复交战的时代。旧的秩序遭受重创,但死而不僵;新的秩序尚未建立,却生机勃勃。

这是一个催生野心和繁衍野心的时代,也是一个孕育和培植野心家的时代。正如张英伦先生所说,于连是一个"被养育在英雄的时代,却不得不在门第和金钱主宰的时代里生活"的平民青年。所谓"英雄时代",就是拿破仑时代。拿破仑依靠他的刀与剑,横扫欧洲大陆,重创封建门第与等级秩序。在拿破仑时代,年轻人凭借个人的才华与艰苦的奋斗,就可以跨越世袭的身份鸿沟,荣登上流社会,安享高官厚禄。出身于底层的于连,对这样的时代有着天然的好感。在贝藏松,几个泥瓦匠的对话引起了于连的共鸣:

> 在那个人的时代,那可好了!泥瓦匠能当军官,当将军,这事儿见过。
> 现在你去看看!穷光蛋才走,手里有几个的人都留在家乡。
> 生下来穷,一辈子穷,就是这么回事儿。

拿破仑是于连的精神偶像,但他生不逢时。此时,到处都是政府的密探,到处都是靠告密邀功请赏的小人,谈论"英雄时代"和拿破仑,倒成了一件危险的事。没有财富,没有权势,也没有贵族的血统,这似乎意味着于连将沉沦底层,潦倒终生。但是,巨石终究埋没不了小草的萌芽,再坚硬的蛋壳也禁锢不了生命的突围。生命的本能,总是要冲破藩篱,打破限制,寻求自我的突破与发展。

在这个"苦闷的时代",到底是像父亲那样,做一个一心赚钱发财的狭隘的木匠,一生碌碌无为,还是冲决社会罗网,谋个高贵的身份,攫取权势,出人头地,实现自己的生命价值?

于连的心从没有安分过。

他选择了后者。于连终生的追求,就是个人的成功,就是自我的实现。

在文学史上,人们常将于连看作一个野心家而多有贬低,似乎一有野心,道德上就矮人三分。其实,所谓野心云云,不过是因为于连自己的定位和追求超越了他的出身和地位所允许的世俗范畴。按照过去的观念,木匠的儿子就该做个木匠,农民的儿子就该当个农民。当初,于连想做一个像拿破仑那样的人,走一条"红色"的路,发现此路不通之后,便想做一个权倾一方的主教,走一条"黑色"的路。在世俗的观念看来,无论是"红",还是"黑",于连都是"癞蛤蟆想吃天鹅肉",是僭越,是野心家。其实,与那些脑满肠肥、碌碌无为的主教大人相比,于连更具备这个能力。他超群的拉丁文造诣和对《圣经》倒背如流的绝活,让众人刮目相看;而他敏锐的政治眼光,也绝非那些碌碌之辈可比。小说在写到德·莱纳市长的时候,说他在"志得意满的神气中还混杂有一种说不上来的狭隘和创造力的匮乏",而在于连身上,读者看到的,正如德·莱纳夫人所看到的,却是"宽厚、灵魂高尚、仁慈只存在于这个年轻的神甫身上"。

说到底,于连的野心,是一个不甘沉沦与平庸的底层年轻人合乎情理的想法。

于连的野心表现在两个方面,一个是政治野心,一个是爱情野心。这两个野心互为手段,互为目的,但归根到底,政治野心还是占了上风,主导于连的人生。在于连看来,活在世上,要么像拿破仑那样叱咤风云、纵横捭阖,要么像主教大人那样居高临下荣华富贵。他追求贵族美女,固然是因为青春期的他对感情有着强烈的渴望,但最重要的原因,还在于这些贵族妇女不仅是他实现政治野心的最便捷的工具,也是他走向成功的重要标志和点缀。

"吸血的爱"

《红与黑》的主要情节,就是于连与两个贵族女人的感情纠葛。

读《红与黑》,人们都会问同样一个问题:在与两个女人的纠葛中,于连到底有没有真情?他到底是在玩弄妇女,还是在与权力博弈?如果我们不戴有色眼镜,先入为主地将于连当作所谓的"野心家",就不难发现,于连其实对两个女人都动过真情,至少在某几个瞬间,他确实动了真心。只是因为夹杂着利欲的渣滓,他的爱情总是飘忽不定、阴晴不定、真假不定,当然也就捉摸不定。

在实现野心的道路上,除了自己的才智,于连别无长物。面对诱人的荣华富贵,于连曾经茫然无措,无从下手;当他困惑不前、百般苦闷的时候,却突然发现,爱情就是他最便捷、最经济、最丰富,也是他最善于驾驭的资源。这就是于连的可怕之处,也是他的可悲之处。他对爱情的使用,如同生意人对金钱的使用一样,每一分感情都讲究投入与产出,讲究成本与效益。于连是情场上的猎人,在爱情的游戏中,他精于算计,精于谋划,他的爱情带着浓烈的征服、攫取和掠夺的色彩。

英国思想家罗素在《情爱与家庭》中,将于连式的爱情概括为"吸血的爱"。他写道:

> 有一种决非少见的爱,那就是一方吸收着另一方的活力,接

受着另一方的给予,但他这一方几乎毫无回报,某些生命力极旺的人便属于这吸血的一类。他们把一个又一个牺牲者的活力吸净,但是当他们越发生机盎然的时候,那些被榨取的人却变得苍白乏力而迟钝了,这种人总是把他人当作工具来实现自己的目标,却不承认他人也有自己的目标……它往往与极大的野心有关。

罗素的这段论述简直就是为于连量身定制的。对于平民野心家于连来说,什么人的"血液"才能最大效益地增加自己的"生机"呢?追求德·莱纳夫人,就是成本最低、回报率最高的选择。他一无所有,是个"无产者",在爱情的赌博中,他失去的只是贫穷与卑贱,而得到的却是他渴求的新世界。当他还无力与上流社会直接对垒时,他只得用最原始的,也是最低廉的身体与感情作为进攻的武器,而进攻的目标,就是上流社会中最薄弱的环节:德·莱纳夫人。德·莱纳夫人的贵族血统与市长夫人的地位,激发了于连挑战与征服的野心;而她的温顺、钟情、脆弱和纯洁,恰恰成了于连披荆斩棘、狂飙突进的突破口。

于连没有接纳德·莱纳夫人的侍女爱丽莎的爱慕与求婚,因为爱丽莎与他一样地位卑贱。虽然爱丽莎也能得到一笔丰厚的遗产,但于连看重的,不光是财富与金钱,他更看重权势与地位的光环;爱情让他快乐,而征服的胜利却让他陶醉;与其说他征服的是女人,不如说他征服的是"贵人"。

于连把征服德·莱纳夫人当作一场战役,他要通过这场战役来考验自己,磨炼自己,确证自己。这是一个被压抑的底层青年人渴望爬升的急切心理的变态反应。当他终于握住了夫人美丽的手,他内心燃烧的不是爱情的火焰,而是征服的快感,他如释重负,他大获全胜,他赢了。他得到的,不仅是一颗女人的心,更是对野心与魅力的自我确证。在实现野心的道路上,他终于迈出了这决定性的第一步。

于连追求德·莱纳夫人,也是对现有秩序和等级的反叛。德·莱纳市长拥有傲人的财产、地位和高贵的出身,但却平庸、粗鲁。他延聘于连为家庭教师,骨子里却视于连如仆从。面对这样一个人,自视甚高的于连当然妒火中烧,愤愤不平,他不能接受这种不平等的关系。而报复市长的最便捷的办法,就是给他戴上一顶"绿帽子",让这个自以为是、自尊自大的绅士抬不起头来。

在小说中,德·莱纳市长算不上什么坏人,他的傲慢与庸碌不过是那个时代的贵族们的通病。显然,于连对他的憎恶,不光是针对他个人,更多的是出于对贵族和权贵阶层的嫉恨。他将对整个上流社会的憎恶投射到了德·莱纳身上,他时刻压抑着"对有钱人的极端仇恨"。

于连对德·莱纳夫人的"吸血的爱",让他获益丰厚。在小说中,德·莱纳夫人既有圣母一样的慈爱,又有天使一般的纯洁。这个从没体验过爱情便做了母亲的贵妇人,在发现自己坠入情网之后,便毅然抛弃了物质利益、血统地位、身份光环等一切身外之物,一心一意爱着于连这个"人"。在那个充满了市侩和铜臭的时代,这样的爱情显得特别高贵。

但她毕竟是有夫之妇,道德与感情始终在内心纠结。当她意识到内心的爱情之火,便陷入了难以自拔的矛盾与痛苦之中。特别是孩子生病之后,作为母亲的德·莱纳夫人,突然陷入了恐惧与悔恨之中,好像孩子的病痛是天主对她的惩罚一样,她感到罪孽深重。但于连并不理解她的苦衷,他也没想过要去理解她,他时刻不忘的,是自己的那点脆弱的尊严,是如何出人头地的蠢蠢欲念。即使在捕获了德·莱纳夫人的芳心之后,他考虑的,依然是如何利用这段爱情。比如,有朝一日发迹了,别人讥笑他干过家庭教师这等丢人的职业,他就可拿爱情来为自己辩护了:因为对妇人的骑士式的爱,我才甘心情愿去做她的仆人。爱情对他算什么呢?

他亵渎了德·莱纳夫人的那份真挚的感情。

在与德·莱纳夫人的反复"较量"中,于连不仅确证了自己对于女人的魅力,而且也学会了揣摩和玩弄女人的心理,比如利用嫉妒和思念来折磨女人的心。

当然,他也学会了在贵族社会的丛林中求得生存的厚黑法则。

在与德·莱纳夫人的爱情游戏中,于连还是初生牛犊,未脱稚气,还保有几分单纯,每一步都走得战战兢兢,而对妇人的爱情也还有几分纯真。但在经历了贝藏松学院的历练和熏陶后,于连就彻底脱胎换骨了。到了侯爵府,他俨然风月场上的老手、钩心斗角的高手。在充满敌意的上流社会,他以虚伪抗击虚伪,以轻蔑对付轻蔑,以屈求伸,伸缩自如,不仅获得了一枚十字勋章,也激发了侯爵小姐玛蒂尔德的好奇与爱慕。

在于连的第二段爱情中,他的政治野心更加自觉和明确。他已不满足于征服一个贵族女人了,他处心积虑,算计名利,算计地位,不惜以爱情和婚姻为手段,依附权贵,实现做主教的野心。面对喜怒无常、桀骜不驯的玛蒂尔德,于连运筹帷幄,进退有度,颇有几分拿破仑指挥千军万马征战杀伐的样子。他思虑缜密,行事谨慎,深藏不露,步步为营,最终让这位傲慢的贵族小姐爱得服服帖帖,跪在他的脚下称他为"主人"。

于连终于得到了梦寐以求的贵族身份和一块收入颇丰的地产,有了炙手可热的贵族军官的身份。此时的于连,登上了人生的巅峰,他完全忘记了自己的平民身份,当了两天的中尉,就做起了30岁做司令的美梦。

玩 火 自 焚

于连的野心,有着深厚的社会土壤。人生活在社会中,就不可能超脱这个社会的价值观念。三国是个逐于权力的时代,诸侯们满嘴仁义道德,脑子里都是权力的算计;巴尔扎克笔下的那些红男绿女,个个看起来风雅高贵,其实都是些追名逐利的男盗女娼之徒。于连也是如此。社会既没有给他这样的年轻人提供一个正常的上升通道,又不断地将一个污浊的社会呈现在他的眼前。他抵抗不了,一脚踏进了这滚滚红尘之中。

从维里埃到贝藏松,从贝藏松到巴黎,到处都是争权、斗富、阴谋、倾轧、陷害、欺骗、贿赂、收买、结党拉派。正是在这样一个野心膨胀、利欲熏心的时代,于连才选择了"野心"这个与社会抗争的利器。于连之所以有机会进入市长家当家庭教师,就是因为德·莱纳市长与瓦勒诺在经济上夸富比阔,在政治上钩心斗角。市长觉得,要胜过瓦勒诺一筹,请个家庭教师算是最合算的事情,这才"引狼入室",给于连创造了接近他夫人的机会。于连与德·莱纳夫人爱情悲剧的直接导火线,就是在教派与政治斗争中,一方利用了德·莱纳夫人的忏悔,骗她写了一封揭发于连老底的信。于连最后的死刑判决,也是各派钩心斗角的结果。于连虽然枪杀德·莱纳夫人,但并未致死,而且德·莱纳夫人和玛蒂尔德小姐还千方百计为于连奔走,希望减轻对他的处罚。但新任省长瓦勒诺要借此事件打击政治对手,并趁机抢夺更多的权力。处理这样一个普普通通的案件,上自元帅夫人、主教大人、部长和省长,下至各派政治力量和教士,都卷了进来,一下子出庭了36个陪审官。一个简单的谋杀案,成了各派力量斗争的焦点。

于连深知,有人要他活,有人要他死;而生或死,都无关他本人,他不过是个工具。他知道自己的罪恶,但他更清楚,在罪恶的社会体制中,他不过是个任人摆布和玩弄的走卒。他在辩词中说:

> 我的罪行是残忍的,而且是有预谋的。因此我该当被判处死刑,陪审官先生们。但是,即便我的罪不这么严重,我看到有些人也不会因为我年轻值得怜悯而就此止步,他们仍想通过我来惩罚

一个阶级的年轻人，永远地让一个阶级的年轻人灰心丧气，因为他们虽然出身于卑贱的阶级，可以说受到贫穷的压迫，却有幸受到良好的教育，敢于厕身在骄傲的有钱人所谓的上流社会之中。

　　这就是我的罪行，先生们，事实上，因为我不是受到与我同等的人的审判，它将受到更为严厉的惩罚。我在陪审官的座位上看不到一个富裕起来的农民，我看到的只是一些愤怒的资产者……

于连是个野心家，最终却死于野心家们的角逐。

说到底，当于连把别人当作自己往上爬的工具时，他自己也不过是别人手里的一颗棋子。

3. 自卑与自尊

娇嫩的尊严

于连出身平民。他极端自卑,却又极端自尊;他初涉人世时极其自卑,而离开人间时却昂着高贵的头颅。他那波澜起伏的生命历程,就是自卑与自尊反复交战的过程。

于连出身卑贱,缺少母爱,父亲是个老木匠,眼里只有金钱和利益。于连天生弱不禁风,"他的身材修长而匀称,更多地显示出轻捷而非力量。自幼年起,他那极端沉思的神情和极为苍白的脸色,就使他的父亲以为他活不长,或者将成为家庭的负担。家里人都看不起他,他也恨父亲和两个哥哥;礼拜天在广场上玩耍,他总是挨打"。在父兄眼里,这个手无缚鸡之力的于连,是个毫无价值的废物。不堪回首的童年经历给于连留下了深重的心理伤害,自卑的阴影始终笼罩着他的人生。

读书改变了于连的思想与命运。在一个偶然的机会,于连读到了卢梭的《忏悔录》和拿破仑的《圣赫勒拿岛回忆录》等启蒙读物,书中关于自由、平等的观念,让这个年轻人大为振奋。从此,依靠自己的禀赋和努力,摆脱粗俗低劣的底层生活,与上流人士平起平坐的愿望,就在他心里扎了根。老索莱尔是个文盲,极端敌视知识与书本。在他眼里,读书只会浪费时间和金钱,对于连"爱读书的怪癖"厌恶透顶。于连厌恶自己的家庭,他以其卑贱的出身为耻,以父兄的无知与粗鄙为耻,这也使他对同一阶层的人充满了蔑视与不屑。他虽然出身卑微,却看不上使女爱丽莎;他委曲求全做教士,却看不上那些与他一样渴望改变命运的年轻农民。

于连的自尊,源于他内心深深的自卑,他处处维护自己的尊严,却是为了摆脱卑微的出身给他带来的困扰。奥地利心理学家阿德勒在《自卑与超越》一书中对此有详细和透彻的分析。阿德勒认为,一个人先天的、生理上的或者在社会交往中的许多不完全、不完满、不得志和不如意,都会让人产生自卑感。自卑感的克服与超越,恰是人不断前行的动力与阶梯。在于连的身上,我们分明能看到他不断克服和超越自卑的努力。

小说中有一段心理描写,显示出了于连内心根深蒂固、挥之不去的自卑:

> 听见又一次被郑重其事地称作先生,而且出自一位穿得如此讲究的夫人之口,这是于连万万没有想到的。他少年时想入非非,对自己说,只有穿上漂亮的军装,体面的太太才肯跟他说话。

一声"先生",已经让于连受宠若惊,可见他的内心该是多么自卑和压抑。

在市长家里,于连把维护尊严作为自己的"职责":

他迫不及待地向市长声明:"我不愿当佣人。"因为他知道,家庭教师在本质上和佣人并无二致,这个声明恰好暴露了他对自身处境的敏感。

他最担心的问题是:"我跟谁同桌吃饭呢?"他担心别人把他当仆人,害怕每天与仆人们一起进餐,这泄露了他渴望与权贵们平起平坐的内心秘密。

> 他心想:"宁可放弃一切,也不能沦落到和仆人一起吃饭的地步。我父亲想强迫我,那我就去死。"

宁可死，也不肯低人一等。在德·莱纳家，于连和市长各自打着自己的算盘。市长常常失败，于连每每得逞，皆因为于连的自尊，恰恰击中了市长的"软肋"：市长不想输给对手瓦勒诺。所以，当于连大声宣称"我离了您也能活"的时候，市长就会误以为瓦勒诺给了于连更好的承诺。于是市长率先低声下气，用不乏讨好的口吻，挽留这位骄傲的家庭教师。这样的巧合，更助长了于连那畸形的自尊和骄傲。

当于连的手无意间碰到了夫人的手，夫人本能地缩了回去。于连的反应则是：

> 这只手很快抽了回去，然而于连想，要让这只手在他碰到时不抽回去，这乃是他的责任。想到有一种责任要履行，想到若做不到就会成为笑柄或招致一种自卑感，他心中的快乐顿时烟消云散。

正是在这种颇有几分"悲壮"的自卑情结中，胆怯的于连反而表现出了比骑士们更为大胆的勇气。

当德·莱纳夫人出于同情与感激，送"几个金路易"给他去添置衬衣时，于连认为这是对他的施舍。他正色道："我出身卑微，夫人，但是我并不低贱。"按照正常的交往原则，你可以接受这笔钱，也可以拒绝。若有于连似的过激反应，一定是有什么反常。于连为什么会有此过激的反应呢？"卑微"与"低贱"，原本属于两个范畴，前者指出身，后者指品德。谁说过"卑微的就是低贱的"呢？德·莱那夫人说过吗？看来，是于连的骨子里已经有了这样的观念，才有了如此过激的反应。

于连以警戒与敌意的态度同上流社会打交道，甚至对他教的几个孩子也不例外，怀疑"这些孩子亲近我就像他们亲近昨天买来的小猎狗一样"。他用异常警觉的眼光观察周围的一切，寻找歧视他的敌人,寻找自己受到侮辱和损害的蛛丝马迹,其结果,就是不断强化自己的"受辱感""受虐感"。自卑使他步步设防,也使他处处受伤。

自卑的于连在人前表现出的,却是非比寻常的自尊。越是自卑,便越要压制内心的自卑,越要表现出更张狂的自尊。在趾高气扬的贵族面前,他非但不低三下四,卑躬屈膝,反而要以更高傲的姿态来声张自己的尊严。这也就不难理解,为什么他一个微不足道的家庭教师,竟然敢鄙视堂堂一市之长,竟然敢公开顶撞市长的训斥,甚至咒骂那些出入市长家的官僚们是唯利是图的蠢虫。

但是,于连归根到底只是个木匠的儿子,是富人家花钱聘请的家庭教师,是修道院的小教士,是侯爵府的小秘书,在上流社会,他并没有什么值得张狂的资本。在自尊的外表下,是一颗自卑的心灵,寂寞、压抑和痛苦始终陪伴着他,这造成了他特别脆弱和敏感的性格。他对大人物们的警惕与敌意,他对小人物们的蔑视和不屑,他对处境际遇的不满与抗争,使他变得有些神经质。

小说中有这样一个细节,于连为了向市长示威,故意告假外出旅行。出发前,他焦急地等着见德·莱纳夫人一面,姗姗来迟的夫人是那么美丽动人:

> 这种端庄、动人却又笼罩在沉思中的美,在下层阶级中是根本没有的,似乎向于连揭示出她的心灵具有一种他从未感觉到的能力。

但处在矛盾与迷惘、犹豫与怯懦中的夫人,表现出的却是矜持和淡然。于连不去揣摩情人微妙的心理,就粗暴地将这复杂的情感看作对他的轻蔑和怠慢。顷刻之间,他转爱为恨:

> 愉快的微笑从他的嘴唇上消失,他想起了他在上流社会、特

别是在一个高贵而富有的女继承人眼中所处的地位。转眼间他的脸上只剩下高傲和针对自己的愤怒。他感到一种强烈的恼怒，自己居然能够把出发推迟一小时，得到的却是如此令人屈辱的对待。

他想："只有傻瓜才生别人的气，石头下落是因为它重。难道我永远是个孩子吗？什么时候我才能养成这个好习惯，我向这些人出卖灵魂仅仅是为了他们的钱？如果我想得到他们的和我自己的尊重，那就应该向他们表明，和他们的财富打交道的是我的贫穷，而我的心和他们的蛮横无理相距千里之遥，它高高在上，他们那些轻蔑或宠信的小小表示岂能达到。"

于连瞬间的变化让夫人莫名其妙。而他自己，却带着"自尊心受到伤害"的冷酷的表情，扬长而去。

根深蒂固的自卑

在市长家，于连过于敏感的"自尊"，还夹杂着几分自卑的稚气，带着几分乡村少年的淳朴。侯爵府里的于连，已经学会了察言观色，顺水推舟，学会了伪装与虚饰。他将自卑与嫉恨深深地隐藏起来，靠心机与努力来提升自己的地位，弥合他与贵族之间的差距，也显现出了更多的自信。他学会了贵族的那套礼仪，学会了骑马击剑，周旋在权贵之间，得心应手地为侯爵效劳。于连的成熟，伴随着可怕的堕落；于连的理性，伴随着可怕的虚伪。但于连的努力，确实给他带来了"尊严"，不仅侯爵对他宠爱有加，连高傲的玛蒂尔德小姐也开始青睐他了。

于连对玛蒂尔德的挑逗与征服，也是一个战胜和超越自卑以获取尊严的过程。他挑逗玛蒂尔德，最初的动机仅仅是为了战胜她的傲慢，所以，当他赢得了玛蒂尔德的好感后，他的最初感受是"自尊心得到了满足"。事实上,于连征服玛蒂尔德的最有力的武器,就是他非同凡响的自尊以及由此而产生的傲慢、粗暴甚至冷酷。他公然蔑视贵族,蔑视玛蒂尔德的贵族追求者。他嘲弄玛蒂尔德关于卢梭和丹东的观点,分明是挑衅她自以为是的权威:

> "天哪!他会是个丹东吗?"玛蒂尔德对自己说,"可是他的面孔是那么高贵,而那个丹东却丑得可怕,我觉得简直是个屠夫。"于连走得更近了些,她毫不犹豫地叫住他,她有意而且骄傲地提出了一个问题,这个问题对一个女孩子来说是很不寻常的。
>
> 于连等了片刻,上身微微前倾,神态谦卑却又透着傲气。似乎在说:"我是花钱雇来回答您的,而我靠我的工钱生活。"他甚至不屑抬眼看看玛蒂尔德。而她呢,一双美丽的眼睛睁得老大,盯着他,倒像是他的奴隶。最后,谁都不说话,他望着她,就像奴仆望着主人,等待吩咐。玛蒂尔德一直盯着他,目光奇特,最后,他一面死死地盯着她的眼睛,一面显然是急匆匆地离去了。

这一种无声的语言,深深地震撼了玛蒂尔德的心。

当玛蒂尔德终于拜倒在于连的膝下,于连满脑子想的都是:

> 这个骄傲的女人,终于跪倒在我的脚下了!我知道如何保持我的性格的尊严。我从未说过我爱她……我战胜了德·克鲁瓦泽努瓦侯爵,他是那么漂亮!他留着小胡子,有迷人的军装;他总是能在合适的时候找到又聪明又巧妙的话来说。

通过爱情,于连不仅捕获了女人的芳心,而且还战胜了其他贵族青年。

于连的自卑根深蒂固,所以于连的"反攻"才彻头彻尾。当玛蒂尔德怀上了于连的孩子,德·拉莫尔侯爵为爱女步步后退,几乎要承认这个女婿时,于连竟然这样评价这个结果:"我的小说是结束了,一切功劳归于我自己。我知道如何让这骄傲的恶魔爱我……她父亲没有她不能活,她没有我不能活。"这场爱情游戏,实际上是个关于尊严的游戏。于连体验的,不是爱情的幸福与安宁,而是战胜的快感与征服的快乐。

在名利与尊严之间,于连始终将尊严放在第一位,他时刻维护的,是作为一个人不可或缺的尊严,他将"荣誉"看得高于一切。相反,对俗人们特别看重的金钱与利益,于连倒并不特别在意,"他们得到了金钱,的确,一切荣誉都堆在他们身上,而我,我有的是心灵的高尚",他蔑视那些脑满肠肥的暴发户和贪得无厌的资产者。正是在这个意义上,于连虽然劣迹斑斑,却颇能博得世人的同情。

自卑与自尊,表面看形同天壤,实质上却是一对孪生兄弟。于连处在极端自卑与极端自尊的两极,所以,小说中的他敏感、脆弱、虚伪、善变。

小说中的于连,脸色总是苍白的。

4. 三种活法

精致的利己主义者

《红与黑》的副标题是"1830年纪事",强调了小说力图反映时代风云的宏大追求。但其实,《红与黑》也完全可以作为一部人生教科书。好的文学作品,都在人生与生命的意义上有着"镜子"的价值,可以"照"出生活的诸多色彩。

于连、德·莱纳夫人和玛蒂尔德小姐,在"红与黑"交织的复杂背景下,上演了一场足以震撼人心和冲击灵魂的悲剧。他们对人生的理解和追求各个不同,彼此的命运纠结在一起,而他们各自的人生也呈现出不同的色彩与面貌。

三个人物代表了三种不同的活法。于连,依靠冷酷的理智活着,尊重的是功利原则,追求的是野心与权势;德·莱纳夫人,依靠的是情感的引导,尊重的是内心的真实,看重的是灵魂的交融;而玛蒂尔德,则依靠想象活着,尊重的是浪漫原则,她渴慕的人生带有强烈的浪漫而虚幻的色彩。

于连是个戴着面具生活的人。为了实现野心,他隐藏了真实的感情,也隐藏了真实的信仰。这就是于连的"虚伪"。于连仇恨贵族阶级,恨死了一切有钱人。但于连并不是一个体制与制度的反叛者,他憎恨权贵与暴发户,是因为他自己不是。当他看到一个治安法官还斗不过一个30岁的副本堂神父时,他明白了,唯有依附教会才能出人头地:

于连突然不再谈论拿破仑,宣布他要当教士,人们看见他在父亲的锯木厂里孜孜不倦地背诵那本神甫借给他的拉丁文圣经。这位善良的老人对于连的进步大为赞叹,常常用整个晚上教他神学。于连在他面前只表露虔诚的感情。谁能猜得到,他脸色如此苍白,如此温柔,一副女孩儿的容貌,心里竟藏着宁可死上一千次也要飞黄腾达的不可动摇的决心呢!

那时,于连才14岁。从此,不相信上帝的于连,装出一副热烈、虔诚的面孔;把《圣经》看作谎言,却将整部拉丁文《圣经》读到能够背诵;他狂热崇拜拿破仑,却公开辱骂他;明明憎恨贵族的特权,却用"包藏着痛苦的野心"的热忱去料理侯爵的事务,甚至冒着生命危险为贵族的秘密会议递送情报。

于连有明确的人生目标,做任何事情都有自己的规划。他打定主意要握住夫人的手,就鼓足勇气克服了自己的羞怯,在规定的时间握住了夫人的手;他决定与夫人幽会,他就战胜了自己的懦弱,半夜上了夫人的床。他将这场游戏看作自己的使命和"责任",完成它们,不单是出于爱情和激情,更因为他需要这些冒险的行动来证明自己。

他的爱情仍然是一种野心,那是一种占有的喜悦,他,一个如此不幸、如此遭人蔑视的可怜虫,而她,一个如此高贵、如此美丽的女人。

在于连身上,有一种与其年龄极不相称的成熟与近乎冷酷的理智,这正是他的可怕之处。贝藏松学院是于连"成长"的最关键的环节。在这里,人人梦想金钱,个个崇拜权势,明争暗斗,尔虞我诈,充满了各种各样的伪善和奸险,让于连感到"没有保护人,没有钱,神学院和监狱区别不大",如同置身于"人间地狱"。但于连的逻辑是,既然到处是伪善,到处是欺诈,为什么不拿出勇气,伪装自己,以达尔丢夫(莫里哀《伪君子》的主人公)为老师,选择"一连串的虚伪"作为抗争的武器呢？对这个污浊的环境,于连略加适应便如鱼得水,甚至找到了能让自己"茁壮成长"的肥沃土壤。以前的于连只能算是有点心眼儿,经过了贝藏松学院的教化,于连终于成了一位玩弄心计、翻云覆雨的高手。

在与侯爵小姐的爱情游戏中,于连掌控本能与感情的高明已经达到了幻化自如、炉火纯青的地步。他也有嫉妒,他也有仇恨,他也有瞬间的耻辱感,他也有夜半三更的失落,但是,他成功地掌控着自己,不动声色,也因而成功地掌控了侯爵和侯爵小姐。

于连知道自己的劣势与优势,也很清楚玛蒂尔德的心理。他的策略是:

> 我没有高贵的出身,我必须有伟大的品质。

他的所谓"伟大的品质",就是平民的一身傲骨和不屈的气度。须知,在玛蒂尔德的圈子里,这是非常稀罕的品质。

对玛蒂尔德的任何一丝变化,哪怕如秋风掠过青蘋之末,于连都观察在心,应对起来胸有成竹。在他给元帅夫人写信以挑逗玛蒂尔德的嫉妒心理的过程中,在他故意亲近元帅夫人以激发玛蒂尔德的占有欲的时候,于连对火候的把握真是让人感叹。

> 我越是对她冷淡、毕恭毕敬,她越是来找我。这可能是事先想好的,是假装的;但是,当我出其不意地出现时,我看见她的眼睛顿时亮了起来。

于连把人生看作一场战斗,他算计着,他谋划着,他悲喜着。他的冷酷与理智让人胆寒。

"心灵的爱"

与于连形成鲜明对照的是德·莱纳夫人。如果说于连有一种与其年龄极不相称的成熟，那么，德·莱纳夫人则有一种与其年龄和身份极不相称的单纯，她的真情与于连的薄情恰成两极。德·莱纳夫人在修道院长大，驯成了一颗虔敬天主的"圣心"，她纯洁，温柔，高贵，但却过着没有爱情、没有激情的日子：

> 十六岁上嫁给一位可敬的绅士，有生以来，连与爱情多少有点相似的感情都从未体验过，也从未见过。只是听她忏悔的善良的本堂神甫谢朗曾经针对瓦勒诺先生的追求跟她谈过爱情，而且向她描绘出一种令人作呕的景象，以至于爱情这个字眼在她的心目中就意味着最下流的淫荡。偶尔也有几本小说落到她的眼下，她在那里面发现的爱情被当作一种例外，甚至被当作是不自然的。

于连的到来，唤醒了她内心沉睡的感情。看惯了周围的自私自利、卑鄙下流和粗鲁鄙俗，德·莱纳夫人特别珍视于连身上那来自平民的自尊与纯洁。于连慷慨的气度和高傲的性格与其丈夫、瓦勒诺等人的势利与卑俗形成强烈的对比，让德·莱纳夫人很是惊喜，逐渐产生了对贫寒的家庭教师的同情，并由同情而产生了爱情。尽管她拼命用"犯罪""不贞"之类的话语来谴责自己，结果还是无济于事。沉睡的心灵苏醒了，爱情便会冲破一切阻碍和顾虑。

> 她被一种从未体验过的热情弄得昏了头，但是并没有任何的虚伪来玷污她那天真无邪的心灵的纯洁。她是错了，可自己并不

知道,不过,一种维护贞操的本能已被惊醒。于连出现在花园时,她正心神不宁,脑海里翻腾着这样的斗争。她听见他说话,几乎就在同时,她看见他坐在了身旁。两个礼拜以来,一种迷人的幸福就诱惑着她,但更使她惊奇,此刻她的心灵简直被它卷走了。对她来说,一切都不可预料。

德·莱纳夫人的爱是真挚的,在经历了一阵矛盾与徘徊之后,她表现出了另一种勇敢,她全身心地投入到这场爱情之中。"我一看见你,所有的责任感都消失了,只剩下对你的爱,或者说爱这个字还嫌太弱。我对你感到了我只应对天主感到的那种东西:一种混合着尊敬,爱情,服从的东西……实际上,我不知道你在我心中唤起的是什么。"这个从未恋爱过的贵妇人,像个初恋的少女一样,在即将离别的时候,她在内心里惴惴不安地勾画着她的情人:

> 离开我以后,于连会再度坠入他那野心勃勃的计划中去,对于一无所有的人来说,这些计划是那样地自然。可我呢,伟大的天主啊!我这样富有,可是对我的幸福又这样地无用!他会忘掉我的。他那么可爱,会有人爱他,他也会爱别人。啊!不幸的女人……我有什么可抱怨的呢?

分别的痛苦将她击垮了,忧虑、嫉妒和惶恐让她变成了一具"活僵尸"。

德·莱纳夫人知道这种爱不为社会所容忍,是伤风败俗的,是"正人君子"们所不齿的,是一种"罪"。但她同样知道,爱上于连是命中注定,无可逃避。德·莱纳夫人尊重的是内心的感受,她听从情感的召唤,依照爱的指引往前走。金钱、权势、舆论、道德,在发自内心的感情面前,最后都不得不让路。德·莱纳夫人在反思自己的情感时

想到:

> 如果这过失需要重犯的话,我会重犯的。

正是德·莱纳夫人的真挚与深刻的爱,最终唤醒了于连那颗堕落和浑浊的心灵。在小说的最后,于连毫不犹豫地选择了将自己的爱给予德·莱纳夫人。很多评论者将于连与德·莱纳夫人的爱称为"心灵的爱",而将于连与玛蒂尔德的爱称为"头脑的爱",这是看到了于连与德·莱纳夫人在心灵深处的契合与共鸣。

在与玛蒂尔德的较量中,于连想起了他的旧情人:

> 这和我失去的女人有多大的不同啊!多么迷人的性情!多么天真!她的想法,我比她还先知道;我看着它们如何产生;在她心里,我唯一的对手是害怕孩子会死掉;这是一种合乎情理、十分自然的情感,对于深有所感的我来说,甚至是很可爱的。那时候我真傻。我对于巴黎的种种想法使我不能正确地认识这个崇高的女人。

过后,于连才发现,德·莱纳夫人那兼有性爱与母爱的爱情,才能给他以安全感和幸福感。

于连入狱,是因为枪杀德·莱纳夫人,但夫人不计前嫌,顶着压力来探视监禁中的于连。在生死面前,两个人没有滋生出仇恨,这表明,他们已经互相理解了。于连理解了夫人无私的爱,夫人也理解了一个出身底层的人置身于上流社会的压力与屈辱。在监狱中,两人度过了一段甜蜜的日子。于连死后三天,夫人也随着于连而去。

"爱人是幸福的。"德·莱纳夫人死了,这场爱情耗尽了她的生命,死于爱情的德·莱纳夫人应该是幸福的吧?

另一个于连

玛蒂尔德小姐是小说中最有个性色彩的女主角。她是受人瞩目和宠爱的贵族小姐,命运对她格外垂青,拥有地位、金钱、美貌和智慧。但她天生反叛、高傲、渴望与众不同。18岁的她,对政治和哲学的兴趣要超过对服装的爱好。她偷偷阅读父亲收藏的危险书籍,接受了许多新思潮。她怀念法兰西中世纪的英雄时代,向往那些侠肝义胆的英雄行为,鄙视循规蹈矩的懦弱与平庸。

玛蒂尔德的反叛,首先是对贵族圈里流行的爱情模式与婚姻传统的反叛。她不仅用犀利尖刻的语言嘲笑身边的追随者,而且用非同寻常的行为来表达自己的独特追求。每年的四月三十日,她都要身穿一袭黑衣,来纪念自己的祖先博尼法斯·德·拉莫尔,俨然博尼法斯的情人,因为这个英俊的青年人敢作敢为,为了救出朋友而被斩首。这样的勇敢与她身边的追求者们完全不同:

> 宫里那些年轻人那么坚决地拥护礼仪,一想到稍微有些出格的冒险行动就吓得脸色发白。在他们眼里,到希腊或非洲走一趟,就是大胆到顶,而且还只能成帮结伙的。他们一旦发现自己孤身一人,就害怕了,不是怕贝督因人的长矛,而是害怕成为笑柄,这种恐惧简直让他们发疯。

这样的人,怎会让她心动?

更让玛蒂尔德渴慕的,是这位祖先浪漫的爱情传奇。在博尼法斯·德·拉莫尔死后,他的情人玛格丽特王后竟然不顾一切,派人向刽子手索要情人的脑袋,并亲手安葬了他。在玛蒂尔德看来,博尼法斯与玛格丽特忠贞不渝,蔑视礼法的爱情才是合乎贵族身份的爱情。

玛蒂尔德沉浸在对先祖和玛格丽特王后的浪漫想象中,周遭的平庸和琐碎更激发了她越位和犯规的冲动。"如果在一个全巴黎的女人都渴望参加的舞会上还找不到快乐,那我的快乐又在哪里呢?"这个锦衣玉食的贵族小姐,因为感受不到生的激情与快乐,甚至渴慕死,像她的祖先一样,在轰轰烈烈的死亡中,享受生命的激情。她甚至到了迷恋死亡的地步:

> 我的话的确有深度。死刑判决仍然是唯一无人敢申请的东西。
>
> 男爵的头衔,子爵的头衔,可以买到;一枚勋章,可以赠送;我哥哥就刚刚得到一枚,他做了什么?一个官阶,可以获得。住十年兵营,或有个亲戚当陆军部长,就能像诺贝尔一样当上骑兵上尉。一笔巨大的财产呢!……

玛蒂尔德迷恋死亡,因为"死亡"是这个社会中唯一买不到的、唯一无人敢去追求的东西。这固然是因为她对无聊的日常生活厌恶到了极点,也是因为她天生反叛的个性以及追求与众不同的心理。面对身边如云的追求者,玛蒂尔德只有失望和痛苦。她哀叹:"有什么好处命运没有给我啊:声誉、财产、青春!唉!一切,除了幸福。"

出身卑微却高傲的于连,恰好满足了玛蒂尔德的想象与虚构。

首先,于连出身卑微。一个侯爵之女,敢去爱一个木匠之子,多么与众不同!它冲破了血统、门第、身份等社会传统,一个怎样有个性的人才能走出这一步!

> 敢于爱一个社会地位距我如此之远的人,这已经有其伟大和勇敢了。
>
> 如果于连虽贫穷而身为贵族,那我的爱情就不过是一桩庸俗的蠢举、一桩平淡无奇的门不当户不对的婚姻了;我不要这样的

爱情,没有丝毫伟大激情的特点,即需要克服的巨大困难和吉凶难料的变故。

于连只不过是没有财产,但是我有啊,作他这样的人的伴侣,我会继续引人注目,我在生活中绝不会湮没无闻。我可不像我的那些表姐妹,老是害怕发生革命,她们害怕人民,不敢训斥不会赶车的马车夫,而我肯定会扮演一个角色,一个伟大的角色,因为我选择的人有性格,野心勃勃。他缺什么?朋友?钱?我给他。

其次,于连很高傲,他蔑视一切世俗的东西,这又契合了玛蒂尔德小姐的心理需求。这个乡下人不仅头脑聪明,学识出色,而且没有丝毫的卑躬屈膝,没有丝毫的奴才相。他不以陪侯爵夫人吃饭为荣,而这却是十几年如一日地围在侯爵夫人身边的那些贵族青年们梦寐以求的荣耀。"此人不是生来下跪的",玛蒂尔德对于连做出了这样的判断。

"他会是一个丹东!"她又胡思乱想了好一会儿,补充说,"那好吧!假定革命再度爆发,克鲁瓦泽努瓦和我哥哥会扮演什么角色呢?那是事先就定了的:崇高的逆来顺受。那将是英勇的绵羊,任人宰杀而不吭一声。他们死时唯一害怕的是不雅。我的小于连将打碎来逮捕他的雅各宾分子的脑袋,只要他有一线希望逃走。他可不怕不雅,他。"

于连不仅蔑视门第与出身,而且连高傲的玛蒂尔德小姐也敢蔑视。"他蔑视别人,正是为此我才不蔑视他",这让一贯趾高气扬、颐指气使的小姐既恼怒又难以忘怀。她在于连身上欣喜地看到了自己一直渴望和追求的英雄气质:敢于蔑视权贵,敢于拥有和表现自己的思想,富有激情和胆量。

于连敢作敢为的男子汉气魄,更让玛蒂尔德得到了窒息般的享受。两人幽会之后,玛蒂尔德为自己"失身于一个仆人"而恼怒,她发现,她并没有体验到爱情的深刻与狂喜。于是,她又恢复了往日的傲慢,这让于连陷入绝望之中,以致一度产生了自杀的念头。就在这情绪低落的时刻,由绝望而产生的一个狂怒的动作,却突然使整个事件发生了戏剧性的变化——狂暴的于连拔剑欲杀玛蒂尔德,玛蒂尔德再一次被感动了。她给他背诵她写的情书,逐字逐句地背出,没有丝毫的遗漏。在这个过程中,我们分明看到了她的祖先和玛格丽特王后的影子。

　　玛蒂尔德的生活,本质上是在圆自己的一个梦,而于连恰好在她做梦的时候闯了进来,参与了她的梦想的实现。正如俄罗斯科拉索夫亲王分析的那样:

> 　　像所有那些得天独厚的女人一样,或者有太多的尊贵,或者有太多的钱财。她老是看自己,而不看您,因此她不了解您。两三次爱的冲动之后,她借助想象力的巨大努力,委身于您,她在您身上看见了她梦想的英雄,而不是真实的您……

　　玛蒂尔德之所以疯狂爱上于连,其实是因为于连是博尼法斯·德·拉莫尔的投射物。她爱的是她自己从小就开始虚构的一个幻象,玛蒂尔德爱的终归是她自己。

　　玛蒂尔德对爱情的选择,服从于她的想象,为了反叛而爱情,为了浪漫而爱情。玛蒂尔德与于连,其实可以互为镜像,在对方的身上可以照出自己的影子。一个为了权势而爱,一个为了梦想而爱,本质上都是自我中心主义者。他们都渴望支配别人,主宰事态,他们的爱都属于罗素所讲的"吸血的爱"。

　　于连入狱后,玛蒂尔德的抗争进入了一种疯狂和忘我的状态。于连赴死的精神让她"发现他远远地高出她的想象。博尼法斯·德·拉莫尔似乎复活了,然而更有英雄气概"。于连越想死,玛蒂尔德就会越爱他,她越爱他,就越想解救他。她放弃自尊和名誉,四处求人,甚至向自己的情敌寻求援助,甚至想要跪在国王奔驰的马车前,冒死请求国王赦免于连,她甚至想到了自杀。而她内心最深层的动因,依然是要表现她与众不同的高贵与个性:"她不想苟活于情夫之后,然而在她对他的生命怀有的焦虑和恐惧当中,她有一种秘不示人的需要,即用她那爱情的过度和行动的崇高让公众大吃一惊。"

小说这样写道:

> 玛蒂尔德的主意并不局限于牺牲名节,她可不在乎让整个社会都知道她的状况。跪倒在国王奔驰的马车前,引起亲王的注意,冒死请求赦免于连,这还是她那狂热勇敢的想象力所虚构出来的最实在的幻想呢。
>
> 巴黎的那些客厅看见我这样地位的一个女孩子对一个行将赴死的情人崇拜到这种程度,会说些什么呢?要找到这样的感情,必须回溯到英雄时代。在查理九世和亨利三世的时代,使人心跳的正是这样的爱情呀。

于连被送上了断头台,他裹在披风里的尸首被人送回了房间,等待下葬。玛蒂尔德来了,"她跪下了。显然,对博尼法斯·德·拉莫尔和玛格丽特·德·纳瓦尔的回忆给了她超人的勇气。她双手颤抖着,揭开了大氅……她已经把于连的头放在面前的一张小石桌上,吻那头的前额……"

她亲手把自己情人的头颅埋在汝拉山脉的一座山峰最高点的附近。这一刻,她就是玛格丽特王后,那用大理石装饰起来的山洞里所埋葬的,正是身首异处的情人博尼法斯·德·拉莫尔的高贵的头颅。

于连最终拒绝了玛蒂尔德,但却成就了玛蒂尔德一生的梦想。

三个人,一个理智,一个纯情,一个浪漫,三种人生态度,三种活法,无论在哪个时代,只要他们聚合在一起,都能擦出生命的火花。

5. 幸福在哪里

与幸福擦肩而过

《红与黑》的结语耐人寻味,这是斯丹达尔写的一句英文题词:"to the happy few",意即"献给少数幸福的人"。在《红与黑》中,到底有没有"幸福的人"呢?于连算不算"少数幸福的人"呢?

毋庸置疑,在索莱尔老爹的锯木厂里,饱受父兄歧视、孱弱孤僻的于连是不幸福的,他内心压抑,他对家人和家乡都充满了深深的怨恨。临死之前会见亲朋好友,最让他感到别扭的,竟然是他的父亲。

当于连把一本拉丁文《圣经》倒背如流,引起全城轰动的时候,他幸福吗?也没有,因为他不得不将对拿破仑的狂热崇拜隐藏起来,众人的赞赏满足了他的虚荣,而他的内心却在苦苦挣扎。

于连的第一次幸福体验,是跟随德·莱纳一家搬到韦尔吉别墅的最初的那段时光。

> 在维里埃德·莱纳先生的房子里度过的寂寞的几星期,对他来说竟成了一段幸福的时光。他只是在人家邀请他参加的宴会上才感到厌恶,才有令人不快的想法。在这座寂寞的房子里,他不是可以读、写、思考而不受打扰吗?他可以沉入非分之想而不必时时研究一颗卑鄙灵魂的活动并用虚伪的言或行去对付。

在这里,于连过的是一个真正的孩子的生活,像他的学生们一样兴高采烈地追捕蝴蝶。他不用克制,不用伪装,不用耍狡猾的手腕,一个人独处,他可以沉湎在自己的想象之中,可以恣意享受美丽的大自然。显然,是单纯和自由,让他体会到了一种有生以来从没体验过的快乐。

但此刻的于连,并没有意识到,这种发自内心的快乐就是幸福。他更没意识到,这样的幸福,从此再难觅踪影。人生似乎总是如此,每个人都急不可耐、慌慌张张地前行,攫取,占有,以为幸福就在明天,就在未来,就在远方。某一天回首,才发现我们在不经意间已经触碰到了幸福女神的裙边,却又在一瞬间远离了她。于连正是如此。当他手握幸福的时候,他想的却是:

> 难道幸福离我这么近吗?……这样的生活所需甚少;我可以选择,或者娶爱丽莎,或者与富凯合伙……一个旅行者爬上一座陡峭的山峰,坐在山顶休息,其乐无穷。可要是强迫他永远休息,他会感到幸福吗?

于连无法停下匆匆的脚步,因为他野心勃勃。那么,当他步步高升、不断接近目标的时候,他是否从成功中体会到了预期的快乐和满足,感到幸福了呢?没有。相反,在不断的成功中,始终有一种奇怪的厌倦感搅扰着他。他一放下工作,就陷于极度的厌倦中……这使他的内心满是空虚、矛盾和迷惘。他究竟厌倦什么,又为什么而迷惘呢?

不妨看看于连在煞费苦心、机关算尽,终于征服了被誉为"巴黎的典型"的侯府小姐玛蒂尔德后,他的内心独白:

> 玛蒂尔德努力用"你"来称呼他,显然,比起说话的内容,她把更多的注意力花在这种奇特的说话方式上了。这种剥除了温情的你我相称没有使于连感到一点点快乐;他奇怪怎么一点儿幸

福也没有,最后,他为了有所感,就求助于理智。他看到自己受到这个女孩子的敬重,而她是那么高傲,从不无保留地称赞人;如此这般,他终于感到一种自尊心得到满足的幸福。

作者频频用到"幸福"二字,但读者一目了然,此时的于连并不幸福,甚至不感到快乐。他对缺乏幸福感到惊讶;最后为了去感觉它,他求助于他的理智。为了说服自己是幸福的,他必须借助理智的力量。

幸福是一种感受,是用来享受的,如果幸福还要依靠理智来论证,这样的幸福还算幸福吗?那一瞬间,他怀念起了在德·莱纳夫人身边所感到的"心灵的陶醉"。一种是成功的荣耀与满足,一种是心灵的陶醉与沉迷,究竟哪一个才是真正的幸福呢?

同玛蒂尔德的爱情,更像是双方之间的一场较量,一种征服。作者用了一个比喻来描述于连与玛蒂尔德的关系:"一位英国旅行者说他和一只老虎亲密相处,他养大了它,爱抚它,然而桌子上总是放着一把上了膛的手枪。"对于连而言,玛蒂尔德竟然是"一只老虎"!其实,在玛蒂尔德眼里,于连何尝不是一只老虎?当于连费尽心机地勾引她时,她也在处心积虑地算计着于连:既挑逗于连的占有欲与征服欲,又竭力维护自己的高傲与矜持。这是一场战争,男人与女人的战争。于连的心声与玛蒂尔德的心声何其相似!

爱情如此,政治上也是这样。在巴黎,人与人之间只有利用与被利用,榨取与被榨取,人生如同竞技场,不能有丝毫的怠慢与停歇。

当他终于获得了侯府千金的青睐,平步青云指日可待的时候,于连的内心却越来越空虚,越来越忧郁,也越来越厌倦。叔本华的"生存意志"说尽了于连此时的状态:整个人生因为欲求而处于痛苦和无聊之间,或为欲求的不满足而痛苦,或在欲求短暂的满足之后又陷入空虚无聊之中。

临死时顿悟了幸福

带着莫名的厌倦和深深的迷惘,于连终于走到了生命的终点。

出乎意料的是,在这个本该充满仇恨与绝望的终点,于连的生命却绽放出幸福的异彩。

在死亡来临之际,于连终于品尝到了幸福的美酒:

> 这颗头颅从不曾像将要落地时那么富有诗意。从前他在韦尔吉的树林里度过的那些最温馨的时刻纷至沓来,极其有力地涌上他的脑际。

在生命的最后时刻,于连的心里充溢着幸福,他的内心又回到了"处子般澄澈的宁静"。一直阴郁、过敏和多虑的于连,变得那么单纯,那么阳光。让我们来看看于连在监狱里的这段内心独白:

> 事实上,他是在狂热地爱着她。他独处且不担心有人打扰的时候,他可以纵情回忆从前在维里埃和韦尔吉度过的美好时光,这时他就感到一种独特的幸福。那段飞逝的时光中发生的事情,哪怕再微不足道,对他都具有一种不可抵抗的新鲜和魅力。他从不想他在巴黎的成功,他已经厌倦了。

于连终于确认自己登临过幸福的巅峰。监狱竟然成了于连参悟幸福的地方,这多少有点悲哀。此时此地,当于连回顾在维里埃的那段生活,回忆起最初的那次"幸福体验",于连终于理解了"幸福"这个词的含义。

> 不过奇怪的是,直到我看见了生命的终点这样靠近我,我才

知道了享受生活的艺术。

于连在临终的时候终于领悟了幸福的真谛。

幸福,它不仅需要一些客观的、外在的条件,它更需要人对幸福的理解和感受。有人说,幸福不仅是一种感觉,它还是一种能力。是的,欲望的灰霾,观念的雾瘴,莫名其妙的仇恨,都会使我们丧失感受幸福和享受幸福的能力。享受幸福,享受的就是那种自由的心态,享受的就是无忧无虑的我们自己。

监狱中的于连重新获得了感受和享受幸福的能力,他终于回到了连他自己都已经忘却了的那个没有野心、没有虚荣、没有仇恨的简单宁静的自我。当他与德·莱纳夫人冰释前嫌之后,"于连的兴奋和幸福向她证明了他已完全原谅了她。他还从未爱得这般疯狂"。从前的于连爱着德·莱纳夫人,但炽热的野心与深重的自卑,使他没有心境去体验这份爱。而今,他终于可以不戴假面,自由自在地享受甜美的爱情了。他只祈求"甜甜蜜蜜地共同过上两个月",无忧无虑地死在爱情的怀抱。他对德·莱纳夫人说:"如果您不来监狱看我,我死了还不知道什么是幸福呢。"射向德·莱纳夫人的那一枪,毁灭了这个野心家的前程,却给了他重新寻找幸福的机会。

于连新生了。

> 野心已在他的心中死去,灰烬中生出了另一种激情,他称之为谋害德·莱纳夫人的悔恨。

安静的监狱里,于连陷入了深深的反思中。他领悟到,他的野心从未给他带来过幸福,反而淹没了真实的自我。于连的心在死牢中终于复归到自然的状态,往日的野心、幻想、奋斗,统统失去了迷人的光彩。醒悟了的于连是幸福的,在经过了狂热的奋斗和沉沦之后,于连终于成为"少数幸福的人"。

卸下了长期的人格伪装,于连终于找到了幸福的所在,原来纯真与宁静才是幸福的归宿。在坦然走向刑场的路途中,于连终于产生了这种基于自我肯定的独特的心理体验,以幸福的回归结束了自己的奋斗历程,安然地走向死亡。

6. 尊严是生命最后的屏障

澄澈的宁静

于连死了。

这个结局,既是邪恶的社会强加给他的判决,也是他顿悟后的主动选择。

> 幸亏他们通知他赴死的那一天,明媚的阳光使万物洋溢着欢乐,于连也浑身充满了勇气。在露天行走,给了他一种甜美的感觉,仿佛久在海上颠簸的水手登上陆地散步一样。

这哪里像去受刑,简直是奔赴生命的盛宴;这不是悲怆,而是"欢乐颂"。以这样的笔调写死亡的场景,经典中并不多见,于此可见作者大有深意。

于连选择了死亡,他死得明白。所以,他没有恐惧,没有沮丧,没有激愤。那个利欲熏心的农民之子不见了,那个焦躁不安的野心家不见了,只有澄澈的宁静。

这里有绝望,有忏悔,有自我解脱。当然,也有于连最为根本的东西,那就是尊严与高傲。

于连的那一枪,意味着他飞黄腾达的梦彻底终结了。被投进监狱之后,于连像突然换了个人似的,万念俱灰,他只想一死了之,谁审问他,他都重复一句话:"我蓄意杀人,我应该被杀掉。"他拒绝会见任何人,他请求德·拉莫尔小姐将他忘掉。他看穿了,看透了,他疲惫了,他厌倦了。在他看来,死亡才是永恒的安息。

前程毁了,名誉没了,重回贵族的客厅东山再起的机会也再难有了。重回底层,过那种他一直嗤之以鼻的平民生活,如同他的父兄,对于连来说也是不可想象的了。远离尘嚣,像他的朋友富凯那样过清净自在的日子,也终究违背了于连的性格。虽然两个爱他的女人为他奔走,救他出狱,但他知道已经无路可走。或者说,人生可选择的路,要么已经堵死,要么已经没有了意义。

于连选择死亡,是因为对人生的绝望,更是出于真心的忏悔。

当于连梦寐以求的一切在瞬间化为乌有,曾经的信念也随之土崩瓦解。强烈的报复冲动攫取了他的灵魂,他开了枪。枪响之后,他立刻陷入了狂躁的悔恨之中。德·莱纳夫人是他生命中的第一个女人,也是唯一一个给了他独立和尊严的女人。他忏悔道:

> 我居然能够谋害最值得尊敬、最值得钦佩的女人。德·莱纳夫人曾经像慈母那样对待我。我的罪行是残忍的,而且是有预谋的。因此我该当被判处死刑……

当他确认德·莱纳夫人并没致命之后,于连从狂躁的情绪中冷静下来,恢复了自己的理性与冷静,开始人生的反思。

于连忏悔的不仅是他枪杀情人的具体事件,他忏悔的是他的人生选择。"枪击事件"只是一个导火索,它决定性地促成了于连的人生反省。

其实,于连是一个善于内省和自视的人,在他的心理活动中,既有野心勃勃的盘算,自我陶醉式的黄粱美梦,有自卑的多疑,也有自我否定式的怀疑。从占有德·莱纳夫人的激情,到雄心与野心、反抗与妥协的反复较量,他内心深处的美丑、善恶、是非一直处在交战之中。他深陷罪恶之中,但内心却燃烧着良知的火焰,只是内心的声音被权欲的煎熬吞没了。要摆脱这沉重的罪恶感,回归生命的清明与澄澈,只有让生命重归于零。

这对他何尝不是一种解脱?

最后的反抗

死亡是于连最后的反抗。

选择死亡,是于连的精神与性格决定的,他是一个不服输的人,是一个视尊严如同生命的人。即便只是德·莱纳先生雇佣的家庭教师,在与德·莱纳先生的冲突中,于连也从没有半点让步。于连的强硬,再加上假想敌瓦勒诺的阴影,迫使德·莱纳先生接连让步,最后,不仅将薪酬增加到每月 50 法郎,而且还给了于连一整天的休假。

于连对自己说:"我打了一个胜仗。"他爬上韦尔吉的大树林,在树林中间走着,有一瞬间他几乎对树林中迷人的美景有了感觉。高山上的洁净空气把平静,甚至把快乐注入了他的心田。

> 于连看见一只鹰从头顶上那些大块的山岩中飞出,静静地盘旋,不时画出一个个巨大的圆圈。于连的眼睛不由自主地跟随着这只猛禽。这只猛禽的动作安详宁静,浑厚有力,深深地打动了他,他羡慕这种力量,他羡慕这种孤独。
>
> 这曾经是拿破仑的命运,有一天这也将是他的命运吗?

雄鹰的意象在小说中多次出现。在于连的精神世界里,这只雄鹰留下了深深的烙印,"力量"伴随着"孤独","孤独"中满含着不屈。不顺从、不服输的英雄,注定了终生的孤独。

反抗伴随于连的一生,正如斯丹达尔对他的评价,这是一个"在和整个社会作战的不幸的人"。按照于连的出身,他本该一辈子在底层游荡,但他一直与社会、家庭和命运抗争,希望掌控自己的命运。他渴望出人头地,甚至不惜为此伪装自己。在骨子里,于连对他身陷其中的黑暗与污浊是蔑视的,虽然他没有足够的力量抗拒它。他虚伪,同时他也憎恶自己的虚伪;他阴暗,他也同样渴望摆脱阴暗。只是他在红尘中陷得太深,一脚进去,再难离开,不得不以放弃红尘来洗刷身上的污秽。

于连终于如愿以偿,法庭判他谋杀罪,死刑。他拒绝上诉,也拒绝做临终祷告。在于连看来,丝毫的懦弱和乞求都将有损于他高贵的尊严;而对于法庭、教会以及庸俗的公众,他没有任何值得忏悔的地方。他说:

> 让我过我理想的日子吧……一个人能怎么死就怎么死,我哪,我只愿意按照我的方式去想死亡。别人跟我有什么关系!我和别人的关系就要一刀两断了。

于连可以出卖一切,唯独不愿出卖的,是他的尊严。尊严是他唯一的坚持。为了尊严,他选择了死亡。

尊严是生命的最后一道屏障。

斯丹达尔,他自己用意大利语撰写的墓碑碑文是:"阿里果·贝尔;米兰人。活过,爱过,写过。"

活过,爱过,写过,这也是为于连量身定制的墓碑碑文。

三 《三国演义》

功名与道义：

1. 一个群雄争霸的故事

毛宗岗说:"叙三国不自三国始也,三国必有所自始,则始之以汉帝。叙三国不自三国终也,三国必有所自终,则终之以晋国。"

从汉末到晋朝立国,近百年时间,上千个有名有姓的人物,《三国演义》演绎了一幕幕波澜壮阔的历史剧。小说的主角是一群政治强人、外交精英、军事霸主,内容就是群雄争霸。他们在政治上钩心斗角,翻云覆雨;在外交上你来我往,纵横捭阖。当然,在那个靠力量说话的时代,最终的较量,还在你死我活的战场上。官渡之战、赤壁之战和夷陵之战这三场战役,构成了《三国演义》故事的主要骨架。

官渡之战是汉末第一场大战,发生在曹操与袁绍之间,以袁绍失败而告终。从同朝为官的同僚,到兵戎相见的对手,这场战斗结束了曹袁二人之间的恩恩怨怨,生动诠释了一山不容二虎的道理。

公元189年,汉灵帝驾崩,董卓趁机进京,据兵擅政,大开杀戒,废少帝而立献帝,自己进位为相国。当此之时,满朝文武无不战战兢兢,而袁绍与曹操,一个当面痛斥,一个冒死行刺,走上了反抗董卓暴政的正义之路。

后来,二人结盟反抗董卓。联盟鸟兽散,袁绍曹操也从此分道扬镳。此后,袁绍在北方构筑势力范围,成为北方一霸;曹操则左冲右突,围绕徐州、兖州等战略要冲,与吕布等地方豪强钩心斗角,最后消灭了吕布,降了关羽,撵走了刘备。公元196年,曹操将献帝迁至许都(后改许昌),"挟天子以令诸侯"。这样,一个做着天子美梦的人,与

版本参照:《三国演义》(人民文学出版社1979年版)。罗贯中著。

一个挟持天子的人,到了不得不战、不能不战的地步。

东汉献帝建安五年(公元200年),袁绍率军南下,与曹操对峙于河南官渡。曹操兵少粮乏,被动应战,屡屡失利,只能苦苦坚持,寻找战机。而袁绍兵强马壮,补给充足,手下谋士成群。谋士许攸看到曹操后方空虚,且粮草不足,建议偷袭许昌。可惜,袁绍不仅不听,反而计较前嫌,赶走了许攸。许攸知袁绍必败,就投了曹操,并献计偷袭乌巢。乌巢是袁绍的命门,辎重补给之要地。袁绍却派了个耽于酒色的淳于琼把守。结果一夜大火,袁军的粮草补给付之一炬,军心大乱。

官渡一战,袁绍元气大伤,此后屡战屡败。公元202年,袁绍病死。经过一番绞杀,北方尽属曹操。官渡之战奠定了曹操对北方的控制权。但是,曹操哪里想到,同样的失败命运也将降临在自己的头上。他的对手,是看似不堪一击的孙权以及已经溃不成军的刘备。

官渡之战结束后,曹军南下,势如破竹,所向披靡。曹操此行,目的明确,就是要收复江南,一统江山。这就把刘备、孙权逼到了死角。好不容易逃出曹操魔爪的刘备,不得不依附荆州刘表,却又遭遇刘琦、刘琮兄弟内讧,真是屋漏偏逢连夜雨,走投无路,四顾茫然。而江东孙权,17岁从兄长孙策那里继位,统治尚不到10年,虽然他英武有为,且江南富庶,人才济济,但面对号称百万雄师的曹军,朝野惊恐,连一向忠心耿耿的张昭等人都主张投降。

但是,历史总有些吊诡和奇谲的地方。有两个历史的细节,决定了这场原本没有悬念的战争有了反败为胜、绝处逢生的机会。就在赤壁之战的前一年——公元207年,走投无路的刘备,在三顾茅庐之后,请出了隐居隆中的诸葛亮。而在更早之前的191年,孙权的哥哥孙策在寿春偶遇了一代英才——周瑜。

一时亮瑜,毕竟功成。诸葛亮审时度势,来到江东,舌战群儒;周瑜心机缜密,破釜沉舟,坚定了孙权的决战之心。于是,孙权拜周瑜与老将程普为统帅率军抗曹。公元208年,东吴数万军马,与曹操几十万大军隔长江对峙。

关于破曹之策,周瑜与诸葛亮不谋而合,定下火攻之计。老将黄盖甘行苦肉计,诈降曹操。隐居江东的"凤雏"庞统,过江与曹操相见,游说曹操锁住战船。交战当夜,东南风起,黄盖前去诈降,趁势放火,曹操水寨顷刻间化作火海。一夜之间,曹操大军所剩无几。曹操见败局无法挽回,只得引残兵败将沿华容小道逃回江陵。诸葛亮也暗回江夏,率刘备军加入战斗。

赤壁之战奠定了三分天下的基础。周瑜与诸葛亮两大奇才,联上演了多场精彩传奇。"群英会""蒋干盗书""草船借箭""苦肉计""阚泽献书"等故事,都已成为传世名典。

最后一场大战是发生在吴蜀之间的"夷陵之战"。

赤壁之战撵走了野心勃勃的曹操,曹操从此不再觊觎"二乔"了。孙权与刘备的矛盾却浮出了水面。其实,赤壁之战的时候,孙刘暗斗已经开始,只是因为大敌当前,彼此不得不有所顾忌。战后,刘备趁孙权对付曹操的空隙,不仅巩固了对荆州的控制,而且趁势收取了荆南四郡,得了大将黄忠、魏延等一干人马。公元214年,在诸葛亮、庞统等人的怂恿和谋划下,刘备又打败了刘璋,占据了肥沃富裕的西川,奠定了三分天下有其一的蜀国基业。这使得一向将荆州视作囊中之物的孙权如鲠在喉。围绕借荆州,双方斗智斗勇,谁也不甘示弱。

联吴抗曹是诸葛亮定下的基本国策,但是,随着刘备集团夺取了西川,势力越来越大,他们也有些自我膨胀了。公元219年,曹操派于禁率七军攻打襄樊,关羽巧借汉水突涨之势,水淹七军,大破于禁,取得一生最后的战绩。然而关羽顾首顾不了尾,大意失了荆州。在曹孙两家的合攻之下,关羽败走麦城,死于孙权之手。吴蜀联盟破裂了,撕破了脸的孙权为了自保,干脆投降曹魏,加封九锡。

雪上加霜的是,张飞的首级又被人割了献给吴国。

悲愤交加的刘备,全然不顾诸葛亮等人的劝阻,兴兵伐吴,报仇雪恨。

蜀兵自恃国力强大,来势汹涌,长驱直下。江东大震,政权岌岌可危。在这个生死存亡的危急关头,孙权又一次显示出他的英明与果决。他力排众议,毅然拜书生陆逊为都督,率兵拒蜀。陆逊忍辱负重,坚守待变。公元222年,刘备报仇心切,又加上自大轻敌,在猇亭扎下连营,终被陆逊抓住战机,火烧连营,全军覆没。第二年,刘备在羞愤中病逝于白帝城。

夷陵之战,是蜀国在失去了荆州之后的又一次惨败,极大地削弱了蜀国的力量,使诸葛亮在《隆中对》中所描画的美妙蓝图化为乌有。

蜀国不得不冷静下来,寻找与吴国重修于好的机会。后诸葛亮派邓芝前往东吴,终于恢复了吴蜀两国的联盟。

《三国演义》以描写战争见长。这三次战役,都是火攻,都是以弱胜强,都是反败为胜。从主帅到将军,从谋士到走卒,在你死我活的战争中,性格都得到充分表现。

2. 一群野心家

遍 地 霸 王

什么是野心家？孙中山先生在《民权主义》中说："自古以来,有大志之人多想做皇帝。像刘邦见秦皇出外,便曰:'大丈夫当如是也。'项羽亦曰:'彼可取而代也。'此等野心家代代不绝。"

的确,中国从来不缺像刘邦项羽这样的野心家。具有讽刺意味的是,野心家刘邦所打下的汉家天下,也没能摆脱被野心家谋夺的命运。《三国演义》中那一群野心勃勃的军阀豪强所谋夺的,正是刘家天下。

三国故事起于东汉末年,当时宦官擅权,国家四分五裂,经济凋敝,民不聊生。这一切的根源,在于中央政府的昏聩与腐败,在于皇帝的懦弱与无能。

这就是"三国"难局的基本原因。

小说开头写道:

> 推其致乱之由,殆始于桓、灵二帝。桓帝禁锢善类,崇信宦官。及桓帝崩,灵帝即位,大将军窦武、太傅陈蕃,共相辅佐;时有宦官曹节等弄权,窦武、陈蕃谋诛之,机事不密,反为所害,中涓自此愈横。

其实,祸根早已埋下。检视东汉近200年的历史,你会发现刘邦的子孙们很不争气。不妨罗列一下光武中兴之后的那些皇帝们:

汉和帝10岁即位,在位18年,刚懂事就死了;

殇帝刚满月就做皇帝,8个月后夭折了;

安帝 13 岁即位,32 岁死去;

顺帝 11 岁登基,30 岁驾崩;

冲帝 2 岁登基,半年即死;

质帝即位时 8 岁,9 岁便死了;

桓帝即位时 15 岁,死时年方 36 岁;

灵帝 12 岁登基,33 岁即亡。

这些可怜的皇帝,有的登基时还在吃奶,有的龙椅尚未坐热就死了。最可怜的是殇帝与冲帝,吃奶的时候登基,还没断奶就死了。即便以现代的政治眼光看,领导人的频繁更换也会给国家带来消极影响,更何况在那个一人独断乾纲的皇权时代,走马灯似换来换去的都是些乳臭未干的孩童?如此频繁和儿戏般的政权交接,究竟埋下了多少祸根?

在大一统的专制国家,一旦中央政府的权力旁落或失控,军阀割据、四分五裂的局面就难以避免。一个皇帝倒下去,千万个皇帝站起来。有人说三国时代"家家欲为帝王,人人欲为公侯"。曹操有句狂妄的话:"如国家无孤一人,正不知几人称帝,几人称王。"曹操颇为自负,其雄睨天下之状跃然纸上。但曹操说的是实情。正如王朗骂诸葛亮时所说:"曩自桓、灵以来,黄巾倡乱,天下争横。降至初平、建安之岁,董卓造逆,傕、汜继虐;袁术僭号于寿春,袁绍称雄于邺土;刘表占据荆州,吕布虎吞徐郡:盗贼蜂起,奸雄鹰扬,社稷有累卵之危,生灵有倒悬之急。"

《三国演义》所叙述的就是豪强们逐鹿权力、争霸天下的故事。"十常侍"弄权,玩弄皇帝于股掌之中,总算还给了小皇帝一个扯线木偶的角色;董卓废掉一个皇帝,再立一个,最后图穷匕见,干脆逼皇帝退位自己出来干。要不是王允的计谋得逞,董卓坐几年龙椅应该不成问题。孙坚抢得传国玉玺,视若至宝,好像真的得到了老天爷的恩宠,骤然间野心大为膨胀;袁术不甘寂寞,自说自话,自编自导搞了个小朝廷,别人认不认不管,自个儿先把龙椅坐起来。袁绍凭借雄厚的实力,占据北方,觊觎天下,俨然帝王气象,随时准备取汉家天子而代之。在这样一个朝纲崩塌、豪杰林立的乱世,政治权力成为列强们争夺的焦点,大大小小的野心家也应运而生。

在脍炙人口的"煮酒论英雄"一节中,曹操对天下英雄来了个大起底。这些人到底算不算英雄,仁者见仁,智者见智,至少在曹操眼里,多半都是"狗熊"。不过要说他们是野心家,想必没有任何异议。请看:

> 玄德曰:"淮南袁术,兵粮足备,可为英雄?"操笑曰:"冢中枯骨,吾早晚必擒之!"玄德曰:"河北袁绍,四世三公,门多故吏;今虎踞冀州之地,部下能事者极多,可为英雄?"操笑曰:"袁绍色厉胆薄,好谋无断;干大事而惜身,见小利而忘命:非英雄也。"玄德曰:"有一人名称八俊,威镇九州——刘景升可为英雄?"操曰:"刘表虚名无实,非英雄也。"玄德曰:"有一人血气方刚,江东领袖——孙伯符乃英雄也?"操曰:"孙策藉父之名,非英雄也。"玄德曰:"益州刘季玉,可为英雄乎?"操曰:"刘璋虽系宗室,乃守户之犬耳,何足为英雄!"玄德曰:"如张绣、张鲁、韩遂等辈皆何如?"操鼓掌大笑曰:"此等碌碌小人,何足挂齿!"玄德曰:"舍此之外,备实不知。"操曰:"夫英雄者,胸怀大志,腹有良谋,有包藏宇宙之机,吞吐天地之志者也。"玄德曰:"谁能当之?"操以手指玄德,后自指,曰:"今天下英雄,惟使君与操耳!"

淮南袁术、河北袁绍、荆州刘表、江东孙策、益州刘璋、张鲁韩遂,包括这张狂的曹操和装傻的刘备,哪一个不是野心家?但要说英雄,则未必。在曹操看来,英雄的第一个要件,便是"胸怀大志",有"包藏宇宙之机，吞吐天地之志"，说白了，就是要有将天下纳入囊中的野心。刘璋拒守西川，力图自保，对外扩张的野心还不够宏大，便被曹操嘲弄为"守户之犬"。若刘璋之辈算是"守户之犬"，普天下的人物在曹操眼中又算个什么东西？

"志在图王"，这是《三国演义》中各种冲突的总根源。

当然，"图王"是有层次之分的。曹操、袁绍、刘备这样的人，图的是雄霸天下；而更多的豪强们，则是拥兵自重，割据数州，独霸一方。

"恶"到极致是董卓

在野心家的"第一梯队"中，给人印象最深的，恐怕是董卓、袁绍、曹操和刘备这些人。这些野心家的性格、言行个个不同，小说赋予的感情色彩也彼此有异。总体说，董卓是个十恶不赦、恶贯满盈的独夫民贼，作者对他是恨不能食肉寝皮，持完全否定态度。袁绍四世三公，出身高贵，但贵而不高，奸而不雄，是个优柔寡断、不辨忠奸的昏庸之人。作者对他既有嘲弄，又有哀叹，哀其不幸，怒其不争，态度有点暧昧；而曹操，既是权奸，又是枭雄，虽然缺德，却智慧充盈，作者既爱又恨，既厌恶又欣赏，态度很复杂。唯独刘备，是《三国演义》极力包装和弘扬的人物，这位集雄心、道义、仁爱于一身的英明之主，才是作者心中最伟大的君王。

董卓是《三国演义》中率先以野心家形象登场的人物。他在小说中所占篇幅不多，集中在前十回。第一回写董卓大败于黄巾军，刘关张出手相救。谁知道董卓不懂知恩图报，问三人现居何职，玄德一曰"白衣"，董卓便报以白眼。这是个粗鄙无理的家伙。此后他率兵闯入京师，收罗英勇善战的吕布为爪牙，肆无忌惮，废旧主，立汉献帝，专断朝政，不仅"赞拜不名，入朝不趋，剑履上殿，威福无比"，而且绞死唐妃，鸩杀少帝，奸淫宫女，夜宿龙床。他挟持献帝迁都长安，尽驱洛阳百姓，死于沟壑者，不可胜数。又纵军士淫人妻女，夺人粮食；对政敌降卒,董卓命于座前或断其足或凿其眼或割其舌或以大锅煮之。哀号之声震天,百官战栗失箸,董卓饮食谈笑自若。总之,在罗贯中笔下,董卓欺天罔地,灭国弑君,秽乱宫禁,残害生灵,上欺天子,下虐生灵,形同禽兽,人神共愤。被杀死后,看尸军士以火置其脐中为灯,膏流满地。百姓过者,莫不手掷其头,足践其尸。

与其他野心家比,董卓信奉的只有强力与蛮力。在政治上,他无视"民为邦本"的古训,他的逻辑是"吾为天下计,岂惜小民哉",与儒家的"仁政"理念背道而驰;在道德上,董卓不知廉耻,践踏道义,不知敬畏,为所欲为;在能力上,董卓虽然狡诈,但粗劣浅薄,与其权欲完全不成比例。

董卓是纯粹的恶,是恶的化身,不仅突破了政治伦理的底线,突破了人类道德的底线,也突破了人性的底线。这一点,将他与吕布一比,就很明显了。吕布也是一个被否定的人,但小说在表现吕布残暴无义的同时,偶尔也有人性的自然流露。吕布至少还能算是个"人",比如他对貂蝉一见钟情,甚至为了那一瞬间的"触电"铤而走险,这样的吕布总算还能让人感到一丝人的生机与气息。而董卓,同样是对待貂蝉,只有放肆的淫欲和粗暴的占有。

董卓不仅恶,而且对恶不加丝毫掩饰,他代表了最野蛮、粗鄙和强横的邪恶势力。这样的人能走上政治舞台的中心,为所欲为,足以说明那个时代的混乱与堕落。

英雄出少年

袁绍是官渡之战前最有实力的野心家。他出身世家,家族显赫,门生故吏遍布天下,势力很大。年少时血气方刚,对国家有担当精神,颇有初生牛犊不怕虎的气势。"十常侍"专权乱政,袁绍力主除恶务尽,斩草除根;董卓之乱,废少帝,立陈留王。在群臣惶恐不知所措时,唯有袁绍挺身而出,斥责董卓谋反,几乎与其刀剑相拼,见情势不妙才悬节东门,奔冀州而去。

小说这样描写:

> 中军校尉袁绍挺身出曰:"今上即位未几,并无失德;汝欲废嫡立庶,非反而何?"卓怒曰:"天下事在我!我今为之,谁敢不从!汝视我之剑不利否?"袁绍亦拔剑曰:"汝剑利,吾剑未尝不利!"两个在筵上对敌。

面对如狼似虎的董卓,袁绍据理力争,挺身抗暴,非英雄而何?因为对抗董卓的英雄行为,以及他显赫的家世,袁绍被十八路诸侯推举为讨伐董卓的盟主,成了反击董卓势力的领袖人物。

袁绍据有冀州、青州、幽州、并州之地,带甲百万,广有钱粮,声震天下。但是,随着势力和事业的不断扩张,袁绍在人格上的缺陷和才智上的匮乏,也逐渐显露,并且给他带来了越来越严重的灾祸。

其实,早在对抗"十常侍"专权之时,袁绍已经暴露了其政治上的幼稚和浅薄。何进要尽诛宦官,太后不允。当时身为司隶校尉的袁绍便向何进进言:"可召四方英雄之士,勒兵来京,尽诛阉竖。"此建议被何进采纳,结果引狼入室,诛了宦官,却引来更加邪恶和强悍的董卓。相比之下,作为典军校尉的曹操一开始就比袁绍高明。他主张用强力手腕解决宦官专权,但坚决反对让地方豪强势力引军入京,可惜何进听不进去。做了盟主后的袁绍,更是胸无大志,不思进兵;办事不公,有功不赏,有过不罚,偏袒袁术;为一个传国玉玺,与盟军先锋孙坚闹翻,几乎火并,终使各路诸侯各怀异心,作鸟兽散。

曹操评价袁绍曰:"色厉胆薄,好谋无断;干大事而惜身,见小利而忘命。"曹操与袁绍曾同朝为官,同举义旗,在诛杀"十常侍"和抗击董卓的战斗中,曾并肩战斗。曹操的感受和判断,算是知人之论了。袁绍缺乏政治大局观、敏感性和决断力,不能掂量轻重,往往因小而失大,注定成不了大事。

在用人问题上,袁绍心胸狭隘,昏招迭出。他手下的谋士田丰、沮授、许攸等人都是干练之辈,在军国大事上屡有良谋,终因袁绍的无端猜忌和优柔寡断而无所作为。更有甚者,偏信奸人谗佞之言,杀害忠良,直接导致了许攸的叛变和乌巢失守,终误军国大事。

袁绍私心很重,任人唯亲。他坐镇冀州,让长子袁谭出守青州,次子袁熙出守幽州,外甥高干出守并州。而袁谭、袁熙、高干等都是些无能之辈,不堪其任。又溺爱后妻刘氏所生幼子袁尚,并立袁尚为嗣,导致两兄弟兵戎相见,自相残杀,直接导致了袁氏家族的彻底灭亡。

袁绍一生,少壮时有胆略,敢作为;及至做了盟主,则贪求名誉,耽于安稳,贪图私利,逐渐沦为庸碌之辈。他的帝王之路之所以梦断乌巢,除了对手曹操超级强大,也因为自己性格和才具上的欠缺。

在小说中,袁绍被赋予一些与他的野心家身份不符的气质与情调。小说描写刘备谋士孙乾求救于袁绍,以解曹操之围:

> 于是玄德修书一封,遣孙乾至河北。乾乃先见田丰,具言其事,求其引进。丰即引孙乾入见绍,呈上书信。只见绍形容憔悴,衣冠不整。丰曰:"今日主公何故如此?"绍曰:"我将死矣!"丰曰:"主公何出此言?"绍曰:"吾生五子,惟最幼者极快吾意;今患疥疮,命已垂绝。吾有何心更论他事乎?"丰曰:"今曹操东征刘玄德,许昌空虚,若以义兵乘虚而入,上可以保天子,下可以救万民。此不易得之机会也,惟明公裁之!"绍曰:"吾亦知此最好,奈我心中恍惚,恐有不利。"丰曰:"何恍惚之有?"绍曰:"五子中惟此子生得最异,倘有疏虞,吾命休矣。"遂决意不肯发兵。

面对大好军机,他因小儿患癣疥之疾拒不发兵,坐失良机。作为一个政治家,实在是个不能原谅的失误。以人性的眼光看,袁绍对亲子的怜爱,可谓感人至深,不仅"形容憔悴,衣冠不整",而且连呼"我将死矣",其真挚之状,足以感人。《三国演义》写爱子病痛或丧子之痛的有几处,但像袁绍这样发乎真情而见之于外的,罕有。可惜的是,战争、政治与人性是相悖的,于此也可看出袁氏政治失败的某些端倪。

"古今来奸雄第一奇人"

对袁绍,《三国演义》常有恨铁不成钢的嘲讽、怜悯与同情。而对曹操,小说的态度更为复杂。原因在于,曹操本就是个复杂的人,很难用一串褒义词或一串贬义词评价他。曹操有两副嘴脸,处在两个极端之间,如忠君与欺君、诚实与诡谲、仁慈与残暴、义气与不义、爱才与忌才、多智与愚蠢、超级自信与多疑善变、勇敢与胆怯、大公与利己等。有时候,他义正词严,有时候口是心非;有时候慷慨激昂,有时候色厉内荏。这正是曹操双重人格的鲜活体现。

如何理解这些矛盾呢?

其实,这些所谓的矛盾在曹操那里一点也不矛盾。曹操是个追求事功的人,他将"成事"放在第一位,而将"做人"放在第二位。他的为人变化多端,追求事功的原则却贯彻始终,前后如一。

中国传统文化,特别是儒家文化,将做人奉为人生的圭臬,传统意义上的成功者,首先必须是人格道德上的典范。正是这一点,使曹操成了传统文化语境中的一个另类与异数。曹操一心一意追求事功,将想做的事情做成,这是曹操一切言行的出发点和落脚点。为了达到自己的目的,他无视一切政治、道德与人伦的限制,无视别人的感受,无视别人的褒贬,不择手段,不计后果,无所不用其极,因人而异,因时而异,完全超乎常人的预料和想象。他随机应变。同样是对待降将,有的定斩不饶,有的则宽怀大度,这看似前后矛盾,其实是统一的,统一在这个人能不能被曹操使用,用了是否合算。至于舆论如何评价(他可以泰然自若地调侃陈琳的檄文),道德上是否站得住脚(宣言"宁教我负天下人,休教天下人负我"),是否合乎古圣先贤的教诲(如"以孝治天下"),那不是他考虑的事情,至少不是他考虑的主要问题。

曹操身上的那些忽黑忽白、亦正亦邪的矛盾,只是他言行在表象上的矛盾。作为一个自主、自负和专断的人,曹操的性格、观念和行事方式都很明确,而且始终坚定如一。

曹操是个典型的权奸,掌权、擅权和弄权是他的嗜好;曹操是奸雄,他雄才大略,志向高远,目光超群,智谋过人,他将这些宝贵的才智都挥霍在抢夺和玩弄权力上,以实现自己吞并天下之野心。在这一点上,曹操与董卓并无二致。区别在于曹操的胸怀远比董卓宽广,眼光远比董卓长远,智谋远比董卓精准而有效。对于政治、道德与人伦的律令,董曹二人都是蔑视的,但董卓只知道践踏蹂躏,曹操却是富有智慧地加以利用。结果,董卓天怒人怨,众叛亲离,而曹操欺天罔地,潇洒自如,进退有据。摆脱了各种律令和教条的枷锁,曹操反而获得了常人难以拥有的行动自由。比如孝道,曹操主张"以孝治天下",并以此号令天下。陈宫临死前,就曾以此激将曹操。小说这样写道:

> 操曰:"今日之事当如何?"宫大声曰:"今日有死而已!"操曰:"公如是,奈公之老母妻子何?"宫曰:"吾闻以孝治天下者,不害人之亲;施仁政于天下者,不绝人之祀。老母妻子之存亡,亦在于明公耳。吾身既被擒,请即就戮,并无挂念。"操有留恋之意。宫径步下楼,左右牵之不住。操起身泣而送之。宫并不回顾。操谓从者曰:"即送公台老母妻子回许都养老。怠慢者斩。"

显然,陈宫的激将起了作用,看起来曹操落入了陈宫设计的圈套:你若杀了我的老母妻子,就宣告了你"以孝治天下"的虚伪。但换个角度看,曹操何尝不是利用了陈宫所说的孝道呢?我杀你,因为你是我的政治对手,何况你自己也求一死,杀了你岂不是成全了你?你死后我养你父母妻子,不正好体现了我曹丞相的宽怀大度吗?"老吾老以及人之老,幼吾幼以及人之幼",这是传统美德,曹操赡养陈宫老母妻子的行为,为他赢得了许多尊重,赢得了更多的人心。不要说他的一干下属随员,就是读者,也会因此举而对曹操产生钦佩之情。

曹父被杀之后,曹操对孝道的利用更是炉火纯青,天衣无缝。父亲遭戮,曹操的悲痛和愤怒不难理解,但作为野心家,曹操非常智慧地利用了家门的不幸,为抢夺觊觎已久的徐州,找到了义正词严的理由。表面看,曹操攻伐徐州是为父报仇,其实他算的是政治账,他对徐州早就垂涎三尺了。在徐州屠城中,曹操的杀戮行径,完全暴露了其孝道的自私和虚伪:

> (曹操)切齿曰:"陶谦纵兵杀吾父,此仇不共戴天!吾今悉起大军,洗荡徐州,方雪吾恨!"操令但得城池,将城中百姓,尽行屠戮,以雪父仇。大军所到之处,杀戮人民,发掘坟墓。

在攻伐杀戮中,曹操何曾想过有多少父母因他而丧生,有多少孩子因他而失去了孝敬父母的机会?他杀害孔融的时候,连人家两个不懂事的孩子都要一并诛灭,还奢谈什么"以孝治天下"?

在招揽徐庶的事件中,曹操也娴熟地利用了孝道。他劫持了徐母,将徐母作为诱饵,逼迫徐庶离开刘备,北上为自己效力。孝道是曹操手中的利剑,剑指之处,便是他的利益和野心。

恰恰在这些地方,刘备显示出一个真英雄的品质。请看小说中孙乾与刘备的对话:

> 孙乾密谓玄德曰:"元直天下奇才,久在新野,尽知我军中虚实。今若使归曹操,必然重用,我其危矣。主公宜苦留之,切勿放去。操见元直不去,必斩其母。元直知母死,必为母报仇,力攻曹

操也。"玄德曰:"不可。使人杀其母,而吾用其子,不仁也;留之不使去,以绝其子母之道,不义也。吾宁死,不为不仁不义之事!"

此番对话,刘备的真诚与仁德自然流露。从军国大事看,孙乾的分析颇有道理。若是换成曹操、董卓和吕布,他们会怎样对待徐庶呢?但刘备秉着坚决"不为不仁不义之事"的做人原则,让徐庶归了曹营。当然,刘备的仁德也得到了回报,徐庶不仅给刘备推荐了诸葛亮,而且发誓终生不献一计,他说到也做到了。

显然,宣扬"以孝治天下"的曹操,与劫人之母的曹操,是同一个曹操;为父报仇的曹操与杀戮天下无数父亲的曹操,也是同一个曹操。杀与不杀,孝与不孝,其实都服从于曹操实现野心的实际需要。曹操让人生厌、让人恐惧,源于此;曹操运筹帷幄,逢凶化吉,也与此相关;曹操的智谋、胆识、胸怀、气魄,与此都有关系。

正是如此,爱才如命、求贤若渴的曹操,手下会集了荀彧、荀攸、贾诩、郭嘉、程昱、司马懿等,可谓人才济济;他赦免了陈琳,因为陈琳确为人才;连许攸这敌营的谋士也来投奔他,为他献策。但同样是这个曹操,杀了孔融、祢衡、杨修、荀彧,软禁了徐庶。在曹操眼里,没有"人",只有"人才",人才与鹰犬、走狗何异?都是工具罢了。当一个人沦为纯粹的工具时,杀或不杀,都取决于主子的需要。

曹操既惨无人道,有时候又富有人情味。他"割发代首";征服了袁绍之后,减免北方的赋税;他信任张辽这样的降将;义释关羽,三哭郭嘉,两祭典韦,厚葬袁绍等,都超越了一般人的狭隘与苛刻。但也是这个曹操,残暴无度,极端冷酷。在废除董承集团时,他发现御医吉平要毒害自己,便处以酷刑。

操又问平曰:"你原有十指,今如何只有九指?"平曰:"嚼以为誓,誓杀国贼!"操教取刀来,就阶下截去其九指,曰:"一发截了,教你为誓!"平曰:"尚有口可以吞贼,有舌可以骂贼!"操令割其舌。

后吉平撞阶而死。董承、吉平一案,各家大小共七百余人被杀。为了斩草除根,曹操带剑入宫,弑董承之妹董贵妃。此时贵妃已怀孕五月,皇帝为之求情,也没能让曹操心软。曹操之残暴,竟能如此。

关于曹操,毛宗岗的评点最到位:"智足以揽人才而欺天下者,莫如曹操,听荀彧勤王之说,而自比周文,则有似乎忠;黜袁术僭号之非,而愿为曹侯,则有似乎顺;不杀陈琳而爱其才,则有似乎宽;不追关公以全其志,则有似乎义;王敦不能用郭璞,而操之得士过之;桓温不能识王猛,而操之知人过之。李林甫不能制禄山,不如操之击乌桓于塞外;韩侂胄不能贬秦桧,不若操之讨董卓于生前;窃国家之柄而姑存其号,异于王莽之显然弑君;留改革之事以俟其儿,胜于刘裕之急欲篡晋,是古今来奸雄中第一奇人。"

曹操不仅是奸雄,而且是"奇人",是"古今来奸雄中第一奇人"。奇在何处?奇就奇在别人办不成的好事,他办成了;别人做不到的坏事,他也做了。

3. 刘备的道德焦虑

天下英雄谁敌手？曹刘

说《三国》，不能不说刘备；而说刘备，又不能不涉及曹操。

刘备出身卑微，虽是汉室宗亲，却是"中山靖王刘胜之后，汉景帝阁下玄孙"，乃分支的分支，远房的远房，没有靠山，无人荫庇，他那微薄的政治家底都是靠自己一刀一枪打下来的。而曹操出身官宦世家，家大业大，你看他兴兵讨伐董卓之时，要钱有钱，要人有人，算得上一呼百应，应者云集。

刘备年轻时以"贩屦织席"为业，交游的都是些引车卖浆之徒，没有什么社会资源。讨黄巾时与关羽、张飞结为兄弟，才算有了点家底。其实，关羽只是个亡命天涯的逃命者；张飞虽有点家财，也不过一介屠夫。而曹操却是年少得志，20多岁便崭露头角，入京师为官，与皇亲国戚、达官贵人过从交游，政治资源非常丰厚。

刘备起事后力量弱小，几番争斗被打得七零八落，东奔西走，寄人篱下，如丧家之犬；而曹操，从来都是地广粮多，兵强马壮，声势浩大。即使对抗董卓时逃离京城，一路上遭通缉捉拿，饥寒交迫，狼狈不堪，依然有陈宫这样的顶级好汉舍命相从，足见曹操声威影响之大。

但就是刘备这样一个贩夫走卒，最终却与曹操、孙权鼎足而三，成为一个时代的风云人物。辛弃疾有一句诗："天下英雄谁敌手？曹刘。"这不是辛弃疾一个人的看法，历史上将曹操与刘备称为双雄的大有人在。作为文学形象，《三国演义》中的曹操与刘备，也总是被人相提并论。在小说中，他们同为野心家，同为成功的野心家，一个功成而名毁,成为"奸雄"的代名词;一个功成而名就,成为"英雄"的典范。

《三国演义》的倾向是拥刘反曹,称曹操是"治世之能臣,乱世之奸雄",小说中的曹操奸诈险恶,残暴无度,达到了"奸"与"雄"的高度统一。刘备,则是乱世中的中流砥柱,忠厚仁义的代表,黑暗时代的一抹曙光。刘皇叔所到之处,老百姓箪食壶浆,夹道欢迎;其亲信、部属、谋士无不倾心追随,义无反顾;对手们则视之为心腹大患,周瑜屡次称刘备为"枭雄",将其视为东吴的眼中钉、肉中刺,必欲除之而后快。而曹操,在脍炙人口的"煮酒论英雄"一节中,更是直截了当,将刘备与自己并称为当世豪杰,声称"今天下英雄,惟使君与操耳",而将一大堆家世、势力和实力都远比刘备优越的风云人物斥为"冢中枯骨""碌碌小人"。荀彧屡次给曹操建议,刘备乃英雄人物,必不甘久居人下,劝说曹操早下狠手,以绝后患。

由此可见,刘备其人,必有其过人之处。

乱世之枭雄,野心是必备要素。刘备有野心,这一点毋庸置疑。刘备幼时即有"我为天子,当乘此车盖"的戏言,颇有当年西楚霸王欲取秦始皇而代之的气魄。隆中问计,问的都是安邦定国的大计,而非一城一池的小谋。诸葛亮之所以甘愿追随刘备,也是因为看到了刘备有着一匡天下、统一四海的野心。

在"图王"这个动机上,曹操与刘备并无差别,只不过曹操的野心昭然若揭,咄咄逼人;而刘备的野心却深藏不露,躲躲闪闪。

在传统文化中,野心意味着僭越、阴险和贪婪,常被视作洪水猛兽。传统社会究尊卑贵贱、等级名分,任何与自己的地位、身份不符的欲念,都被视为野心,即所谓"非分之想"。野心主要是相对于自己的名分来讲的。一个人有什么血统,出生在什么家庭,在很大程度上决定了你的名与分。"野心"云云,包含着浓厚的血统论和宿命论的色彩。

同样是"图王",若以皇权的政治伦理与规则看,曹刘二人谁当皇帝都是非法的、不伦的、大逆不道的。小说反复强调刘备是"汉室宗亲",这血统上的关联,虽然能给刘备的野心增加一些合理性,但并不能证明刘备称帝的合法性。汉朝皇位的传承,采取的是嫡长子继承制,若嫡长子继承不能落实,则要采取一些变通办法。但无论怎样,这皇位都轮不上刘备。因此,现代人读小说,看到刘备逢人就絮叨他与皇室沾亲带故,总会忍俊不禁。

不过,这个姓氏也不是毫无用处,特别是"刘皇叔"这个御赐的称谓,多少增加了刘备的政治砝码,从情感上拉近了他与老百姓的距离。毕竟这天下是"刘"家的,"刘"来"刘"去,总是内部循环,肥水没流外人田,老百姓更能欣然接受。刘备到处宣扬自己的这个血统,绝非单纯出于虚荣,他其实在一定程度上迎合和满足了民间社会的心理需要。

总而言之,东汉末年,礼崩乐坏,群雄并起,刘备与曹操"图王",都是要统一国家,安定社会,并为个人攫取权力,这个动机不算高尚,也谈不上卑劣。野心,人皆有之;有了土壤,野心就会自然地滋长和膨胀,这是人性,谈不上善与恶、优与劣。评价曹刘,纠结于有没有野心是没有意义的,有野心的未必一定是恶棍;没想法的,未必就是善类。有人说曹操是"真小人",因为他不掩饰自己的权欲,不掩饰自己的野心;而刘备似乎是"伪君子",因为他表面上主张仁爱道义,实际上又怀揣野心。这在逻辑上犯了一个错误,就是将野心与道义对立起来,将事功与道德对立起来。

仁 者 刘 备

有野心并不可怕,关键是如何面对自己的野心,采取什么手段去实现自己的野心。这才是曹刘的不同之所在。为了实现自己的野心,曹操无所不用其极,完全无视底线与伦常,以天下人为刍狗,玩弄天下人于股掌;而刘备则追求手段的合法性与合理性,在实现野心的过程中,无论环境多么恶劣,条件多么艰苦,他都有自己的底线,有所归依,有所敬畏。

比如,刘备从不滥杀无辜。

一个人,无论他是纵横捭阖的政治大腕,还是无足轻重的黎民百姓,敬畏生命,尊重别人的性命,这都是底线。在评价政治家的时候,我们习惯于搞宏大叙事,比如评价秦始皇,吹捧他统一国家的历史功绩,却忽视了他推行暴政、残害人民的罪行,这是非常荒谬的。历史评价,若没有一个基本的人道主义理念和原则,没有对生命的基本尊重,那就失去了最基本的是非标准。这样的历史评论,必然是公也有理,婆也有理,正如胡适所说的那样,历史成了一个任人打扮的小姑娘。

在《三国演义》中,曹操的文治武功,丝毫不逊于刘备。但曹操的形象却是丑恶的,因为他视天下人为工具,蔑视生命,滥杀无辜。这一点,毛宗岗看得很清楚:"曹操一生,无所不用其借,借天子以命诸侯,又借诸侯以攻诸侯,至于欲安军心,则人之头亦可借;一借之谋愈奇,借之术愈幻,是千古第一奸雄。"毛氏的这段话,真实高度凝练地概括了曹操的一生。所谓"借",其实就是"利用"。小说写曹操借"人头":

> 管粮官任峻部下仓官王垕入禀操曰:"兵多粮少,当如之何?"操曰:"可将小斛散之,权且救一时之急。"垕曰:"兵士倘怨,如何?"操曰:"吾自有策。"垕依命,以小斛分散。操暗使人各寨探听,无不嗟怨,皆言丞相欺众。操乃密召王垕入曰:"吾欲问汝借一物,以压众心,汝必勿吝。"垕曰:"丞相欲用何物?"操曰:"欲借汝头以示众耳。"垕大惊曰:"某实无罪!"操曰:"吾亦知汝无罪,但不杀汝,军必变矣。汝死后,汝妻子吾自养之,汝勿虑也。"垕再欲言时,操早呼刀斧手推出门外,一刀斩讫,悬头高竿,出榜晓示曰:"王垕故行小斛,盗窃官粮,谨按军法。"于是众怨始解。

曹操善"借",天子可以"借",诸侯可以"借",连人家的头都可以借,真令人心惊肉跳。杀人,对于曹操而言,如同儿戏。他可以"借"人头,也可以"借刀"来杀"人头"。名士祢衡骂了曹操,曹操恼羞成怒,本想宰了他,但又不想承担诛杀贤良的罪名,便假惺惺地把祢衡荐给刘表,借黄祖之手杀了祢衡。

曹操不仅借刀杀人,还梦中杀人。明明是自己为了杀一儆百故意"跃起拔剑杀之",还假问"何人杀我近侍",尔后又"命厚葬之"。其凶残与狡诈登峰造极。

曹操杀孔融,连孔融两个未成年的儿子也一并诛杀;即便是刘表的小儿子刘琮这样懦弱无能的投降者,曹操也要处心积虑地斩草除根。而刘备对西川的刘璋,却不存杀戮之心,在夺得了西川之后,只是将其放逐于南郡公安。这位被曹操等强人讥笑为"守户之犬"、懦弱无能的刘璋,在关键时刻也有可圈可点之处。在十面埋伏的情势之下,众官劝刘璋抵抗刘备,刘璋曰:"吾父子在蜀二十余年,无恩德以加百姓;攻战三年,血肉捐于草野:皆我罪也。我心何安?不如投降以安百姓。"为了百姓的安危而选择投降,这样的仁义之人,史上罕见。鲁迅曾慨叹:"中国一向就少有失败的英雄,少有韧性的反抗,少有单身鏖战的武人,少有抚哭叛徒的吊客……"细看刘璋的行事,应该算是鲁迅所赞美的那"失败的英雄"了。对于这样一位在乱世中"水土不服"的政治家,刘备的宽怀自然也可圈可点。

与曹操相比,刘备从不滥杀无辜。诚如他自己所说:"今与吾水火相敌者,曹操也。操以急,吾以宽;操以暴,吾以仁;操以谲,吾以忠:每与操相反,事乃可成。"仁德爱民,这是刘备的准则。刘备常说"吾宁死,不为不仁不义之事"。在《三国演义》中,刘备也杀过几个人,比如杀其螟蛉之子刘封,杀糜芳。特别是糜芳,刘备"用刀剐之",看起来特别残忍。有些论者以此为由,认为刘备所谓"不为不仁不义之事"的话很虚伪。这既是不尊重文本,也是吹毛求疵。刘备杀刘封,乃是因为在关羽的危急时刻,刘封按兵不动,袖手旁观,导致了关羽的死亡,连诸葛亮都说他"罪不容诛",岂能怪罪刘备无义?糜芳在东吴袭荆州时临阵倒戈,直接导致了关羽后方沦陷,继而败走麦城,终至被害。不要说刘关的兄弟之情,单从治军纪律看,这样的将领该不该杀,答案也是不言而喻的。

刘备不仅不滥杀无辜,还体恤百姓,以保境安民为本分。第十二回写百姓请求刘备领徐州牧,毛宗岗夹批:"民心悦服如此,想见刘公平日德政。"第二十一回写刘备再次守徐州时,招谕流散人民复业,毛宗岗夹批:"爱民是刘玄德第一作用。"第四十一回"刘玄德携民渡江"里,毛宗岗批以"处处以百姓为重"之语。就是在这一回,曹操大军压境,刘备撤离新野,奔襄阳而来。到了城外,刘琮闭门不纳,蔡瑁、张允还下令放箭。魏延路见不平,拔刀相助,开了城门,放下吊桥,大叫:"刘皇叔快领兵入城,共杀卖国之贼!"刘备权衡再三,说:"本欲保民,反害民也!吾不愿入襄阳!"为了不连累襄阳百姓,便"尽离襄阳大路,望江陵而走。襄阳城中百姓,多有乘乱逃出城来,跟玄德而去"。

就这样,在建安十三年秋天的江汉大地上,刘备带领十余万军民,扶老携幼,含辛茹苦,上演了一场"携民南行"的悲壮之剧。如此撤退,显然有违于"兵贵神速"的军事原则:

> 众将皆曰:"江陵要地,足可拒守。今拥民众数万,日行十余里,似此几时得至江陵?倘曹兵到,如何迎敌?不如暂弃百姓,先行为上。"玄德泣曰:"举大事者必以仁为本。今人归我,奈何弃之?"百姓闻玄德此言,莫不伤感。

行至当阳,果然被曹操率领的精兵赶上,十余万军民顿时大乱。刘备在张飞的保护下且战且走,天明看时,身边仅剩百余骑,不禁大哭道:

"十数万生灵,皆因恋我,遭此大难;诸将及老小,皆不知存亡;虽土木之人,宁不悲乎!"

这一仗,刘备在军事上一败涂地,在道义上,却高高地站在了老百姓的心里。这生死关头的自觉选择,在《三国演义》写到的各个政治领袖中是独一无二的,绝非一般乱世英雄的惺惺作态所能比拟。有人说刘备善于作秀,要说刘备摔阿斗有作秀之嫌,还能自圆其说;要说逃亡途中领十万百姓作秀,那就完全不合逻辑了。

"举大事者,必以仁为本",这个"以仁为本"的信念,足以让刘备在三国群英中鹤立鸡群。

刘备的尴尬

作为一个"意在图王"的政治家,刘备的很多言行确实前后冲突。比如在徐州、荆州和西川的战略性选择上,刘备心口不一,确实有些自相矛盾。陶谦三让徐州不可谓不诚心,临死之际还坚决请求刘备领徐州。而刘备,先是以陶公有二子为由推辞,后又以自己势孤力单、难以胜任为由,加以推辞。陶公死后,刘备还在"固辞",一直等到徐州百姓拥来哭拜,刘备这才答应"暂且领徐州事"。难道刘备真的不想要徐州?

对于刘表的荆州,对于刘璋的西川,刘备明明有心占有,却也以"同为汉室宗亲"为由屡次谢绝、推辞,以至于几次失去了抢夺地盘的大好机会。

在称帝问题上,刘备更是心口不一。刘备儿时已有称王称帝的豪言壮语;在刘表面前也有"备若有基本,天下碌碌之辈,诚不足虑也"的酒后狂言;三顾茅庐,一再请诸葛亮出山,希望他一展吕望之才,施子房之智,自己俨然以周文王、武王、汉高祖自居。可是,当条件真正成熟之后,他又躲躲闪闪,欲迎还拒。汉献帝被废后,曹丕称帝。孔明引大小官僚上表请刘备即皇帝位：

> （刘备）大惊曰："卿等欲陷孤为不忠不义之人耶？"孔明奏曰："非也。曹丕篡汉自立，王上乃汉室苗裔，理合继统以延汉祀。"汉中王勃然变色曰："孤岂效逆贼所为！"拂袖而起，入于后宫。众官皆散。三日后，孔明又引众官入朝，请汉中王出。众皆拜伏于前。许靖奏曰："今汉天子已被曹丕所弑，王上不即帝位，兴师讨逆，不得为忠义也。今天下无不欲王上为君，为孝愍皇帝雪恨。若不从臣等所议，是失民望矣。"汉中王曰："孤虽是景帝之孙，并未有德泽以布于民；今一旦自立为帝，与篡窃何异！"孔明苦劝数次，汉中王坚执不从。

刘备这是何苦？表演吗？虚伪吗？

曹丕废汉建魏之前，刘备称帝显然是个危险的选择，不仅在道义上将置自己于大逆不道的境地，而且也将激起列强们更大的敌意，如同当年的董卓那样众叛亲离。身为"皇叔"，刘备屡屡声称自己"上报国家，下安黎庶"而极力掩饰"图王"的想法，至少在策略上是个明智的选择。其实，就算是狂傲不羁、睥睨天下的曹操，虽然时常流露废汉自立的念头，也还是尽力掩饰，多次"自明本志"，不想被人视为第二个董卓。即便在东吴杀了关羽，因惧怕蜀汉报复而向曹操俯首称臣的大好形势下，曹操依然保持清醒的头脑。当时有人劝进，请曹操"应天顺人，早正大位"，曹操还是谢绝了："吾事汉多年，虽有功德及民，然位至于王，名爵已极，何敢更有他望？"

曹操死后，曹丕终于按捺不住，废汉自立。汉室帝祚已绝，气数已尽，刘备此刻称帝，既不算僭越，又不算谋反，算是师出有名了吧？刘备何苦还要推辞？

这正是刘备与曹操的不同。曹操追求的是事功，在称帝问题上，他考虑的是实际的意义和价值。曹操当然想称帝,但以他的心机,他更清楚称帝的风险。当年他矫诏讨伐董卓,一呼百应,一路摧枯拉朽,势如破竹,一个主要的原因就在于董卓以天下为敌,冒天下之大不韪。那义正词严、掷地有声的檄文,一定萦绕在他的心间,难以忘怀:"董卓欺天罔地,灭国弑君;秽乱宫禁,残害生灵;狠戾不仁,罪恶充积!今奉天子密诏,大集义兵,誓欲扫清华夏,剿戮群凶。"这檄文,每每想起,还心有余悸。曹操不称帝,乃是基于对各种现实因素的综合评估。他自己不称帝,却为儿子称帝奠定了基础,扫清了障碍。他逼死荀彧、荀攸,不就在为曹丕清除路障吗?这说明,曹操最在乎的不是舆论的非议和别人的评价,他在乎的,是称帝是否合算,是否值得。其实,不称帝,他曹操就不是帝王吗?

而刘备,条件成熟了,能称帝了,还要三推四让。为什么?乃是因为刘备始终有一种道德的使命感。他要做的,不仅是复兴汉室,更要重振世道人心。换句话说,他要立"大"功,也要做"大"人;他要的不仅仅是一个帝位,更要占据道德与历史的制高点,成为世人的楷模与榜样。道德在曹操那里,有时候是一块遮羞布,有时候是一把杀人剑;而在刘备这里,道德本身就是他追求的目标。所以,他像一只鸟儿珍惜羽毛一样,珍惜自己的名声,珍惜自己的形象,珍惜自己的品质。

这样的追求,使得刘备经常陷入功业与道德的矛盾之中。要想在乱世中建功立业,出人头地,必须敢于冲破固有的道德观念,为人所不敢为,为人所不愿为,为人所不能为,把整个世界作为自己的资源,拿别人当自己的工具,像曹操那样。越是敢作敢为,越是心狠手辣,越是无视各种束缚和禁忌,越是厚颜无耻,便越能"成事"。相反,要想在乱世中保持高洁的道德,维护自身形象,就只能是退隐山林,像诸葛亮的那帮朋友一样。又想进入淤泥,又想不被污染,两者怎得兼容?

刘备的尴尬,或在于此。这既是他优于曹操之处,也是他劣于曹操之处。优,在于刘备始终对天下有一种精神与道德的感召力,民心所向,趋之若鹜;劣,在于做事时总是牵手掣肘,顾东忌西,不能像曹操那样为所欲为。刘备的很多"虚伪"似乎也能由此得到解释。从功利的角度看,徐州、荆州、西川他都想要;从道德角度看,要徐州,就要乘人之危,趁火打劫;要荆州与西川,就是对同宗同族的兄弟无情无义。同样,登基称帝,这是做人的顶点,功利的顶峰,一生的奋斗算是有了结果,对忠心耿耿的文臣武将们也算是有了交代;但从道德角度看,这样做却又与他一贯宣扬的"忠君"观念有所悖逆,让这位接受过皇帝"衣带诏"的皇叔情何以堪?

刘备始终难以摆脱这种道德焦虑、使命焦虑,这使得他始终活在矛盾之中。与其说刘备虚伪,不如说刘备活在焦虑中。

这样的焦虑,曹操是没有的。一个敢于公开地、底气十足地宣称"宁我负天下人,休教天下人负我"的人,怎会有道德的焦虑?一个有底线的人,才会有羞耻感,有焦虑感。

头上三尺有青天,有所敬畏的人,才会犹豫和彷徨。

4. 性命与名节

鱼和熊掌可以兼得

中国人重名节。当名节与性命发生矛盾时,当义无反顾,舍生取义,杀身成仁。

在《三国演义》中,为名节而死且死得壮烈的,首推陈宫。陈宫看重名节。当年他做中牟县令时,捕获了反叛董卓的曹操。陈宫不愿助纣为虐,且为曹操的大义凛然所感佩,竟然舍了乌纱帽,去追随曹操。当曹操杀了吕伯奢一家并声言"宁我负天下人,休教天下人负我"之后,他又断然离开了曹操。陈宫是一个有主见、有操守的人,从他断然跟随曹操、又断然离开曹操这件事看,他具有一个敢作敢为的独立人格。兵败被捕之后,陈宫又一次断然拒绝了曹操的劝降,决意慷慨赴死。

在《三国演义》中,涉及陈宫的笔墨并不太多,但陈宫给读者的冲击力却是巨大的。为何? 在于他敢作敢当的气魄,在于他对名节的重视。这一死,让看似威猛强大实则贪生怕死的吕布黯然失色。

讲名节没错,但若过头了,名节倒反过来成了戕害生命的毒药。问题是,传统文化中这样的毒药太多了。比如饿死事小,失节事大;比如君死臣殉葬的愚忠……古典小说戏曲多热衷渲染此类非理性的道德狂热,对名节的鼓吹常常到了忽视生命本身的荒唐地步。

可贵的是,《三国演义》没有陷入这种非理性的迷狂;对名节的理解,也不像酸儒、腐儒们所叨咕的那样僵化死板。比如貂蝉,她先是侍奉董卓,又与吕布眉来眼去,周旋于董吕之间,董卓死后,索性跟了吕布。虽然她是秉承其义父王允的旨意行事,只是"连环计"中的一个肉体兵器,但若以极端的"名节"标准来对照,貂蝉的人生面目还是污秽不堪,完全不合"名节"的要求。但《三国演义》却赋予了貂蝉以正义的色彩,这是难能可贵的。小说并没有将她骂作"红颜祸水",像《封神演义》中的妲己那样;也没有写她完成使命后来个上吊自杀或落井自沉之类,这样的情节在古典小说中司空见惯。就像《西游记》中的殷小姐,被贼人占有、玷污,本是迫不得已,无关乎名节贞操。江流儿(唐僧)长大成人之后,母子相认,为父报仇,父亲陈光蕊也还魂归来,应该说是结局圆满了。但小说写殷小姐自觉节操有亏,羞于见自己的儿子、父母、丈夫,屡次自尽,被人劝止。然而作者似乎并不满意,最后还是来了一句"后来殷小姐毕竟从容自尽",这才罢休。似乎唯有如此,殷小姐才算是个干净的女人。显然,这是变态的节操观念在作祟。按照这个逻辑,貂蝉也该死,死了才能洗刷她被董卓玷污的耻辱,才能显示她在名节上的白璧无瑕。但《三国演义》没有流入这个腐朽和愚昧的俗套,说明了它在价值观念上的相对开明与平和。

性命与名节,就像孟子所说的"鱼"和"熊掌"的关系。只有当二者"不可得兼"的极端情况下,才需要考虑"舍生取义"的问题。

投降有风险,选择须谨慎

同样的开明也表现在对待"降者"的态度上。《三国演义》所表现的时代,军阀混战,政治破败,文化观念混乱,社会分化,这是一个典型的末世和乱世,各种社会阶层和力量都在蠢蠢欲动,寻求重组和登台的机会。因此,政治斗争异常残酷,争斗与屠杀频仍。以曹、刘、孙为代表的政治集团,为了扩张自己的势力,不择手段地招兵买马,延揽豪杰,分化离间,招降纳叛;无数的豪杰好汉抱着"学得文武艺,售与帝王家"的人生梦想,有的慌不择路,有的待价而沽,有的东食西宿,有的进退无依。几乎每一次宫廷阴谋,每一次厮杀,每一场战斗,胜利一方都会有几个人才的"进账"。因此,小说中投降变节的文人武士很多。单看"降将",就可罗列一长串:曹操营中,有张辽、徐晃、许褚等名将;蜀汉集团,则有黄忠、严颜、魏延、姜维等声名显赫的人物;东吴则有太史慈、甘宁等人。这也符合乱世的特征,所谓"乱",一个重要的表现就是一切均在变化中,什么事都可能发生。

或许正是如此,《三国演义》对"降者"总体上持宽容和理解的态度。有意思的是,对待曹操、刘备和孙权这些"意在图王"的大头领,小说有明确的是非褒贬,"拥刘反曹"即是小说基本的价值倾向;而对他们手下的那些"降者",小说却并没有泾渭分明的褒贬偏向。降曹的、降刘的、降孙的,小说并不会因他们所降的主子而给予不同的评判。像投降奸雄曹操的张辽,小说给予极高的评价;而降刘的魏延,尽管他对刘备"痴"心不改,但却因其天生反骨而屡遭贬抑。

在你死我活的敌对斗争中,投降到敌对阵营,意味着可以保命,还可能继续拥有名位,甚至还有晋升和发展的机会;但同时,投降也意味着对过去的否定,不仅否定了自己先前的立场,也否定了自己的历史,从特定角度看,也否定了自己的人格与名节。所以,投降总是意味着屈服与耻辱。对于讲究名节的人来说,投降是一个慎重而沉重的问题。

投降有风险,选择须谨慎。

其实,投降还有一个资格问题,因为投降还涉及受降一方的态度。你愿意投降,人家愿不愿接受?比如吕布,有万夫不当之勇,当年董卓为了得到吕布,不惜血本,将心爱的赤兔马都送给了他。但此人性喜反复,屡次杀主、卖主,被张飞骂为"三姓家奴",叛来逆去,毫无信义可言。在生命的最后时刻,吕布求生欲望很强:

> 布告玄德曰:"公为座上客,布为阶下囚,何不发一言而相宽乎?"玄德点头。及操上楼来,布叫曰:"明公所患,不过于布;布

今已服矣。公为大将，布副之，天下不难定也！"操回顾玄德曰："何如？"玄德答曰："公不见丁建阳、董卓之事乎？"布目视玄德曰："是儿最无信者！"操令牵下楼缢之。

吕布一方面对曹操俯首称臣，一方面求刘备为他说情。刘备当年于他有恩，结果反被他逼得无立锥之地，不得不蜗居小沛，自然不愿为他说话；而曹操，似乎有心收拢吕布，但终归心有余悸，不敢养虎为患，还是缢死了吕布。

没有本事，就没有投降的资本；有本事，若没有基本的信义，人家也不敢接纳。像吕布这样一个以一当百的猛将，却混到连个投降的资格都没有的地步，实在是因为他多行不义必自毙，活该。吕布选择投降，没得到赦免，反而颜面尽失。带着屈辱离开这个世界，恐怕是狂妄无耻的吕布自己也没想到的吧。

而吕布手下的张辽，却因拒降赴死的豪迈之气，反而赢得了敌人的尊重。小说中，当平日骄横傲慢、不可一世的吕布低下了头颅乞求活命的时候，张辽骂道：

吕布匹夫！死则死耳，何惧之有！

张辽视死如归。小说这样写道：

却说武士拥张辽至。操指辽曰："这人好生面善。"辽曰："濮阳城中曾相遇，如何忘却？"操笑曰："你原来也记得！"辽曰："只是可惜！"操曰："可惜甚的？"辽曰："可惜当日火不大，不曾烧死你这国贼！"操大怒曰："败将安敢辱吾！"拔剑在手，亲自来杀张辽。辽全无惧色，引颈待杀。曹操背后一人攀住臂膊，一人跪于面前，说道："丞相且莫动手！"正是：乞哀吕布无人救，骂贼张辽反得生。

这来做说客的,就是关羽。张辽所以侥幸免死,除了关公的慷慨求情,与他不惧死亡的义气大有关联。实际上,曹操非常敬重陈宫、张辽这样的好汉。他杀戮陈宫时的肃穆、愧惜与哀恸,绝非伪装和矫饰。

与张辽有同样表现和同样结果的,还有黄忠、严颜、太史慈等人。他们无一例外,都坚决拒绝投降,义无反顾地选择死亡。但也正是这大义凛然的勇气和慷慨赴死的姿态,打动了胜利者,其人格得到了胜利者的尊重和佩服。曹操对张辽深为敬佩,立刻改换面目好言劝降。刘备对黄忠、张飞对严颜、孙策对太史慈,都有这样一个心理转换过程。此时,人格的力量战胜了政治的偏见和利益的狭隘。

对降者,《三国演义》区分对待,评价各异。总体看,更为看重降者自身的人格与品质。特别是武将,出生入死,沙场搏杀,乃职分所定。若贪生怕死,低三下四,摇尾乞怜,出卖故主,必定招惹别人的鄙视。《三国演义》对"三姓家奴"吕布、反复无常的孟达之流、挟怨背主之徒如范疆、张达等人,都抱着显而易见的蔑视。

降者的品质,在黄忠的身上表现很明显。小说中的黄忠,公忠体国,身先士卒,是一个赤忱忠贞的老将。小说通过描写他与关羽的长沙大战,来表现他的信义。在交战中,黄忠马失前蹄,被掀翻在地。关羽没有趁机杀了黄忠,而是叫黄忠换马再战。第二天,两人再次交战,黄忠为报关羽不杀之恩,只用箭射了关羽的盔缨。两个侠肝义胆的英雄,一来一往,投桃报李,在你死我活的战场上,上演了一场感人肺腑的佳话。这个细节凸显了黄忠的信义品质,为以后刘备的劝降预留了空间。

投 降 与 变 节

《三国演义》也描写了一些另类的投降,表达了作者对投降行为的思考。

有一种"非典型性"的投降行为,看似投降,实际上却是自择明主。他们没有被俘,没有被逼,也谈不上走投无路,他们的行为有很强的自主性和自由度。比如魏延,旧属刘表,后事韩玄。魏延一心追随明主,其择明主的诚心和决心,不亚于赵云。赵云原是公孙瓒部下,后发现公孙瓒徒有虚名,下决心追随刘备。与赵云一样,魏延归降刘备,也是因为看中了刘备的仁德与圣心。当年刘备携民逃难途经襄阳,魏延就有意投奔而不得,后不得不转投长沙韩玄。但对刘备的向往之心,一直未熄灭。关羽攻打长沙给魏延提供了机会,所以当韩玄欲杀黄忠时,魏延挺身而出,救了黄忠(汉升),并大叫:"韩玄残暴不仁,轻贤慢士,当众共殛之!愿随者便来!"杀了韩玄投奔刘备。

魏延投降刘备,非被迫也,自为也。魏延选主的标准是仁德、重贤,他心目中的刘备就是人主的典范。在三国将领群体中,魏延毫无疑问是个佼佼者。他急欲寻找明主,无非就是为了报效国家,立功疆场,显亲扬名。《三国演义》中反复出现一句话:"良禽择木而栖,贤臣择主而事",肯定了自主择主的合理性,这就将《三国演义》区别于一般宣传愚忠、愚孝、愚贞、愚节的那些作品。孟子曾有"闻诛一夫纣矣,未闻弑君也"的说法,说明孟子的时代,人们并不认为君权皇权天然就具有合法性。合不合法还得看君王的行为。可惜后世将君权神化,并宣传对君权的绝对忠诚。"良臣择明主而事",在一定程度上肯定了个人选择的权力,也肯定了"背主"与"僭主"的某种合理性。这就等于否定了君权的绝对性,无疑有进步的意义。

《三国演义》在肯定为国效力的同时,也在一定程度上肯定了自我设计、自我选择的意义,也肯定了建功立业、自我实现的价值。

顺便说一下,魏延投降刘备的时候,诸葛亮执意要杀掉他,理由是"食其禄而杀其主,是不忠也;居其土而献其地,是不义也"。意思是你魏延乃韩玄手下,弑主献地,不忠不义,该死。这番冠冕堂皇的话,只能说是诸葛亮杀人的借口。若按此等逻辑,三国中的许多好汉都无脸见人了。其实,诸葛亮杀魏延,是因为魏延"脑后有反骨",诸葛亮对他起了戒备之心。小说渲染这些情节,既为魏延与诸葛亮的矛盾埋下伏笔,又以此来彰显诸葛亮的神机妙算。但是,这样的细节读来颇为突兀,"反骨"之说亦显荒唐,诸葛亮的这一举动也不近人情,恰恰是《三国演义》中的败笔。

无论后来怎样,魏延当初追随刘备、投降刘备的志向,与那些为了寻求靠山或者保全性命的投降行径,不可同日而语。

关羽的投降,则是一种典型的"非变节性投降"。投降与变节是否一码事?关羽和刘备有结拜之义,兄弟之情,走投无路之时,关羽只想决一死战。但张辽颇能做人的思想工作:

> 张辽大笑曰:"兄此言岂不为天下笑乎?"公曰:"吾仗忠义而死,安得为天下笑?"辽曰:"兄今即死,其罪有三。"公曰:"汝且说我那三罪?"辽曰:"当初刘使君与兄结义之时,誓同生死;今使君方败,而兄即战死,倘使君复出,欲求兄相助,而不可复得,岂不负当年之盟誓乎?其罪一也。刘使君以家眷付托于兄,兄今战死,二夫人无所依赖,负却使君依托之重。其罪二也。兄武艺超群,兼通经史,不思共使君匡扶汉室,徒欲赴汤蹈火,以成匹夫之勇,安得为义?其罪三也。"

张辽劝说关羽投降这番话,总体看合乎事实,合乎情理。关羽选择了投降,但他选择的是投降而不变节的策略。关羽提了三个条件:一、降汉不降曹;二、让两位嫂嫂享受刘备皇叔的俸禄;三、一旦得知刘备的下落,不管千里万里,一定辞曹操而去,追随兄长。

关羽的三个条件,虽有狡辩之嫌,却也不失为迂回之计。降汉不降曹,身在曹营心在汉,本质上是偷换概念,但为自己保留了足够的面子和尊严,这是投降的底线:我投降,但我拒绝变节。

比起投降,变节才是最为可耻的行为。所以,《三国演义》中最为恶劣的投降行为,往往与变节联系在一起,诸如卖主求荣,杀主求荣,出卖兄弟,反复无常等。曹操招降徐晃的时候,曾建议徐晃杀了旧主杨奉等人,但徐晃认为"以臣弑主,大不义也",并坚决拒绝。曹操不仅不怪罪徐晃,反而更加信任和欣赏他。不变节,这样的投降才能得到理解甚至赞美。

关羽的投降,其实是以退为进,是一种迫不得已的策略。有时候,死亡并不是最难的事情,一死了之或许是最省事的选择,而活下来更为艰难,需要更大的勇气。当初,关羽若是选择了以死抗争,他当然也算义薄云天;现在,他委曲求全,保全了性命,才为自己赢得了更大的人生空间,也赢得了更高层次的名节。

5. 梦断帝王师

捉 放 曹

《三国演义》塑造了一系列谋士形象。曹营有荀彧、荀攸、程昱、贾诩、郭嘉等人,刘备集团有孙乾、简雍、糜竺、诸葛亮、庞统、法正等人,孙权手下则汇聚了张昭、诸葛瑾、阚泽等人。这些人属于传统的知识分子,也就是"士"。他们胸怀救世之志,怀揣济世之才,像郭嘉、诸葛亮这样的人,更是超拔卓绝。但作为知识分子,他们无一例外都无"图王"之心,没有自立之意。在国家动乱、世道不古之时,他们希望找到一个英武盖世的"明君",辅之而成大业。对于士人来说,要想成就功名,不仅要有事主之才,更要有择主之明。否则,皮之不存,毛将焉附?

陈宫是一个有德有才、有胆有识的人物,却因择主不当落了个悲剧结局。

陈宫首次亮相便是颇有戏剧性的"捉放曹"。曹操谋杀董卓不成,潜逃至中牟县,被中牟县令陈宫捉住。曹操义正词严地说:"吾祖辈世食汉禄,若不思报国,与禽兽何异?吾屈身事卓者,欲乘间图之,为国除害耳。"

陈宫被曹操非凡的情怀和道义所感染,不仅放弃了"捉曹"邀功请赏的机会,而且毅然弃官,追随曹操同去兴兵讨卓。陈宫自视很高,从不把自己当作一般"俗吏",不仅有冲天之志,更有民胞物与的思想,且深明大义。一旦认定曹操就是他心目中的明主,便当机立断,决心追随他去干一番事业。陈宫的气质,既有士为知己者死的风范,也有几分侠士之风。

这是一个很有人格魅力的人。

追随曹操而去是陈宫的第一次选择。此时的曹操,的确是个令人敬仰的人物,在满朝文武只会哭哭啼啼、苟且偷生的时候,一个小小的校尉,竟敢独闯相府,行刺正处于权力巅峰的董卓,其忠义、胆略足以让英雄折腰。刺卓不成,逃出虎口,决心回乡兴举义兵,发矫诏声讨董卓,其见识也非等闲之辈。此时,陈宫能放了曹操并随之而去,亦足见其不凡的见识与胆识。

然而,事情很快发生了戏剧性的逆转。在成皋,曹操先是误杀了吕伯奢的家人,后又故意杀死了吕伯奢本人,事后却悍然无耻地宣称:"宁教我负天下人,休教天下人负我。"曹操绝对自私的处世哲学和赤裸裸的厚颜无耻,完全超出了一个读书人的理解,超越了陈宫的心理底线:"我将谓曹操是好人,弃官跟他;原来是个狼心之徒!"偶像顷刻之间崩塌了,陈宫的第一次择主也就此宣告失败。他断然离开了曹操。

后来兵败被俘,与曹操再次相见,陈宫当面道出了与其一刀两断的原因:"汝心术不正,吾故弃汝!"当曹操问他:"吾心不正,公又奈何独事吕布?"陈宫回答道:"布虽无谋,不似你诡诈奸险。"看来,陈宫将个人品质看得很重。他宁可伺候庸碌无谋但多少还有点人味的吕布,也不愿伺候一个狡诈阴险和毒辣无耻的奸雄。

遗憾的是,陈宫忽略了一个致命的问题,吕布不似曹操诡诈奸险,却也缺乏曹操的雄才大略和远见卓识。虽然勇冠三军,且有赤兔马和方天画戟,但却刚愎自用,耽于美色,只知享受眼前的安逸,说到底,是个扶不起的刘阿斗。陈宫本以为吕布勇武有余,智谋不足,凭自己的谋略和吕布的神力,珠联璧合,定能成就一番伟业。可惜陈宫太自信了,他哪里能改变一个没有志气、没有头脑的武夫?眼看着吕布一步一步把自己送往地狱,陈宫"意欲弃布他往,却又不忍;又恐被人嗤笑"。就这样,这个曾经敢于抛家舍业的读书人,为了面子,最终做了吕布的殉葬品。悲哀!

在白门楼上,在生命的最后时刻,面对骄狂的胜利者曹操,面对曾经不可一世的失败者吕布,陈宫保持了一个读书人最后的尊严。他慷慨就死的气概,堪比自沉汨罗的屈原,可比单刀赴会的关羽。而此刻,高大勇武的吕布却在低声下气地哀求免死。陈宫虽然没有像张辽那样破口大骂,可不难想象,他的内心是多么凄凉和悲愤!昔时,他追随吕布,以为可以大展宏图,却不想君臣二人沦为曹操的阶下囚。而作为主子的吕布,竟是那样的猥琐不堪!

陈宫为自己错误的选择,付出了生命的代价。

临没无颜见汉君

荀彧之死,具有更深沉的文化内涵。荀彧之死,死于他对观念的维护。

荀彧自小被称有"王佐之才",是曹操统一北方的首席谋臣和功臣。曹操迎汉献帝,移驾幸许都,战吕布,官渡之战,荀彧或建计或密谋或匡弼或举贤,多有建树,曹操也诚心地夸他为"吾之子房",两人甚是相得。

小说这样描写"荀彧之死":

> 建安十七年冬十月,曹操兴兵下江南,就命荀彧同行。彧已知操有杀己之心,托病止于寿春。忽曹操使人送饮食一盒至。盒上有操亲笔封记。开盒视之,并无一物。彧会其意,遂服毒而亡。年五十岁。

毛宗岗评曰:"明是使彧绝食之意,彧安得不死乎?"曹操如此残忍,置荀彧于死地,令人扼腕。小说赞道:"文若才华天下闻,可怜失足在权门。后人休把留侯比,临没无颜见汉君。""临没无颜见汉君"一句,道出了荀彧之死的原因。

荀彧之于曹操,犹如诸葛亮之于刘备。诸葛亮为刘备进隆中之对,献三分之策,定下了蜀汉的发展战略;而荀彧(以及毛玠等),则为曹操定下了"奉天子以令诸侯"以图统一的战略部署。

> 荀彧进曰:"昔晋文公纳周襄王,而诸侯服从;汉高祖为义帝发丧,而天下归心。今天子蒙尘,将军诚因此时首倡义兵,奉天子以从众望,不世之略也。若不早图,人将先我而为之矣。"

荀彧辅佐曹操,终究还是为了汉家江山,是为了"汉君"。其实,一个"奉"字已道出了荀彧的底线。这与"挟天子以令诸侯"不同,天子还是要"奉"的。荀彧始终以汉家臣子自居,维护刘汉王朝,维护国家一统,这是荀彧的底线。

现在曹操要践踏这条底线了:

> 却说曹操在许都,威福日甚。长史董昭进曰:"自古以来,人臣未有如丞相之功者,虽周公、吕望,莫可及也:栉风沐雨,三十余年,扫荡群凶,与百姓除害,使汉室复存。岂可与诸臣宰同列乎?合受魏公之位,加'九锡'以彰功德。"

所谓"九锡",就是皇帝赐给诸侯、大臣有殊勋者的九种礼器,包括车马、衣服、乐、朱户、纳陛、虎贲、斧钺、弓矢、鬯,是最高礼遇的表示。这些礼器通常只有天子才能使用,为了避嫌,臣子受到封赏时多主动辞谢,以示对天子的敬畏。蜀汉曾议加九锡于诸葛亮,诸葛亮婉加拒绝。历史上,王莽被西汉授九锡,后王莽废汉室建新朝。因此,晋封魏公,加九锡,这是曹操不满足于汉相之位而欲图皇位的信号。本

来与曹操互相倚重、彼此信任的荀彧,在此事上却公然反对:

> 侍中荀彧曰:"不可。丞相本兴义兵,匡扶汉室,当秉忠贞之志,守谦退之节。君子爱人以德,不宜如此。"曹操闻言,勃然变色。

荀彧之死,死在其志。常言道:道不同,不相为谋。曹操举兵之时,以消灭董卓、复兴汉室为旗号,这才聚得荀彧、荀攸、程昱、郭嘉等一帮读书人。曹操羽翼丰满之后,渐生异志,不仅"挟天子以令诸侯",而且骄狂无度,欺凌天子,睥睨天下,甚而欲取汉室而代之。这与荀彧的理念发生了严重的冲突——"奉天子"是个底线,在底线之上你曹操可以为所欲为,一旦突破了这个底线,我就要反对。当初,劝曹操拥天子而自重、奉天子以令诸侯的是荀彧,现在反对曹操僭越图王的,也是荀彧。

荀彧的话说得很重。"丞相本兴义兵,匡扶汉室",意思是,你当初拿"匡扶汉室"来忽悠我们这帮人,现在你不是自己打自己的嘴巴子吗?"当秉忠贞之志,守谦退之节",意思是,你既然高举义旗,就该做个坦坦荡荡的正人君子。以子之矛,攻子之盾,发问的是荀彧这样资历、功勋都高人一等的老臣,曹操自然是尴尬万分。以曹操的奸雄之心,荀彧的死,已是难以避免。

还有一事可以印证荀彧之死。第六十六回又写到荀攸谏阻曹操由魏公进封魏王一事。操怒曰:"此人欲效荀彧耶!"最后荀攸"忧愤成疾,卧病十数日而卒"。曹操将荀彧与荀攸归为一类,他们帮助他"打天下",却反对他取汉室而"坐天下"。

在军阀混战的三国时代,作为一个政权,汉朝皇室已失去了实际意义。但刘氏在名义上仍是国家的象征。因此,忠于皇室还是忠于自己的主子,这对当时的士人来说,确是一个两难的选择。

陈宫与荀彧都有经天纬地之才,但二人都以悲剧结束了自己的人生。这也说明,在权力角逐的舞台上,知识分子往往是弱势的。而之所以处于弱势,不在于其知识的局限或智力的低下,而在于他们坚定的理念与信仰,往往使他们有所顾忌、有所执着,在追求功名的同时又注重道义,有理想,还有底线。这就区别于董卓、曹操之流。这些人信奉的就是权力与地位,他们活着就是为了攫取权力与地位,为了这个目的,他们可以不择手段。

不过,相比缺乏择主之明而误入歧途的陈宫,荀彧毕竟还是幸运的。他所辅佐的曹操,毕竟是个雄才大略的政治家。通过曹操,荀彧在很大程度上实现了自己的人生抱负。他的死,或许适得其时。如若等到曹丕废汉立魏,荀彧将何以立足,何以立世,何以面君,何以面对他自己?

出师未捷身先死

传统知识分子都有一个梦想,那就是作"帝王师"。就像"诗圣"杜甫,一生颠沛流离,不过做了几天"参军"的小官,皇上龙颜都未见几次,却口口声声要"致君尧舜上,再使风俗淳"。范仲淹被贬,在苦闷抑郁中,犹呼"处江湖之远,则忧其君",这些都体现了千古士人忠君报国的人生梦想。

诸葛亮算得上"帝王师"中的典范。与陈宫、荀彧相比,诸葛亮明于择主,更善于事主。他与刘备珠联璧合,琴瑟和鸣,在乱世中书写了一曲和谐的君臣之歌。

诸葛亮出山之前,躬耕于隆中。刘备初顾茅庐时,听到了这样一首歌:"凤翱翔于千仞兮,非梧不栖;士伏处于一方兮,非主不依。乐躬耕于陇亩兮,吾爱吾庐;聊寄傲于琴书兮,以待天时。"这首歌道出了诸葛亮的政治志向、精神情趣和人生追求。他隐居隆中,看起来是超然世外的遁世,其实是一种以静制动的"待时",是在选择一个值得跟随和辅佐的明主出现。

诸葛亮选择刘备,绝不仅仅是为了报答刘备的知遇之恩,更在于刘备的身份、雄心与人品切合了他的愿望。刘备志在图王,只有"图王"的人才能进入诸葛亮的视野。诸葛亮常自比于管仲、乐毅,其志必不在小。刘备还有一个身份,那就是"帝室之胄",且以复兴汉室为己任。在讲究尊卑贵贱、世袭血统的汉末,这个身份是刘备独有的筹码,在道义上具有相当的感召力;有这样一位汉室后裔高举复兴汉室的大旗,对于争霸大业无疑如猛虎添翼。而对于诸葛亮这样有着浓重的忠君思想的知识分子,这一身份也调和了"忠君"与"事主"的矛盾,至少让"事主"在表面上不妨害"忠君"。毕竟人家姓刘,毕竟人家是汉皇后裔,江山落在他手里,总比落在曹操手里强。

这就使诸葛亮避免了荀彧所面临的那种尴尬与冲突。

刘备三顾茅庐之时,其处境与当年的吕布大体相似。转战多年,狼奔豕突,却无立锥之地;东奔西走,四处化缘,却到处碰壁。但刘备的雄心与远见远非吕布可比。吕布走投无路,依然执迷不悟;孤家寡人,依然我行我素。而刘备,一方面,复兴汉室的理想矢志不移,忠厚仁爱的德行从未背弃;一方面,始终在寻找通往成功的道路,寻找志同道合的贤才能人,可算是夙兴夜寐,求贤若渴。这样的追求、这样的才具、这样的胸怀,正合乎诸葛亮关于明君的理想。

诸葛亮比陈宫高明的地方就在于此。

当然,刘备与诸葛亮之间确有知遇之恩与感遇之报。出山时,诸葛亮就表示:"吾受刘皇叔三顾之恩,不容不出。"士为知己者死,诸葛亮这种朴素的感情不难理解。遇合之后,刘备与诸葛亮都有如鱼得水的感觉,这就避免了许多君臣之间因为猜疑、嫉妒和性格冲突所带来的内耗。这样的悲剧无论是在小说中,还是在现实中,都大量存在。比如同是《三国演义》中的许攸,轻狂无度,大庭广众之下斥骂曹操是奸雄,直呼曹操乳名,又居功自傲,目中无人,结果自取其祸。再如杨修之死,从曹操一面看,此乃"欲加之罪,何患无辞";从杨修一面看,与其张狂自负的性格能没有关系?君臣之间,能否遇合,是个缘分;而能否相知和相处,却取决于包括性格、气质和个性在内的更多因素。

在群雄纷争的三国时代,不仅君择臣,臣也在择君。在没有确立君臣关系之前,大家都保持了很高的自由度。就像庞统,先投孙权,不被欣赏;转投刘备,又遭冷遇。直到其能耐得到张飞进而得到刘备的确认,并表达了延请重用的意愿之后,这君臣关系才算确立下来,这才有了那"纳头一拜"。诸葛亮在闻知徐庶向刘备推荐了自己,曾说"君以我为享祭之牺牲乎",他明白,一旦择主有误,那自己就只能当祭品了。从这个角度看,陈宫的失败,败在自己;荀彧的死,也只能归咎于自己。

刘备三顾茅庐的过程,与其说是刘备在选择诸葛亮,不如说是诸葛亮在选择刘备。明于择君,必先慎于择君。

一旦认主,便忠心事主。诸葛亮加盟以后,刘备集团一改往日丧家之犬的落魄,给世人以一代雄主的崭新形象。这当然得益于诸葛亮的智慧。在博望坡首战、赤壁之战、三气周瑜等事件中,诸葛亮的智慧令人称绝,难怪鲁迅先生也说"状诸葛之多智而近妖"。诸葛亮用实力证明了刘备的眼光,让一向傲慢自大的关羽也不得不言听计从。

小说着意渲染的,还有诸葛亮对刘备的忠诚。白帝城托孤时,刘备对诸葛亮说:"君才十倍曹丕,必能安邦定国,终定大事。若嗣子可辅,则辅之;如其不才,君可自为成都之主。"这可能是刘备肺腑之言。诸葛亮则诚惶诚恐,汗流遍体,泣拜于地曰:"臣安敢不竭股肱之力,尽忠贞之节,继之以死乎!"

诸葛亮牢记托孤之重,五月渡泸,深入不毛,七擒孟获,平定南中;以法治蜀,足食足兵,六出祁山,北伐中原,以完成刘备的未竟事业。后因朝廷猜忌,加上变异数起,屡次伐魏不力,终至身心交瘁,积劳成疾。即使如此,他还自认愧对先帝重托,深有负罪之感。诸葛亮以

"鞠躬尽瘁,死而后已"的行为,实现了他"竭股肱之力,尽忠贞之节"的誓言。

但是,就是堪称人格与功业典范的诸葛亮,依然没能走出"帝王师"的悲剧。恰如司马徽的感叹:"卧龙虽得其主,不得其时,惜哉!"

得其主,不得其时,人事与天命的乖违,这是小说中诸葛亮悲剧的根本原因。在刘备一顾茅庐时,崔州平闻刘备欲见孔明,求安邦定国之策,就笑曰:

> 公以定乱为主,虽是仁心,但自古以来,治乱无常。自高祖斩蛇起义,诛无道秦,是由乱而入治也;至哀、平之世二百年,太平日久,王莽篡逆,又由治而入乱;光武中兴,重整基业,复由乱而入治;至今二百年,民安已久,故干戈又复四起:此正由治入乱之时,未可猝定也。将军欲使孔明干旋天地,补缀乾坤,恐不易为,徒费心力耳。岂不闻"顺天者逸,逆天者劳""数之所在,理不得而夺之;命之所在,人不得而强之"乎?

这段话反映了古代中国人的历史观。《三国演义》开首便说"天下大势,分久必合,合久必分",所谓一治一乱,治乱循环也。刘备所处的,正是末世,亦即"由治入乱之时",要定乱求治,殊非易事,这就是"数"和"命"。刘备对此何尝不知?他的回答是:"先生所言,诚为高见。但备身为汉胄,合当匡扶汉室,何敢委之数与命?"刘备身上,有一种知其不可为而为之的牺牲和奋斗精神。

诸葛亮统观天下,神机妙算,但还是高估了"人力"的作用,高估了自己的作用。古人说"人定胜天",如果说历史规律是一个"天",那么,个人的努力是难以撼动这个"天"的。诸葛亮明知曹操占天时,拥百万之众,挟天子以令诸侯,此诚不可与其争锋。他在隆中决策时就制定了北让曹操占天时、南让孙权占地利、刘备可占人和的策略。然而，所谓的人和到底能持续多久？随着荆襄失守，刘、关、张早逝，两路北伐的计划落空，形势比预计的要严峻得多。在时命乖违的艰难情势下，诸葛亮独木难撑，终因积劳成疾，病逝在北伐前线五丈原。临死前长叹曰："再不能临阵讨贼矣！悠悠苍天，曷此其极！"带着"兴师北伐，未获成功；何期病入膏肓，命垂旦夕"的遗憾，诸葛亮离开了这个世界。杜甫有诗曰："出师未捷身先死，长使英雄泪满襟。"

所谓数与命，其实就是现代人所说的历史规律。纵观封建王朝两千年，始终摆不脱"一治一乱"的循环。由乱而治，乘势而起，如雨后春笋；而由治而乱，则势如破竹，一泻千里，所谓"其兴也勃焉，其亡也忽焉"。汉王朝民心尽失，气数已尽，刘备欲复兴汉室，这是逆流而动，注定是一场悲剧。

在历史面前，每个人都是渺小的。诸葛亮的悲剧，不是他个人的生命悲剧，而是他作为"帝王师"的政治悲剧。既然将自己的命运托付给一个政治集团，"帝王师"的悲剧就有了极大的必然性。

陈宫的悲剧是必然的，荀彧的悲剧是必然的，诸葛亮的悲剧，也是必然的。

6. 误读知多少

让文学的归于文学

《三国演义》是我国流传最广、读者最多、影响最大的历史演义小说,也是争论最多、非议最多、误解最多的历史小说。

阅读《三国演义》,应该穿越各种迷雾,确立一些基本共识。

首先,《三国演义》虽然是历史演义,但它是演义,不是历史。

《三国演义》向有"七实三虚"之说,它将历史与演义、史实与虚构糅合在一起,真真假假,虚虚实实。在民间,《三国演义》几乎充当了历史教科书的角色,很多人的历史知识和历史观念都来自《三国演义》,比如"分久必合,合久必分"之类的说法,至今都还有很大的影响,在某种程度上甚至左右了中国人的历史观。有学者据此批评《三国演义》"所传播的不是一部真实的历史,而是一部被歪曲的历史""对历史人物和历史事件进行了大规模的篡改和虚构,而且常常偷梁换柱,张冠李戴,以假乱真,颠倒黑白,因而严重地模糊了历史的真相,扰乱了人们的历史视听",并认为《三国演义》是一个"以文乱史"的恶例。

如果将《三国演义》作为一部历史著作,这些评判并不过分;如果考虑到《三国演义》在中国民间的"跨界"的广泛影响,这样的立论也不无道理。但是,《三国演义》本身并不是历史著作,它就是一部历史小说。有些人不同意小说对曹操与刘备的评价,并到《三国志》等历史著作中寻找证据。有人说曹操当年杀害吕伯奢,并没说过"宁我负天下人,休教天下人负我";有人则说,曹操当年说的是"宁我负人,毋人负我",此话仅就杀戮吕伯奢这个具体事件而言,并不能代表曹操的人生观,云云。有人质问,曹操大兵压境,刘备会傻到带着近十万民众逃亡吗?"三让徐州"有历史依据吗?并以此为据,指斥刘备是个虚伪的政治骗子。

这些言论其实是混淆了演义与历史的关系。读文学作品,文本是基本的根据。作品就是这样写的,若要评价《三国演义》,就要按照作品的描述来评价。如小说中的曹操爱笑,刘备爱哭,历史上的曹刘是否真是如此,与作品无关。不能拿历史上真实的曹操来否定艺术作品中作为文学形象的曹操,这是阅读历史小说必须达成的一个基本共识。

大凡优秀的艺术作品,总能自成体系。每一个人物的性格、精神、言行逻辑,都能在作品的字里行间找到依据。评价一部作品是否真实,应该到作品中寻找依据和理由。作为一部不朽的经典,《三国演义》的人物栩栩如生,活灵活现,多数角色都有扑面而来的生动感。比如曹操的狡诈、残暴,刘备的仁慈、忠义,都是作品赋予人物的性格要素。曹操误杀了吕伯奢家人,其实内心已有悔意,只是逃窜途中又遇到沽酒归来的吕伯奢,以曹操的性格,岂容吕伯奢再纠缠不休,坏了他的大事?于是手起刀落,杀了吕伯奢。这个情节十分血腥,完全不合人之常情,但发生在曹操身上,却合乎曹操的性格逻辑,与整部小说中的曹操性格是一致的,曹操的奸雄形象就是这样立起来的。

再如小说"拥刘反曹"的倾向,这是小说内容的客观存在。从历史角度看,曹操是个对历史发展有重大贡献的人物,而刘备不过是一个匆匆过客而已。在《魏晋风度及文章与药及酒之关系》一文中,鲁迅就毫不掩饰对曹操的欣赏:"其实,曹操是一个很有本事的人,至少是一个英雄,我虽不是曹操一党,但无论如何,总是非常佩服他。"有人据此批判小说的"反曹"倾向,这看似有理,实则无理。因为,"反曹"是《三国演义》的基本倾向,若要问小说的"反曹"是否站得住脚,那就得看小说中的曹操是个怎样的角色,得看他在小说中的言行,得看小说提供的证据能否将曹操给"反"了。这一点,只要认真阅读作品,自然不难得出结论。

让文学的归于文学。即便是经典作品,也不可能完美无缺,没有一点破绽。但对作品的指摘和评点,都应该按照文学的规律展开,就作品既定的内容与结构展开。有人认为赤壁之战一节,在人物塑造上存在瑕疵:以曹操的智谋和狡诈,他怎么会听信蒋干之言,中了周瑜的离间计而杀掉蔡瑁、张允,接着又中了黄盖的苦肉计,还采纳了庞统的连环计?赤壁之战中的曹操好像突然失去了头脑,与之前之后的那个老谋深算的曹操不太协调。这个说法是否合理姑且不论,但这个提问题的方式,却是在就作品谈作品,讨论的问题是"人物性格是否前后一致"的问题,这就符合文学阅读的规律。

言说的底线

作为一部历史演义,不仅要将《三国演义》作为文学作品来读,还要有一个历史的眼光,不能以今天的观念来替代彼时彼地的观念。比如有人以现代民主政治的观念来评判曹操与刘备,认为这俩人没有一个好东西,因为你刘备再仁义,搞的还是封建君主那一套,不可能给老百姓真正的民主与自由,这样的说法无视作品的历史文化背景。若以此逻辑对待历史,历史上就没有一个好人了。

还有人指责诸葛亮对刘备的忠诚是愚忠。刘备在"白帝城托孤"的时候,对诸葛亮说过"君才十倍曹丕,必能安邦定国,终定大事。若嗣子可辅,则辅之;如其不才,君可自为成都之主"。有人质问,诸葛亮为什么不废掉扶不起的刘阿斗而自立?这不是愚忠是什么?这样的评说,无视诸葛亮的具体的历史文化处境,用现实的逻辑取代历史的逻辑是非理性的。换个角度思考一下,若诸葛亮真的废了刘禅而自立,《三国演义》中的诸葛亮,不就成了曹操一类人物?若如此,则小说的整个褒贬倾向也要改写了。

当然,尊重作品,不等于不能对作品"说三道四"。人间总有个基本的是非标准,"历史的眼光"不等于"历史的辩护",看待历史也有个基本的是非问题。否则,罗马斗兽场上死于虎口的奴隶,那是该死;历代"文字狱"中的冤魂,也是活该;商纣王暴虐无度,也有了合理性;张献忠"屠川",也能找到正义的借口。对于文学经典的分析,当然要有历史的眼光,但对作品中有违人类共同价值的内容与倾向,则应该旗帜鲜明地批评和否定。何为共同价值?就是那些超越了时代、地域、民族、种族的最基本的价值观。比如尊重同类的生命,不得剥夺别人的生命等。这样的观念,是人类社会存在的根基,不容破坏和挑衅。

《三国演义》中有一个刘备吃人肉的情节:

> 一日,到一家投宿,其家一少年出拜,问其姓名,乃猎户刘安也。当下刘安闻豫州牧至,欲寻野味供食,一时不能得,乃杀其妻以食之。玄德曰:"此何肉也?"安曰:"乃狼肉也。"玄德不疑,乃饱食了一顿,天晚就宿。至晓将去,往后院取马,忽见一妇人杀于厨下,臂上肉已都割去。玄德惊问,方知昨夜食者,乃其妻之肉也。玄德不胜伤感,洒泪上马。刘安告玄德曰:"本欲相随使君,因老母在堂,未敢远行。"玄德称谢而别……与曹操相见,具说失沛城、散二弟、陷妻小之事。操亦为之下泪。又说刘安杀妻为食之事,操乃令孙乾以金百两往赐之。

小说写刘安杀妻招待刘使君,显然是为了彰显刘备的仁义著于天下,人家甘愿献妻肉以效忠。不要说罗贯中所在的明朝了,就是在汉朝,文明也已经相当发达,人吃人的野蛮陋习早被禁绝。在儒家文化的熏染下,仁爱的观念深入人心。刘安这样的禽兽行为,理所当然应该受到鄙弃。但小说对刘安的态度很暧昧,这暧昧恰恰暴露了作品对生命(尤其对妇女生命)的冷漠。吃过人肉的刘备没有什么恶心感与罪恶感,只是"不胜伤感"。他伤感,是因为他吃了人家的老婆,并不是因为吃了"人"肉。刘备后来还重谢了刘安,就好像吃了人家的一头猪一样。这样的麻木与冷漠,才是《三国演义》的消极与野蛮之处。

类似的内容还很多。刘备说:"兄弟如手足,妻子如衣服。衣服破,尚可缝;手足断,安可续?"这些在民间流传甚广的"名言",确乎应该否定。它不仅公然蔑视女人(这个女人不是他人,是"妻子"),而且它所宣扬的至高无上的"兄弟之义",也是值得辨析的。这同生同死的兄弟之义,虽有越过千年的情感冲击力,却缺乏应有的理性与大气。关羽死后,刘备倾全国之兵75万,为其报仇。赵云反对。刘备怒曰:"孙权害了朕弟;又兼傅士仁、糜芳、潘璋、马忠皆有切齿之仇:啖其肉而灭其族,方雪朕恨!卿何阻耶?"赵云说:"汉贼之仇,公也;兄弟之仇,私也。愿以天下为重。"刘备回答:"朕不为弟报仇,虽有万里江山,何足为贵?"看似义薄云天,实则因小失大,即使单从政治游戏的角度看,刘备因私仇而忘记了公义,因兄弟而忘记了子民,因关羽而怠慢了赵云,也是极不明智的。此时此刻,不知赵云作何感想。同是出生入死,同样鞍前马后,人家兄弟总归是兄弟,我赵云算什么呢?归根到底只是个外人啊。

权谋与"三国气"

《三国演义》还是一部宣扬权谋的书,被人称为心术、心计、权术、权谋、阴谋的大全。民间有"少不读《水浒》,老不读《三国》"的说法。意思有多种,其中一个解释是,少年血气方刚,易冲动,看《水浒传》,说不定就要效仿造反英雄,惹是生非,违法乱纪;《三国演义》充满了阴谋诡计,老年人本该清心寡欲,淡泊世事,读三国,让人老谋深算,沟壑满胸,不利于老年人延年益寿。其实,无论是懵懂少年,还是耄耋老人,读《水浒》《三国》,都要有一个冷静、理性的头脑。如果沉溺于《三国》的尔虞我诈、钩心斗角而不能自拔,确实是一件很危险的事情。

刘再复先生在他著名的《双典批判》中指出:"《三国演义》展示的是一个英雄辈出的时代,又是一个人心险恶的时代;是一个各路战旗飞扬的时代,也是一个无数人头落地的时代;是一个智慧发展到最高峰的时代,又是一个阴谋发展到最成熟的时代;是一个'仁义'叫得最响亮的时代,又是一个人性最黑暗的时代。这个时代,从表面看是沙场上力量的较量,实际上是骗术、权术、诡术、心术的较量。谁的心地最黑、脸皮最厚,谁就是胜利者。换句话说,人心愈险恶、面具愈精致、伪装愈精巧,成功率就愈高。"

这个概括很精准。在《三国演义》中,各方野心家比权量力、争长较短,一靠实力,二靠计谋与权术。倘若这些计谋与权术仅仅局限在你死我活的战场上,似乎还情有可原,孙子早就说过:"兵者,诡道也。"但《三国演义》所呈现的世界,无处不阴谋,无时不阴谋,从军事到政治,陷阱诡诈渗透到一切人际关系中,借用刘再复先生的概括,就是到处是诡人诡士、诡舌诡言,沙场上施行的是诡计诡谋,日常生活中则充满诡情诡态。"诡"甚至进入了婚事(如孙夫人孙尚香变成孙权与刘备争斗诡计的筹码)、情事(如貂蝉成为董卓、吕布的陷阱)、儿女事(如吕布把女儿作为和袁术交易的工具)。

这个充满了阴谋、算计的世界实在太可怕了。

《三国演义》以栩栩如生的情节诠释了权谋文化,算得上权谋的百科全书。权谋文化的一个基本逻辑,便是为了达到一己之目的,完全可以不择手段,完全可以践踏人间的法律、道德,蔑视社会的习俗和公众的感受,怎么便当怎么来,怎么有效就怎么办。同时,为了满足一己之私欲,完全可以不惜一切代价,利用天下万物,像曹操那样,一切均可"借",一切均可"用"。法律可以造假,道德可以买卖,风俗可以亵渎,连人的性命都可拿来当工具。

权谋运行的另一个逻辑,便是垄断权力,封锁信息,隐蔽操盘,灰色运作,用现代的话说,就是不公开,不透明。由此,我们也可逆溯而上,得出这样的推论:一个权谋盛行的社会,必然是法治不彰、规则不行的社会;一个权谋逞能的社会,一定是个信息不明、流通不畅的社会。一旦法治与规则成了社会的通行法则,潜规则就失去了市场;一旦社会公开了,透明了,少数人不再能垄断和封锁信息了,小道消息也就失去了传播的价值,阴谋诡计必然丧失了生存的空间。

迷恋权谋的人,总是痴迷于成事的捷径、胜人的谋略。他们轻视法律与道德,漠视程序与规则,喜欢追逐权力,竞争官位,而不去追求社会的公平与正义,不看重个人努力与自我奋斗。他们热衷编织关系网,打擦边球,走后门,搞下三烂。

在古代中国,权谋色彩最重的领域是政治;权谋运作最阴暗最血腥的当数宫廷。传统的权谋政治,是一种以儒家的道义教化为"表",以道家(主要是老子的学说)和法家(尤其是商鞅李斯等人鼓吹的权术势)的手段为"里"的君主专制统治体系,即所谓"阳儒阴法"。表面说的是仁义礼智信,实质上奉行的却是力的比拼、谋的运筹。王允除掉董卓使的连环计,表面看一团春风,暗地里却是刀光剑影。

必须承认,以《三国演义》为代表的历史演义,都热衷渲染各种阴谋诡计,尤其是宫廷阴谋、政治诡计,影响所及,浸骨浃髓,以至于很多人认为政治就该搞阴谋,政治就该耍手腕。显然,这与现代政治追求民主、透明和公开是背道而驰的。

同时,在民族心理与性格上,"三国气"重的人,心理阴暗,目光虚脱,心术不正。这样的人劳苦一生,连在阳光下坦然行走一天的舒展也享受不到。何等悲哀!中国人要阳光,要坦荡,要活力四射,就必须抛却这阴郁晦涩的"三国气"。

必须承认,《三国演义》对权谋文化在中国甚至在东亚、东南亚的盛行起了推波助澜的作用。很多人热衷从《三国演义》中搜罗可移植到现代商战、外交、竞选的秘诀和计谋,并对此津津乐道,而类似的读物也是汗牛充栋。不是说不能做这样的研究,而是说,津津乐道的人们似乎忘了,现代的商战、外交与竞选,是基于公认的法律、规则和道德而展开的,与《三国演义》所宣扬的那套不知廉耻、百无禁忌的斗争哲学是两个完全不同的话语系统。如此渲染阴谋与权术,对于现代文明的建设,对于现代人格的成长,并无益处。

读古典作品,不仅需要我们有一颗理解历史、体谅历史的厚道之心,也需要我们有一双现代人的眼睛和一颗现代人的头脑。

四 《西游记》成长与成功：

1. 一个降妖伏魔的故事

《西游记》全书一百回。大体上分为三个部分:

前七回是第一部分。写美猴王出世、求道、闯龙宫、搅冥府、闹天宫,终被镇压,集中叙述孙悟空与天斗、与地斗、追求无拘无束生活的经历。他破石而生,"不伏麒麟辖,不伏凤凰管,又不伏人间王位所拘束",在社会关系上本来就是自由的。但他不满足于此,希望"不生不灭,与天地山川齐寿",彻底摆脱自然规律的束缚,获得生命的绝对自由。因此与冥王发生冲突,并由冥界闹到天庭,发展到大闹天宫,最后被镇压在五行山下。

第八回至第十三回主要写取经的缘由和筹备,包括如来说法、观音访僧、魏徵斩龙、太宗入冥、刘全进瓜和玄奘奉诏取经等情节。其中很曲折但也很俗套的,就是唐僧的身世。唐僧父亲陈光蕊,高中状元,恰逢相府小姐满堂娇抛绣球配婚。郎才女貌,一见钟情,洞房花烛夜,金榜题名时,一时间,人生风光无限。天有不测风云,人有旦夕灾祸,赴任途中,遭遇水贼刘洪,刘洪杀死陈光蕊,霸占了满堂娇,冒充陈光蕊去做官。满堂娇已身怀六甲,含羞忍辱,生下一个男婴,抛在江中。男婴漂流到一座寺庙前,被老和尚收养,起名江流儿,这就是后来的唐僧。最后,有冤洗冤,有仇报仇,这样的故事大都如此,司空见惯。

第三部分是小说的主体,叙述曲折的取经过程。在这个部分,唐僧收悟空为徒,又在悟空的帮助下,收服了猪八戒、沙僧和白龙马。师徒四人一路斩妖除魔,历经千难万险,终于修成正果,完成取经大业。

版本参照:《西游记》(人民文学出版社2005年版)。吴承恩著。

其中,很多情节脍炙人口,流传甚广。如"三藏不忘本,四圣试禅心""三打白骨精""大战红孩儿""车迟国斗法""子母河受孕""西梁女国招婿""真假美猴王""三借芭蕉扇""盘丝洞险遇蜘蛛精""比丘国拯救一千一百一十一个小儿""陷空山无底洞老鼠精逼婚"等。

取经途中的妖魔鬼怪,动机各异。有要吃唐僧肉以求长生不老的,如白骨精、黄毛貂鼠精;有贪图唐僧美色欲与之成亲的,如李天王的干女儿老鼠精,琵琶洞内武艺超群的蝎子精等;还有寻仇的,如牛魔王与罗刹女。牛魔王与悟空是义结金兰的兄弟,却因为红孩儿的事反目成仇,在火焰山与悟空好一番争斗。好在这夫妻二人最终皈依佛门,隐姓埋名,修身养性,也算是个不错的结局。

从妖怪的来历看,有自然生长的精怪,如白骨精,本是一堆粉骷髅,乃僵尸成精;车迟国的虎力大仙、鹿力大仙、羊力大仙,分别是黄毛虎、白毛鹿和羚羊成精;琵琶洞的琵琶精,乃蝎子修炼成精;荆棘岭木仙庵的孤直公、凌空子、拂云叟、劲节十八公,分别是柏树精、桧树精、老竹精、松树精,他们与唐僧谈玄论道,吟花诵月,颇为风雅。只因杏树精对唐僧一见钟情,欲与之成亲,才被八戒一顿钉耙灭掉。还有巨蟒怪、蜘蛛精、蜈蚣精、犀牛精,都属此类。

另一类妖怪则是天界、佛界中人,因违反天条而流落人间作恶。如平顶山莲花洞的金角大王、银角大王,本是为太上老君看守金炉和银炉的童子;小雷音寺的黄眉大王,原本是东来佛祖弥勒佛面前司磬的小童子;狮驼洞的三大王大鹏怪,按辈分还算得上如来佛祖的舅舅。

更多的妖孽则是由天界或佛界的动物变幻而成。黄风怪本是灵山脚下的黄毛貂鼠,因偷了琉璃盏中的精油而畏罪潜逃;乌鸡国的全真道人,乃是文殊菩萨的坐骑青毛狮子;通天河中的灵感大王,乃是观音"莲花池里养大的金鱼";金兜洞的独角兕大王,是太上老君的青牛,趁牧童打盹私自下凡;朱紫国獬豸洞的赛太岁,乃观音胯下的坐骑金毛犼;八百里狮驼山狮驼洞的狮王和象王分别是文殊坐骑青狮和普贤坐骑白象;比丘国的国丈,乃是南极寿星的坐骑白鹿,趁寿星与人下棋逃下凡尘;天竺国的玉兔精,本是广寒宫捣玄霜仙药的玉兔。

在《西游记》中,对自然成精的妖魔鬼怪,大都是"除魔",打杀了事;后一类妖怪,或是因为造孽深重被贬下凡,或是佛祖考验取经队伍设下的圈套,对它们多是"降妖",降服了交还给原主人,或者收归天庭,让他们赎罪自新。

在降妖除魔的过程中,师徒四人一靠自己的力量和智慧,二靠在仙界佛界天上地下的广泛人脉,三靠幻化无穷的法术,四靠无坚不摧的兵器。斗战的模式同中有异,异中有同,多是妖怪出手,唐僧受罪,徒弟们轮番上阵;打得过就打,打不过就搬救兵。天上地下,任我遨游,结果都是降妖伏魔,皆大欢喜。小说情节有明显的模式化倾向。但因小说奇幻的色彩,丰富的想象,瑰丽绚烂的描写,读来并不叫人疲倦。这也是《西游记》的一个艺术魅力吧。

2. 是历险记,也是成长史

九九八十一难

几百年来,《西游记》作为一部描写冒险与历险的神话小说,广为传诵,为人们津津乐道。清代学者张书绅将其推为"第一奇书",近人胡适说它是"世界的一部绝大神话小说",鲁迅将其归于"神魔小说",《不列颠百科全书》称赞它是"中国一部最珍贵的神奇小说",美国大百科全书称其为"具有丰富内容和光辉思想的神话小说"。无一例外,他们都强调了小说奇幻变异的神魔色彩。

唐僧、孙悟空、猪八戒、沙僧四个人,出身不同,来历不同。唐僧为东土大唐人氏,孙悟空是东胜神洲傲来国花果山人氏,猪八戒来自西牛贺洲乌斯藏高老庄,沙僧则来自流沙河。用现在的话说,真是天南海北,五湖四海。如果没有机缘,他们是不可能聚到一起的。将他们聚在一起的机缘,就是以佛祖为总设计师的"取经工程"。但是,谁曾想到,取经是如此艰难,整整14个春夏寒暑,九九八十一个灾难,斩妖除魔无数,出生入死无数,才最终修成正果,取得真经。

"西天取经"是《西游记》的主要内容,历险是故事之魅力所在。

当初出发时,唐僧对前路一无所知,除了观音菩萨帖子中的那句"路程十万八千里"外,就是"西天路远,更多虎豹妖魔"这样的流言传语。但唐僧虔敬向佛,心怀远方,虽然前途未卜,依然一心前往。他的冒险可媲美西方的鲁滨孙,他们的天性中都有一种对远方的向往。

取经之难,首先在于时间之长,路途之远。临行前,玄奘对唐太宗允诺:"此去三年,径回上国。"何曾料,此一去,就是14年。请看第二

十四回师徒四人在万寿山岭上的一段对话:

> 三藏在马上欢喜道:"徒弟,我一向西来,经历许多山水,都是那嵯峨险峻之处,更不似此山好景,果然的幽趣非常。若是相近雷音不远路,我们好整肃端严见世尊。"行者笑道:"早哩!早哩!正好不得到哩!"沙僧说:"师兄,我们到雷音有多少远?"行者道:"十万八千里。十停中还不曾走了一停哩。"八戒道:"哥啊,要走几年才得到?"行者道:"这些路,若论二位贤弟,便十来日也可到;若论我走,一日也好走五十遭,还见日色;若论师父走,莫想!莫想!"唐僧道:"悟空,你说得几时方可到?"行者道:"你自小时走到老,老了再小,老小千番也还难。"

孙悟空一向自视甚高,他的这番话不乏对自我的夸大和对师父的调侃。不过,读者还是能从中体会到路途的遥远与艰险。在漫长的取经途中,唐僧经常陷入对时间的焦虑、对唐王嘱托的焦虑、对使命的焦虑,流露出时光易逝、前路漫长的感慨与无奈:

> 一自当年别圣君,奔波昼夜甚殷勤。
> 芒鞋踏破山头雾,竹笠冲开岭上云。
> 夜静猿啼殊可叹,月明鸟噪不堪闻。
> 何时满足三三行,得取如来妙法文。

唐僧对取经事业最为坚定和执着,是团队的精神领袖,他的感受尚且如此,其他人可想而知。

取经之难,还在于这一路上遇不完的妖魔、降不尽的鬼怪。

"九九八十一难"是小说的主体部分。这"九九八十一难",可分为三类:

第一类是自然意义上的灾难。从大唐到西天，徒步万里，该有多少崇山峻岭、幽谷险滩，又有多少毒蛇猛兽，多少飞沙走石！这一路上，唐僧首先要克服的，就是大自然的阻挡。这一类"难"，表现了人类在大自然面前的渺小以及与自然斗争的艰苦卓绝。对这些灾难，小说有时是直接描写的，如流沙河、稀柿衕、火焰山等。路经流沙河时，唐僧师徒看到的景象是"大水狂澜，浑波涌浪"。为进一步突出流沙河的险恶，还写了岸边的一块碑，上面刻着四句诗："八百流沙界，三千弱水深。鹅毛飘不起，芦花定底沉。"对流沙河的险恶做了生动的渲染。火焰山，则是"四周围寸草不生，若过得山，就是铜脑盖，铁身躯，也要化成汁"，此地"无春无秋，四季皆热"，显然，这是干燥、酷热的沙漠的写照。稀柿衕在七绝山上，山上有很多柿子树，每年都结出柿子，长年累月，无人采摘，烂柿子把七绝山变成了一条淤泥河，一刮西风，烂柿子的味道便四处飘散，奇臭无比。要跨过这样的河流、火山和恶臭的道路，谈何容易？小说中的唐僧师徒四人，行走在这穷山恶水之间，大漠荒野之外，风吹日晒，饥寒交迫，为了生存，为了取经，也只能一程紧赶一程，风餐露宿，披星戴月。

与唐玄奘取经的真实历史比较一下，不难发现这些描写都有实际的根据，只是做了不同程度的夸张和变形而已。还有的情节，看起来是妖魔鬼怪，其实反映的还是大自然的威力，只不过将自然灾害鬼怪化了。例如黄风怪，显然是沙漠地区的沙尘暴；喝子母河水怀孕的故事，可能就是饮水中毒的神话变形。至于通天河里的鲤鱼精、火焰山上的牛魔王、无底洞的老鼠精、盘丝洞的蜘蛛精和蝎子精、竹节山的柳树精和狐狸精、隐雾山的豹子精、青龙山的犀牛精等，其原形都是自然界的动植物。即使是文明播布、科技发达的今天，唐僧西域取经的这条线路，尚且还有诸多无人区、荒漠区，人迹罕至，猛兽横行，何况当年？玄奘跋山涉水，必然要面对狼虫虎豹蛇蝎怪木，许多都是平生从未见识过的，小说将他的这些遭遇做了神化处理。

第二类是社会意义上的灾难。这类灾难由社会原因所造成。因为强盗肆意横行、贪财贪色害命,才导致玄奘自幼失怙,继而丧母,终成孤儿。到达铜台府时,强盗打家劫舍,害死了寇员外,员外夫人却因妒害之心而嫁祸唐僧师徒,诬陷他们是杀人凶手;而当地官吏贪赃枉法,胡乱断案,才导致了唐僧师徒遭受牢狱之灾。

灭法国国王听信妖道的谗言,大规模崇道灭佛,僧人因此遭受种种迫害。各级官吏为了迎合国王,在搜捕和尚时连秃子、毛发稀少的人都一并捉拿,邀功请赏。这样的灾难绝非小说空想。实际上,在中国历史上,也多次出现以国家的名义,以暴力的形式,废除佛教、残害僧众的事件。

比丘国更是奸臣当道,为满足国王长生不老的荒唐欲望,居然要用一千一百一十一个小孩的心肝做药引子。据专家考证,这样的荒唐事,也是有其社会原型的。据说,明朝嘉靖皇帝为求长生不老,为了纵情声色,喜欢从初生的婴儿和幼儿身上提取所谓的"补品",因为按照道家的养生之术,初生的婴儿纯阴纯阳,未受污染,最能补精益血,让人返老还童。据《万历野获编》记载,为了取用女童的初次月经,江湖术士给女童服用大量现代科学证明为激素类的药物,使女童们的初潮提前。仅在嘉靖三十一年至三十四年之间,嘉靖就命人从民间选取八至十四岁的女孩进宫,共460名,这和比丘国国王用一千一百一十一个儿童心肝做药引有什么区别呢?

可以想象,在中世纪的西域地区,玄奘要经过多少政治险恶、文化野蛮的地区,他们师徒四人所遭受的许多灾难,都浸染着浓浓的社会和政治色彩。

第三类是人性意义的灾难。这类灾难来自人的内心世界,是由人的各种欲望或者性格缺陷所造成的。唐僧几次驱逐美猴王,都起因于他固执地认为孙悟空滥杀无辜,违背了佛家不杀生的戒律。但事实上,孙悟空打死的都是妖魔的化身。唐僧看不到真相,又不听孙悟空的解释,固执己见,粗暴地将他逐出取经队伍。结果呢,往往是孙悟空前脚刚走,唐僧后脚就被妖怪掳获而去。

猪八戒贪恋美色美食,为此常常落入圈套,甚至连累大家一起受罪。孙悟空也因争强好胜,表现欲强烈,行事无所顾忌而多次陷入困境。在玉华县,孙悟空三人之所以会被偷去武器,其原因就是"好为人师",正如广目天王所说:"那厢因你欲为人师,所以惹出这一窝狮子来也。"

这些灾难都根源于人的内心,如小说所说,"心生,种种魔生;心灭,种种魔灭"。

九九八十一难表面上虚幻荒诞,其背后却蕴含着深刻的文化意蕴。《西游记》将人类的冒险经历做了总结性的展示;而唐僧师徒克服种种困难,最终达到目的,则是对这种冒险与奋斗精神的肯定与赞美。

救 赎 与 成 长

《西游记》想象新奇,上天下地,出神入化,达到了冒险与神魔小说登峰造极的高度。但是,《西游记》绝非仅是一部历险小说。《西游记》的主题理解,向来争讼不休。借清朝张书绅《新说西游记》中的表述,可看出主题理解上的分歧:"此书由来已久,读者茫然不知其旨。虽有数家批评,或以为讲禅,或以为谈道,更有以为金丹采炼,多捕风捉影,究非《西游》之正旨。"张氏意在否定这"数家说法",正说明了分歧的存在。其实,分歧远不止这些,还有人认为《西游记》演绎的是中国传统的"五行生克"之理,有人认为它是"现实社会矛盾的抽象化和幻想化",写的是"光明与黑暗、正义与邪恶、善良与凶残的矛盾斗争",还有人认为《西游记》的主题是"安天医国"或"诛奸尚贤"等。

一部伟大的作品,必然有一个开放的结构,有着多元解读的可能。在《西游记》变幻莫测的情节和天马行空的想象世界中,我们不难看到现实生活的种种影子和社会人生的种种思考。因此,多元性的解读是完全正常的。

在众多的解读中,有一种解读更具有人生的启迪意义和成长的教科书价值,这种解读将《西游记》看作一个关于成长的故事,这就是"成长说"。"成长说"非自现代始,早在三百多年前,张书绅就说:"《西游记》一书,自始至终,皆言诚意正心之要,明新至善之学,""《西游记》一百回,亦一言以蔽之曰:只是教人诚心为学,不要退悔,""《西游记》是把《大学》诚意正心,克己明德之要,竭力备细,写了一尽,明显易见,确然可见,不过借取经一事,以寓其意耳。"张书绅站在儒家的立场,认定《西游记》讲述的是"诚意正心修齐治平"的修身之道、成长之路。

在小说中,唐僧师徒四人都是戴罪之身,等待救赎或自救,改恶从善,脱胎换骨,以走上人生正轨,实现生命的价值。他们或主动,或被动,都选择了用求取佛经的办法来将功补过。一路上,他们翻山越岭,栉风沐雨,斩妖伏魔,在与自然、与敌人、与自我的艰苦斗争中,灵魂受到强烈的冲击,精神得到了历练,境界不断提升。

西天求佛取经的历程,就是他们救赎与成长的历程。

《西游记》,既是历险记,也是成长史。

3. 成长,不可复制

唐僧的使命感

世界上没有两片相同的树叶,世界上也没有两个相同的人。每个人的出生背景、成长经历、个性气质都不同,这决定了生命难以克隆,成长之路也不可复制。在人生路上,我们可以有引路人,有导师,有榜样,但却找不到现成的成长路径,找不到现成的成功秘诀。每个人的人生都是一次从未有过的旅行,即便走在别人走过的路上,走路的滋味也不尽相同。齐白石老人有言:"学我者生,似我者死。"真是道出了成长的真谛。

唐僧师徒四人是一个取经团队。从组队的第一天起,矛盾与冲突就没有停止过。四个人性格不同,形同冰火。他们加入取经队伍的动机各异,有坚定的理想主义者,也有市侩的机会主义者。他们的人生履历不同,有的人情练达,有的高傲自大,有的迂拙迟钝。将这样的一个团队,放在取经路上的生死抉择面前,可以想见,他们的行为和思想该要经过一番怎样的考验与锤炼!

在《西游记》中,唐僧是个理想主义者。他取经有两方面的原因。首先便是西天如来佛祖的召唤。佛祖在"盂兰盆会"上对众信徒说道:

> 我观四大部洲,众生善恶,各方不一:东胜神洲者,敬天礼地,心爽气平;北巨芦洲者,虽好杀生,只因糊口,性拙情疏,无多作践;我西牛贺洲者,不贪不杀,养气潜灵,虽无上真,人人固寿;但

那南赡部洲者,贪淫乐祸,多杀多争,正所谓口舌凶场,是非恶海。

佛祖希望用佛经来劝人为善,但又觉得亲自将经书送到东土甚为不妥:"我待要送上东土,叵耐那方众生愚蠢,毁谤真言,不识我法门之旨要,怠慢了瑜迦之正宗。"所以,他希望在东土"寻一个善信,叫他苦历千山,询经万水,到我处求取真经,永传东土,劝化众生"。

唐僧,正是符合佛祖要求的理想人选。

唐僧的骨子里隐藏着佛的基因,他的前世就是如来佛祖座下的金蝉子,因"不听说法,轻慢大教"而被贬于凡间,投胎转世为凡人。所以,唐僧命中注定要献身于佛教事业,他志诚取经,就是为了找回失落的自我;而那艰难的取经过程,就是他找回自我的过程。

取经也是唐太宗交给玄奘的使命。太宗因失信于泾河老龙王而被控告到冥府,而后小鬼索命,魂游地府,在阴司崔判官的帮助下,才得以延寿还阳。崔判官临别时嘱咐唐太宗"做个水陆大会,超度那无主的冤魂"。西天之佛经正可以起到这样的作用,正如菩萨的"颂子"所言:"此经回上国,能超鬼出群。若有肯去者,求正果金身。"唐太宗寻求取经之人,是为了赎买自己的过失,为了百姓安乐,为了建设太平盛世。在这里,政治与宗教有了结合点。当玄奘明白了唐太宗的鸿鹄志向,当即表示:"贫僧不才,愿效犬马之劳,与陛下求取真经,祈保我王江山永固。"于是二人义结兄弟,唐僧"御弟"之名由此而来。用"取经"的实际行动,来"祈保"大唐江山永固,以酬谢知遇之恩,这是玄奘取经在世俗层面上的动机。宗教与世俗两个方面的原因,使得玄奘明知"西天路远,更多虎豹妖魔;只怕有去无回,难保身命",虽担心"此去真是渺渺茫茫,吉凶难定",但仍决心远赴西天,求取真经。

唐僧幼年的不幸遭遇也是他一心求佛的动因。唐僧前世造孽,投胎转世,生来命苦,是个遗腹子。母亲将其置于木板之上顺水漂流,漂到金山寺,幸得金山寺和尚搭救,才得一命。由于这段离奇而凄惨的人生遭遇,他自幼出家,在寺院中长大。佛是他生命的一部分,他对寺院和佛教充满了感恩。在取经途中,唐僧一心向佛,越挫越坚定,与其独特的成长经历是分不开的。

神圣的使命感、太宗的知遇之恩以及对佛的向往,都决定了唐僧是取经团队中最为虔诚和坚定的人。唐僧身上兼具凡人与圣人的特征。凡人的生理局限和人性缺陷他都有,但他身上又有着圣人的成人成己之理想和慈悲为怀的大德。唐僧算不上勇敢和果决,但绝对是一个意志坚定的人。取经路上遭遇了各种各样的艰难困苦,但取经之心从未有丝毫动摇,任何财富、金钱、地位、美色都不能使他有丝毫松懈。第二十三回"三藏不忘本,四圣试禅心"中,黎山老母、南海观音、普贤菩萨、文殊菩萨为试探四人取经之心是否坚决,幻化为母女招赘四人为婿。她们许诺的条件相当诱人:

财富:

舍下有水田三百余顷,旱田三百余顷,山场果木三百余顷;黄水牛有一千余只,骡马成群,猪羊无数;东南西北,庄堡草场,共有六七十处;家下有八九年用不着的米谷,十来年穿不着的绫罗;一生有使不着的金银:胜强似那锦帐藏春,说甚么金钗两行。

美女:

一个个蛾眉横翠,粉面生春。妖娆倾国色,窈窕动人心。花钿显现多娇态,绣带飘飘迥绝尘。半含笑处樱桃绽,缓步行时兰麝喷。满头珠翠,颤巍巍无数宝钗簪;遍体幽香,娇滴滴有花金缕细。说甚么楚娃美貌,西子娇容?真个是九天仙女从天降,月里嫦娥出广寒!

猪八戒早已按捺不住,心旌摇荡。而"三藏坐在上面,好便似雷惊的孩子,雨淋的虾蟆;只是呆呆挣挣,翻白眼儿打仰。"面对财富与女色的诱惑,他神色乖张,却心如止水。

俗话说,人有三关难过,一个是物欲,一个是色欲,还有一个是权欲。在西梁女国,高贵美丽的女王许以"一国之富,招赘御弟爷爷为夫,坐南面称孤,我王愿为帝后",唐僧虽然"耳红面赤,羞答答不敢抬头",但他依然不为所动,心里盘算的是如何脱身离去。

同样,面对灾难凶险,唐僧虽然也张皇失措,但终能保持气节,不改初衷。有如此坚定的志向与毅力,唐僧不负佛祖和太宗的寄托,成功取回了真经,也算是顺理成章了。

从反叛到皈依

孙悟空则是另一番面貌。

孙悟空天生反骨,不服从、不屈从、不顺从是他性格的重要特征,这在很大程度上决定了他的人生路要比别人曲折。孙悟空无父无母,或者说天为其父,地为其母,乃天地精华所生,在出生上已经非同凡响;他"不伏人间王位所拘束,自由自在",来无踪,去无影;他遍访四海,求仙访佛,只为学个长生不老之术,跳出生死轮回;他出海拜师,学会了"七十二变"和"筋斗云",获得了无穷神力;他向东海龙王"借"来了一万三千五百斤重的"如意金箍棒",随意长短,真是称心如意。看他少年时的作为,其实就为了解决两个问题:一个是在贪生怕死的本能驱使下,寻求长生不死之术,他成功了;另一件事,就是不断向外扩张,提升自己的战斗力,获得发展的更多资源。这些都是生命本能的力量。这就是精神分析学大师弗洛伊德所说的"力比多",生存的本能与扩张的本能,具有绵绵不绝而强大无比的力量。

有了这等本事,孙悟空首先收服了兽界,再伏妖界。"施武艺,遍访英豪;弄神通,广交贤友",与牛魔王等结为兄弟,逐日讲文论武,实为群魔之首,妖界英雄,自称"超出三界外,不在五行中"。

这个无法无天的闹事大王,并不是没有受过挫折,但他总能逢凶化吉,化险为夷,这更助长了他的骄傲与自负。阎罗王派小鬼来捉拿,拘他不成,反被他抓住机会,将生死簿上自己和同类的名字一笔勾销;东海龙王告他抢人宝藏,地藏王菩萨告他强销死籍,他反倒被天庭招安,做了个弼马温;初上任倒也尽心尽力,废寝忘食,不出半月工夫,将那千匹天马调理得肉肥膘满。但得知弼马温是个根本不入流的职位,一怒之下打出南天门,回花果山扯起了"齐天大圣"的大旗,欲与天界分庭抗礼。盛怒之下的玉皇大帝,派托塔李天王和哪吒三太子去征讨,结果反被猴王打败。本来身处绝境的猴子,反而得到了一次与玉帝讨价还价的机会。这一次他如愿以偿,得到一个"齐天大圣"的封号。虽是有名无实的空衔,却也让这猴子心满意足,欢天喜地。于是,"无事闲游,结交天上众星宿,不论高低,俱称朋友",算是悠闲自在了。

但这猴子,天生一颗不安分守己的心,一个"齐天大圣"的头衔,怎能让他安闲下来?于是又偷吃几千年才一熟的仙桃;更有甚者,听说王母娘娘开蟠桃大会没有邀请他,竟然恼羞成怒,又一次大闹天宫,吃了太上老君炼的仙丹,喝了玉帝的琼浆玉液,终于铸成逆天大祸,成为众矢之的。

玉皇大帝决心收服这魔头,调遣十万天兵天将再战花果山,连大慈大悲的观世音菩萨听说他"不遵法律",也派惠岸行者相助。孙悟空固然神勇异常,终敌不过,就有了"八卦炉中逃大圣,五行山下定心猿"的一系列情节。

小说中的美猴王,既是英雄,又是反叛者,还兼有妖魔鬼怪的某些特性,集善恶于一身。所谓"也能善,也能恶,眼前善恶凭他作。善时成佛与成仙,恶处披毛并带角",一半是天使,一半是魔鬼,这恰恰是对人性的概括。人性如同璞玉,其中有闪光的部分,也有杂质和污点。

因此，人性是需要改善的，英雄也是需要锻造和磨炼的。孙悟空的这段经历，可看作混沌未开的幼年和少年时期，尚未经历文明教化，亟待法律的规训、道德的约束与文化的改造。

第七回，孙悟空有一首诗回答如来佛的责问：

> 天地生成灵混仙，花果山中一老猿。水帘洞里为家业，拜友寻师悟太玄。炼就长生多少法，学来变化广无边。因在凡间嫌地窄，立心端要住瑶天。灵霄宝殿非他久，历代人王有分传。强者为尊该让我，英雄只此敢争先。

显然，此时的孙悟空，信奉的是强者为王的逻辑。他认为自己百战百胜，理所当然是个英雄，他就是要争这个"先"，占这个"王"。尽管狂妄自大，倒也道出了一种强者的哲学。但最终，他还是栽在如来佛的手掌心，被压在五行山下。饥食铁丸，渴饮铜汁，且一压就是五百年，消人意志，磨人心性。前七回叙述的就是孙悟空这段少不更事的成长经历。

从第十四回"心猿归正"开始，猴子踏上了"西天取经"之路。这是一种机缘和象征：英雄需要艰难的磨炼，大英雄需要更多艰难的磨炼。但是，孙悟空取经与唐僧完全不同。他的目的非常功利，就是为了重获自由，重振当年雄风。当然，也有那么一点报答唐僧搭救之恩的朴素想法。不过，感恩的念头毕竟抵不过他粗野骄傲的性格。他缺乏教养，不懂规矩；心高气傲，不可一世；好卖弄，喜欢捉弄人；残忍轻率，动不动就大开杀戒。在讲究长幼尊卑的时代，这个徒弟还经常与师父争论不休，闹个不停，抱怨师父"忒不济""胆小""不识时务"，导致师徒之间冲突频繁。

但共同的事业追求还是将大家聚集在一起，在不断的冲突以及冲突的解决中，彼此逐渐认识了，接近了，理解了，甚至互相欣赏了。同时,在战斗中,孙悟空也不断发现自己新的价值,认识到自己对取经事业不可或缺的作用,甚至渐渐体会到取经事业之伟大。

在反复的冲突中,孙悟空与唐僧的关系也发生了微妙的变化,他不仅是唐僧的得力助手,还成了唐僧的贴心人和对话者。在第十九回,乌巢禅师将《多心经》一卷传授给唐僧,并称"遇魔瘴之处,但念此经,自无伤害"。但三藏毕竟是肉体凡胎,哪能领悟《心经》的精义?倒是悟空本就是世外之人,参悟颇为透彻。小说多次写悟空为唐僧讲经的细节,读来很有兴味。比如第三十二回:

> 唐僧道:"徒弟们仔细。前遇山高,恐有虎狼阻挡。"行者道:"师父,出家人莫说在家话。你记得那乌巢和尚的《心经》云'心无挂碍;无挂碍,方无恐怖,远离颠倒梦想'之言?但只是:'扫除心上垢,洗净耳边尘。不受苦中苦,难为人上人。'你莫生忧虑,但有老孙,就是塌下天来,可保无事。怕甚么虎狼!"

再如第四十三回:

> 三藏大惊道:"徒弟呀,又是那里水声?"……行者道:"老师父,你忘了'无眼耳鼻舌身意',我等出家人,眼不视色,耳不听声,鼻不嗅香,舌不尝味,身不知寒暑,意不存妄想——此谓之祛褪六贼。你如今为求经,念念在意;怕妖魔,不肯舍身;要斋吃,动舌;喜香甜,嗅鼻;闻声音,惊耳;睹事物,凝眸;招来这六贼纷纷,怎生得西天见佛?"

又如第八十五回:

> 三藏道:"休言无事;我见那山峰挺立,远远的有些凶气,暴

云飞出,渐觉惊惶,满身麻木,神思不安。"行者笑道:"你把乌巢禅师的《多心经》早已忘了。"三藏道:"我记得。"行者道:"你虽记得,还有四句颂子,你却忘了哩。"三藏道:"哪四句?"行者道:"佛在灵山莫远求,灵山只在汝心头。人人有个灵山塔,好向灵山塔下修。"

面对这位顽劣又聪慧的徒弟,唐僧也在不断地修正态度,逐渐接纳了这位个性极强的弟子,欣赏他,为他骄傲,越来越信任他,依靠他,甚至还感激他。尽管紧箍咒还时不时念念,但两人从互相提防、嘲讽、敌视到逐渐信任,甚至互相引为知音,说明孙悟空渐渐进入了"悟佛"的境界。

他在成长。

脱 胎 换 骨

第九十八回的回目叫"猿熟马训方脱壳,功成行满见真如",写师徒一行登灵山时需过一座独木桥,渡过这"凌云仙渡",就可成佛。四人脱胎换骨,终成正果。小说这样写道:

> "师父,上船去。他这船儿,虽是无底,却稳;纵有风浪,也不得翻。"长老还自惊疑,行者叉着脖子,往上一推。那师父踏不住脚,毂辘的跌在水里,早被撑船人一把扯起,站在船上。师父还抖衣服,垛鞋脚,抱怨行者。行者却引沙僧、八戒,牵马挑担,也上了船,都立在艕艚之上。那佛祖轻轻用力撑开,只见上溜头泱下一个死尸。长老见了大惊。行者笑道:"师父莫怕。那个原来是你。"八戒也道:"是你,是你!"沙僧拍着手,也道:"是你,是你!"那撑船的打着号子也说:"那是你! 可贺,可贺!"

这段描写富有强烈的象征意义,类似于一个成人仪式。人的成熟,首先是能掌控自己,不为外界的风吹草动而改变。"上船去,他这船儿,虽是无底,却稳;纵有风浪,也不得翻",任他狂风恶浪,我自岿然不动,岂不是自我主宰命运的表现?再如那随水消逝的尸体,其实是唐僧否定过去、告别旧我、走向新生的象征。成长,就是不断告别过去;成熟,就是在不断地超越与代谢中,走向新生。师徒四人过了这座桥,就算是进入了佛界。

从小说的象征意义看,他们终于"成人"了。

唐僧与悟空各自走过了一条属于自己的人生路。同是取经,同样成佛,两个人的人生却全然不同。世界的丰富多彩,人生的浪漫诗意,正来自这样的差别。

4. 唐僧不辱使命

领 袖 风 范

取经事业之所以能成功,是因为有一个伟大的团队。作为团队的领袖,唐僧的作用是独一无二的。在唐僧身上,最具有感召力的,便是他百折不挠的信念。

在团队中,对取经事业有理性认识和自觉追求的,只有唐僧一人。唐僧将取经看作实现自我价值的神圣方式,看作拯救堕落人间的手段,是造福国家的伟大事业。而孙悟空们却只想通过取经来赎买罪孽,至于取经究竟何为,既不在他们考虑的范围,也超越了他们的认知水平。猪八戒前生为天庭的天蓬元帅,掌管着十万水兵。因为醉酒后调戏嫦娥而被贬凡尘,又因错投母猪胎里,变得丑陋不堪,只得在福陵山云栈洞靠吃人度日。沙僧原本是灵霄殿下的卷帘大将,只因在蟠桃会上失手打碎琉璃盏而被贬下界。就连作为脚力的白龙马,也处在人生最沉沦与失意的时期。唐僧要带着这帮乌合之众完成取经大业,几乎是一件不可能的事情。

但最终,唐僧师徒竟然完成了这个看似不可能的任务。

没有唐僧,便不会有取经大业。正是在他坚定信念的感召下,在他人格魅力的感化下,徒儿们才放弃杂念,杜绝邪念,完成了放下屠刀、立地成佛的人生转换。作为取经队伍的精神领袖,唐僧具有其他几个所不具备的优势。

唐僧血统纯正,原是如来佛祖的第二个徒弟,唤作金禅子,只因未听佛祖的传法被贬凡尘,托化为玄奘,正是"极乐中降来的佛子"。观音选他作为取经人,更多的是看重其"佛子"的先天身份。

当然,"纯正的血统"并不能决定人的未来与成败。唐僧的第二个优势是他的领袖气质。小说多次写唐僧外貌,与其说唐僧的英俊与轩昂征服了众多人,还不如说唐僧身上有一种领袖的风范与气质。第十二回,唐僧穿上了观音赠送的袈裟后,"凛凛威颜多雅秀,佛衣可体如裁就。辉光艳艳满乾坤,结彩纷纷凝宇宙"。长安城里的男女老少,无不夸他"好个法师!真是个活罗汉下降,活菩萨临凡"。取经途中,唐僧也屡屡因那气宇轩昂、英姿俊朗的外表引来人们的赞叹。唐僧的气质适合修佛,适合做团队的领导。

唐僧还有一颗仁慈之心。在佛教看来,仁慈心是向佛、礼佛、成佛的第一要求。孙悟空等人也想皈依佛门,但他们都干过杀人放火、伤天害理的坏事,这与自小"胎里素"、从未杀生害命的唐僧不能等而视之。取经途中,唐僧的慈悲心贯串始终。第二十一回,唐僧刚刚收服了悟空与八戒,在黄风岭遭难被擒,他身处险境,担心的却是悟空与八戒的安危,"纷纷泪落,心心只念着悟空、悟能,不知都在何处"。

即便是对妖孽,唐僧也以不杀生为基本原则。第三十七回,唐僧夜坐宝林禅寺堂中,灯下念经,困乏之下睡着了。梦中突然看见一条汉子,唐僧不知这是落难的乌鸡国国王,惊恐万状:

> 浑身上下,水淋淋的,眼中垂泪,口里不住叫:"师父!师父!"三藏欠身道:"你莫是魍魉妖魅,神怪邪魔,至夜深时,来此戏我?我却不是那贪欲贪嗔之类。我本是个光明正大之僧,奉东土大唐旨意,上西天拜佛求经者。我手下有三个徒弟,都是降龙伏虎之英豪,扫怪除魔之壮士。他若见了你,碎尸粉骨,化作微尘。此是我大慈悲之意,方便之心。你趁早儿潜身远遁,莫上我的禅门来。"

看起来唐僧絮絮叨叨,却是动之以情,晓之以理,加之以威,希望和平解决,以显自己"大慈悲之意"。当然,因为心怀慈念,他也常上妖精的当。慈悲心本身并没有错,只是唐僧缺了一双辨认妖精的火眼金睛。所以,唐僧上完一个当,接着上另一个当,不是道德人品的问题,而是水平能力的问题。

唐僧也是一个知恩必报、重诺重信的人。取经算是毛遂自荐,唐王大喜过望,又与其结为兄弟。唐僧感激不尽,当场立下宏誓大愿:"我这一去,定要捐躯努力,直至西天;如不到西天,不得真经,即死也不敢回国,永堕沉沦地狱。"可以说,唐僧一心向佛,矢志取经,一方面来源于对佛性的追求;另一方面,也是因为得到唐王眷顾后所萌发的臣为君死的一腔赤诚和一诺千金的信用。

当然,唐僧最主要的优势,还在于他对取经事业的虔诚心态与坚定信念。无论荣华富贵的诱惑,还是艰难困苦的折磨,甚至生死存亡的考验,他都不改初衷,不忘初心。"女儿国"一节,最能表现唐僧的心性坚定,几至于坐怀不乱。女儿国是个人间世界,毕竟与那些妖精鬼怪不同,国王的情义也发自内心。如此美丽而多情的女国王和王位的诱惑,都不能让唐僧产生杂念,这唐僧也算是坚如磐石了。

唐僧的虔诚与信念还表现在日常修炼上。一日三餐,春夏秋冬,唐僧从不忘记参禅打坐,拜佛念经。每到禅院寺庙,总是诚心正意,谦恭礼佛。第六十二回,到达金光寺,唐僧说:"我当时离了长安,在法门寺里立愿:上西方逢庙烧香,遇寺拜佛,见塔扫塔。"随后他沐浴更衣,穿了小袖褊衫,束了环绦,足下换一双软公鞋,手里拿一把新笤帚,一层一层潜心扫塔,其虔诚可见一斑。

西天取经,共遭受八十一难,主题不过是要考验唐僧等人的定力和心性。面对考验,唐僧始终如一,连一丝放弃的念头都没产生过。相比之下,孙悟空起初动不动就撒手跑回花果山,猪八戒一遇挫折就要回高老庄和高翠兰过小日子,忠诚厚道的沙僧也有过脱离队伍的闪念。唯独唐僧一人,始终如一。

与徒弟们相比,唐僧不会武功,没有法宝,不懂法术(除了念念紧箍咒);作为领袖,他也没有胜人一筹的智慧和谋略。如果说唐僧身上有一种感召力,那就是虔诚的向佛之心和明知不可为而为之的勇气、永不言弃的信念与执着。

在信念的凝聚下,取经事业终于圆满成功。

一个都不能少

成功,离不开唐僧的信念。在唐僧的凝聚下,取经队伍不断磨合,终于发挥出了团队的力量,体现出合作的价值。

取经队伍是个复杂的集体。大家出身有贵贱,性格有差异,热情有高低,要凝聚起来,实非易事。这一点在唐僧与悟空的关系上表现特别鲜明。唐僧与悟空,一者为精神领袖,一者为物质依靠。这二人和谐,则团队兴;这二人别扭,则团队败。问题在于这两个人差别实在太大,冲突是如此之多。

唐僧与悟空的冲突,主要是思想观念的巨大差别。有时候,人与人的很多矛盾,表面看是因为性格,因为具体的利益,甚至某个看似可以忽略不计的小节,但究其实质,可能是因为文化观念的差别。比如,在如何看待"杀生"的问题上,唐僧与悟空截然不同,由此引发了很多尖锐的冲突。

对于悟空,杀生根本就不是个问题。在他看来,不管是谁,只要做了坏事,就该受到惩戒,对于妖魔鬼怪,更要除恶务尽,斩尽杀绝。但在唐僧看来,出家人"扫地恐伤蝼蚁命,爱惜飞蛾纱罩灯",更何况是活生生的人呢?佛教教旨中第一条忌讳便是杀生,即使确有罪过,也要积好生之德。两个人的冲突由此产生了。

第十四回,孙悟空毫不留情地诛杀了六个剪径强盗,引来唐僧的极大愤恨,他先讲道理:"他虽是剪径的强徒,就是拿到官司,也不该死罪;你纵有手段,只可退他去便了,怎么就都打死? 这却是无故伤人的性命,如何做得和尚?"接着,又端起师傅的架子,痛骂悟空"暴横人间,欺天诳上",并断言猴子"一味伤生,去不得西天,做不得和尚"。心高气傲的悟空哪里受得了这等恶气,一气之下,便威胁撂挑子不干了。

取经途中悟空两次离开,都是因为开了杀戒(强盗和白骨精)引起的。在杀生问题上,唐僧从不妥协。当然,悟空本来也非滥杀无辜之人,在唐僧的善念感召下,他的觉悟也越来越高,师徒之间的共识越来越多,冲突也越来越少了。

说到团队的作用,不能不提到猪八戒。唐僧与悟空是西天取经的主力,唐僧是当之无愧的领袖,悟空是当之无愧的英雄,他们的价值无人可代,也无人否定。但取经队伍中还有一个颇有争议的人物,男人该有的毛病他都有,英雄该具备的品质他似乎都不具备。就是这样一个人,却是团队中不可或缺的人,也是《西游记》不可或缺的角色,他不仅给取经团队带来了无穷的快乐与活力,也给无数的读者带来了无限的喜感和启迪。他,就是猪八戒。

猪八戒是《西游记》中最有张力的角色。

《西游记》的人物塑造在古典小说中颇有特色,这个特色便是"丰满",表现了人物性格的复杂性和丰富性,不像《三国演义》的人物那般单一。鲁迅批评《三国演义》"欲显刘备之长厚而似伪,状诸葛之多智而近妖",人物形象单调而扁平。《西游记》的主要人物个个都有自己的长处,也都有自己的不足。甚至唐僧,也有小肚鸡肠的时候,也有任性负气的时候。看起来冷若冰霜、不食人间烟火的和尚,也有吟风弄月的时候,也会见花落泪,见月伤心。因为丰满,才显得真实。

相比之下,猪八戒的形象最为复杂与丰满。在小说中,八戒是个缺点很多的角色,却很可爱,并不让人讨厌。他朴实、善良,又自私、狡黠、贪图小利;既心胸狭隘,一事当前先顾自身,又终能顾及大义,不亏大节。猪八戒最鲜明的缺点,一是贪,二是色。八戒的贪,主要是贪吃。小说中猪八戒一出场,便让读者领教了他的饕餮本性。一顿要吃三五斗米饭,早间点心也得百十个烧饼才够。取经路上,猪八戒叫唤最多的便是一个"饿"字,想得最多的就是一个"吃"字,为此也惹了很多祸。偷吃人参果就是一例。一听到"人参果"这三个字,猪八戒就忍不住流出了哈喇子,千方百计要尝个鲜。他自知凭己之力难以得手,便极力怂恿悟空去偷,结果惹出一场大祸。

除了贪吃,八戒还贪财,他偷偷攒私房钱,惹了很多笑话。

相对于"贪"字,猪八戒的色心更炽。取经路上,凡涉男女之事,八戒无不撺掇和搅和。八戒被贬,本来就是因为贪图嫦娥美色;皈依佛门后,依然色心不死。面对美女心痒难挠,但又每每弄巧成拙,出尽洋相。第二十三回,"四圣"化成一母三女,以财色来考验唐僧师徒。其他三人都坚定不移,唯八戒原形毕露,深更半夜找到"老母"要求入赘做女婿,还恬不知耻地要将三个女儿都娶到手。结果,被吊在树林里受了一夜的活罪。

取经路上有许多女妖精,八戒一旦撞上,便要色迷迷地轻薄个够,恨不得一口吞下肚,为此而屡屡上当。第七十二回,八戒撞见七个蜘蛛精洗浴,色心顿起,变作一条鲇鱼,在水里与妖精"捉迷藏",真是色胆包天,"色"令智昏。第九十三回,路经天竺国,唐僧被玉兔变化的公主招为驸马。八戒知晓此事,那是捶胸顿足,如丧考妣,连连抱怨:"早知我去好来!都是那沙僧怠懒!——你不阻我啊,我径奔彩楼之下,一绣球打着我老猪,那公主招了我,却不美哉,妙哉!"

但八戒的贪与色并不让人憎恶,倒还有几分可爱之处。原因在于他虽然贪财贪色,却没有劫财劫色,多是动动心思,快活快活嘴巴,实际上既没吃到什么山珍海味,也没有辱没良家妇女,因此还算情有可原,总体还处在道德底线之上。八戒的贪吃,更多是要满足作为"猪"的生理需要;八戒好色,也不同于西门庆的淫邪无度,他心里时时挂念的,还是原配夫人高翠兰,时不时流露出对老婆的脉脉温情。他是个复杂的人,既让人生厌,又让人喜欢。

在《西游记》中,唐僧、悟空一口一声"呆子""夯货"地叫骂,猪八戒极少抗议。相反,他还乐于承认自己是个"痴汉""呆性子",憨呆之气中透出几分率性自然,质朴天真。这在要强好胜要面子的悟空那里,是万万不能的。

有时候,八戒还像个顽童。第三十二回,悟空听说有妖,撺掇八戒去巡山。八戒见山坳里一弯红草坡,便一头钻进去,使钉耙扑个地铺,偷懒睡下。悟空变成只啄木鸟去撩拨他:

> 那八戒丢倒头,正睡着了,被他照嘴唇上挖揸的一下。那呆子慌得爬将起来,口里乱嚷道:"有妖怪!有妖怪!把我戳了一枪去了!嘴上好不疼呀!"伸手摸摸。决出血来了。他道:"蹭蹬啊!我又没甚喜事,怎么嘴上挂了红耶?"他看着这血手,口里絮絮叨叨的两边乱看,却不见动静,道:"无甚妖怪,怎么戳我一枪么?"忽抬头往上看时,原来是个啄木虫,在半空中飞哩。呆子咬牙骂道:"这个亡人!弼马温欺负我罢了,你也来欺负我!——我晓得了。他一定不认我是个人,只把我嘴当一段黑朽枯烂的树,内中生了虫,寻虫儿吃的,将我啄了这一下也。等我把嘴揣在怀里睡罢。"

读来叫人忍俊不禁。

猪八戒虽然也挑唆过唐僧与悟空的矛盾,但在队伍中又是一个不可或缺的黏合剂。"智激美猴王"这一节,他能抓住悟空的性格特点,用激将法诱其下山,在关键时刻救了师傅。在"荆棘蓬攀八百里,古来有路少人行"的荆棘岭,他手执一把三十丈长的钉耙,扒开了一条通路;七绝山稀柿衕,他变作一头大猪,拱开臭气熏天的"秽污",为队伍开了路。更难能可贵的是,迢迢取经路,他始终挑着四人的行李,从高老庄一直挑到西天。

顺便说一下卷帘大将沙僧。沙僧能吃苦耐劳,忍辱负重,沉默少言,不发牢骚,服从安排,听命于师尊兄长,不计名利,美色不能动其心,妖魔未能乱其志,简直就是儒家所说的"敏于事而讷于言"的道德君子。对师父,他能尽弟子之职;对兄长,他能守师弟之份。在悟空与八戒的摩擦中,他总是首先维护长兄的权威,对八戒善意劝解,维护兄弟间微妙的平衡。相对于唐僧的虔诚、悟空的智勇、八戒的憨呆,沙僧似乎是个最没有个性的人物,却也是队伍中不可或缺的人物。

就这样,四个各有特点的人,组成了最有战斗力的队伍,完成了一次不可能完成的长征。世界上没有完美的人,人与人之间的相处与合作,关键是要互相包容,取长补短,形成合力,达到"1+1>2"的结果。

凭借一个伟大的信念,依靠一支伟大的团队,唐僧终于兑现了他的承诺。

5. 最大的敌人是自己

成长就是犯错误

人要成长,既要面向外部世界,借助环境的各种资源,从中获得智慧与力量;同时又要面对内部世界,直面内心,认识自我,战胜欲望与杂念,促进精神的飞跃与升华。

环境是一个客观存在,善恶并陈,美丑俱在。在环境面前,人应该保持自己的主体地位,而不能"物于物",为外物所役使。明媚阳光能让我们温暖,寒风暴雨也能强健我们的筋骨。即使是敌人,我们也可以向敌人学习,从敌人那里获得生命所需的能量与资源。

《西游记》构建了四个世界:天上以玉皇大帝为首的神仙世界,地上以唐太宗为首的人间世界,阴间以十殿阎君为首的幽冥世界,西方以如来佛祖为首的极乐世界。在唐僧及其徒弟的成长过程中,极乐世界的如来、观音,人间世界的唐王等是最有力的积极力量(所谓的"正能量")。但是,无论哪个世界,都存在着一些破坏力量,有的欲置师徒于死地,有的要吃唐僧肉以求长生不老,有的欲取唐僧"元阳"成精,有的争强好胜要挑衅悟空,有公报私仇的,有为宗教专制而灭绝佛门的,一路刀光剑影,惊心动魄,步步维艰。但若从修成正果的角度看,这些磨难和挫折何尝不是唐僧们成长的资源?正是在与各种邪恶势力斗争的过程中,他们发现了自我,认识了自我,战胜了人性的弱点,激发出强大的精神力量。

"三打白骨精"的故事脍炙人口。白骨精是师徒四人合璧后遭遇的第一个妖魔。与之后要遭遇的各路妖怪比,白骨精的法力算不上强大,手段也算不上特别狡猾,却给取经队伍带来了极大的麻烦,几乎让取经大业毁于一旦。在故事中,唐僧不辨妖邪是非,孙悟空疾恶如仇却又负气任性,猪八戒不顾大局,挑拨离间,意图报复等,都暴露无遗。

"三打白骨精"之前,唐僧师徒四人已经经受了几次考验。第二十三回"四圣试禅心",唐僧、行者和沙僧都通过了测试,唯独猪八戒露出了贪财好色的本来面目,受到菩萨的严厉处罚。其后,路经五庄观,八戒、悟空偷吃了五庄观益寿长生的人参果,犯了一个"贪"字;悟空受不了童子的闲气,将人参果树推倒,又犯了佛家忌讳的一个"怒"罪。虽然都受到了惩罚,但这两个顽劣的家伙,还是没真正认识到自己的毛病与取经大业的强烈冲突,更谈不上接受教训。前路茫茫,不知还有多少艰难险阻等着他们,以这样的状态向前走,等待他们的只能是万丈深渊,彻底毁灭。因此,取经团队急需一次考验,让他们幡然醒悟,不仅正视自身的弱点,更要寻求团队的协作与契合。

白骨精的出现,或许就是佛祖有意安排的一个具有特殊意义的挫折吧。

从五庄观出来之后,一路上风平浪静。不过,经历了前几次的惊吓,唐僧已成惊弓之鸟,早没了出发时的意气风发;作为师父应有的权威,尚未被徒儿们认可,强烈的自尊加重了他的猜疑和过敏。这一天,行走在大山之中,唐僧已是心惊肉跳,要行者去化斋。行者争辩了两句:"这等半山之中,前不巴村,后不着店,有钱也没买处,教往那里寻斋?"说的都是实话,无意中却触犯了唐僧的权威。唐僧极为不快,口里骂道:"你这猴子!想你在两界山,被如来压在石匣之内,口能言,足不能行;也亏我救你性命,摩顶受戒,做了我的徒弟。怎么不肯努力,常怀懒惰之心!"唐僧将悟空从五行山下救了出来,当然恩重如山,但若动辄拿这点恩惠相要挟,不免显得小肚鸡肠,也容易招致受恩者的反感。悟空心中郁闷,却也无可奈何,只得将身一纵,去远方化斋。

按说,本领高强的悟空走后,白骨精就有下手的机会了,但这妖精的本领实在不济,看见八戒和沙僧护持着唐僧,竟不敢拢身。怎么才能接近唐僧呢?妖精决定耍花招,用诡计。

妖精吃透了唐僧的心思。唐僧向来以仁慈为念,经常挂在嘴边的话就是"扫地恐伤蝼蚁命,爱惜飞蛾纱罩灯",对吃斋念佛的人更是有着天然的好感。妖精前后变化的三个人物,都声称好斋向佛,这让唐僧一下子就有了亲近感。且看妖精的表演:第一次变作一个花容月貌的女子,左手提着一个青砂罐儿,右手提着一个绿瓷瓶儿,装作给家人送饭。唐僧对女色无动于衷,对虔诚向佛的弱女子却充满好感,早将妖魔鬼怪忘到爪哇国去了。八戒正相反,一见芳颜,便方寸大乱,胡言乱语,甚至撩拨唐僧对悟空的不满情绪:"教师兄去化斋,那猴子不知那里摘桃儿耍子去了!"

眼看妖精就要得手,悟空出现了。妖精的法术自然逃不过悟空的火眼金睛,但猴子的那种近乎得意的自信和不由分说的自负,深深刺激了唐僧。尤其是他对师父冷嘲热讽,更让唐僧心生厌恶:

师父,我知道你了。你见他那等容貌,必然动了凡心。若果有此意,叫八戒伐几棵树来,沙僧寻些草来,我做木匠,就在这里搭个窝铺,你与他圆房成事,我们大家散了,却不是件事业?何必又跋涉,取甚经去!

唐僧被悟空挤兑得"满面通红",悟空借机掣出铁棒对着妖精劈头一棒。可惜,妖精逃走了,只留下一具假尸体。

唐僧眼见悟空滥杀无辜,吓得战战兢兢。加上猪八戒从旁挑唆,便"手中捻诀,口里念咒",悟空不得不抬出大慈大悲的观音菩萨,且一再表达了自己知恩图报的诚意,才让唐僧回心转意,放了悟空一马。

妖精不愿就此认输,一计不成,又生一计,变作一个80多岁的老婆婆来找女儿。按常理,一个80多岁的老太太,怎会有一个那么年轻的女儿呢?悟空发现了破绽,可唐僧失去了理智,不由分说又念起了咒语,勒得猴子疼痛难忍,跪地求饶。悟空没办法,恳请唐僧念"松箍咒",还自己一个自由之身。这倒将了唐僧一军,菩萨当年并未教他什么"松箍咒"。悟空又逃过一难。

妖精第三次变化成一个白发苍髯的老公公,来找老伴和女儿。见此凄惨情景,唐僧非常内疚。悟空再一次手抡铁棒,打倒妖魔,真正断绝了妖魔的灵光。俗话说:"事不过三。"悟空一连打死三人,无论如何都不能包庇下去了。唐僧这回是下了狠心,一定要赶走悟空,绝不留情。悟空再三辩白,唐僧不听;责备师父鸟尽弓藏,兔死狗烹,更让唐僧生气;又说我这一走你手下无人,取经大业断难成功,唐僧听了更加刺耳。他给悟空写了一纸贬书,声明从此断绝师徒关系。无奈之下,悟空只得回转花果山。

祸起萧墙。白骨精不可怕,内心的妖魔才可怕。这内心的妖魔便是人性的弱点和性格的缺陷。悟空的被逐,与八戒的谗言直接相关。悟空为自己辩护,唐僧将信将疑,每次都因八戒的一番谗言,而"将错误进行到底"。比如第一次,白骨精丢下的罐子里装的根本不是食物,而是"一罐子拖尾巴的长蛆"。唐僧看了,"有三分信了",事情似乎有了转机。八戒却说这是悟空使的"障眼法",唐僧这才念起了紧箍咒。

但是,八戒进谗言也不是没有缘由的。这与悟空的自负、生性促狭、爱捉弄人不无关系。面对意气风发、武艺高强的孙悟空,做过天蓬元帅的猪八戒心生嫉妒,也不奇怪。何况悟空本来就瞧不起这两个小老弟,尤其喜欢捉弄和嘲讽八戒,现在有了幸灾乐祸、落井下石的机会,八戒岂肯放过?

事情搞成这个样子,与唐僧表面懦弱而内心极为自尊和骄傲的性格也不无关系。两个人说起来是师徒关系,但在能力上,唐僧与悟空根本不在一个档次,这让唐僧尴尬;悟空毫不在意唐僧的感受,脾气火爆而言语尖刻,唐僧更加难以接受。某种角度看,唐僧何尝不是意气用事,借机泄愤,将错就错?

这样的几个人,日常相处时,不疼不痒地争吵几句倒也罢了,一旦遇到白骨精这样的敌人,积累的矛盾、攒下来的冲突,便在一瞬间爆发了。单从个人感受看,这一次冲突对每个人都是一次深深的刺激和伤害。若从整个取经事业看,这次冲突却来得正是时候。因为此刻,取经刚刚起步,队伍正在磨合,更大的灾难与对手还没有出现。倘若没有这一次撕心裂肺、触及灵魂的冲突,便不能引起师徒四人的思考和警醒。那么,这些人性的弱点和性格的缺点,将会在未来的日子里造成毁灭性的灾难。

人非圣贤,孰能无过?每个人都有难以避免的缺陷与片面性。在个人独处的时候,这些缺点或许不会妨害什么,一旦进入社会生活,进入人际交往,或者遇到某些意外的处境,它的危害和危险就暴露了。但是,我们不能因为这个危害和危险,就将自己封闭起来。人,只有在社会中才能实现自我的价值。我们唯一的选择,就是在实践中发现自我、认识自我。从这个角度看,人不应该回避周遭的一切,应该正视自己面临的一切,无论是祸是福,这一切都是对人性的拷问,都是对自我的历练。若能自我反思,今天失去的,明天一定会以另一种方式回馈给你。

心 魔

《西游记》从第五十六回到第五十八回"二心搅乱大乾坤,一体难修真寂灭",讲述了另一个脍炙人口的故事:真假美猴王。关于这个故事的解读很多,若从心理学的角度看,"真假美猴王"其实是孙悟空内心矛盾的真实写照。这一次,悟空的对手是和他一模一样的六耳猕猴。两个猴王"形容如一,神通无二"。真假猴王真伪难辨,就算暗念紧箍咒,也是"两个一齐喊疼,都抱着头,地下打滚,只叫'莫念,莫念'";观音菩萨和手下"看了良久,莫想能认"。两个美猴王由天上灵霄殿斗到地下森罗殿,由南海紫竹林打到西天雷音寺,最终在如来的主持下,才分出真假——问了如来,才知这假猴王原是六耳猕猴,"能知千里外之事;凡人说话,亦能知之;故能善聆音,能察理,知前后,万物皆明"。

这真假美猴王的情节设计,究竟有何寓意?且看假猴王在打昏唐僧之前与唐僧的对话。唐僧赶走了悟空,正饥渴难忍,难受得七窍生烟,假猴王出现了。假猴王跪地送水,唐僧不辨真伪,申斥道:

> "我不吃你的水!立地渴死,我当认命!不要你了!你去罢!"行者道:"无我你去不得西天也。"三藏道:"去得去不得,不干你事!泼猢狲!只管来缠我做甚!"那行者变了脸,发怒生嗔,喝骂长老道:"你这个狠心的泼秃,十分贱我!"抢铁棒,丢了瓷杯,望长老脊背上砑了一下。那长老昏晕在地,不能言语,被他把两个青毡包袱,提在手中,驾筋斗云,不知去向。

师徒二人,已到了水火不容的地步。

唐僧被假猴王打昏之后,沙僧到花果山找悟空(其实是假猴王)讨要包袱。面对沙僧的解释和辩护,假猴王闻言,呵呵冷笑道:

> 贤弟,此论甚不合我意。我打唐僧,抢行李,不因我不上西方,亦不因我爱居此地;我今熟读了牒文,我自己上西方拜佛求经,送上东土,我独成功,教那南赡部洲人立我为祖,万代传名也。

仔细揣摩这些情节和对话,不难发现,假猴王其实说出了孙悟空隐藏在内心深处的一些念头。悟空取经,本来就有自己的小算盘,以他的性格,若不是为了报答唐僧的解救之恩,以及慑于紧箍咒的威力,他怎可能听命于这个窝囊的和尚,做个保镖?披星戴月风餐露宿倒也罢了,还要听这个和尚整天唠叨和咒骂?他的心里岂能没有怨恨?想必咬牙切齿的时候也不少。既然取经能够改变自身的命运,为什么自己不能去西方拜佛求经,再送回东土,独享成功呢?这样也可万世留名。可以设想,这样的怨恨与念头在悟空的内心一定千百次出现过,尤其在其失落和郁闷的时候。因此,悟空与六耳猕猴的争斗,完全可看作悟空内心思想斗争的外在折射。

　　人的内心是多面和多层的,而非单一和固定的,每个人的内心深处都存在着种种矛盾与冲突。孙悟空也不例外。一方面,他渴望报答唐僧,渴望建功立业,渴望得到社会的承认,这决定了他对师父的尊重,对取经事业的认同,对西方世界的向往。但与此同时,这个顽劣的猴子,向来天马行空,向来自以为是,这样一个人却要委曲求全,怎会不郁闷难耐?尤其是拜师以来,自己赤胆忠心,却屡遭误会和咒骂,加上猪八戒的挑拨和风言风语,心里早已郁积了很多不平与怨气,只是因为碍于大义和先前的承诺,不得不一忍再忍。

　　所以,真假美猴王的战斗,倒不如看作孙悟空内心的斗争,就像如来所说:"汝等俱是一心,且看二心竞斗而来也。"这是悟空内心两种人生取向的斗争:是牺牲自己的本性和自由,跟随唐僧去西方取经,还是摆脱束缚,我行我素,为所欲为?悟空最终选择了前者。假猴王死了,其实象征着那个天生的、按照本能行事的石猴死了,那个大闹天宫、为所欲为的妖怪死了。一个肩负着取经重任的护法战士,终于诞生了。

　　小说中有个物件颇有意味,那便是锁在孙悟空头上的那个箍儿。与紧箍异曲同工的,便是那菩萨给猪八戒穿的那件珍珠锦汗衫。它们都象征了社会对人的难以摆脱的七情六欲的束缚与控制,象征了道德与文化的规训力量。有了紧箍,孙悟空才知敬畏,才知收敛,才知约束;有了约束,师徒中最有凡夫俗子情欲心的猪八戒,才将财色之欲的追逐让位于神圣的取经大业。

成长,意味着我们一面要借力环境,一面要直面内心。

6. 成长比成功更重要：享受成长

不忘初心，方得始终

作为一部历险小说，《西游记》的结局是圆满的。唐僧师徒历经九九八十一难，最终取回真经，修成正果。正如书中所说：

> 圣僧努力取经编，西宇周流十四年。
> 苦历程途遭患难，多经山水受迍邅。
> 功完八九还加九，行满三千及大千。
> 大觉妙文回上国，至今东土永留传。

师徒四人因取经有功，唐僧被加封为旃檀功德佛，孙悟空为斗战胜佛，猪八戒为净坛使者，沙和尚为金身罗汉，就连驮经的白龙马也被封为八部天龙马。人生至此，算是功德圆满，一切付出都有了回报，算是一个完满的结局了。

《西游记》具有强烈的励志意味。

在这个世界上，人人都渴望成功。追求成功是人的天性。人是一种主体性的存在，只有在实现主体意志的过程中，才能彰显主体的力量，才能品尝成功的滋味。有些人，比如继承世袭的权力或财产，再如纯属偶然地中了巨额彩票，人们把这些事件归之为命运或者运气，而不认为是成功，因为在这些结果中缺少了主体追求与实践的因素。所谓成功，一定是在强烈的主体意志推动下，经过了自我的努力，终于达到了预期的目标或结果。在《西游记》中，师徒四人历经九九八十一难,经过艰苦卓绝的奋斗,逢山开路,逢凶化吉,最终皆大欢喜。这九九八十一难,彰显的正是他们主体的意志与力量。

没有人可以随随便便成功,成功者不仅是那些善于利用环境和资源的人,也一定是那些意志品质出众的人。成功自有成功的道理,成功自有成功的原因。从这个意义看,我们确实可以成败来论英雄。唐僧师徒四人,有目标,有信念,有毅力,众志成城;与天斗,与地斗,与自己斗,最后才脱胎换骨。成功是给英雄的最好的回报。

但是,世事复杂,人生艰难。若单纯地以成败论英雄,以结果看成败,那么,多数人都只能算是失败者。因为,相对那些杰出的人,平凡的人算是失败的;相对成大事者,做小事者算是失败的。这样一比较,多数人的人生价值就被否定了。古有"成者王侯败者寇"的人生哲学,就是这个逻辑。这个哲学逼迫我们为了一个既定的目标而活。于是,每个人都在追逐"成功",连三岁孩童都害怕输在起跑线上。这样的哲学,让每个人都在一路狂奔,匆忙赶路,将人生变成了一场直线式的直奔目的的赛跑,却忘记了路边的美好风景。

人的一生,若只为了一个单一的"成功"而活,注定他是单调的,甚至是悲哀的。人生的价值,往往只有在"盖棺论定"的时候,才能看得清楚。甚至"盖棺"了,也未必能够"论定"。网络上流行一个段子:付出一点就想要回报的人叫钟点工;干一个月就要回报的,叫工薪族;干一年才要回报的,叫职业经理人;能等待三到五年的,叫投资家;能等待十到二十年的,叫企业家;能等待五十到一百年的叫教育家;能等待三百年的叫伟人;如果能等待三千年才要回报的,那就叫圣人。显然,若将人生看作一场回报,那些"短平快"的项目,虽然见效快,价值却相对低廉。那些名垂千古的伟业,倒往往难以盖棺论定。等到"论定"的时候,你可能早已不在人世了。

成功,不仅是自我的肯定,更是社会的认可。成功,有其社会的一般评定标准。在传统社会,金榜题名,加官晋爵,荣华富贵,是成功的基本标准;在当代市场经济的社会环境下,财富似乎成了更多人认可的成功标准。成功,既有丰富的历史、文化内涵,又有着强烈的时代和功利的色彩。俗话说,再大的饼大不过烙它的锅,人们对成功的理解与追求,很难超越时代与文化的影响。李白潇洒自由,"诗仙"美名远扬,在我们看来算是很成功的诗人了,但他始终放不下仕进的那点念头,终生也未能走出官场折翼的阴影。还有些看起来比李白超脱的隐士,看起来以归隐为乐,人生很幸福,他们的诗文却闪闪烁烁少不了哀怨与惆怅。这与传统的"官禄文化"心态密不可分:非达官贵人,焉能称得上"成功"?

对成功的追求,必然有迎合社会心理的一面。《史记·项羽本纪传》记载项羽的感慨:"富贵不归故乡,如衣锦夜行。"飞扬跋扈如霸王者,也渴望在乡民们面前显摆自己的富贵,求得众人的认可与艳羡。可见人要免俗,难。

追求成功,能最大限度地激发人的主体力量,诸如人的意志、智慧和坚韧,提升人的品格和价值;但也容易让人在追逐中失去自我,失去本真,失去自我的方向,陷入世俗的迷魂阵中。走了很远,却忘记了来时的路,因为,远方的诱惑,常常只是一种莫名其妙的传说。

换个角度看,成长比成功更重要。与看重结果的成功不同,成长看重的是生命的过程。成功需要客观的认可,而成长就在我们的手中,每天,每时,每刻,我们都能感触自己的成长。

成长,就是寻找自我

历史上的玄奘法师所以青史留名,自然是因为他历经艰险,最终取回了"真经",还撰写了一部《大唐西域记》。但对于玄奘本人来说,其生命的价值远非这些。在探险过程中,他的见闻、他的体验、他的奋斗、他的思考,远远超过了同代人,他的生命的广度、宽度与深度,已绝非同辈人可比。西域的风光、印度的风情、旅途的苦难、飞舞的思绪,人生种种，玄奘尝了个遍。结果很重要，但过程更加重要，因为人生就是由这些有血有肉的细节和过程构成的。没有了温暖的细节和曲折的经历，就如同长命百岁的植物人，感受不到生命的价值与快乐。

小说中的唐僧，其人生价值更多体现在他曲折的人生过程中。由身世悲惨的孤儿，到青年僧侣，从人人想吃上一口的"唐僧肉"，到旃檀功德佛，唐僧的经历让我们理解了"钢铁是怎样炼成的"内涵。在唐僧身上，我们看到了理想的光辉，信念的力量，看到一个人所能达到的精神高度。唐僧是个凡人，每逢穷山恶水，一遇豺狼虎豹，妖怪一声断喝，白龙马的一次失蹄，都会让他魂飞魄散。面对美色的诱惑，面对温柔款款的情意，他也有过片刻的动摇。但是，他从没有堕落过，从没有放弃过。这就是精神的力量。小说有一个极有寓意的细节，师徒四人长途跋涉所取到的真经到底是什么呢？是"无字真经"。这虽然事出有因，却给读者留下了丰富的想象空间。对于普天之下的凡夫俗子来说，或许需要那"三十五部五千零四十八卷"的"有字真经"；但对于唐僧来说，在14年的冒险历程中，已经完成了对佛法的体验与实践，他已经脱离了幽冥不化的愚昧，达到了澄澈清明的境界，他已经"得道"了，他自己就是一部"真经"，还需要什么经文和说教呢？

后来，他们终于拿到了"有字真经"，算是功德圆满了吧？但菩萨掐指一算，还缺一难，这就有了经书落水那最后一"难"。既然已经取得了真经，为何还要"补"此一劫？这个细节说明，该有的过程一定得有，该经受的磨难一定要经受，过程的价值绝不亚于结果。

其实，从更广大的时空维度看，生命注定是要终结的，生之前这个世界无我，死之后这个世界依然无我。对于"我"来说，唯一真实的，就是生与死之间的这个过程。有人说，每个人都是命运女神手中的玩偶，我们终究逃不过死神的审判。是的，命运女神是如此残忍，但这个残忍的女神，却也赋予了我们足够的时间与空间，让我们赋予自我的生命无限的诗意。

如此看来,佛祖的取经安排,不过是给唐僧师徒四人创造了一个自我实现的机会罢了。从这个意义看,这师徒四人岂不是世界上最幸运的人?这正应了孟子的那句名言:天将降大任于斯人也,必先苦其心志,劳其筋骨。

唐僧的成长是一个很好的隐喻:成长就是对自我的寻找和发现。小说中的唐僧始终在寻找,少年时寻找父母,破解自己的身世之谜;长大后寻找人生的方向,寻找西方的极乐圣地,寻找他心中的终极真理,即佛法。终其一生,唐僧寻找的,就是自己的身份,就是回归的道路:他原本是如来佛祖座下的金蝉子,经过尘世的一番生死,一番煎熬,终于脱胎换骨,重新找回了自己,占有了自己。

人究竟是什么?按照萨特的说法,人不外乎是自己所造成的那个东西。生命是一个新陈代谢的过程,并没有什么一成不变的自我。人们常说的"自我",在很大程度上只是自己给自己的一个"定义"。在成长中,我们受到环境、文化、教育的影响,接收着各种关于"人"的信息,渐渐形成了关于"人"的想象和理想;与此同时,我们也在不断了解自己,认识自己,推断自己。于是,我们便形成了关于自我的很多判断和设计。如前所述,唐僧生于厄,长于困,自小与僧众耳鬓厮磨,在暮鼓晨钟中形成了自己的世界观,这使得唐僧对自我的认知,带有浓厚的佛"性"。他人生的理想,他生命的快乐,无不与此相关。在取经的路途中,他越来越真切地发现了自我的本性与佛的深切关联。从这个意义看,唐僧寻找的,其实是他自己内心构造的那个自我;所谓的回归,就是他的选择呼应了他内心的声音。倘若唐僧在取经途中半途而废,比如在西梁女国摇身一变作了人间之王,那么他违背的是他自己的初心,悖逆的是对自我的设计与期许。换句话说,是肉身背叛了灵魂,欲望操控了精神,现实杀害了理想。

这就是自我的失落,自我的沉沦。

前世的"金蝉子",今生的旃檀功德佛,唐僧取经,寻回的是本真的自我。

成长,就是自我超越

悟空的生命历程,则象征着成长的另一重含义:成长就是不断地突破自我,超越自我。

悟空的人生,是一个不断挑战、不断否定、不断更新的过程。他原本是一只毛猴,在群猴的生存竞争中,当上猴王就是他的人生理想。凭着自己胆大,他发现了花果山、水帘洞,为猴群找到了洞天福地,于是如愿以偿,当上了美猴王,享有了猴界的九五之尊。

人的欲望是无穷的,旧的欲望满足了,新的欲望又产生了。做上了猴王,孙悟空并不满足。面对生老病死的自然规律,他希望突破生命的局限,跨过生命的禁区。他感慨:

> 今日虽不归人王法律,不惧禽兽威服,将来年老血衰,暗中有阎王老子管着,一旦身亡,可不枉生世界之中,不得久注天人之内?

于是,长生不老成了他的梦想。为此,他离开家园,远涉天涯,云游海角,去寻找"佛与仙与神圣三者",以求"躲过轮回,不生不灭,与天地山川齐寿"。在市廛中,他学人礼,学人话,拜了师傅,有了名字,粗通了法术,并一笔勾销了生死簿上的名字。长生不老的梦终于实现了。

做了猴王,超越了生死,孙悟空依然不满足,他还要绝对自由,要凌驾于一切权力之上。这就有了与冥府、天庭和佛界的大战。就是这样一个顽劣的猴子,搅得整个世界不得安宁,直到被压在五行山下。

孙悟空的反叛象征着生命本能的力量,象征着人在青年时代的各种梦想和抗争。人说年轻气盛,年少轻狂,确实如此。气盛也好,轻狂也罢,说到底,在看似毫无章法、左冲右突、无所畏惧的挑衅中,他在寻找自我,寻求超越,寻求生命的价值。

后来,孙悟空被镇压了,失去自由500年。这是他成长的转折点。等到观音菩萨物色他去取经,孙悟空又开始了新一轮的求索和建设。他告别了早年那极富破坏性的奋斗,将自己融入社会,融入团体,融入更富有道德色彩的取经事业。这样一个天不服地不服的猴子,在取经途中所表现出的智慧、勇敢、忍耐,让人刮目相看。

一个成熟的人格终于呈现在我们面前。

成长,既是一个寻找自我的过程,也是一个超越自我的过程。生命是一条流动的河,对自我的理解一旦固化,对自我的设计一旦停滞,便有陷入故步自封、狭隘保守的危险。传统文化,无论中西,都更倾向于认为人都有一个先天的、固定的本质,相应的,也都有一个固定的人生模式。按照这个逻辑,人生之路从一出生就被固定了,所谓"龙生龙,凤生凤,老鼠儿子会打洞",表达的就是这个意思。同时,社会文化与教育,也天然的具有保守的一面,总是试图维护权威与偶像,诱导后来者走前人走过的路。多数人在有限的尝试和反叛之后,便偃旗息鼓,迅即落入了一代又一代人走过的老路,生命的潜能便在这轮回与循环中消耗殆尽。孙悟空的成长经历则昭示我们,人生,就是一个不断否定、不断重建、不断超越的过程。只有走出第一步,才知道自己能走多远。被压在五行山下的孙悟空,依然不放弃对自由的渴望,正是这种蔑视既成、渴望未知的挑战精神,才促使他走上成佛的道路。

既不丧失自我的初心,又不失自我超越的力量,这就是成长的真谛。

走 向 自 由

人生是一个过程,一路上风景无限。

小说的最后一章有一段关于紧箍咒的对话:

(悟空)对唐僧道:"师父,此时我已成佛,与你一般,莫成还戴金箍儿,你还念甚么《紧箍咒》掯勒我?趁早儿念个《松箍儿咒》,脱下来,打得粉碎,切莫叫那甚么菩萨再去捉弄他人。"唐僧道:"当时只为你难管,故以此法制之。今已成佛,自然去矣。岂有还在你头上之理!你试摸摸看。"行者举手去摸一摸,果然无之。

　　紧箍咒是一个象征。成长是一个过程,在不断地寻找与超越中,人会不断地走向自主,走向自由。在这个过程中,外界环境从支配和控制人的力量,渐渐成为主体支配和控制的对象;那些艰难困苦,也渐渐从不可逾越的障碍,转变成生命的磨刀石和人生的推进剂;而奋斗中几乎让你崩溃与绝望的异己力量,也会成为你自信与力量的源泉。

　　成长收获的,就是自由。自由就是主体对外界环境的合乎目的和规律的支配,就是对生命的合乎目的和规律的自主驾驭,就是对生命意义与快乐的酣畅淋漓的体验与享受。

　　成长,就是不断地走向自由。

五 苦难与罪恶:《悲惨世界》

1. 一个关于苦难的故事

这是一个关于苦难的故事。

主人公叫冉阿让,小说就是一部关于冉阿让的苦难史。冉阿让因为偷窃一块面包而入狱,本来五年的刑期却因四次逃狱,一共蹲了十九年的大狱。出狱后,苦难如影随形地跟随着他。他又一次入狱,又一次逃狱,终身没有摆脱被追捕的命运。

冉阿让的一生,是苦难的一生。

小说中,追捕冉阿让的,是一个叫沙威的警探。如果让沙威讲述,这个故事应该是这样的:

在巴黎警察署长夏布里的举荐下,我来到滨海蒙特勒伊市作警长。滨海蒙特勒伊是最近崛起的新型工业城市,市长马德兰是远近闻名的工厂主。

马德兰市长身材壮硕,面目慈善。第一次见面,我就有一种似曾相识的感觉。我是个职业警察,对人的长相和神态有天然的敏感。马德兰让我想起了 20 多年前我在土伦监狱看管过的一个苦役犯,叫冉阿让。

马德兰市长公正尽职,乐善好施,深受百姓爱戴。但冉阿让的影子在我心里一直挥之不去。我还亲眼看见他将一辆深陷泥潭的马车给顶了起来,这样的蛮力,在我的印象中,也只有冉阿让才有。我跟踪,暗访,调查,可惜一无所获。

版本参照:《悲惨世界》(人民文学出版社 1992 年版)。雨果著,李丹、方于译。

不久,事情水落石出了。我接到巴黎传来的消息,苦役犯冉阿让被抓住了。他化名商马第,因为偷人家酿酒的苹果被捕,本想蒙混过关,却不料被人认出是冉阿让。我仔细核对了商马第的信息和容貌,确认这才是真正的苦役犯冉阿让。我觉得对不起马德兰市长,但心头的一块石头终于落了地。

接下来发生的事情太有戏剧性了。在商马第案件的庭审中,马德兰市长闯进了法庭,坚称自己才是苦役犯冉阿让。他承认在出狱之后,又抢劫过一个通烟囱的小孩。这让法庭乱了套。因为,当年冉阿让在土伦监狱的几个难友刚刚证明,商马第就是冉阿让,这位受人尊重的马德兰市长怎么会是冉阿让呢?

马德兰市长就是逃犯冉阿让。可惜法官没有当庭拘捕冉阿让。我知道冉阿让与一个叫芳汀的妓女关系非同寻常,现在芳汀生命垂危,在芳汀那里一定能找到冉阿让。果然,我在芳汀那里发现了冉阿让。不过,冉阿让非常镇定,他说他既然敢去法庭自首,就敢于承担责任。不过,眼下他要帮助临死的芳汀寻找女儿。他请求我给他三天时间。我不知道冉阿让说的真假,我拒绝了。在我的字典里,从来就没有徇私枉法这样的概念。

令我愤怒的是,冉阿让竟然从我眼皮子下面逃跑了。好在经过严密的追捕,他又一次被投入土伦监狱。冉阿让这也算是罪有应得了吧。

不久之后我奉命回到巴黎,管理圣安东尼一带的治安。这里贫民窟很多,穷鬼们乱哄哄的,偷鸡摸狗、杀人越货的社会渣滓多聚集在这一带。我知道这是上司对我的器重,我无家无业,无牵无挂,就将全部身心都投入在工作中。

命中注定我与冉阿让将纠缠一生。有一次,我们处理一起绑架敲诈案,却发现,那个被敲诈的慈善家,竟然是冉阿让。真是命啊。冉阿让被捕之后不久,我曾看到过一些关于他的传闻。有人说冉阿让在一次海上救援中跌入大海,淹死了。对这个消息,我将信将疑,像冉阿让这样生存能力超强的人,除非你亲眼见他断气,否则不要轻易下结论。现在我意识到:冉阿让并没死,他回来了。

几乎在我认出冉阿让的同时,冉阿让也认出了我。冉阿让带着一个小女孩,拼命逃跑。我们一直追到女修道院,还是不见了冉阿让的踪影。我觉得我和这个人之间,似乎有着前生的缘分,我相信,我们的事还没完。

1832年,巴黎爆发了革命。我们奉命潜入革命党,混在闹事的群众中,打探消息。在我的信念中,政府总是正确的,法令总是庄严的,闹事总是邪恶的。我对那些在街头演讲、散发传单、起哄造反的人,有一种莫名的仇恨。一个小小的疏忽,我暴露了自己的身份。我知道,我的死期到了。作为一个公职人员,我别无选择,只能以身殉职了。

没想到,奉命来枪决我的,竟然是冉阿让。我想,这倒也公平,我追捕你一生,你送我上西天,大家总算扯平了。冉阿让没在大庭广众之下对我下手,他押解着我来到僻静无人处。我想,反正是一死,就算你把我撕成碎片,我也认了。冉阿让解开我身上的绳索,我正等着他给我一枪,他却把我放了。他说,你是警察,我是逃犯,你抓捕我天经地义,我没有理由憎恨你。你走吧。

我从没有天崩地裂的感受,这一次,我却体验到了。我一直认为冉阿让天生是个罪人,一定肮脏、残暴和无耻,是个杀人不眨眼的恶魔,是个贪财好色的坏种。可是,他放了我,一向以法律和正义自居的我,突然对我自己信奉一生的东西产生了疑虑。

我和冉阿让的最后一面,是在巴黎下水道的一个出口。巴黎的下水道纵横交错,偏偏我与他在这里相遇。冉阿让背着一个伤员,两个人奇臭无比,身上满是粪便污秽。这伤员是个街头革命者,他负了重伤,命在旦夕。我本能地举起了枪,但我下不了手。冉阿让恳求我放过他,因为救人要紧,再耽搁伤员就死了。冉阿让向我保证,他不再会逃避法律的惩罚,并且告诉了我他的住址,以便事后去缉拿他。我相信,他说的地址是真的。

放走了冉阿让,我陷入巨大的矛盾之中。我发现我这一辈子,活得不明不白,活着真是一种耻辱。我也知道,放走了冉阿让,我再也无颜面对法律和职责了。

该是我告别这个世界的时候了。

2. 奥德修斯式的历险

苦难造成罪恶

人们喜欢将《悲惨世界》的主人公冉阿让比作古希腊神话中的英雄人物奥德修斯。他们命运坎坷,屡遭磨难,多次走在死亡的边缘,步步艰难,九死一生。

奥德修斯,希腊神话人物。罗马神话中称为尤利西斯,曾参加特洛伊战争。十年战争,奥德修斯英勇善战,足智多谋,屡建奇功。他献木马计,里应外合攻破特洛伊。在率领同伴从特洛伊回国途中,因刺瞎独目巨人波吕斐摩斯,得罪了其父海神波塞冬,此后屡遭波塞冬的诅咒和惩罚。他战胜海妖塞壬美妙歌声的诱惑,穿过海怪斯库拉和卡吕布狄斯的地盘,摆脱神女卡吕普索的苦苦挽留,十年之后终于回到故土,又同儿子特勒马科斯一起,杀死纠缠他妻子、挥霍他家财的求婚者,合家团圆。

冉阿让的一生同样波澜起伏,曲折艰辛,始终与犯罪、监狱、拘押、逃亡、死亡、恐怖、罪恶、痛苦联系在一起,没过上几天安宁、轻松和欢乐的日子。警探沙威像幽灵一样紧盯不放,而德纳第也像魔鬼一样死缠烂打。冉阿让的人生,就是一次奥德修斯式的历险。

不妨罗列一下他的苦难履历:

1. 1795 年(时年 27 岁),因为偷窃一块面包被判五年苦役,关押在土伦监狱。其间他四次越狱,加刑至 19 年,直到 1815 年 10 月获释。19 年的牢狱生活,冉阿让不仅失去了自由,也失去了善良的天性和与生俱来的羞耻心。

2. 因犯有前科,求生路上屡遭歧视;受到米里哀主教的善待,却又产生邪念,偷走了主教的银质餐具。幸亏主教宽宏大量,才没有重陷囹圄。

3. 流浪途中,抢劫了通烟囱的小孩小瑞尔威的一枚小银币,虽然迅即后悔,却再次成为被通缉的逃犯。

4. 幡然悔悟,化名马德兰到滨海蒙特勒伊开工厂,发财致富且助人行善,成了闻名遐迩的马德兰市长。但不堪回首的过去,始终是他挥之不去的心理阴影。而警探沙威,也开始关注他。

5. 凭借"千斤顶"一样的膂力,从马车轮下救出了割风爹爹。但他惊人的力量,却引起了警探沙威的进一步怀疑。

6. 外形酷似冉阿让的商马第被抓获,冉阿让本可借此脱身,从此摆脱逃犯的嫌疑。但他选择了自首,再次把自己送上了苦难之路。

7. 料理芳汀后事,在去搭救芳汀女儿珂赛特的路上再度被捕,被判终身苦役。

8. 1823年,冉阿让借搭救一个水手的机会,装作失足落水,泅水逃亡。

9. 履行对芳汀的承诺,从德纳第手里救出了珂赛特,逃到巴黎。

10. 巴黎再遇德纳第夫妇,遭到敲诈勒索,幸亏警察出现,侥幸逃脱。

11. 遭到沙威的再次追捕,逃进了女修道院,巧遇割风爹爹,化险为夷。其间差点被闷死在棺材里。

12. 参加1832年巴黎革命的街垒救助,放走了被抓获的政府密探沙威。

13. 在战场上救出马吕斯,通过巴黎蜘蛛网似的下水道得以逃生,却被沙威堵获。沙威因为良心发现而自杀,冉阿让因沙威的消失而永得自由。

14. 珂赛特嫁给了心爱的马吕斯,为了珂赛特的幸福,他决定忍受心灵的煎熬,离群索居,销声匿迹。

15. 为了彻底摆脱人生的阴影,冉阿让将真实的一生告诉给珂赛特夫妇,安宁地离开了这个世界。

这就是19世纪的法国人冉阿让的一生。如果用一个词来概括,那只能是"苦难"。事实上,人们谈论《悲惨世界》,提及最多的词语,恐怕就是苦难。其次,便是罪恶。

如同小说名字一样,这是一个悲惨世界。主人公冉阿让出身卑微,幼年即失怙恃,是姐姐把他抚养成人。被捕前,他和姐姐生活在一起。姐姐有七个孩子,姐夫早亡,日子艰辛,朝不保夕,难以为继。冉阿让天生善良,知恩图报,"他代行父职,帮助姐姐,报答她当年养育之恩"。他是个树枝修剪工,薪金微薄,远不足以养活一家老小,业余时间四处打短工做苦力,把整个青春都贡献给了七个小外甥。直至27岁进监牢,他没有余暇和余力考虑成家立业,不知道情人、朋友、父亲的滋味。

这是个不人道、不公道、不厚道的社会,充满了压榨与盘剥。

一次,家里揭不开锅了,冉阿让铤而走险,偷了一块面包。为此,他被判入狱五年。这让冉阿让非常愤怒,他不服判决,四次逃狱,被多次加刑,把自己的青春彻底给葬送了。他总共坐了19年的监牢。

冉阿让一生的厄运,源于他的出身;而他的苦难,这块面包是个开端。19年的牢狱生活,不仅改变了冉阿让的性格,也改变了他对社会、对人生的看法。他的眼光越来越冷漠,他的性格越来越孤僻,他的心灵越来越枯竭。19年,他没流过一滴眼泪。他对一切都充满了仇恨,发誓要报复这个刻薄的社会。

小说这样写他的心理活动:

> 他在监牢里判了社会的罪后觉得自己的心狠起来了,在判了上帝的罪后他觉得自己成了天不怕地不怕的人了。

46岁的冉阿让,失去了对人的信任,也失去了对宗教的信仰,他带着仇恨,重新走进社会。但社会给他的,是比他的仇恨更强大的拒绝和冷漠。他拿着那张带着羞辱色彩的释放证书,找工作,被拒绝;找旅馆,被拒绝。19年的压抑,出狱后的碰壁,淤积在心底的愤恨已接近沸腾。所以,尽管米里哀主教热情款待他,让这个"近20年没睡过床"的汉子躺在舒服的大床上,也没能融化他内心的冰块,没能唤醒他泯灭的良知。在仇恨的驱使下,他偷走了主教家的两套银餐具。

冉阿让的第二次偷窃与第一次的性质完全不同。19年前,他偷的只是糊口的食物,是为了挽救垂死的外甥,因为走投无路,迫不得已。无论在法律上,还是在道义上,都应该得到同情。而这一次,他是恶意的,而且恩将仇报,在人格上也很卑鄙无耻。不过,两次的结果大相径庭:一块面包让他拘禁19年;偷窃昂贵的银器,却因为主教的宽恕和庇护,侥幸脱逃。

宽厚仁慈的主教对冉阿让说:

> 冉阿让,我的兄弟,您现在已不是恶一方面的人了,您是在善的一面了。我赎的是您的灵魂,我把它从黑暗的思想和自暴自弃的精神里救出来,交还给上帝。

此时此刻,此情此景,冉阿让一定很震惊,很疑惑,也很不可理喻,因为这样的慈爱、宽容、高尚的德行,完全不在他的世界之内。但这一幕,从此深深镌刻在冉阿让的心里。在他麻木的心田,温暖和善良开始复苏和生长。

但19年的苦役留给他的烙印实在太深,冉阿让依然行走在善与恶的边缘。这一次,他抢走了一个小男孩的40个苏。不过,面对儿童的无助与哭泣,这个习惯了丛林法则的大汉心软了。19年来,他第一次流了惭愧的泪。泪水冲刷了冉阿让的灵魂。他非常鄙视自己:我是一个无赖。自己原来是这样的丑恶:

> 仿佛觉得他自己只是一个鬼,并且看见那个有肉有骨、形相丑恶的苦役犯冉阿让就立在他面前,手里拿着棍,腰里围着衬衫,背上的布袋里装满偷来的东西,面目果决而忧郁,脑子里充满卑劣的阴谋。

这个仇视和憎恶社会的人,此刻才发现,其实自己也是个作恶多端的人。当晚凌晨三点,他悄悄回到主教家门口,虔诚地祈祷,默默地发誓,决心痛改前非,重新做人。

这就是冉阿让苦难而堕落的前半生。这苦难,一半来自社会与法律的不公与邪恶,一半来自冉阿让的绝望与放纵。马德兰市长(即冉阿让)曾经庄严地对沙威说:最高的法律是良心。这话是冉阿让用自己半辈子的心酸与屈辱换来的结论。若法律的惩罚不能唤醒沉睡的良知,不能激励堕落者的自省与悔改,法律的价值就只实现了一半。冉阿让屡次逃狱,既是在逃避法律对他的制裁,也是在拒绝良心的审判。这说明,不公的审判与判决,其恶果或远超过罪恶本身,这个道理在冉阿让身上得到了生动的体现:他闯入面包店偷了一块面包,这只是过错;而法律却造就了一个践踏道德与法律的恶人,这就是罪恶。

苦难成就崇高

米里哀主教的出现,是冉阿让人生的一个转折点。

米里哀主教的仁慈感化了冉阿让。此前的冉阿让像汪洋里的一条船,随波逐流,苦难造就了他的罪恶;而此后,他成了生活的主人,生命的主宰,虽然苦难还是纷至沓来,但他始终坚守良知,追求道德的净化与灵魂的升华。此时,苦难反倒造就了他的崇高。

在他身上,我们看到了米里哀主教的影子,看到了圣徒的影子。

冉阿让再一次出现在世人面前,已经是一个成功的工厂主了,他的名字叫马德兰。他穿过法兰西,来到滨海蒙特勒伊,凭借自己的才智与胆识,开了厂,发了财。他"一面追念那些伤怀的往事,一面庆幸自己难得的余生,可以弥补前半生的缺憾;他生活安逸,有保障,有希望。他只有两种心愿:埋名,立德;远避人世,皈依上帝。"如果没有沙威的紧追不舍,如果没有巧遇悲惨的芳汀,或许冉阿让就可以在小城安度晚年了。

马德兰市长关心平民百姓,关心社会公益事业,给穷人捐款,建学校、托儿所、创办救济基金会,开设免费药房等。他仁慈,乐善好施,好得像一个天大的谜。但也正是他的良知出卖了他——一个叫割风爹爹的老头被压在马车底下,性命危在旦夕。马德兰市长当即冒着生命危险,跳到车下狭窄的空隙里,用了千斤顶般的力量,把割风老头救了出来。也正因为这一幕,本来就怀疑冉阿让身份的沙威更加重了疑虑。沙威在土伦监狱见过力大无比的冉阿让,能够独自将马车顶起来的人,并不多见。这以后,沙威开始了与冉阿让一生的猫鼠游戏。

其实,冉阿让并非没有摆脱沙威的机会。事实上,当一个名叫商马第的流浪汉被误认为是逃犯冉阿让的时候,他完全可以将错就错,因为连为人精明、恪尽职守的沙威警探也被蒙蔽,反而怀疑自己对马德兰市长的怀疑是错误的。冉阿让又一次走到了人生的十字路口,他感到又一个决定他良心和命运的时刻临近了。米里哀主教开启了他的新生之路,而这位与他外形酷似的商马第,则注定要将他的命运与精神推向一个新的境界。

向善,需要面对邪恶和挫折的勇气。

救,还是不救?成了冉阿让的心病。不救,他可继续留在海滨蒙特勒伊当市长,过安逸富足的日子,他会继续赢得声望、美名、钦佩和尊重。但是,他的善举和仁爱之心,他的财富、品德、声誉都要被刻意逃避的罪恶所玷污。经过激烈的思想斗争,他决定站出来,说出真相,救出商马第。他感到,"世人只看见他的面具,而主教却看透了他的面孔;世人只看见他的生活,而主教却看见了他的良心"。他不能每天昧着良心过舒适的日子,他必须解救商马第,告发"冉阿让",也就是告发他自己。他愿意重服苦役,戴着刑枷,在无情的岁月中,在无尽的磨难中,换来心安理得。

当滨海蒙特勒伊市长马德兰以逃犯冉阿让的身份站出来的时候,法庭上的人们都屏住了呼吸,惊愕之后是沉默:崇高的言行总是具有强大的震撼力。

冉阿让再一次陷入了命运的泥淖:被捕、逃亡、再被捕、再逃亡。这就是向善的代价。从一个勤劳善良的人到无恶不作的恶人,从仇视社会的罪人到普救众生的天使,这就是传奇的一生。冉阿让从"人"变成"魔",显然不是雨果创作这部小说的目的。雨果的宗旨很明显:从"恶魔"变成"天使",这才是灵魂的拯救之道。

关于苦难,我们一直崇奉"苦难就是财富"这样的格言。其实,这句话并不准确。苦难、灾变、不幸的经验并不必然地成为人生的财富。相反,在大多数的情况下,它扼杀、摧残了许多杰出人物的创造力,扼杀了人的意志与毅力。苦难要转化为一个人的精神资源,需要遭遇苦难的人有足够的意志和智慧。这个意志,就是通过苦难来实现自我的新陈代谢和人格的新旧更替。

如果说冉阿让前半生所遭受的苦难是被动的,来源于他无力反抗的黑暗社会,他不能不承受,不得不接受;那么,冉阿让后半生所遭受的苦难,在很大程度上都是"咎由自取",是自讨苦吃。你看,如果他对芳汀母女的处境少一点同情,多一点"事不关己,高高挂起"的冷淡;如果他对割风多一点幸灾乐祸的旁观,少一点济危救困的热心;如果他考虑自身的安全多一点,而对商马第的死活冷漠一点……在每一个关口,只要他稍微"自私"一点,他的处境就会完全不同。可是,他偏不,他不能违背良知,他不能忘怀主教大人的仁德,他不能忘记自己在狂野中的誓言。倘若他眼看着穷苦的芳汀母女沉沦,眼看着割风被活活碾死,眼看着商马第遭受冤狱,那么,他灵魂上的苦难将折磨他一生。而这,才是他最大的苦难。

因此,苦难并不必然催生罪恶。

为了避免罪恶,他情愿选择承受苦难。从这个意义上看,苦难倒确是人生财富。

这就是冉阿让的后半生。

3. 恶之花

"高贵"的恶人

"悲惨世界"所以悲惨,很重要的是有一个"恶人"系列的存在。雨果笔下的恶人栩栩如生,其艺术效果并不亚于冉阿让这样的"好人"。

先看沙威。雨果笔下的沙威形象,看起来很落俗套:

> 沙威的脸上有一个塌鼻子、两个深鼻孔,两大片络腮胡子一直生到鼻孔边,初次看见那两片森林和那两个深窟的人都会感到不愉快。沙威不常笑,但笑时的形状是狰狞可怕的,两片薄嘴唇张开,不但露出他的牙,还露出他的牙床肉,在他鼻子四周也会起一种像猛兽的嘴一样的扁圆粗野的皱纹。郑重时的沙威是猎犬,笑时的沙威是老虎。此外他的头盖骨小,牙床大,头发遮着前额,垂到眉边,两眼间有一条固定的中央皱痕,好像一颗怒星,目光深沉,嘴唇紧合,令人生畏,总之,一副凶恶的凌人气概。

雨果不惜用夸张的笔法突出沙威的阴森、阴险、阴沉与阴鸷,这个恶人的外貌是很脸谱化的。不过,再看看沙威的言行举止和他的所思所想,雨果的深刻和犀利就体现得淋漓尽致了。

毫无疑问,如果将世界文学中的各色恶人组成一个人物画廊,沙威一定有他的一席之地,而且一定是一个风格独特的恶人。

沙威是个名副其实的恶人,但又有着显而易见的美德,一般情况下,这些美德总能让人尊敬和钦佩:对法律一片赤忱,对职业一片忠心,有虔诚的责任感,干起活来一丝不苟,他的韧性、顽强与严谨都可与冉阿让媲美,连雨果也情不自禁使用忠贞、自信、坚定、果敢、坚贞、执着、坚决、严肃、铁面无私这样的字眼来形容沙威,尽管不无讽刺,也确实道出了沙威具有常人难以具备的毅力与品质。

在滨海蒙特勒伊,当酷似冉阿让的商马第出现之后,沙威以为自己诬陷了马德兰市长,他立即负荆请罪,向马德兰道歉,请求辞职和处罚。他的内疚,全然发自内心,其真诚丝毫不容怀疑。

在巴黎戈尔博老屋附近,沙威发现了疑似冉阿让的逃亡者,但一时又无法确认。不去抓人,有违上级指示和职业精神;抓错了人,让无辜者蒙受不白之冤,更有违"良心的指示",会受到良心的责备。沙威也是讲良心的,他内心有坚定的尺度与法则。

在巴黎街垒混战中,面对冉阿让的刀和枪,沙威敢作敢当,毫无惧色,颇有几分大义凛然的气派。

最终,沙威选择了跳河自杀。沙威绝非贪生怕死、蝇营狗苟的人。他的决绝与勇气,也将他与德纳第这样蛆虫般的存在区别开来。

沙威与冉阿让的共同点,就在于他们都有自己的信念和追求,这使他们不同于德纳第;但沙威所践行的是没有人性的教条和法律,这又使他靠近了德纳第,与其殊途同归,而成了冉阿让、芳汀、马吕斯的敌人。

从身份看,沙威出身卑微,与冉阿让类似。但雨果笔下的善与恶,与人物的出身与经济地位没有必然关系。小说这样写道:

> 沙威是在监狱里出世的,他的母亲是一个抽纸牌算命的人,他的父亲是个苦役犯。他长成之后,自认为是社会以外的人,永远没有进入社会的希望。他看见社会毫不留情地把两种人摆在社会之外:攻击社会的人和保卫社会的人。他只能在这两种人中

选择一种,同时他觉得自己有一种不可解的刚毅、规矩、严谨的本质,而对他自身所属的游民阶层,却杂有一种说不出的仇恨。他便当了警察。

在歧视与践踏中长大的沙威,却心甘情愿地成了官府的忠实奴才和冷酷残暴的爪牙。沙威非常敬业,夙兴夜寐,每时每刻都机警得像一条猎犬,而动机却不是庸俗的个人私利,或者捞取往上爬的资本,他的无私奉献,完全出于内心铁一般的信念和原则。他不相信这世界上有所谓的爱与灵魂,也不相信精神与道德的力量,他的内心只有高高在上的、绝对正确的、一成不变的社会秩序和国家机器。在体制的战车上,他被异化成了无情无义的工具,失去了人类弥足珍贵的情感体验。

沙威的是非标准固执、单一,可谓爱憎分明、是非鲜明。他尊敬官府,仇视反叛。

> 在他看来,偷盗、杀人,一切罪行都是反叛的不同形式。凡是在政府有一官半职的人,上自内阁大臣,下至乡村民警,对这些人他都有一种盲目的深厚信仰。对曾经一度触犯法律的人,他一概加以鄙视、嫉恨和厌恶。自己的父亲越狱,他也会逮捕;自己的母亲潜逃,他也会告发。

为了内心的信条,他可以六亲不认,完全是个冷血动物。芳汀在街头受到流氓绅士的调戏而发生了争吵,沙威本能地、不分青红皂白地以卫道士的姿态出现,忠实履行他"保卫秩序和上流阶级的职能",蛮横无理地把芳汀扣押了起来,直接造成了芳汀的悲惨死亡。

沙威的思维方式是直线式的、极端的、机械的,也是绝对的,他不承认有例外,也没有任何同情与怜悯,是那种坚持原则到僵化的人。

面对纷纭复杂的社会事务与人世纷争,他总是快刀斩乱麻,简单明快,粗暴犀利:凡不合乎政府标准的,就是十恶不赦的。冉阿让与沙威本来无冤无仇,仅仅因为冉阿让曾经是苦役犯,沙威便对他穷追不放,从土伦监狱追到滨海蒙特勒伊,再追到巴黎,在冉阿让出没的地方,就有幽灵一样的沙威。沙威也曾经质疑过自己的行为,因为在不断的追逐与较量中,沙威看到了冉阿让的高尚与仁爱,但直到最后,他也没有彻底放弃他那种"大公无私"的变态信念。

作为警察,沙威是一个无情的侦察者,一个凶顽的诚实人,一个铁石心肠的"包打听"。他的目光像一把钢锥,寒光刺人心脾。他一生只在"警惕""侦察"方面下功夫。生活中的沙威,独居、克己、清心寡欲,过着苦行僧一样的生活,没有什么娱乐和爱好。他是体制的零件、工作的机器。沙威在自杀之前,给警察局留下了一封信。这封奇特的遗书,既没有抒发人生沧桑,也不是交办后事,在生命的最后时刻,他思考的依然是与其职责有关的事情,从他的建议中可见其"敬业与用心",也可见出他的"公心与正直"。兹摘录几条如下:

第二:当被拘押者从预审处来到时,是赤着脚站在石板上等待搜查。很多人回狱后就咳嗽,这样便增加了医药的开支。

第四:不能理解为何要对玛德莱内特监狱作出特别规定,禁止犯人有一张椅子,付出租费也不准许。

第五:在玛德莱内特监狱食堂的窗口只有两根栏杆,这样女炊事员的手就可能让犯人碰到。

第六:有些被拘押者,被人称作吠狗的,他们负责把其他被拘押者叫到探监室去,他们要犯人出两个苏才肯把名字喊清楚。这是种抢劫行为。

第七:在纺织车间,一根断线要扣犯人十个苏,这是工头滥用职权,断线对纺织品无损。

第九:我们在警署的院子里,确实每天都能听到警察在谈论司法官审问嫌疑犯的内容。警察应是神圣的,传播他在预审办公室里听到的话,这是严重的不守纪律。

第十:亨利夫人是一个正派的女人,她管理的监狱食堂十分清洁,但让一个妇女来掌握秘密监狱活板门的小窗口则是错误的。这和文明大国的刑部监狱是不相称的。

小说特别强调沙威"用他最静穆工整的书法写下了这几行字,不遗漏一个逗号,下笔坚定,写得纸在重笔下沙沙作响"。

沙威这个人物形象的内涵,绝非简单的"恶"能解释。雨果将沙威比作动物中的狗,颇为神似。作为一只恶狗,除了残暴、狂妄、阴险,沙威也有狗的忠诚与尽职。

沙威作恶多端,但他从没有觉得自己是个恶魔。这才是沙威最可怕的地方。他"对自己的成功和地位的重要却有一种模糊的直觉,他,沙威,人格化了的法律、光明和真理,他是在代表它们执行上天授予的除恶任务。他有无边无际的权力、道理、正义、法治精神、舆论,满天的星斗环绕在他的后面和他的四周。他维护社会秩序,他使法律发出雷霆,他为社会除暴安良,他捍卫绝对真理……他愉快而愤恨地用脚跟踏着罪恶、丑行、叛逆、堕落、地狱"。

沙威是个被体制化了的有着强大内心力量的恶魔。他依附着一整套的作恶逻辑和哲学,这使他的荒谬也振振有词,他的杀戮也理直气壮,他的堕落也光荣伟大。

"沙威凶,但绝不下贱",他是制度罪恶的人格化,或者说是人格化的罪恶体制。就如同希特勒治下的德国法西斯,以民族大义、爱国精神和维护真理的名义推行种族灭绝和邪恶专制,以一种高尚的、尽职的、献身的、崇高的心态,心安理得地从事着有史以来最为邪恶的罪恶行径。

一旦"恶"披上了正义的外衣,且作恶者还怀着虔诚的信念,这罪恶就已经不单是个人的罪恶了。通过沙威,雨果也暗示了一个致命的追问:

谁造就了沙威?

"一对丑毛驴和劣马"

恶人的另一类代表是德纳第夫妇。

沙威的恶来自他对法律与原则的坚定信念,沙威作恶,没有私利诉求;而德纳第夫妇完全相反,他们的恶始于本能的自私自利,在他们眼里,除了金钱、财富和利益,什么也没有意义。

小说这样描写这对罪恶的夫妇:

> 世上有一种人就像虾似的不断退向黑暗,他们一生中只后退,不前进,并且利用经验,增加他们的丑恶,不停地日益败坏下去,心地也日益狠毒起来。这一对男女,便是那种东西。
>
> 尤其是那德纳第汉子……在人后,他们惶惶终日,在人前,他们声势凶狠。他们的心,从不告人。我们无从知道他们曾干过什么,也无从知道他们将干些什么。他们目光中的那种遮遮掩掩的神情才会把他们揭露出来。我们只需观察他们的一言一行便可想见他们过去生活中一些见不得人的隐事和未来生活中一些阴谋诡计。

德纳第夫妇"是一对一唱一随的尖刀鬼和女瘟神,是一对丑毛驴和劣马"。在德纳第看来,美德、正义、准则、底线和信条,在金钱和利益面前,都一文不值。因此,损人利己、敲诈勒索以至行凶抢劫、谋财害命,什么事他们都做得出来。极端自私、卑鄙无耻、蛆虫般的生存,这就是德纳第。

德纳第是个地地道道的小人物,既没有享受过沙威的权力感与权威感,也没有体验过冉阿让的道德感与崇高感,他一生混迹于底层。他原是尾随军队的战场盗尸贼。滑铁卢战役时,受伤的军官彭眉胥被他翻动身体苏醒过来以后,还以为是德纳第救了他的命,其实他的钱和表早被德纳第偷了去。后来他挟"恩"自重,以此向彭眉胥的儿子马吕斯索要报答,靠敲诈到的一笔钱逃到美洲贩卖黑奴去了。

德纳第利用在滑铁卢盗抢来的钱开了家客栈,专门坑蒙拐骗来往客商。芳汀把女儿珂赛特寄养在德纳第家以后,就受到反复的勒索与敲诈。为了养活女儿,芳汀不得不卖掉自己美丽的头发和健康的牙齿,最后被迫出卖自己的肉体,走上了绝路。女儿珂赛特的命运和母亲一样悲惨,德纳第夫妇不仅将她当作一棵摇钱树,而且还残酷虐待,每天都要承担烦琐而沉重的家务。在圣诞节万家灯火的夜晚,还要冒着酷烈的寒风,去井台打水,手上满是冻疮,身上的衣服千疮百孔,浑身上下都是伤痕。雨果把德纳第的小店比作"蜘蛛网,珂赛特被缚在那上面发抖。高度的迫害在那缺德的人家实现了。她仿佛是一只为蜘蛛服务的苍蝇。"

在冉阿让的人生历程中,德纳第和沙威一样,也像是一个摆脱不了的噩梦。为了救出火坑中的珂赛特,冉阿让不得不一再满足德纳第不断加码的敲诈。第二次逃出监禁的冉阿让,冒着极大的风险,花了1500法郎的高价赎走了珂赛特之后,这个贪得无厌、诡计多端的家伙竟然后悔不迭,好像损失了万贯家财一样。他甚至一路追赶,希望重新要回珂赛特,以讹诈更高的价钱。

冉阿让的前半生,因为芳汀与德纳第产生了交集;后半生,因为马吕斯又与德纳第产生了交集。德纳第破产之后,化名容德雷特搬到了巴黎,靠搞黑帮和诈骗过日子。当他发现接济他的慈善家竟然是冉阿让之后,他不仅不感念冉阿让的恩惠,反而开始了新一轮的绑架和诈骗。

德纳第夫妇与沙威不同。他们没有沙威所拥有的合法权力,也缺乏沙威行凶作恶时的社会正义感与道德感,也不会为自己的行为寻找合法合理的依据。德纳第这样的人,没有人类文明与道德的任何影子,他们的自私自利更多出于人的邪恶本能。这种完全没有道德底线和文化教养的赤裸裸的罪恶,其破坏性和腐蚀性也不亚于沙威的作恶。

沙威、德纳第这样的恶人,将社会与人性中罪恶的因素极端放大,他们是社会罪恶土壤里开放的恶之花。法国诗人波德莱尔在《恶之花》(郭宏安译)中有三节这样写罪恶:

> 谬误、罪孽、吝啬、愚昧,占据人的精神,折磨人的肉体,
> 就好像乞丐喂养他们的虱子;我们喂养着我们可爱的痛悔。
>
> 是魔鬼牵着使我们活动的线!腐败恶臭,我们觉得魅力十足;
> 每天我们都向地狱迈进一步,穿过恶浊的黑夜却并无反感。
>
> 我们罪孽的动物园污秽不堪,有豺、豹子、母狗、猴子、蝎子、秃鹫,
> 还有毒蛇,这些怪物东奔西走,咆哮,爬行,发出了低沉的叫喊。

4. 冉阿让的爱

善与恶的交战

雨果是浪漫主义文学大师。雨果主张在创作中将伟大与渺小、美好与丑恶、崇高与卑劣、善与恶,一并呈现在作品中,形成强烈的对比,在对比中张扬真善美。《悲惨世界》的一极是善,一极是恶。故事写的就是这善与恶的交战。

这个罪恶,首先是法律与制度的罪恶。

雨果在《悲惨世界》的前言中这样写道:

> 只要因法律和习俗所造成的社会压迫还存在一天,在文明鼎盛时期人为地把人间变成地狱并使人类与生俱来的幸运遭受不可避免的灾祸;只要本世纪的三个问题——贫穷使男子潦倒,饥饿使妇女堕落,黑暗使儿童羸弱——还得不到解决;只要在某些地区还可能发生社会的毒害,换句话说,同时也是从更广的意义来说,只要这世界上还有愚昧和困苦,那么,和本书同一性质的作品都不会是无益的。

雨果的这段话广为传诵,它道出了《悲惨世界》意在思考法律与习俗的主旨,同时也强调了小说观察与思考的三个群体:男子、妇女和儿童。小说以冉阿让、芳汀和珂赛特分别代表这三个群体。贫穷让冉阿让入狱,饥饿让芳汀卖淫,黑暗让珂赛特羸弱,三个群体都沦陷了,社会也就整体沦陷了。

这种沦陷不仅表现在普遍的饥饿、失业与贫穷,表现在贫民窟的龌龊和肮脏,表现在底层民众的不安与动荡,更表现在政治的反动、法律的邪恶以及文化的堕落上。冉阿让们的沦陷、德纳第们的堕落、维克杜尼昂们的无聊,都与"制度的罪过"有着千丝万缕的联系。小说以大量的篇幅描写了巴黎的街头革命,塑造了安灼拉、公白飞、马吕斯、加弗洛什等革命者的形象,表达了雨果对革命的同情。虽然他并不主张暴力革命,但他还是看到了革命者通过枪杆子来塑造正义与公平的动机。

当然,作为关注人类精神世界的艺术家,雨果更为关注的,还是人性的恶,人心的善。在小说中,"好人"与"坏人"壁垒分明,针锋相对,故事的线索就是善(冉阿让为代表)与恶(以沙威、德纳第为代表)复杂而长久的对抗。芳汀是个弱女子,无论多么艰难,她都没有放弃对女儿的责任;珂赛特饱受虐待,心灵上伤痕累累,但依然保持着天使般的善良;马吕斯出身高贵,但却摆脱了一般纨绔子弟的浮华奢靡,富有强烈的同情心和使命感。这些"好人",对"苦难"都保持着高度的同情与怜悯,对人间保持着纯洁而炽热的爱。哪怕是面对沙威这样的恶人,爱,依然是冉阿让的武器。

爱与恨的转化

《悲惨世界》除了善与恶的对抗,还有一个主题便是爱与恨的转化。在雨果看来,人与人之间应该具有一种纯朴的爱惜、同情、怜悯的"心灵关系"。被侮辱和被损害的人只要得到怜悯和同情,得到了爱的滋润,灵魂就能得到拯救。出于对外甥们的爱,冉阿让偷了面包;苦役生活扼杀了他的爱,是米里哀主教的嘉言懿行消除了他的仇恨,重新点燃了爱的火焰,使他也成了爱的源泉,促使他将这种爱施于芳汀、割风爹爹以及工人们身上。在滨海蒙特勒伊的市长任上,又广施厚爱于市民,营造了一个理想的"蒙特勒伊乐土"。

如果说冉阿让付出这些爱,还是为了赎买自己的罪过,求得心灵的平衡;那么,在解救和抚养珂赛特的过程中,爱就已经上升成为冉阿让生命的第一需要了。

在冉阿让第三次被捕的公告上,芳汀被污蔑为冉阿让的情妇,但实际上他们素昧平生。珂赛特是芳汀与一个纨绔子弟的私生女,这个无耻的纨绔子弟在玩弄了芳汀的感情后,便抛弃了她,留下了这一对可怜的母女。

饱经沧桑的冉阿让与有着痛楚经历的珂赛特,一见面就有一种天然的亲近。雨果这样写冉阿让的感受:

> 他已经五十五岁,而珂赛特才八岁,他毕生的爱已经全部化为一点无可言喻的星光。这是他第二次见到光明的启示。主教曾在他心中唤醒了为善的意义,珂赛特又在他心中唤醒了爱的意义。年龄相差五十岁,这在冉阿让和珂赛特之间是一道天生的鸿沟,可是命运把这鸿沟填起来了。命运以它那无可抗拒的力量使这两个无家可归年龄迥异而苦难相同的人骤然摄合在一起了。他们彼此确也能相辅相成。珂赛特出自本能正在寻找一个父亲,冉阿让也出自本能正在寻找一个孩子。萍水相逢,却是如鱼得水。他们的两只手在这神秘的刹那间一经接触,便紧紧握在一起了。两人相互了解后,彼此都意识到相互的需求,于是紧密地团结在一起。

在巴黎,珂赛特渐渐长大成人。当冉阿让发现了珂赛特心有所属的时候,他也有着强烈的失落感,但伟大的博爱,迅即驱走了狭隘的私心,他决心帮助和成全这对情投意合的恋人。在巴黎起义的街垒战中,他始终悄悄地保护着马吕斯;当马吕斯身负重伤昏迷过去之后,冉阿让扛起他钻进巴黎蜘蛛网似的下水道,历尽艰险,耗尽力气,他把污浊、黑暗、恐惧抛到身后，把希望给了珂赛特。这一切都是他自愿的牺牲。马吕斯获救之后，冉阿让却绝口不提此事。

促成了珂赛特与马吕斯的婚姻，冉阿让有一种功德圆满的感觉。人生到此，该是风平浪静，波澜不兴了。但是，冉阿让没有忘记自己逃犯的身份。掩盖罪恶的过去，享受荣华富贵，让他倍感不安。过往的生活让他始终有一种隐忧，他害怕自己的存在会给珂赛特的未来留下祸根，害怕自己逃犯的身份会给马吕斯带来耻辱。小说这样写道：

> 当一个人有这样骇人的事在身上时，就无权去瞒人而使别人来共同分担，无权把瘟疫传给别人，无权使别人在一无所知的情况下从他的绝壁往下滑，无权使自己的红帽子去拖累别人，无权暗中使自己的苦难成为别人幸福的拖累。走近健康的人，暗中把自己看不见的痛疽去碰触别人，这是多么的卑鄙。

有深深的爱，才能自我牺牲。

冉阿让对沙威的态度，也许最能体现"爱能消除恨"的仁爱法则。冉阿让对沙威的宽容可与米里哀对冉阿让的宽容相提并论。一直以法律与审判者自居的沙威，没想到有一天会落到冉阿让的手里。冉阿让主动请求处决沙威，却在僻静无人的地方松开了捆绑的绳索，说了声"您自由了"，还告诉沙威："我住在武人街 7 号，用的名字是割风。"这个举动让沙威呆若木鸡。沙威羞愤难当，对冉阿让喊道："您真使我厌烦，还不如杀了我。"

作为法权的盲目信徒和忠实执行者，沙威顽固地追捕冉阿让，直接导致了冉阿让一生的苦难。但事实告诉他，是邪恶的法律造成了冉阿让的苦难与罪恶，这个他向来视为下贱的因犯，其实是一个圣人，就连自己的苟活也出于这个敌人的宽容。以德报怨的善良与无私无畏的爱心，让人性僵化的沙威幡然猛醒。他不得不承认，人间有一种超越仇恨和偏见的大爱,有一种超越是非与阶级的人性之爱。良心的苏醒,驱使他放走了冉阿让和垂危的马吕斯,但信仰的动摇又让他无法释怀,他只好选择自杀。雨果在描述沙威时,一再将其比作"岩石"或"花岗石"。但在冉阿让的仁爱面前,这块"花岗石"终于开始熔化了。

雨果是一个伟大的人道主义者。在作品中,我们能感到雨果对所有的人都保持着一种深深的同情与怜悯,包括沙威,包括德纳第。

对于妇女和穷人,雨果借米里哀主教的嘴巴说:"凡是妇女、孩子、仆役、没有力量的、贫困的和没有知识的人的过失,都是丈夫、父亲、主人、豪强者、有钱的和有学问的人的过失。"

对于因无知而误入歧途的人,雨果写道:"对无知识的人,你们应当尽你们所能的多多地教给他们;社会的罪在于不办义务教育;它负有制造黑暗的责任。当一个人的心中充满黑暗,罪恶便在那里滋长起来。有罪的并不是犯罪的人,而是那制造黑暗的人。"

雨果也看到了人类文明的许多内在的矛盾,比如法律与道德的冲突。法律本该通过惩恶扬善的力量来维护社会的正义与道德,但很多时候,法律却在合法地制造邪恶与罪恶。一个穷苦无告的人,为了他对情人和所生孩子的爱,在生路断绝时铸了私钱,这在当时要判死刑的。那女子拿着私钱去用,被捕了。为了获取她情人犯罪的证据,检察长精心编造了她的情人变心的谎言。女子在意乱情迷之中检举了她的情人。世俗的人们都称赞检察官聪明能干,但米里哀却说,最该受到审判的是那个检察长,因为他以法律的名义摧毁了人们对爱情和诚实的信心。

"由七头蛇开始,以天使告终"

在小说中,爱是主旋律。雨果也知道,爱并非万能,像德纳第这样的人,其罪恶已无可改变,在马吕斯揭开了他的罪恶面目加以严厉斥责之后,还是带着一肚子的坏水到美洲贩卖奴隶去了。但是,沙威的幡然醒悟,冉阿让与珂赛特、马吕斯的最后谅解,还是让人感到了爱的力量。

老人在临终前说:

> 珂赛特,现在我该把你母亲的名字告诉你了。她叫芳汀。记住这个名字:芳汀。当你提到她的名字时,你应当跪下。她吃过很多苦。她非常爱你,她的痛苦正和你的幸福成对比。这是上帝的安排。她在天上,她看见我们大家,她在她的星宿中知道她做的一切。我就要去了,孩子们,你们永远相爱吧。世上除了相爱之外几乎没有别的了。

冉阿让去世前,把两支银烛台留给了珂赛特。银烛台是米里哀主教送给冉阿让的,无论多么艰难,冉阿让都把它珍藏在身边,把它视为精神支柱,用以鞭策自己的良心,约束自己的言行。临终前,冉阿让将此珍宝送给珂赛特。冉阿让希望将米里哀主教的精神传给她。这个精神,就是博爱和仁慈。

恩怨相报、以恶报恶,是人类最本能的逻辑。当初刘邦进入咸阳时与民约法三章,即是"杀人者死,伤人者刑,及盗抵罪"。杀人偿命、欠债还钱,似乎天经地义。但人类的文明,就是要不断地战胜人的本能,让本能升华成为德行与精神。米里哀主教即是这样的圣人。他只身前往盗匪成灾的偏远村落,说服为非作歹的人们放下屠刀;他陪同死刑犯走上断头台,只为了减少犯人的恐惧和怨恨。当然他赦免了冉阿让的罪过,鼓励他重新做人。在冉阿让的生命中,米里哀主教只是一个匆匆过客,但却决定了他的后半生,足见道德与感化的力量。若没有米里哀,冉阿让注定只能做一个流窜犯,永远生活在仇恨的阴影下,永陷地狱。

《悲惨世界》就是一曲关于善与恶、爱与恨的变奏曲。

在小说中,雨果编制了一个"好人好报"的故事模式。冉阿让救了割风爹爹,在逃到巴黎后巧遇割风爹爹,受到割风爹爹的保护;冉阿让为珂赛特和马吕斯奉献了无私的父爱,珂赛特和马吕斯也将爱回馈给了老人。在现实中,好人未必能够得到好报,但在冉阿让的故事中,我们却由此看到了一种鼓舞人心的力量。

雨果这样解释《悲惨世界》的总体结构和主题:

> 此刻读者手边的这部书,中间不论有怎样的间断、例外或缺欠,从头到尾,从整本到细节都是从恶走向善,从不公正到公正,从假到真,从黑夜到天明,从欲望到良心,从腐化到生活,从兽行到责任,从地狱到天堂,从虚无到上帝。它的出发点是物质,终止处是心灵;它由七头蛇开始,以天使告终。

5. 良知

"神秘的微音"

1821年初,冉阿让得知米里哀主教入圣的消息,立即穿上黑礼服,帽子上缠上黑纱。周围的人们以为他借米里哀主教抬高自己的身价,而冉阿让的回答则是:我曾经是米里哀主教的仆人。冉阿让这个话半真半假:他没有做过米里哀的仆人,但他后半生都是米里哀主教精神上的仆人,他把主教当成了一个精神偶像,他要一生效仿,终生遵循。

在米里哀主教的内心,至少有两个东西不可动摇:一个叫良知,一个叫仁慈。

良知,简单地说,就是人内心的善念。孟子说:"恻隐之心,仁之端也;羞恶之心,义之端也;辞让之心,礼之端也;是非之心,智之端也。"大千世界,善恶并存,美丑俱在。但在孟子看来,每个人都天生有善的萌芽。

在冉阿让的生命中,能分明看到良知的存在与价值。经过19年的牢狱之灾,冉阿让的人生空间已经非常狭小。在遭到一系列歧视之后,他选择了自暴自弃。是米里哀主教宽恕了他,也是米里哀主教点燃了他内心的良知之火,一点一点驱走了他内心的黑暗。

辞别了主教,冉阿让又鬼使神差般地抢劫了通烟囱的小瑞尔威,但也是这次打劫,成了他生命的转折点。抢劫之后他马上就后悔了。他追赶小瑞尔威,不成;他央求神甫帮他找到瑞尔威,不成;他请求神甫找人来捉他,将神甫吓跑了。冉阿让从没有体验过这种巨大的精神压力。

　　他怀着一种一知半解的心情,醉汉似的往前走……在人生的某些时刻,常有一种神秘的微音来惊觉或搅扰我们的心神,他是否也听到过这种微音呢?是否有种声音在他的耳边说他正在经历他生命中最严重的一刻呢?他已没有中立的余地,此后他如果不做最好的人,就会做最恶的人,现在他应当超过主教(不妨这样说),否则就会堕落到连苦役犯也不如,如果他情愿为善,就应当做天使,如果他甘心为恶,就一定做恶魔。

　　雨果笔下的这"神秘的微音",就是来自良知的呼唤。他开始为自己"惯性"的作恶忏悔,他凝视着内心的"那只兽","他好像是在天堂的光里看见了魔鬼"。这个从不流泪的彪形大汉哭了。

　　这眼泪,意味着人性的复苏、良知的归来。在滨海蒙特勒伊,马德兰市长总是散发钱财给"通烟囱的小孩",人们莫名其妙,读者可是心领神会。

　　他开始了自我救赎。

　　看看他如何对待割风爹爹,如何对待芳汀母女,如何对待商马第,如何对待沙威,如何对待马吕斯与珂赛特夫妇。

　　自我救赎的路,也是苦难的路。

冷漠也是罪

　　割风爹爹原本是一贯歧视马德兰先生的少数几个冤家之一。冉阿让初到时,他的生意开始走上逆运。割风眼见这个普通工人日益富裕,而他自己,一个大老板却渐渐衰败下来,他满腔嫉妒,一遇机会便竭力暗算马德兰。这样的一个小人深陷泥潭,危在旦夕,要不要出手相救?

而且,一直怀疑和追踪冉阿让的沙威虎视眈眈。怎么办?是眼睁睁看着割风爹爹死去,还是冒身份暴露的风险搭救割风爹爹?冉阿让选择了后者。无论多少辩解理由,若见死都不施援手,良知何在?救赎何由?

芳汀被骗怀孕,把女儿珂赛特寄养在德纳第家只身回到故乡,进了冉阿让的工厂,却因一帮无聊者的骚扰失业,最后沦落为娼。芳汀对冉阿让充满怨恨,她以为是冉阿让将她这个"有伤风化"的女人给开除了。冉阿让在知道芳汀的悲惨遭遇后,深深同情这个薄命女子。尽管他们素不相识,毫不相关,且芳汀被解雇也非冉阿让所为,但出于良知,他想方设法医治芳汀的病,在她奄奄一息的时候承诺为她还债,为她抚养孩子。这个承诺,成了冉阿让后半生的生活内容。他的苦与乐,他的曲折与沉沦,他的幸福与悲酸,从此与这对母女的命运紧紧连在了一起。冉阿让如此救助芳汀,唯一的解释,就是对不幸者的同情。对不幸者的同情,对苦难者的怜悯,这就是良知。

在"商马第事件"中,冉阿让的良知又一次经受了考验。小说这样写冉阿让内心的复杂与斗争:

> 精神的眼睛,除了在人的心里,再没有旁的地方可以见到更多的异彩、更多的黑暗;再没有比那更可怕、更复杂、更神秘、更变化无穷的东西。世间有一种比海洋更大的景象,那便是天空;还有一种比天空更大的景象,那便是内心活动。

在冉阿让面前一向阴沉的沙威,在看到了商马第之后,终于解除了对冉阿让的怀疑。而冉阿让呢,本能的反应却是跑去自首,把那商马第从牢狱里救出来,而自受监禁。这种本能的反应,说明冉阿让的内心已经积聚了强大的向善力量。

但是,市长的地位、优越的生活、受人尊敬的名声,当然,还有那刻骨铭心的土伦记忆,这些都涌上心头,抑制了他最初的慷慨与献身的决心,他陷入了矛盾之中。求福远祸是人的本能,何况他此刻享受的是靠自己的劳动得来的荣华富贵,而那即将忍受的罪,他已经忍受了19年。小说用了很多篇幅描写冉阿让内心的矛盾,恰恰就是要说明,良知不仅仅是一种本能,良知更是人对道德与善的选择。

小说反复强调商马第与冉阿让的酷似。这样的酷似不仅迷惑了精明过人的沙威,连冉阿让在土伦监狱的几个难友都信以为真,如果冉阿让想逃避,应该是没有问题的。有评论家认为,法院将商马第误作冉阿让,是张冠李戴,是草菅人命,是玩弄法律,并据此分析说雨果借此揭露和批判当时法律的黑暗。这个说法也太草率和粗浅了。将这个有关法庭的情节与托尔斯泰的《复活》相比,就不难发现,托尔斯泰通过描写法庭对玛丝洛娃的审判,揭露与批判了当时的司法现状。而雨果不厌其烦地描写法庭的这一场错误的审理,显然是为了凸显冉阿让的良知。商马第与冉阿让实在太相像了,以至于能够以假乱真。这就是要表明:冉阿让走上法庭宣布自己才是真正的冉阿让,并非因为迫不得已,并非不能蒙混过关,而完全是他良心的选择。

请看冉阿让内心的波澜:

> 做一个有天良的人!难道那不是对他一生的抱负和主教对他的期望的唯一重要的事情吗?斩断已往的历史?但是他并不是在斩断,伟大的上帝,而是在做一件丑事并把它延续下去!他又在作贼了,并且是最丑恶的贼!他偷盗另一个人的生活、性命、安宁和在阳光下的位子!他正在做杀人的勾当!⋯⋯从反面着想,去自首,救出那个蒙不白之冤的人,恢复自己的真面目,尽自己的责任,重做苦役犯冉阿让,那才真正是洗心革面、永远关上自己所由出的那扇地狱之门!外表是重入地狱,实际上却是出地狱!

冉阿让并不是没有犹豫和疑虑，去法庭的路上，他一直在矛盾和斗争。他甚至为自己的退缩寻找理由。在路上，马车坏了。他想，这是不是老天爷在阻止他去自首？法庭内人满为患，已经不让人进去旁听，他又一次想：这不正是退缩的机会？但冉阿让最终战胜了内心的懦弱，勇敢地站了出来，又一次完成了生命中的凤凰涅槃。

其实，伟大的作家，其超群的艺术表现力并不一定表现在宏大场面的描写和离奇情节的编制上，恰恰在反映人的内心深处最细微、最复杂的活动时，最能显示他的深刻。

在良心问题上，不能不提警察鹰犬沙威。这个天良丧尽的走狗，在生命的最后时刻，还是显示出了人性的光彩。

冉阿让在街垒战中释放了密探沙威，他也以同样的方式放走了抢救马吕斯的冉阿让。为此，沙威陷入了疑惑与彷徨。他生平第一次垂头丧气地走着，他迟钝忧郁，惶恐不安。"脑袋在盲目执行时是很清晰的，现在则已失去它的清澈。"沙威的良心使他感到自己的荒唐，他无法不直面这个矛盾。若交出冉阿让，出尔反尔，很卑污；若让冉阿让自由，那就违背了自己的信条，践踏法律对他来说也是不可思议的。

这样的思考对沙威来说是人生的第一次。为此他很焦虑。"思考，在他狭隘的公职之外的不论何种论题以及在任何场合下的思考，对他来说都是无益和疲劳的。对刚过去的这一天进行思考是一种折磨。"

但此刻，沙威内心残存的良知与其所信奉的法律产生了你死我活的冲突。若毫无保留地信奉法律、审判庭、执行判决、警署和权威，那么又该如何理解冉阿让这个"神圣的苦役犯"？在道德上，他不能不承认冉阿让的崇高、仁慈、宽厚，近乎天使；但从职责和信念上，这个人在法律上又是不可饶恕的。

沙威一生的信念轰然倒塌。"他看见在黑暗中可怕地升起了一个生疏的道义的太阳，他感到厌恶，但又眼花缭乱。"

选择自杀的沙威,其实并没有真正理解冉阿让的人生。雨果禁不住追问道:

> 人性必胜,人心不灭,这一光辉的现象,可能是我们内心最壮丽的奇迹,沙威能理解它吗?沙威能洞察它吗?沙威能有所体会吗?肯定不能。

雨果将沙威的自杀归结于他内心的冲突,而非良知的彻底觉醒。不过,能够放下屠刀,能够怀疑过往,能够选择告别,足以显示出良知与道德的力量。

6. 在苦难中呼唤

面对苦难，我们向何处去？

如果我们把人生所面临的各种不幸与祸患称为"灾难"，那么，《悲惨世界》写尽了人间的灾难。面对灾难，我们该往何处去？

灾难是客观的存在。残酷的自然灾害总是不由分说地光顾，打破日常的安宁与祥和；难以预知的社会动乱，在一瞬间就能彻底改变你的梦想和命运；一场战争、一场疾病、一个官司、一次车祸、一个纠纷，足以让脆弱的生命陨落。不仅如此，人们还得面对人性中的仇恨、嫉妒、凌弱、欲望、狭隘、自负……这些人性中的弱点一旦被诱发，立刻就能酿成灾难，让人猝不及防。不管是来自不可抗拒的自然或社会，还是来自不可预期的个体或心灵，这种绝望、恐惧和战栗的体验，总是让人一次又一次感到自己的渺小、无力和脆弱。

灾难与不幸一经心灵的承载和过滤，苦难感就会油然而生。

从这个角度看，灾难是一种客观的力量，而苦难则是一种主体的感受和体验。

冉阿让的一生充满了灾难。但在经历了米里哀主教的教化之后，他对灾难的理解和态度发生了变化。19年的苦役让他不能承受，所以他极力逃避；出狱后的世态炎凉让他倍感愤懑。他并不是一个不知好歹的人，他对慈爱的米里哀主教下手，其实是他对社会的忍耐与抗拒已到了忍无可忍的地步。想一想，如果你是冉阿让，能没有这样的反应吗？

但自此以后，冉阿让面对同样的灾难，心理与态度却发生了翻天覆地的变化。当初冉阿让一无所有，为了一块面包服了19年的苦役；而今，靠奉献的美德与仁慈的美誉当上市长的冉阿让，却又重新沦落为野狗似的逃犯和终身苦役犯，从灾难的强度上看难分伯仲。眼看着自己用生命与温情抚育长大的珂赛特，有了心爱的男人却疏远了自己，这样的打击与眼看着自己的外甥挨冻受饿，在强度上也难分彼此。但是，在这些灾难面前，冉阿让所表现出的主见、镇定、乐观和坚强，与先前"野兽"一般的冉阿让简直判若两人。为什么？

不言而喻，这就是精神的力量。遇见米里哀主教前，冉阿让在人生的漩涡中是个被动者，他没有自己的信仰和主心骨，一旦沦落，便随波逐流；而受到米里哀主教的感化之后，冉阿让有了自己的精神支柱，他成了一个内心力量无比强大的主体。从此，不是生活在选择和淘汰他，而是他在选择生活，选择道路。作为被选择者，任何不顺和乖蹇都让他苦不堪言；而一旦做了生活的主人，那些不顺就成了挑战的对象和战斗的对手。在他的后半生，灾难往往是冉阿让自己选择的。他可以避免，可以选择走轻巧的人生之路，但他却迎难而上，激流勇进。如果说冉阿让最终取得了人生的圆满，那么，这些灾难，已经不再是他的苦难，而是他的磨砺与财富。在灾难中所显示的是精神的力量，是信仰的力量，是爱的力量。灾难依旧，而苦难不再。

改变不幸的境遇是人的本能。在《悲惨世界》中，革命者通过改变社会来改变自我的境遇；德纳第通过变本加厉地作恶来改善自己的境遇；冉阿让当初也曾经寄希望于法律。雨果对德纳第式的动物主义生命态度是厌恶的，对革命则持谅解式的同情。雨果出于人道主义的理念，对革命的动因是理解的，但他并不主张暴力革命，因为这与其"仁爱"理念相抵牾。在他的另一部巨著《九三年》中，他就提出了"在绝对正确的革命之上，还有一个绝对正确的人道主义"。

而对于法律救济一途，雨果也持谨慎观望的态度。小说中冉阿让的遭遇说明了雨果对法律的矛盾态度。仅仅为了一口饭食，就要付出了五年的自由,这样的法律究竟是善还是恶? 19 年的监禁与苦役没有唤醒冉阿让的向善之心,而米里哀的仁慈和宽厚却融化了他冰冷的灵魂,究竟是惩罚的力量大,还是爱的力量大呢?孔子说:"道之以政,齐之以刑,民免而无耻;道之以德,齐之以礼,有耻且格。"(《论语·为政》)法律是基于一种恐怖与惩戒的力量,它对人的规范,更多地利用了人贪生怕死、求乐避苦的本能。国不可无法,但也不能指望法律至善至美,更不能指望法律解决所有的问题,尤其是人的精神与德行问题。

文学,真正的关注只是"人"。雨果也关注制度的改造、法律的完善,但他真正在意的,还是人的精神、心灵、灵魂、信仰等问题,即人性与人心。

这就是艺术家的使命。

在苦难面前,我们往何处去?雨果的答案:与自己的心灵对话,直面自己的灵魂。以前的冉阿让面对灾难,本能地伸出拳头;以后的冉阿让,面对灾难,直面内心。比如在商马第案件前后,在决定离开珂赛特夫妇前后,小说中有大段大段的心灵独白,这是心灵的选择,选择的压力不是来自外界,压力与动力都在他的心里。在罪与恶、爱与憎的选择中,冉阿让听从良知的声音,走上了自我赎罪与自我净化的道路。

雨果的思考是人类共同的财富。

冉阿让的逻辑与"梁山法则"

中国文学不乏描写苦难的作品,单就四大名著《水浒传》《三国演义》《红楼梦》《西游记》看,涉及灾难与苦难的内容就很多。但总体看,对苦难的超越与解救,缺乏冉阿让式的大爱,也缺乏直面自我内心的深度。

《水浒传》讲的是英雄好汉的悲剧人生,多数英雄人物在上梁山之前,都经历了各式各样深重的磨难。面对人生磨难,这些所谓的英雄好汉都选择了有仇报仇,有怨抱怨,血债血还。报仇,这是梁山好汉的主流价值观。为了使血腥的复仇显得合情合理,除了李逵这样的莽汉,小说都铺陈和渲染了他们上山前的犹豫徘徊。武松一开始还是想做良民的,希望借助官府与法律为哥哥申冤,只是此路不通,才不得不亲自动手。到了醉打蒋门神、大闹飞云浦、血溅鸳鸯楼,从逐渐放开杀戒,到最后嗜血如命,武松最终走上了疯狂的复仇道路。

最费周折的还是林冲。所谓"逼上梁山",林冲是最典型的人物。林冲一直忍气吞声,除了渴望回到正常的生活状态,很重要的一点在于他有自己的道德准则。直到最后走投无路,才大开杀戒,断了自己的退路。这样的情节表现了作者内心的矛盾:作者深知落草为寇、杀人放火是不道德的,唯有不断强化恶人当道的社会原因,才能为好汉们的选择做道德辩护。正是有这个逻辑,阅读《水浒传》总能让人体验到复仇的快感。

但是,若将梁山好汉的逻辑行之于冉阿让,冉阿让就变得不可理喻了。按照"梁山法则",冉阿让完全有理由继续在复仇与报复的路上走下去。他可以眼睁睁看着割风爹爹被活活压死,因为割风爹爹曾经害过他;他可以借商马第金蝉脱壳,从此高枕无忧;他可以杀死德纳第,这个无赖不仅反复敲诈他,还意图借刀杀人,差点要了他的命;当然,对于沙威,那简直就要碎尸万段方解心头之恨。想一想宋江是如何对待黄文炳的?

但是,冉阿让做了完全相反的选择。所以,读《水浒传》让人血脉偾张,快意恩仇,因为作者强化了复仇的合理性与必要性;而读《悲惨世界》则让人凝神,让人沉思,因为它强调了爱与仁慈的高贵与力量。

爱与恨,究竟哪个才能给人类带来福音?

在灾难面前,直面自我内心的黑暗,是冉阿让与梁山好汉们的又一个差别。在《水浒传》中,李逵就是一部杀人机器,一部绞肉机。江州劫法场,他一板斧横砍过去,齐刷刷的人头落地,李逵觉得快乐,作者也觉得快乐。李逵从不思考,从不迟疑,但小说却赋予了他心直口快、"烂漫天真"的积极性格。宋江之流当然比李逵高明,但他算计别人的时候多,反思自己的时候少,似乎从未意识到自己有什么罪过。他将落草的责任一股脑儿地推给了别人,整天想的是积攒招安的本钱与朝廷讨价还价,为兄弟们讨个光宗耀祖、显亲扬名的正途。看起来,英雄们个个光明磊落,完全是因为昏君、奸臣当道,阻碍了兄弟们的升官发财、飞黄腾达之路,他们才干起了杀人越货的勾当。

在他们看来,英雄无过,错在社会,错在他人。

但冉阿让的逻辑不一样。即便终生遭受苦难,即便恶人就在眼前,他首先做的,依然是对自我苛刻的责备和触及灵魂的省察,而最终宽恕了那些仇人。

苛求社会与苛求自我,哪个站在道德的高地上?

应该承认,在苦难面前,中国文化总体上缺乏冉阿让式的自我忏悔与反思精神。读古典诗歌,总是怀才不遇;读古典小说,总是贪官横行;读古典戏剧,总是奸臣当道,似乎这就是苦难的所有根源。结果呢,做了翰林还觉得怀才不遇,贪官总是层出不穷,昏君走了又来一个暴君。

社会批判很重要,制度批判也很重要,但是,若无人心与人性的觉醒,人类将永无光明之日。

六 《复活》堕落与拯救：

1. 一个关于堕落的故事

关于《复活》的写作,有一个著名的故事:

托尔斯泰的法官朋友柯尼给他讲了一件真实的事:有个上流社会的年轻人,在充当法庭陪审员时,认出一个被控犯盗窃罪的妓女就是他亲戚家的养女。他曾诱奸这个姑娘,使她怀了孕。收养她的女主人知道这事后,把她赶出家门。姑娘生下孩子后把婴儿送给育婴堂,自己却逐渐堕落,最后落入下等妓院。这个年轻的陪审员来找法院检察官柯尼,告诉他自己想同这个妓女结婚以赎罪。柯尼非常同情这个年轻人,但劝他不要走这一步。年轻人很固执,不肯放弃自己的主意。不过婚礼前不久,那妓女得伤寒症死了。

这个故事就是《复活》的原型。在这个原型的基础上,托尔斯泰讲述了一个关于"堕落"的故事:

主人公是聂赫留朵夫和玛丝洛娃(卡秋莎)。卡秋莎是一个农奴的女儿,从小被两个女地主收养。这两位收养人,就是聂赫留朵夫的姑妈。

16岁时,卡秋莎爱上了聂赫留朵夫。那时,他还是个单纯而热情的大学生,正在姑母家里度假。两年后的一个复活节晚上,聂赫留朵夫诱惑卡秋莎并与她发生了关系。此刻的聂赫留朵夫,已经染上了上流社会荒唐无耻的生活习性,在满足了自己的欲望之后,丢下一百个卢布,从此便不见了踪影。不幸的是,她怀了孕。后来,孩子死了,差

版本参照:《复活》(外文出版社、上海远东出版社1991年版)。列夫·托尔斯泰著,草婴译。

事也丢了,走投无路的卡秋莎沦落到妓院,做了妓女。

十年后,玛丝洛娃受一起人命案的牵连,在法庭接受审判。巧合的是,聂赫留朵夫正好是这场审判的陪审员。聂赫留朵夫认出了玛丝洛娃。这使他十分震惊、慌乱和羞愧。回想起自己勾引玛丝洛娃的经过,他认为自己才是造成她不幸的根源。眼见玛丝洛娃被判处流放,聂赫留朵夫开始为她奔走。一方面他到处申诉,甚至准备告到枢密院,一方面他去监狱探视玛丝洛娃,忏悔自己的罪过,并表示要和玛丝洛娃结婚,以此来弥补曾经的罪恶。可是,法官们并不在意玛丝洛娃的冤情,也不在乎一个妓女的命运,最终判她到西伯利亚服苦役四年。玛丝洛娃也拒绝了聂赫留朵夫的忏悔,拒绝了他的求婚。

聂赫留朵夫陷入更深的自责与忏悔。他决心跟她一道去流放。她走到哪儿,他便跟到哪儿。

为了远赴西伯利亚,聂赫留朵夫回到了自己的田庄。在这里,他与农民们攀谈,了解他们的疾苦,深深地为自己的寄生生活感到羞耻。他越来越清晰地认识到,"老百姓遭殃的主要原因,就是他们赖以生存的土地不在他们手里",并坚信"土地不能成为私有财产,不能成为商品,就像水、空气和阳光一样。人人都有权享用土地,享用土地提供的一切利益"。他采取了一些有利于农奴的改革措施,希望以此来改善农奴的生存状况。

为了告御状,聂赫留朵夫来到彼得堡。在与达官贵人们的周旋中,他发现那些大法官、上诉委员会的委员、官办教会的负责人等,他们手握重权,却尸位素餐,贪赃枉法,草菅人命,对老百姓的苦难一点也不在乎。这加深了聂赫留朵夫对贵族阶级与当权阶级的失望与反感。

在不断的奔走与劳顿中,玛丝洛娃看出了聂赫留朵夫的真心诚意,她重新爱上了聂赫留朵夫,并为他改变了自己:她戒了烟酒,不再卖弄风情。但她又认为这样的婚姻对他是一种不幸,她不能接受所爱的人为她做出的牺牲。

玛丝洛娃的上诉终被枢密院以理由不充分驳回,押赴西伯利亚的犯人也起程了。

那是个天气炎热的七月,犯人们死的死,病的病,痛苦不堪。在聂赫留朵夫的打点下,玛丝洛娃被调到政治犯的行列中。这个队伍既安静又和平,也没人再来纠缠玛丝洛娃。她觉得这些政治犯都是些"可爱的好人"。她认识了一个叫西蒙松的政治犯,在频繁的接触中,西蒙松爱上了玛丝洛娃。玛丝洛娃感到聂赫留朵夫是出于慷慨和内疚才向她求婚,而西蒙松却是爱着她这个人,正如西蒙松自己表白的那样:"我爱她,因为她是个少见的好人,却受尽了折磨。"

于是,她接受了西蒙松的爱。

玛丝洛娃和西蒙松走了。聂赫留朵夫开始过一种全新的精神生活。

2. 堕落是个慢性病

"始乱终弃"的后面

男人勾引女人,少爷诱奸丫头,朝三暮四,过河拆桥,这是一个烂俗的情节模式。古代小说《莺莺传》开"始乱终弃"之先河。对于痴情的莺莺小姐,张生不仅"始乱之,终弃之",还要来一番义正词严的自我辩护,说什么女人乃"尤物""妖孽""不妖其身,必妖于人",为自己做道德上的开脱和美化。鲁迅在《中国小说史略》中批判说"篇末文过饰非,遂堕恶趣",实在是太宽容了。这哪里仅是"恶趣",以现代人的眼光看,这根本就是猥琐和无耻。

现代话剧《雷雨》,是一个现代版的"诱惑"故事。周朴园对鲁侍萍,先乱后弃,又心存愧疚,有心补偿,又深恐妨碍眼前的生活与地位;其子周萍对四凤,既占有,又别恋,脚踩两只船,实际上是另一种意义上的"遗弃"。

英国小说《德伯家的苔丝》也是此类题材中的佼佼者。农村姑娘苔丝的悲苦命运也肇始于少爷亚雷·德伯的诱奸,是亚雷改变了苔丝的人生面貌。最后,苔丝在愤怒与压抑中杀死了诱奸他的少爷,自己也被处以绞刑。哈代的小说就像他笔下的威塞克斯的荒漠一样,始终弥漫着一股浓浓的悲剧气息,让人感到抑郁和伤感。

由于时代与文化的差异,"诱奸题材"中的男女所承载的道德色彩与伦理内涵差异很大。《莺莺传》里的张生轻狂寡情,竟以"昔殷之辛,周之幽,据百万之国,其势甚厚。然而一女子败之,溃其众,屠其身,至今为天下僇笑"为例,证明女人乃"红颜祸水"。玩弄了人家的感情，还庆幸自己终究远离了"祸水"，薄幸无耻至极，却被小说所赞赏。小说中的莺莺，爱的时候一片痴心，被遗弃后也甚少怨言，甚至主动表态说"始乱之，终弃之，固其宜矣，愚不敢恨"，这是一个呼应了生命的冲动最终还是落入礼教桎梏的糊涂懦弱的女子。在这个故事中，负心汉占据了道德的制高点，被遗弃的女人只能自怨自艾，怪自己红颜薄命。张生与莺莺的故事，折射了传统男权文化、礼教文化的虚伪。

相比之下，《德伯家的苔丝》和《雷雨》对不幸的妇女都抱着深深的同情，而对"诱奸者"则给予了道义上的谴责。但这两部堪称经典的作品，对诱奸者都没有停留在简单的、漫画式的人物刻画上，而是深入他们的精神世界，将人物内心的复杂性表现了出来。亚雷和周朴园既有自私冷酷的一面，也有人性真情的流露。

那时，她叫卡秋莎

《复活》讲述的也是这样一个很老套的故事。主人公是一对男女：聂赫留朵夫和玛丝洛娃。这两个人，一个出身贵族，一个出身农民；一个是养尊处优的公子哥，一个是听人使唤的使女兼侍女；一个是公爵，是禁卫军军官；一个则是妓女，是罪犯。故事情节上，一开始也没有什么离奇之处：公子哥诱惑了小使女，始乱终弃，各奔东西。尔后，男人生活顺遂，飞黄腾达，而女人却命运乖谬，处境惨淡。西方的《德伯家的苔丝》是这样，中国的《雷雨》也是这样。这个情节模式说明，在男尊女卑的男权世界，女性一旦遭遇了遗弃，她们的境遇总是比男性更悲摧。

聂赫留朵夫第一次见到卡秋莎，是在他念大学三年级那年的夏天。当时，他住在姑妈家，准备写一篇关于土地所有制的论文。小说这样描写：

> 那年夏天，聂赫留朵夫在姑妈家里感到身上充满活力，心情

舒畅。一个青年人，第一次不按照人家的指点，亲身体会到生活的美丽和庄严，领悟到人类活动的全部意义，看到人的心灵和整个世界都可以达到尽善尽美的地步。他对此不仅抱着希望，而且充满信心。那年聂赫留朵夫在大学里读了斯宾塞的《社会静力学》。斯宾塞关于土地私有制的论述给他留下深刻的印象，这特别是由于他本身是个大地主的儿子。他的父亲并不富有，但母亲有一万俄亩光景的陪嫁。那时他第一次懂得土地私有制的残酷和荒谬，而他又十分看重道德，认为因道德而自我牺牲是最高的精神享受，因此决定放弃土地所有权，把他从父亲名下继承来的土地赠送给农民。

此时的聂赫留朵夫单纯、诚实、热情，富有理想和自我牺牲精神。他接受了民主主义思想的影响，是英国哲学家斯宾塞的信徒。他为斯宾塞的"正义不容许土地私有"的观点而感动，也赞成美国学者亨利·乔治反对土地私有的观点，从心理上厌恶土地私有制，基于"因道德而自我牺牲是最高的精神享受"的认识，他决定放弃土地所有权，把他从父亲名下继承来的土地赠送给农民。

对于男女之事，纯洁的聂赫留朵夫认为，"只有妻子才是女人。凡是不能成为他妻子的女人都不是女人，而只是人"。少年的聂赫留朵夫，就是这样一位天性纯洁和善良的人。

卡秋莎是一个女农奴的女儿。她母亲有许多私生子，父亲则各不相同。在一个偶然的情况下，她的东家，也就是两个老姑娘中的一个来到佣人的房间，看到了这个漂亮的婴儿，动了恻隐之心，就做了她的教母。从此，卡秋莎就有了个有钱的教母，长大后，进了教母的内室，做了贴身丫头。她的地位就处在佣人和养女之间。这种身份使她生出一种虚荣心，她习惯了过好日子。她缝补衣服，收拾房间，擦拭圣像，煮茶烧菜，磨咖啡豆，煮咖啡，洗零星衣物，有时还坐下来给两个老姑娘读读书解解闷。就这样,既是佣人又是养女,一直生活到16岁。

这两个老姑娘,就是聂赫留朵夫的姑妈。

聂赫留朵夫和卡秋莎在青春萌动的季节相遇,这预示了他们之间一定会有一些事儿要发生。果然,在一次游戏中,这一对少男少女的手握在了一起。就在那一瞬间,他们懵懂的心突然苏醒,爱情的火花被点燃了。

从那时起,聂赫留朵夫同卡秋莎之间的关系就变了,那是一个纯洁无邪的青年男子同一个纯洁无邪的少女相互吸引的特殊关系。

聂赫留朵夫像一切纯洁的人谈恋爱那样,不仅没有在肉体上占有她的欲望,而且一想到可能同她发生这样的关系,就心惊胆战,羞怯万分。热情洋溢的卡秋莎,也像一切少女一样,在爱情的梦想与憧憬中,忘记了她卑微的身份——她是一个农奴的女儿。

初恋总是美好的,它朦胧、单纯,但却能穿透人的一生,穿透人的灵魂。初恋的战栗伴随着生命的记忆,是生命中最亮丽的一抹光辉。当聂赫留朵夫离开姑妈家的时候,他们已是恋恋不舍。看着远去的聂赫留朵夫,卡秋莎的眼里满是爱的泪光。

"兽性的人"打败了"精神的人"

重逢是在三年之后。

三年,在人生的旅途中只是短短的一瞬,但在成长的关键阶段,三年却能决定一生。三年足以改变一个人的精神,改变一个人的思想。这三年,是聂赫留朵夫离开学校、走向军队、走向社会、走向成人的三年,也是他走向享乐、走向邪恶、走向堕落的三年。

聂赫留朵夫成了一个彻头彻尾的利己主义者。他迷恋酒色,穷奢极欲,享乐成癖,却全不自知。三年前,他热衷读书思考,在精神上与历史上的那些哲学家、思想家和诗人打交道,他思考的是如何实现人类的平等;而现在,他沉溺在各种交际和应酬之中,他把大量的时间消耗在与女人的纠缠之中。神秘而迷人的女人在他看来,只是玩物,除了亲人和朋友的妻子,"女人是他领略过的最好的玩乐用具"。偶尔想起以前思考过的上帝、真理、财富、贫穷、土地等问题,他会觉得自己很可笑。特别是做了军官之后,聂赫留朵夫加速了堕落的步伐:

> 军官生活本来就容易使人堕落。一个人一旦进入军界,就终日无所事事,也就是说脱离合理的有益劳动,逃避人们共同负担的义务。换来的则是军队、军服、军旗的荣誉。再有,一方面是颐指气使,对别人享有无限权力;另一方面,在长官面前却又奴颜婢膝,唯命是从。
>
> 他没有什么正经事要做,他们认为正当和重要的是到军官俱乐部或者豪华的饭店里去吃吃喝喝,纵情挥霍不知从哪里弄来的金钱;然后就是剧场,舞会,女人,然后又是骑马,舞刀,奔驰,然后又是挥金如土,喝酒,打牌,玩女人。

时光改变了一个人,但他们都没有意识到这种改变。

再次见面的时候,聂赫留朵夫已经是一具行尸走肉,只剩下一个徒有其表的躯壳。他们旧情复燃,但这燃烧的激情中已经夹杂了焦狂的肉欲,弥散着一股下流的气息。虽然在复活节的那个早晨,聂赫留朵夫又一次体验到了那种"既没有自觉和理性的成分,也没有肉欲的成分"的爱情,但转眼间,他又陷入野兽般的肉欲的狂想。

就在复活节的第二天,聂赫留朵夫终于走出了堕落的一步,他诱奸了卡秋莎。小说细致入微地描写了一个陷入欲望的迷狂而不能自拔的年轻人的心理活动。聂赫留朵夫在过道上追上卡秋莎,紧紧搂住她的腰,立即被卡秋莎坚强有力的手推开,小说这样描写聂赫留朵夫的矛盾心情:

聂赫留朵夫放开她,有那么一会儿,他不仅感到十分羞愧,而且觉得自己可恶。他应该相信自己的这种感情,可是他不知道这种羞耻心正是他灵魂里表现出来的最高尚的感情,反而认为他自己愚蠢,他应该像一般人那样行动才对。

"像一般人那样行动",给了他厚颜无耻的勇气。他又顺着过道追上她,搂住她的腰,吻了吻她的脖子。这个吻,跟过去的吻,跟复活节早晨在教堂院子里的吻很不相同。这是一种可怕的吻,不仅卡秋莎,就连聂赫留朵夫自己也感到了。

整个傍晚,他心神不宁地走来走去。一会儿走进姑姑的房间,一会儿回到自己的房间,一会儿走到门廊上,时刻盘算着怎样才能跟卡秋莎单独在一起。他明知道自己做的事不对,"但原先被他对她的纯洁爱情压制着的兽性如今控制了他,霸占了他,把其他一切感情都扼杀了。现在他知道,要满足这种兽性该怎么办,就竭力想办法"。那种新奇的、下流的、动物性的兴奋,已经挣脱了理智的约束,是那么专横霸道,完全不容别的感情存在了。在欲望的煎熬中,他在夜间诱奸了卡秋莎。

这就是聂赫留朵夫的堕落。

托尔斯泰对人性有自己的看法,他写道:

> 聂赫留朵夫也像所有的人那样,身上同时存在着两个人。一个是精神的人,他所追求的是那种对人对己统一的幸福;一个是兽性的人,他一味追求个人幸福,并且为了个人幸福不惜牺牲全人类的幸福。在目前这个时期,彼得堡生活和部队生活唤起的利己主义在他身上恶性发作,兽性的人在他身上占了上风,把精神的人完全压倒了。

精神的人与兽性的人,隐藏在每个人的身上。一个人究竟走向何方,一取决于自身的选择,二取决于环境的影响。但在不同的阶段和情况下,这两个因素的作用是不同的。当一个人还缺乏独立选择的能力时,环境的影响显然发挥着更为关键的作用。在聂赫留朵夫的成长过程中,环境的影响显然是托尔斯泰更为强调的。小说写道:

> 他身上发生各种可怕的变化,只是由于他不再坚持自己的信念而相信别人的理论。他不再坚持自己的信念而相信别人的理论,因为要是坚持自己的信念,日子就太不好过。要是坚持自己的信念,处理一切事情就不利于追求轻浮享乐的兽性的我,而总会同它抵触。相信别人的理论,就根本无须处理什么,一切问题都迎刃而解,而且总是同精神的我抵触而有利于兽性的我。此外,他要是坚持自己的信念,总会遭到人家的谴责;他要是相信别人的理论,就会获得周围人们的赞扬。

小说列举了几个例子,譬如当聂赫留朵夫阅读书籍,思索社会问题的时候,大家就会觉得不合时宜,他就遭到取笑,戏称他是"我们亲爱的哲学家";相反,若他爱情小说,讲淫秽笑话,到法国剧院看轻松喜剧,并且津津乐道,大家就称赞他,鼓励他。他省吃俭用,穿旧大衣,不喝酒,大家就觉得他脾气古怪,有意标新立异;若他赌博挥霍,花天酒地,花钱如流水,大家就吹捧他风雅脱俗,还送给他贵重礼品。他原来童贞无瑕,并且想保持到结婚,但他的亲人为他担忧,以为他有病,后来他母亲知道他从同事手里抢夺了一个法国女人,成了真正的男子汉,不仅不难过,反而感到高兴。

同样,聂赫留朵夫成年以后,把一块面积不大的地产分赠给农民,他认为地主拥有土地是不合理的。不料却遭到母亲和亲戚们的责备。更让他沮丧的是,那些获得土地的农民不仅没有发财,反而更穷了,因为他们好逸恶劳,开了三家小酒店,索性不干农活了。

聂赫留朵夫起初反抗过,争辩过,但还是屈服了。最后,彻底屈服了。他开始向他的同僚学习,像他们一样挥霍、放纵和胡闹。

堕落是一种慢性病。

此后的聂赫留朵夫,在堕落的路上越走越远。

> 在他的内心深处,他知道他的行为很卑鄙、恶劣、残酷。一想到这事,他不仅无权责备别人,而且不敢正眼看人,更不要说像原来那样自认为是个高尚、纯洁、慷慨的青年了。但他必须保持原来那种对自己的看法,才能快快活活地满怀信心活下去。

聂赫留朵夫公爵过着慵懒、闲散、高贵、富足的日子。他继续挥霍,继续游戏爱情,继续玩弄女人。

这样的日子一直持续到与卡秋莎的重逢。

3. 羞愧的瞬间

重逢时,她已是玛丝洛娃

《复活》在同类题材中之所以超凡出众,关键在于重逢之后的故事发展和人物命运。

聂赫留朵夫与卡秋莎再次相遇,已是十年之后。青春而美丽的卡秋莎已经被时间埋葬,她现在的名字叫玛丝洛娃,身份是罪犯。聂赫留朵夫公爵,则是高高在上的陪审员。一个罪犯,一个审判员,这样的相遇,本身就有无限的张力和想象空间。

玛丝洛娃的案件并不复杂。一个西伯利亚的富商到妓院寻欢作乐。茶房卡尔津金和当过使女的包奇科娃,见财起意,便起了谋财害命之心。他们把一包药粉交给玛丝洛娃,骗她说是安眠药,要她将安眠药放到商人茶杯里。当时,玛丝洛娃正被醉酒的商人纠缠得厉害,想摆脱他,便照样做了。结果商人被毒死。案发后,茶房和使女贿赂律师,把罪责全栽在玛丝洛娃一个人身上。在法庭调查和问询之后,法官、检察官、陪审员和旁听者全都明白了事情的来龙去脉。案件就是如此的简单,但如此简单的案子还是出了问题,玛丝洛娃最后被判有罪,并流放西伯利亚。

是聂赫留朵夫先认出了玛丝洛娃。

道貌岸然的聂赫留朵夫坐在庄严的陪审席上。认出玛丝洛娃的那一瞬间,聂赫留朵夫几乎不敢相信自己的眼睛。少女卡秋莎的形象与这个卖淫的罪犯玛丝洛娃终于重合在一起,特别是那双曾经让他心旌摇荡的"略微斜睨的黑眼睛",更让聂赫留朵夫确认:这就是卡秋莎。

震撼,慌乱,如坐针毡。聂赫留朵夫心里五味杂陈,罪案现场的血腥与恶心;被玛丝洛娃当众揭穿的恐惧;玛丝洛娃多年卖笑生涯所养成的笑容、表情、眼神和轻佻的姿态又让他感到嫌恶和怜悯……玛丝洛娃直视的眼神让聂赫留朵夫心惊胆战,唯恐她认出他,当庭辱骂,让他尊严扫地。想逃走,不能;想直视,不敢。他希望玛丝洛娃马上从眼前消失。

小说这样刻画他此刻的心理活动:

> 此刻他的心情仿佛一个猎人,不得已弄死一只受伤的小鸟:又是嫌恶,又是怜悯,又是悔恨。那只还没有断气的小鸟不住地在猎袋里扑腾,使人觉得又讨厌又可怜,真想赶快把它弄死,忘掉。
>
> 他觉得自己好像一只做了坏事的小狗,主人揪住它的颈背,把它的鼻子按在闯祸的地方。那小狗尖声狂叫,四脚抵住地面,身子往后退,想远远离开自己闯祸的地方,并且把它忘掉,但主人铁面无情,不肯罢休。

聂赫留朵夫假装若无其事地坐在第一排第二座上,"习惯成自然地把一条腿架在另一条腿上,随便摆弄着他的夹鼻眼镜"。

那一瞬间,聂赫留朵夫羞愧了,他对自己整个的生活状态感到羞愧。

> 不过,在内心深处他已感到,不仅那个行为,而且他的整个闲散、放荡、残忍和自满的生活是多么残酷、卑鄙和恶劣。在以往的十二年里,有一块可怕的幕布一直遮住他的眼睛,使他看不见那件罪行和犯罪后所过的全部生活。如今这块幕布在飘动,他已经

偶尔看到了幕布后面的景象。

一旦遮羞布揭开,自己的内心是那么肮脏和丑恶。

羞愧,是人类特有的一种心理。

《现代汉语词典》"羞"字门下词条众多:如羞愧、羞耻、羞惭、羞怯、羞愤、羞涩、羞污、羞赧、羞颜、羞恶等,它们均表达了"不光彩""不体面""难为情""态度不自然""对自己或别人的坏处有耻辱感和厌恶之心"等意思。羞愧感,这是由于意识到自己在认知、德行或行为上存有缺点而感到的自责与愧疚。亚里士多德在《政治学》一书中把"羞耻感"列为公民和统治者必备的基本美德之一。

关于羞愧感,人类有一些意味深长的故事和说法。《圣经·创世纪》说,上帝创造了人类始祖亚当和夏娃,他们并没有羞耻感,赤身裸体,四目相对。只因偷吃了伊甸园中"分别善恶的果子","他们二人的眼睛就明亮了,才知道自己是赤身露体",于是羞愧难当,"便拿无花果树的叶子,为自己编做裙子",遮掩私部,避免羞愧。从那一刻开始,人类就有了自己的智慧。

儒家文化特别强调耻感对个人德行的价值。孟子认为羞愧感是德行的种子,是人与生俱来的善端,是一个人为善的萌芽和潜质。他把"恻隐之心""羞恶之心""辞让之心""是非之心"归结为人特有的本性。羞愧感是人类特有的,是对动物性的否定和超越;羞愧感也是生命尊严和个体价值的表现。楚霸王兵败垓下,羞愧不已,"无颜见江东父老",自刎乌江岸边,维护了个人的尊严,免除了更大的羞愧;三国周瑜为赚荆州使计失败,"赔了夫人又折兵",尊严受损,羞愧难当。

可见,羞愧感,源于内心对人格尊严、道德自律和精神价值的一种自觉。借用康德的话说,若内心没有浩瀚的星空和道德自律,那么,为非作歹的时候也会理直气壮,奸淫掳掠也觉义正词严。从社会文化看,一个"羞愧感"匮乏的社会,必然是个道德沦丧、文明沦陷的社会。

聂赫留朵夫在法庭上的惶恐印证了"做贼心虚"的说法。"做贼"固然可恶,但"心虚"至少说明作恶者还存有人类最基本的良知。其实,玛丝洛娃根本就没有认出高高在上的这个陪审员就是当年那个诱骗了她又抛弃了她的聂赫留朵夫。是那瞬间的羞愧感,照亮了他黑暗的精神世界,让他再难以高人一等的姿态睥睨旁人,傲视周遭。

聂赫留朵夫失魂落魄地离开了法庭。想起这么多年荒唐无耻的生活,他感到羞愧。想到被他毁灭的玛丝洛娃,他难以入眠。当年他在占有了卡秋莎之后在走廊里把一百个卢布硬塞给卡秋莎的情景,像噩梦一样纠缠着他。

"哦,那笔钱!"他回想当时的情景,心里也像当时一样又恐惧又嫌恶。"唉,多么卑鄙!"他也像当时一样骂出声来。"只有流氓,无赖,才干得出这种事来!我……我就是无赖,就是流氓!"他大声说。"难道我真的是……"他停了停,"难道我真的是无赖吗?如果我不是无赖,那还有谁是呢?"他自问自答。"难道只有这一件事吗?"他继续揭发自己。"难道你同玛丽雅的关系,同她丈夫的关系就不卑鄙、不下流吗?还有你对财产的态度呢?你借口钱是你母亲遗留下来的,就享用你自己也认为不合理的财产。你的生活整个儿都是游手好闲、卑鄙无耻的。而你对卡秋莎的行为可说是登峰造极了。无赖,流氓!人家要怎样评判我就怎样评判我好了,我可以欺骗他们,可是我欺骗不了我自己。"

由玛丝洛娃,他联想到他生活中的一切:与有夫之妇玛丽雅偷情,却又假装若无其事地与其丈夫——那个首席贵族保持着公务来往;知道自家的财产沾满罪恶,却又贪恋奢华与挥霍;明知上流社会的堕落与无耻,却又沉溺其中不能自拔……

其实,聂赫留朵夫有无数的理由为自己辩解:玩弄妇女,生活放荡奢华,这是贵族生活的日常内容,大家不仅不以为耻,反而引以为荣,津津乐道,相互夸耀。即便对玛丝洛娃,聂赫留朵夫也完全可为自己辩护:其实,在玛丝洛娃的堕落中,她自己也负有不可推卸的责任。如果不是她贪图享乐,爱慕虚荣,好吃懒做,任性胡来,怎么会一步一步堕落到这个地步?同样,那些领受了他土地的农民何尝不是如此?他们保守、死板、奴性十足,且贪图利益和享乐。若聂赫留朵夫不是专注于自己的灵魂,他很轻易地就将责任推卸给社会制度了。

生活再也不能平静。聂赫留朵夫回到公爵府第。熟悉的房间让他感到陌生,奢华的摆设让他感到耻辱,忠心耿耿的仆人让他"讨厌",连墙上挂着的母亲的画像,也让他感到是"不自然的,令人憎恶的"。聂赫留朵夫突然意识到自己的可耻,意识到自己的生活是多么罪恶。他急不可耐地要摆脱这种罪恶的状态,抛弃遗产,抛弃一切不合理的东西……在羞愧的巨大压力下,聂赫留朵夫迫切希望斩断与过往的关联,洗刷灵魂上的污点。

卡秋莎死了

玛丝洛娃早已不是当年的那个斜睨着眼睛微笑的天真的卡秋莎了。

聂赫留朵夫走后,卡秋莎发现自己怀孕了。孩子在一天一天长大,她满心期待着聂赫留朵夫从战场上归来。可是,那个为了占有她而不惜请假拖延时日的聂赫留朵夫,在接到姑妈请他顺路来看望她们的请求时,却以急着赶回彼得堡为由回电拒绝了。这个细节说明了聂赫留朵夫的堕落与无耻:在他眼里,卡秋莎只是他泄欲的工具,一百个卢布就是她的工钱。他们已经两讫了。

走投无路的卡秋莎决定到火车站同他见面。

那是一个黑暗的风雨交加的秋夜。"田野里,看不清脚下的路;

树林里像炕里一样黑魆魆的。"卡秋莎一跑上站台,就在头等车厢的窗子里看见了他。车厢里面灯光通明,一群军官打着牌,谈笑风生。在这个熟悉的车站,聂赫留朵夫竟然没有想起他占有过的那个少女——聂赫留朵夫压根儿就没看见车窗外的卡秋莎。火车无情地开走了,留下了绝望的卡秋莎。

"他在灯光雪亮的车厢里,坐在丝绒软椅上,有说有笑,喝酒玩乐,可我呢,在这儿,在黑暗的泥地里,淋着雨,吹着风,站着哭!"卡秋莎想着站住了,身子往后一仰,双手抱住头,放声痛哭起来。

从那天起,卡秋莎发生了翻天覆地的变化。

> 从那个可怕的夜晚起,她不再相信善了。以前她自己相信善,并且以为别人也相信善,但从那一晚起,她断定谁也不相信善,人人嘴里说着上帝说着善,无非只是为了骗骗人罢了。

两个老姑娘见她经常失魂落魄,就把她撵走了。

卡秋莎外表太耀眼,但地位太卑微,到哪里都有同样的命运等着她——就是引起男主人的邪念,然后把男主人或女主人得罪了,最终被赶出来。她总是逃脱不了这样的命运。孩子也死了。聂赫留朵夫给她的一百卢布也花完了。无奈中到了城里,投奔她的一个姨母。她姨母过着城市贫民的生活,自己开了个小洗衣作坊,希望卡秋莎能当个洗衣女工。可是卡秋莎已沾染了贵族习气,她不习惯做工,不习惯贫苦的生活,所以她又去做女佣人,又重复以前的遭遇。她先后在警察局长、林务官、作家家里做佣人,破罐子破摔的卡秋莎养成了好吃懒做、花天酒地、虚荣轻浮的坏习惯,她不断被男人勾引,她也不断勾引男人,最后被一个老鸨子弄进了妓院。于是,玛丝洛娃开始光明正大地卖淫,获得安定、合法而又报酬丰厚的生活,过起了放纵无度的日子:跳舞,吃糖,喝酒,吸烟,通奸,打情骂俏,打架,这样的生活"蹂躏了不仅为人类所赋有、甚至连禽兽都具备的那种足以防止犯罪的羞耻心"。

这样的生活过了七年,直到她被栽赃关进监狱。

玛丝洛娃被欺骗,被诱奸,被抛弃,值得人们同情;她自暴自弃,甘于堕落,又不值得怜悯。玛丝洛娃不仅不以妓女的身份为耻,似乎还觉得心满意足,甚至引以为荣,在那些靠苦力吃饭的人面前,她更有一种莫名其妙的优越感。关于玛丝洛娃的心理变化,小说有一段非常精辟的分析:

> 通常人们总以为小偷、凶手、间谍、妓女会承认自己的职业卑贱,会感到羞耻。其实正好相反,凡是由命运安排或者自己造了孽而堕落的人,不论他们的地位多么卑贱,他们对人生往往抱着这样的观点,仿佛他们的地位是正当的,高尚的。为了保持这样的观点,他们总是本能地依附那些肯定他们对人生和所处地位的看法的人。

玛丝洛娃就是这样看待人生的。她接触的,要么是嫖客,要么是妓女,混迹于风月场所,沉醉于打情骂俏,习惯了讨价还价,身边的人都是如此。"在这十年中间,不论在什么地方,她都看见,一切男人,从聂赫留朵夫和上了年纪的警察局长开始,到谨慎小心的监狱看守为止,个个都需要她。至于那些不需要她的男人,她没有看到,对他们也不加注意。因此,照她看来,茫茫尘世无非是好色之徒聚居的渊薮,他们从四面八方窥伺她,不择手段——欺骗、暴力、金钱、诡计——去占有她。"玛丝洛娃在这种被需要的感觉中,找到了自己人生的价值。她觉得自己重要,自己的人生有意义。她没有觉得自己堕落了。

当玛丝洛娃认出了这个陪审员竟然是聂赫留朵夫的时候,玛丝洛娃的反应并不像聂赫留朵夫想象的那样激烈。既然认定所有的男人都是如此,既然认定自己的命运就该如此,既然发现这个聂赫留朵夫愿意为她花"冤枉钱",玛丝洛娃在短促的吃惊和慌乱之后,迅即恢复了她在风尘中养成的平静。

对聂赫留朵夫反复的赎罪与宽恕的请求,她回答道:

> "没有什么罪可赎的。过去的事都过去了,全完了",玛丝洛娃说。接着,完全出乎他的意料,她忽然瞟了他一眼,又嫌恶又妖媚又可怜地微微一笑。

她向他妖媚地笑,因为她考虑的是,如何从这个老爷身上弄到些好处。她要聂赫留朵夫为她花钱请一个好律师,找他要钱,并教他如何躲避狱警的监视。她认定,她与他,只能保持一个风尘女子与任何男人一样的关系。她甚至认为聂赫留朵夫是他见过的最好的男人,毕竟这个男人给过她一百个卢布,并在她落难的时候,主动来看望她。

第一次见面,让聂赫留朵夫心寒,他几乎认为自己赎罪的念头是多余的了。但是,聂赫留朵夫还是否定了自己的这个念头,因为他更清醒地认识到自己的罪孽是多么深重!正是自己的堕落才将卡秋莎推进了这丧尽廉耻的深渊。

第二次碰面,聂赫留朵夫依然固执地请求玛丝洛娃的饶恕,主动提出与她结婚。在一番嘲讽、怒骂和讥笑之后,玛丝洛娃发现聂赫留朵夫与她结婚的念头竟然是真的,她的心灵受到了前所未有的震动。

玛丝洛娃愤怒了

这是一个反常的人,这是一种反常的行为,这是一种反常的逻辑。聂赫留朵夫的反常让她不得不直面自己的生存状态。她麻木的心灵透进一缕清风。她突然愤怒了。若聂赫留朵夫承认自己当年就是为了玩弄她,就像嫖客玩弄妓女,那么,他们之间并不亏欠,她心理反而平衡了。这十几年,就是靠这样的信念,她保持着她的心理平衡,放弃了恨,放弃了爱。现在,她发现,聂赫留朵夫并不把自己当作嫖客。他依然把自己当作高高在上的清白的老爷。她愤怒了:

"你给我走开!我是个苦役犯,你是位公爵,你到这儿来干什么?"她尖声叫道,气得脸都变色了,从他的手里抽出手来。"你想利用我来拯救你自己,"玛丝洛娃继续说,急不及待地把一肚子怨气都发泄出来。"你今世利用我作乐,来世还想利用我来拯救你自己!我讨厌你,讨厌你那副眼镜,讨厌你这个又肥又丑的嘴脸。走,你给我走!"

聂赫留朵夫恰是玛丝洛娃的一面镜子。她对聂赫留朵夫的愤怒,其实也是对自己的怒火。若聂赫留朵夫这样的家伙都不自认为是个无耻的嫖客,那么自己算什么呢?难道自己天生就是个堕落的女人吗?难道当年献身给聂赫留朵夫就是为了那一百个卢布吗?

就在这一刻,羞愧之心,重新回到了玛丝洛娃身上。

玛丝洛娃本来沉溺于现在的生活,但当她发现聂赫留朵夫要改变她的现状时,她本能地拒绝了,她已经习惯了这样的生活。这就像电影《肖申克的救赎》中那些长年累月关在监狱的囚徒一样,长期的监禁反而让他们离不开对于常人来说阴森恐怖的监狱了。影片中的瑞德对此有清醒的认识:"刚入狱的时候,你特别不习惯,觉得四处都不舒服,到处都很压抑。你憎恨监狱周围的高墙;可慢慢地你会习惯生活在这之中;最后你会发现自己反倒是离不开监狱了。"离开了监狱,反倒活得非常别扭。影片中的布鲁克斯就是一个例子。他在监狱生活了50年,他熟悉那里的环境,与狱警、囚犯们建立了稳定的联系,他习惯了这里的规则,他能在其中找到一些生活的乐趣,在被囚犯的需要中找到存在感,而大墙外的自由世界对他来说,却是那么陌生,那么难以想象。布鲁克斯在获释之后,根本无法适应外面的生活,找不到自己的位置,他选择了自杀。

其实,玛丝洛娃的处境与此类似。她长久浸润于污浊的环境,她在其中找到了生活的乐趣,发现了自己被人需要的价值。她甚至很享受这种生活方式了。

但是,因愤怒而产生的那一瞬间的羞愧感,却揭开了她心灵的伤疤,使她已经不能再照原先那样浑浑噩噩地生活下去了。聂赫留朵夫的真情触动了她,也勾起了她淡漠已久的伤心往事,开启了她心灵复苏的生命历程。

第三次,当聂赫留朵夫出现的时候,玛丝洛娃完全变成了另一个人似的,聂赫留朵夫的诚意悔过感动了她。她好像重新回到了少年时代,重新唤起了对聂赫留朵夫的爱,她愿听从聂赫留朵夫的一切想法。她到医院当了一名看护,戒了烟酒,变得勤劳、纯朴起来;而且,与政治犯们相处久了,她那不经意间流露出的勾引、放荡和虚渺的眼神也消失了,故意留在额头前的那绺卷发也早被包在头巾里,在男人面前再也没有了先前故意卖弄风骚的样子。

当然,这只是一个起点。

复活是一个艰难而漫长的过程。

4. 谁救谁

一个男人对女人的拯救

玛丝洛娃是无辜的,参加审判的检察官、法官和陪审员们都非常明了这一点。但他们谁也没把玛丝洛娃的命运真正放在心上。或者心不在焉或者疏忽大意或者心存恶意,众人的麻木、敷衍、推诿,甚至幸灾乐祸,共同造成了玛丝洛娃被判"褫夺一切公权,流放服苦役"的错误判决。

最滑稽的纰漏出在陪审员们的疏忽上,这个疏忽真是让人啼笑皆非。这一天,玛丝洛娃的案子排在几个案子后面审理。轮到玛丝洛娃的时候,陪审团成员们已相当疲惫,他们的"公正心、良心、正直心"都处在一种麻木状态。聂赫留朵夫盼着陪审团能达成公正的意见,因为陪审团的意见对于最终判决至关重要。但他做贼心虚,急于避嫌,唯恐被人发现与这个妓女有见不得人的关系,虽然焦虑不安,也只强作镇静,不好直截了当地表态。

扯完了闲天之后,陪审员们终于讨论正题了。他们都认为玛丝洛娃无罪。可起草意见书的时候,却留下了一个重大的疏漏:他们认定玛丝洛娃没有谋财窃财的用心,却漏写了玛丝洛娃更没有杀人动机的字样。玛丝洛娃被指控的是谋杀罪,这就好像说,玛丝洛娃虽然没有"谋财"之心,却有"害命"之实。这完全是个疏漏。意见书到了法官手里,法官也犯了嘀咕。但法官们各有各的心事,加上不愿承担责任的惯性意识,他们便顺水推舟,将错就错,就这样将玛丝洛娃推进了火坑。

六、堕落与拯救:《复活》

一直浑浑噩噩的公子哥聂赫留朵夫,在目睹了法庭的荒诞不经后,内心受到极大震撼,羞愧难当,也后悔不已。他再也坐不住,再也不能袖手旁观了。他决心将玛丝洛娃从火坑中搭救出来。

其实,聂赫留朵夫做出这样的选择并不是心血来潮。他本来是个有良知的大学生,也确实沾染了纨绔子弟的许多放纵堕落的习气,但同时,他的身上始终流淌着自由、民主、平等与博爱的血液,他本能地反感自己的出身,为不劳而获而感到羞愧。正是有了这样的精神底子,在浑浑噩噩的生活中,他始终有一种羞愧感。在日复一日的荒唐生活中,这种羞愧感深藏心底,连他自己也没察觉。但在生活中,他始终有一种失落的情绪,有一种不足的缺憾,有一种深深的隐忧。他想与柯察金公爵小姐结婚,但又斩不断与情妇的关系;他沉醉于情妇的放浪风情,想到对方的丈夫却又心存愧疚;他一天比一天迷恋她,却又一天比一天厌恶她。在环境的影响下,聂赫留朵夫学会了放纵,却没有学会毫无思想负担地享受这种放纵;他堕落,但却放不下廉耻,这也是在陪审团的讨论中他不敢为玛丝洛娃说话的一个原因。换一个人,或许仍然可以做到口若悬河,义正词严,道貌岸然。不是有人鼓吹说曹操是"可爱的真小人"吗?其实,只有彻底放弃了对道德与伦理的敬畏之心,才能坦坦荡荡地作恶,才能大大方方地做个"真小人"。

与卡秋莎的重逢,极大地震撼了聂赫留朵夫麻木的心灵。从卡秋莎到玛丝洛娃,他不能漠视和无视这个女人的苦难,因为这个苦难的始作俑者是他自己。他不能继续做苦难的旁观者了。玛丝洛娃的出现,终结了聂赫留朵夫醉生梦死的生活,也开启了他灵魂复苏的艰难历程。

聂赫留朵夫开始为玛丝洛娃的冤狱奔走。

聂赫留朵夫先找到法官大人。庭长急着去见他的情人,那个瑞士籍家庭女教师,红头发的克拉拉,正在"意大利旅馆"等着他去幽会。

庭长有意巴结聂赫留朵夫公爵,毫不隐瞒地说:

> 那个玛丝洛娃前面本来是有两条路摆着,一条几乎可以无罪开释,坐一阵子牢,还可以扣除已监禁的日子,那简直只能算是拘留;另一条是服苦役。中间的路是没有的。你们原来要是能加上一句:"但并非蓄意谋杀",她就可以无罪开释了。

话说得如此轻巧。在这位庭长大人的眼里,有罪与无罪,坐牢与不坐牢,服不服苦役,都无关他的痛痒。他忘记了他是法官,他是公正与道义的维护者。似乎他将错就错,倒是一件无懈可击的、正当的事情。

聂赫留朵夫陷入了深深的悔恨与自责之中。他不仅悔恨自己当年无耻的勾引和抛弃,也为自己在法庭上的糊涂与羞怯而感到悔恨。他决心再不当陪审员了,因为法庭"所有的审判不但没有益处,而且不道德"。

经过反复的思考,聂赫留朵夫做了三个决定:

1. 必须单独见到玛丝洛娃,当面向她忏悔,当面向她求婚,求得她的谅解,以弥补自己的罪过;

2. 凭借自己的社会关系,改善玛丝洛娃目前的处境,并为玛丝洛娃翻案;

3. 若翻案不成功,就与玛丝洛娃一起前往西伯利亚。

聂赫留朵夫决心赎罪:"不惜牺牲一切同她结婚,来达到道德上的完善,这个想法今天早晨他觉得特别亲切。"在玛丝洛娃全然无知的情况下,梦想通过婚姻来拯救无辜的玛丝洛娃,今天看起来有点荒唐,但不要忘了,聂赫留朵夫生活在一个男权占支配地位的时代,以聂赫留朵夫一贯高高在上的地位,以他与卡秋莎的那段不堪回首的历史,他自认为他的选择是真诚的,也是高尚的。当然,它还是显得那么唐突,玛丝洛娃听后的第一反应,也觉得此人不太正常……

聂赫留朵夫去找了检察官。这一次,他当着检察官的面,承认了勾引玛丝洛娃的罪过,宣称要和囚犯玛丝洛娃结婚。虽然检察官的惊讶和疑惑让他难堪,虽然他脸涨得通红,但他终于有勇气直面这个罪恶了。

几经周折,聂赫留朵夫终于弄到了探监许可证,第一次见到了玛丝洛娃。习惯于卖弄风骚的玛丝洛娃,对聂赫留朵夫的忏悔无动于衷,却借机找他讨钱。玛丝洛娃的市侩和无耻差点动摇了他的决心。但聂赫留朵夫却由此更深刻地意识到自己的罪恶。当年的那个纯情少女不正是被自己给葬送了吗?他原谅了玛丝洛娃。

他又去找到了律师,准备把案件告到彼得堡的枢密院,甚至去找皇帝告御状。

聂赫留朵夫找到了副省长,开出了特许探望证,这张特许证可让他在"非开放日"也可出入监狱看望玛丝洛娃。这使得聂赫留朵夫有了接触形形色色刑事犯和政治犯的机会,使他能够在更为广阔的社会背景下,审视自己的罪恶,审视这个社会……

聂赫留朵夫还托人将玛丝洛娃调到监狱医院,那里的环境远胜于令人窒息的囚牢。

为了疏通枢密院的官老爷,聂赫留朵夫又通过前任国务大臣的介绍,拜访了若干有势力的人物,其中有大法官、上诉委员会的委员、官办教会负责人。

总之,为了玛丝洛娃的冤狱,聂赫留朵夫动用了自己的一切社会关系。但是,所有这些努力,都没能改变法庭的错误判决。聂赫留朵夫清楚地看到,在强大的官僚体制面前,一个女囚的死与活,罪与罚,真是轻如鸿毛,无足轻重。那些高高在上的官吏,他们关心的只是镇压所谓的危险分子,而对底层的苦难和不幸则漠不关心。保官位,保爵禄,维护权贵的利益,成了这些官僚们奉行的首要原则。

每个人都需要被拯救

聂赫留朵夫一心一意要解救玛丝洛娃,却发现玛丝洛娃只是千万个被奴役被损害的不幸者之一,还有数不清的人们承受着更为悲苦的不幸。聂赫留朵夫逐渐认识到,罪恶不仅源于人性,罪恶更源于社会制度,源于与人民为敌的政府,源于邪恶的法律,源于虚伪的宗教,源于贵族们对土地的非法占有……

有一个明肖夫,是个年轻农民,他新婚妻子被地主勾引,他就到地主家里去索讨他的妻子,他把妻子带回家,那边又把他妻子带过去。几次反复后,他就跑到地主家大闹,结果被地主狠狠揍了一顿。当天晚上地主的家被烧了,很自然就怀疑到明肖夫身上,尽管他有非常有力的不在场的证明人。而事实上,最大的嫌疑人是这个地主,因为他刚刚把他的房子投了保险,很可能就是他点燃了自家的房子去骗取保费。就这么个案子,明肖夫母子被判流放西伯利亚。

还有一个费多霞,是个年轻漂亮的姑娘。她16岁时被逼结婚,她还是个孩子,根本不知道结婚是怎么回事,所以无端地憎恨丈夫,给他吃了毒药,幸好人没死。在取保候审的8个月里,她依然生活在丈夫家。结果,和丈夫朝夕相处,一起劳动、吃饭、睡觉,居然深深地爱上了她的丈夫。8个月过去了,她的案子要审理了,官家又把她抓了起来,而且定了罪。家里人苦苦哀求,想把这案子撤掉。既然人没死,夫妻感情也好,家里又缺劳动力,为什么还要处罚她呢?可是不行。最后她和丈夫一同踏上了流放之路。

聂赫留朵夫的赎罪行动,也从玛丝洛娃的身上延伸到更多的不幸者身上,他为这些素不相识的囚徒们奔走,为他们申诉。但是,他越用心,越深入到这个体制的内部,他便越发现法律与道德掩盖下的是无穷无尽的罪恶。

他的努力都是徒劳,他改变不了这个庞大的政治与官僚体制。他要搭救玛丝洛娃、明肖夫、费多霞……但结果,一切都是徒劳。当聂赫留朵夫陪着玛丝洛娃走过了西伯利亚,目睹了人世间的各种罪恶与不幸,他发现,在这个世界上,你救不了我,我也救不了你,就像他救不了玛丝洛娃,玛丝洛娃也救不了他一样。

一开始,聂赫留朵夫对自己的地位与能力充满信心,他为玛丝洛娃奔走,他以为靠自己的"高尚"行为,就能弥补自己的罪过。但玛丝洛娃最终还是放弃了他,选择了政治犯西蒙松。玛丝洛娃的选择最终击垮了聂赫留朵夫残存的那一点优越感。那既是男人的,也是贵族的。与玛丝洛娃结婚,在他首先是一种自我牺牲。这让他感到苦恼,却也因此有一种精神上的崇高感和自豪感。但玛丝洛娃并没因感激而答应他,她不愿意一直生活在感恩或赎罪的阴影中,她选择了另一个与她平等相处的西蒙松。在牺牲与救赎的过程中,聂赫留朵夫已经习惯了玛丝洛娃的感激,习惯了领受她对他的爱。而现在,玛丝洛娃走了,从世俗的意义上看,聂赫留朵夫的牺牲没有得到应有的回馈。他的一厢情愿的牺牲价值何在?

聂赫留朵夫在越来越深刻地认识社会的同时,也越来越深刻地认识了自己。这就是牺牲的价值。在救赎的过程中,他越来越发现,应该被救赎的,不是别人,恰恰是他自己;他最终拯救不了谁,唯一能拯救的,就是他自己。在不断发现社会的罪恶时,聂赫留朵夫也越来越看到自己的肮脏与罪恶。罪恶感,这是聂赫留朵夫生命中始终挥之不去的感觉。

面对自我的罪恶,人们有两种方向完全不同的思考:一种是将罪恶的根源归结为社会,在改造社会与环境的幌子下,放弃对自我灵魂的拷问,逃避对自我的审判。另一种则相反,他们虽然比别人更为清醒地认识到社会的弊端、制度的缺陷,但绝不因此而饶恕自身的罪过。就像鲁迅先生说的那样,不仅煮别人的肉,更时时刻刻在煮自己的肉。作为忏悔贵族的代表,聂赫留朵夫的高贵正在于此。

从拯救玛丝洛娃开始,聂赫留朵夫最终走上了自我拯救的道路。每个人都是不完美的,每个人都是有局限的,每个人身上都有罪恶的因子。

唯有自己拯救自己,自己审判自己,自己完善自己。

旧的聂赫留朵夫死了,聂赫留朵夫新生了。

他的良知复活了。

5. 如此荒谬

体制的罪恶

聂赫留朵夫和玛丝洛娃身处的世界,是一个荒谬的世界。

作为现实主义小说大师,托尔斯泰对俄罗斯社会做了深刻的展现、剖析与批判。总体看,小说的格调是阴郁的,氛围是压抑的,理性色彩很浓,是一部很厚重的小说。小说写的是俄罗斯,但折射的却是人类的困境,包括道德的困境、宗教的困境、法律的困境、制度的困境、文化的困境、生存的困境。

小说集中揭示了俄罗斯社会官僚体制和法律制度的荒谬。

首先是荒谬的、无所不在的官僚体制。

法院审判就是一出荒诞剧。在这个庄严的法庭上,庭长心不在焉,想的是尽快结束案子去会情妇;副检察官寻欢作乐,彻夜狂欢,开审前还不了解案情,匆匆忙忙扫了几眼案卷,便提起对玛丝洛娃的公诉;还有一个法官刚和老婆吵架,心里盘算着妻子会不会不给饭吃;还有一见玛丝洛娃的美貌便想入非非的陪审员……一个清白无辜的人,就这样在庄重严肃的法庭,被一群尸位素餐的司法人员,按照合法的审判程序,依照既有的法律条款,光明正大地判了谋杀罪。

地方法庭如此,枢密院也是草菅人命。他们不去审查案情本身的是非曲直,不去关注活生生的事实和如山的铁证,却围绕烦琐、抽象的法律引用和解释争论不休,在来往的公文和法律条款中寻找判决的漏洞,当然无从发现地方法院的纰漏。即使呈文送给皇帝陛下,也仅被"恩准"把"苦役刑改为流刑"。这么一桩简单的案子,从下到上,从起诉的检察官到审判的法官,竟然将错就错,一错到底,真是荒唐无稽。

但是,谁为这样的荒唐负责呢?大家都是公事公办,照章办事。每个人都是官僚体制的一个环节,人人都在作恶,但人人都不用负责,也没有人来追究你的责任,也没有理由来追究你的责任。对于陪审团的疏忽,庭长当时就发现了,但就是不去挑明说破,而是听之任之。谁能说庭长有错呢?他确实没错,他在事后告诉聂赫留朵夫真相的时候,依然理直气壮,好像在讲述一件与他无关的事情。

在这个官僚体制下,哪怕是活生生的生命被葬送了,也找不到凶手,甚至根本就没有所谓的凶手。

在炎热的季节长途押送犯人,连聂赫留朵夫这个四体不勤、五谷不分的公子哥都知道会死人,但却没一个官老爷站出来说句话。果然,犯人们在炎热酷暑中一个接着一个倒地毙命。令人震惊的是,所有的人都无动于衷,更没人为他们的死负责。死就死了。聂赫留朵夫想到:

> 最最可怕的是他被害死了,却没有人知道到底是谁把他害死的。但他确实被害死了。他也同别的犯人一样,是遵照玛斯连尼科夫的命令被押解出来的。至于玛斯连尼科夫呢,公事公办,在印好的公文纸上用他难看的花体字签上名,他当然不会认为自己应该负责任。那个专门检查犯人身体的监狱医生更不会认为自己该负责任。他认真执行自己的职责,把体弱的犯人剔出,绝没有料到天气会这么热,犯人被押解出来又那么迟,而且被迫那么紧紧地挤在一起。那么典狱长呢?……典狱长只不过执行命令,在某一天把多少男女苦役犯和流放犯送上路罢了。押解官同样没有责任,因为他的职责只是根据名册点收若干犯人,然后到某地再把他们点交出去。他照例根据规定把那批犯人押解上路,可怎么也没有料到,像聂赫留朵夫看到的那两个身强力壮的人,竟

会支持不住而死去。谁也没有责任,可是人却给活活害死,而且归根到底是被那些对这些人的死毫无责任的人害死的。

一旦制度与体制形成了,制度与体制的维系便超越了人性与人道的需要,人们宁可选择服从荒唐的制度与体制,也不愿去本着自己的良心,去搭救一个即将从眼前消失的鲜活的生命。其实,副省长玛斯连尼科夫也好,典狱长也好,押解官也好,要是他们不在这个位置,他们都会不由自主地质疑:这样炎热的天气,怎能叫犯人们挤作一团上路呢?即使上路,中途也该休息几次吧?要是有人体力不支,呼吸急促,难道不应该让他到阴凉的地方喝点水?可是,一旦在这个职位上,他们就会把官职和规章制度看得高于人与人之间的关系和人对人的义务,这使他们丧失了人类最基本的同情心。

> 我简直怕他们。他们确实可怕。比强盗更可怕。强盗还有恻隐之心,那些人却没有恻隐之心。他们同恻隐之心绝了缘,就像这些石头同花草树木绝了缘一样。他们可怕就可怕在这里。据说,普加乔夫、拉辛之类的人很可怕。其实,他比普加乔夫、拉辛可怕一千倍。

官僚体制作恶,其罪恶比普加乔夫、拉辛还可怕。可怕之处,就在于这是一种看不见的力量,处身其中的人被它所诱惑,所胁迫,久而久之,就会不由自主地放弃自己的思考,放弃自己的责任。就像汉娜·阿伦特在《集权主义起源》中所指出的那样。在一个罪恶的体制下,每一个人都放弃了道德上的自律和思想上的判断,而将自己的良知托付给绞肉机一样的体制。所以,在纳粹灭绝犹太人的残暴中,参与的人似乎都不认为自己有罪。他们这样为自己辩护:我只负责运送犹太人,关我什么事呢?我只负责看守,不允许他们逃跑,这关我什么事呢？我只负责按照命令释放毒气,关我什么事呢？我只负责传达上司的命令,关我什么事呢？

小说还特意用了一个小节介绍聂赫留朵夫的大学同学谢列宁。谢列宁就是一个被官僚体制毒化和同化的标本。大学时代,谢列宁是个正直、优秀的青年,一旦进入国家机关,进入枢密院,成为公务员,便随波逐流,为别人而活,"听从"大家的安排,服从制度为他做的决定,做体制认为他应该做的事情,不多想,不多说,不多管,这样的日子既安全,又轻松。但是,因为他以前毕竟正直过,思想过,独立过,他又无法做到真正的轻松,总感觉哪里"不对头"。保持警醒和思考是很痛苦的,唯有随波逐流,不断给自己找借口开脱,才能保持"轻松"。怠于思考和反省,导致了他明知哪里不对劲,但又说不出哪里不对劲。在这种矛盾体中,他只能恍恍惚惚、浑浑噩噩地活着。谢列宁的体制化和平庸化,与聂赫留朵夫的堕落一样,都是一个"温水煮青蛙"似的不自知的过程。

这就是人类面临的一种困境,一种悖论。人们好像忘记了,在巨大的制度与体制面前,我们首先是一个独立、自由和自主的人。

"正直的人的唯一出路就是监狱"

其次是法律的荒谬。

《复活》的主要情节,就是围绕玛丝洛娃的一桩罪案展开的。人类制定法律,目的是为了惩治罪恶,维护公平,弘扬正义,保持社会秩序。但《复活》所展示的法律及其运行,时时处处都在破坏这个宗旨。从地方法院、省立监狱到彼得堡的枢密院和西伯利亚的大型解犯监狱,从审判监禁到流放,从城市到农村,围绕在押犯玛丝洛娃无辜的命运以及聂赫留朵夫赎罪的一系列行动,法律的荒谬尽收眼底。

法律的荒谬,首先表现在惩处罪恶的法律却是由罪恶的人所指定,维护公平与正义的法律却由破坏公平与正义的人所垄断。在小说

的最后,托尔斯泰借一个渡船老人之口揭穿了它的本质:

> "法律!"他鄙夷不屑地跟着说了一遍,"那些反基督的家伙先抢劫大家,霸占所有的土地,夺取人家的财产,统统归他们所有,把凡是反对他们的人都打死。然后他们再定出法律来,说是不准抢劫,不准杀人。他们早就应该定出这样的法律来了。"

正因为这样,法律剥夺了老百姓自由享受空气、阳光和水的权利,剥夺了老百姓享有土地与食物的权利。社会底层的玛丝洛娃、明肖夫、费多霞,不仅得不到法律的救济,而且还要遭受法律践踏与凌辱。而对于聂赫留朵夫这样的贵族,法律不仅保护他们在经济上不劳而获,而且保护他们在道德上的胡作非为。

正因为这样,监狱中的绝大多数囚犯并不是真正的罪犯,甚至还是无辜的受害者和最优秀的人。与此相反,大墙外那些高高在上的贵族老爷太太小姐们,那些稳坐在政府部门和法庭审判席上的道貌岸然的执法者们,那些装模作样以基督的名义从事渎神行径的司祭们,他们为了满足自己不可告人的贪欲,别说自律,就是他律也置若罔闻。他们恣意盗窃国家和人民的财富,不仅过着腐化堕落的生活,而且玩忽职守,为所欲为。他们才是名副其实的罪犯。正是这些蛀虫,把有罪的判了无罪,把无罪的判了有罪。聂赫留朵夫清醒地意识到:

> 吃人的行径并不是在原始森林里开始,而是在人类的权力组织中开始的。

聂赫留朵夫想起美国作家梭罗的话。梭罗在美国还存在奴隶制的时候说过,在一个奴隶制合法化和得到庇护的国家里,正直公民的唯一出路就是监狱。聂赫留朵夫也有这样的想法,特别是他在彼得堡

访问了各种人,见到种种情景以后:

> 不错,在现代俄国,一个正直的人的唯一出路就是监狱!

托尔斯泰像社会学家那样,对监禁中囚禁的人群做了分类研究。他把囚犯分成五类:

一是完全无罪的人,是审判错误的受害者。例如被诬告的纵火犯明肖夫,例如玛丝洛娃和其他人。叫人痛心的是,这些审判错误,绝大多数不是因为人类认识的局限,或者说无知,而是出于人类的邪恶和阴暗;

二是在激怒、嫉妒、酗酒等特殊情况下犯罪——审判他们和处罚他们的人,若处在同样的条件下,也一样会做出同样的举动。这样的人是否该被剥夺自由呢?

三是因为价值观不同,行为方式不同,虽然无害于别人,却与社会的法律、习俗等产生了严重的冲突。这样的人被判入狱,本身就反映了人类的狭隘和片面。

四是道德水准高于社会平均水准的那些圣人,思想认识远超于凡俗的那些先知先觉者,他们为了民族独立而战斗,为了自由而反抗等。这一类人其实是社会上最优秀的人,是人类的精英。他们被关押,是他们的荣耀,却是法律的耻辱。正如中国的思想家陈独秀所说,思想家出自两个地方,一个是图书馆,另一个就是监狱。

五是那些在不断的压迫和诱惑下,变得精神麻木的不幸者。社会对他们所犯的罪倒比他们对社会所犯的罪要大得多。

这样的监狱是荒谬的,而更荒谬的还在于,监狱本来是终结罪恶的地方,却反而成了滋生新的罪恶的沃土。托尔斯泰对此也做了精细的社会学分析:

第一,囚犯被关在牢里,被迫流放,服苦役,成年累月无所事事,衣食无虞,但他们被迫脱离了自然,脱离了家庭,脱离了劳动,也就是脱离了人类自然的健康的生活。在托尔斯泰看来,剥夺一个人拥抱自然的权利,剥夺他劳动的权利,剥夺他享受亲情的权利,无论出于什么原因和目的,都是违背人道和人性的。这样的剥夺,只会加速他们的堕落。

第二,囚徒们在监狱里常常遭受种种莫须有的屈辱,例如戴上镣铐,剃阴阳头,穿上可耻的囚服。这种羞辱和欺压,剥夺了他们"向善"的主要动力:羞耻心和自尊感。

第三,囚犯们失去了自由,他们被监禁在肮脏的地方,疫病流行,服苦役,遭毒打,加上中暑、水淹和火灾,他们的生命保障赶不上自由人。在死亡的威胁下,就连品德最高尚、心地最善良的人,也会出于自卫的本能变得凶残无道。这直接导致了囚犯们滑向更深的罪恶。

第四,多数囚犯被迫同少数生活极端腐化的淫棍、凶手和歹徒朝夕相处,那些还没有完全腐化的人,极有可能被同化,被污染。

第五,经过监狱毒化的人,在反复的训诫中都明白了一个道理:只要对政府有利,哪怕是虐待儿童、妇女、老人的暴行,哪怕是拆散人家夫妻、促使有夫之妇和有妇之夫与人私通的兽行,都会得到奖赏和保护。他们学会了屈从暴力,而丧失了道德的底线。

邪恶的法律与监狱,就是这样通过最有效的方式,最大规模地把罪恶传布到社会中。聂赫留朵夫发现,每年都有成千上万的人被监禁,被腐蚀,等他们腐化透顶了,又被释放出狱,他们便把在监狱里沾染的恶习传布到民众中。

聂赫留朵夫的思考,就是托尔斯泰的思考。显然,托尔斯泰的这些思考,已经超越了时代与地域的限制,对整个人类社会都有深刻的启发。一个社会不能不惩治罪恶,不能没有监狱和刑罚,但是,如果法律在惩治罪恶的同时,又制造了新的罪恶;如果监狱在约束罪恶的同时,又传播了新的罪恶,这样的司法是不是违背了法律的初衷呢?

或许在这个意义上,我们才能更好地理解聂赫留朵夫的那些长篇大论一样的思索与独白。

6. 带自己走出泥泞

托尔斯泰的遗产

聂赫留朵夫生活的世界是个罪恶的世界。从政府部门到司法机关,从禁卫军到警察,从教会到宫廷,从农村到城市,从彼得堡到西伯利亚,到处都充满了罪恶与堕落。

更让人忧心的是,这种堕落已经成了社会成员的生活常态,人们对此已经无知无觉,习以为常。罪恶在制造着新的罪恶,一些人堕落了,一些人走在堕落的路上。

摆脱罪恶,消除苦难,这是人类永恒的梦想。先哲们提出过无数的设想与思路,先行者们也做过无数的实践与实验。孔子主张建立一个仁恕并举、礼乐并用的宗法社会,庄子追求个体的绝对自由,鼓吹虚无与逍遥,他们在不同的方向,思考着如何消除社会的罪恶与人性的罪恶。还有数不清的造反者、起义者,他们用"武器的批判"来改造社会,伸张正义。尽管这其中不乏野心家和权谋家,但不能否认,的确也有不少仁人志士为了建设一个没有罪恶的社会,杀身成仁,舍生取义。

回顾历史,那些试图将罪恶连根拔起、彻底根除的举动,反而常常带来更多的社会动荡,制造更多的苦难;那些渴望带领人类彻底脱离苦海的美好初衷,却常常把人类送进了苦难的深渊,正如荷尔德林所说,"用通向天堂的美好愿望来铺设一条通向地狱之路";而致力于一点一滴的改良,一点一滴的进步,看起来如蜗牛爬行,在更为宽广的历史视野下,却能见出这缓慢积累的积极意义。

在社会改造的问题上,托尔斯泰不认为有一个一步到位最终解决的方案,所以,态度鲜明地反对暴力,反对以暴制暴,更反对以恶制恶。在很长的一段时间里,他的学说(有人将其冠以"托尔斯泰主义")受到了诸多的怀疑、批判、嘲弄和否定。

应该说,这些批判并不是毫无道理。在人类社会发展史上,暴力革命是一种客观存在,对其根源和意义的评论,不能一刀切。但也必须承认,历史上的很多"革命",多的是"暴力"的色彩,缺乏的是"革命"的意义。几千年的中国社会,走马灯似的造反与"起义",你方唱罢我登场,一朝天子一朝臣,但结果却是换汤不换药,并没有给社会带来实质性的进步。如果"暴力革命"不能推动社会制度的变革和社会文化的革新,那么,其破坏性必然远大于其建设性。因此,鲁迅先生曾讽刺说,中国的历史不过是"革命,革革命,革革革命……"的无休止的闹剧。

在《复活》中,托尔斯泰根据他对俄罗斯司法制度的观察和思考,提出了对"暴力""以暴制暴""以恶制恶"的质问:

> 几百年来你们一直惩办你们认为有罪的人。结果怎么样?这种人有没有绝迹呢?并没有绝迹,人数反而增加,因为不仅添了一批因受惩罚而变得腐化的罪犯,还添了一批因审判和惩罚别人而自己堕落的人,也就是审判官、检察官、侦讯官和狱吏。

"以恶制恶",不仅不能消除"恶",反倒滋生和繁衍出新的罪恶。那么,托尔斯泰又有什么灵丹妙药呢?

托尔斯泰主张"宽恕"与"博爱"。

在托尔斯泰看来,要减少罪恶,根绝罪恶,唯有宽恕之道。"要永远饶恕一切人,要无数次地饶恕人,因为世界上没有一个无罪的人,可以惩罚或者纠正别人。"从人性上看,每个人都有邪恶与堕落的可能,谁也不是圣人,所以谁也没有资格去拯救他人。若每个人都认识到自己的局限和不足,对他人所能采取的态度,当然只能是宽恕。他在《圣经》中找到了他所笃信的教条,比如:

> 人不仅不可以眼还眼,而且当有人打你的右脸时,连左脸也转过来由他打。要宽恕别人对你的欺侮,温顺地加以忍受。不论人家求你什么,都不可拒绝。

人不仅不可恨仇敌,打仇敌,而且要爱仇敌,宽恕仇敌。

聂赫留朵夫领悟了,仇恨和报复只会让人疯狂,陷入非理性、非人性的泥淖,失去自由,陷入苦海而不能自拔。相反,宽恕和爱却能让人保持"宁静和自由"。他将自己的这个体验扩而大之,推而广之,希望人间的兄弟姊妹人人相爱,建立一个爱的天堂。小说写聂赫留朵夫读到《圣经》的上述内容时的心理活动:

> 今天才第一次看出这段训诫并非抽象的美好思想,提出的大部分要求也并不过分而难以实现,而是简单明了切实可行的戒律。一旦实行这些戒律(而这是完全办得到的),人类社会就能确立崭新的秩序,到那时不仅使聂赫留朵夫极其愤慨的种种暴行都会自然消灭,而且人类至高无上的幸福——在地上建立天国——也能实现。

这真是一个理想的世界,但却有太多的乌托邦色彩。这就像陶渊明笔下的桃花源,人们都希望自己是桃花源中人,但却没人知道怎样才能找到它。不能不说,托尔斯泰的药方太幼稚了,近乎儿童的空想。屠格涅夫临终前,勉力支撑着给托尔斯泰写了一封言辞哀婉的便条,以垂死的口吻劝说托尔斯泰:"我的朋友,回到文学事业上来吧!须知您这种才华只能用在这方面,用在别的地方那就是另一回事了。"在屠格涅夫看来,用宽恕和爱来改造人类的道德与精神,尚有其积极意义;而一旦越界进入政治领域,希望通过实行一些"戒律"来"确立崭新的秩序","在地上建立天国",那就是不切实际甚至是荒唐的了。

"压迫者与被压迫者一样需要获得解放"

托尔斯泰的思考,毕竟为人类提供了另一个自我拯救的思路。随着时间的流逝,托尔斯泰这看似幼稚的理论却越见出其灿烂的光辉和不朽的活力。

在晚近一百多年的人类历史上,托尔斯泰的学说被广泛继承和发扬,也获得了越来越多的理解和认同。印度"圣雄"甘地、美国民权运动领袖马丁·路德·金以及刚去世不久的南非国父纳尔逊·曼德拉,是最杰出的代表人物,他们堪称托尔斯泰的精神继承人。在波澜壮阔的斗争历程中,他们遵循的基本理念,就是非暴力、宽恕与和解。

人们往往认为,反抗就一定要诉诸暴力。甘地的贡献,首先是改变了这种根深蒂固的观念。他说,非暴力并不是逆来顺受的,而是锐意进取的;不是悲观主义的,而是乐观主义的,不是懦弱,不是无所作为。甘地一生,十多次绝食,多次生命垂危,奄奄一息;他多次领导静坐,以沉默来对抗暴政,还有罢工、罢市等斗争形式,以"非暴力不合作"来伸张正义与道德,抗拒邪恶。

事实上,实践"非暴力"往往要有更高的勇气和耐力。甘地说:"我的非暴力是非常积极的力量。它不容纳怯懦甚至优柔寡断。暴力的人有希望变成非暴力。懦夫却不然。"这恰好印证了《复活》的内容。聂赫留朵夫对罪恶有着鲜明的厌恶和憎恨,他选择宽恕,其实比选择对抗需要更大的勇气和更宽广的胸怀。

在为黑人争自由和权利的运动中,马丁·路德·金也坚决反对"以暴抗暴",主张"理性的抗议""和平的斗争"。一个著名的案例是,1955年12月1日,亚拉巴马州蒙哥马利城黑人罗莎·帕克斯夫人因在公共汽车上拒绝给白人让座而被捕入狱。这一事件引发了巴士抵制运动。在马丁·路德·金的领导下,全城五万多黑人团结一致,拒乘公共汽车达一年之久,终于迫使汽车公司取消了公共汽车上的种族隔离制。"拒乘",就是一种"不合作"的态度,就是"非暴力"的抗争。

马丁·路德·金说:"我们将以自己忍受苦难的能力,来较量你们制造苦难的能力。我们将用我们灵魂的力量,来抵御你们物质的暴力。我们不会对你们诉诸仇恨,但是我们也不会屈服于你们不公正的法律。你们可以继续干你们想对我们干的暴行,然而我们仍然爱你们。你们在我们的家里放置炸弹,恐吓我们的孩子,你们让戴着KKK尖顶帽的暴徒进入我们的社区,你们在一些路边殴打我们,把我们打得半死,奄奄一息。可是,我们仍然爱你们。不久以后,我们忍受苦难的能力就会耗尽你们的仇恨。在我们获取自由的时候,我们将唤醒你们的良知,把你们赢过来。"

这种忘记仇恨,以宽恕和爱来对抗仇恨的思想,超越了人的本能,需要很高的精神境界。

曼德拉并不主张放弃暴力斗争,但显然,他更看重非暴力在废除南非种族隔离制度中的积极意义。他说,与苦难的人一样,制造苦难的罪恶者,也是不自由的。他说:"压迫者和被压迫者一样需要获得解放。夺走别人自由的人是仇恨的囚徒,他被偏见和短视的铁栅囚禁着。"因此,他主张和解与宽恕,"当我走出囚室迈向通往自由的监狱大门时,我已经清楚,自己若不能把痛苦与怨恨留在身后,那么其实我仍在狱中"。

在这个充满了强力哲学、暴力革命、血腥复仇的世界,托尔斯泰告诉我们,人类的斗争和解放还有另一种可能,那就是和解,就是宽恕,就是自我完善。在终极意义上,在精神层面上,谁又能说托尔斯泰是迂腐和幼稚的呢？

归根到底，托尔斯泰看重的是人的精神解放，是灵魂的自由，是心灵的纯净。他认为，我们只有返回自己的内心，坚守自己的善良本性，才能够强大起来，才能不被熏染、不被裹挟，才不会走向罪恶而不能自拔。这才是真正的自由，真正的解放。

人只能苛求自己

人最该做的，就是自我拯救，带自己走出泥泞。救自己的信念，成了聂赫留朵夫百折不挠的精神支柱。小说多次描写聂赫留朵夫内心的慌乱与犹疑，正是"自我拯救"的追求，促使他与玛丝洛娃一路风尘仆仆，一路风霜雨雪，走到了西伯利亚的冰天雪地。

聂赫留朵夫到莫斯科枢密院告状失败，回到了彼得堡，此时玛丝洛娃已经转入监狱医院工作。聂赫留朵夫做好了与玛丝洛娃一起动身去西伯利亚的准备。而在这个关头，医院里却传来了玛丝洛娃与某个医士吊膀子的事情。

听到这个消息，聂赫留朵夫本能地感到难堪、屈辱和难过。一刹那，五味杂陈。他觉得自己很可笑，他以为自己的牺牲能唤醒玛丝洛娃沉睡的灵魂，他以为他像她的救世主一样。同时，他又觉得玛丝洛娃已经无可救药了，这个堕落的女人不过是利用他罢了。他想彻底放弃对她的帮助。但是，对玛丝洛娃的怜悯还是战胜了他本能的自尊。

> 他站在她后面，默默地俯视着她那伏在桌上、不时因为忍住呜咽而颤动的弓起的脊背。在他的心里，恶与善，受屈辱的自尊心与对这个受苦女人的怜悯，斗争得很激烈。结果后者占了上风。
>
> 他记不起首先产生的是哪种感情：是先从心底里怜悯她呢，还是先想到自己，想到自己的罪孽，自己的卑劣行径——他现在

就为这种事责怪她。总之,他忽然觉得自己有罪,同时又很怜悯她。

小说非常逼真地刻画出了聂赫留朵夫此时此刻复杂的心理变化过程。从愤怒和绝望,到怜悯与同情,再到自责和反省,聂赫留朵夫最终还是选择了苛求自我而宽恕玛丝洛娃的道路。他想:

"不!她那件事不能改变我的决心,只能坚定我的决心。她的精神状态促使她怎么做就怎么做好了,她要跟医士勾勾搭搭,就让她去勾勾搭搭吧,那是她的事……我要做的是良心要我做的事",他自言自语。"良心要我牺牲自己的自由来赎罪。我要同她结婚,哪怕只是形式上的结婚;我要跟她走,不论她被流放到哪里。我这些决心绝不改变",他固执地自言自语,走出医院,向监狱大门大踏步走去。

牺牲是为了自己的良心,受难是为了救赎自己的罪过,他没有理由去苛求别人,唯有按照自己的道德标准苛求自己。他原谅了玛丝洛娃。在《复活》的扉页上,托尔斯泰引用了《圣经》中行淫女人的故事。当一个妇女因她犯了通奸罪被抓获,耶稣说:"你们当中若谁无罪,都可以用石头扔她。"众人皆羞愧而走。此时此刻的聂赫留朵夫,深切理解了这个故事的寓意。

经典,就是不断被重读的作品

《复活》是一部颇有争议的经典。后人对托尔斯泰及其《复活》的争议,集中在《复活》所传达的思想以及为了传达这种思想而采取的写作方法上。

《复活》是托尔斯泰晚年的作品,集中表达了他一生对人类、社会与人性的思考。为了传达他的理念,托尔斯泰将大段大段的心理独白引入小说情节,将大段大段的社会思辨和批判作为内容,还有大段大段的宗教教义的引用和阐述。这在很大程度上削弱了小说的情节魅力。其实,小说的主干情节在第一部分已经全部展开,第二部分情节已开始稀释,第三部分基本上都是主人公的内心思考了。毋庸讳言,这样的写作确实有损作品的艺术水平。很多时候,我们看到的不是聂赫留朵夫的心路历程,我们几乎能看到老托尔斯泰急不可耐地站出来宣教、布道、说服、引领,喋喋不休,滔滔不绝,难免让读者产生阅读上的困倦和心理上的厌倦。加上小说写作的时间拖得很长,情节上又存在一些前后不一的矛盾之处,造成了作品艺术上的诸多硬伤。

另一个引起争议的,便是作品竭力宣扬的以宽恕与博爱为主要内容的"托尔斯泰主义"了。当我们面对来自社会和人性的罪恶时,当我们身处各种人生的困境时,我们究竟如何处理与这个世界的关系呢?托尔斯泰的解答显然是有局限的。

托尔斯泰属于过去,属于今天。或许,托尔斯泰更属于未来。

七 《俄狄浦斯王》命运与担当

1. 一个关于命运的故事

《俄狄浦斯王》主要人物

俄狄浦斯——忒拜城国王;拉伊俄斯的儿子,也是杀害拉伊俄斯的凶手;伊俄卡斯忒的儿子,也是伊俄卡斯忒的丈夫;科林斯国王波吕玻斯的养子

伊俄卡斯忒——忒拜城前国王拉伊俄斯的妻子;俄狄浦斯的母亲与妻子

克瑞翁——伊俄卡斯忒的兄弟;俄狄浦斯的妻弟,也是俄狄浦斯的舅舅

特瑞西阿斯——忒拜城的盲人先知

报信人——科林斯国王波吕玻斯的牧人,他将弃儿俄狄浦斯转送给波吕玻斯

牧人——忒拜前国王拉伊俄斯的牧人,将出生三天的俄狄浦斯送给了报信人

剧情:
1. 谁是凶手?

英雄时代的忒拜城。瘟疫笼罩下,绝望的人们汇聚到王宫前,恳请国王俄狄浦斯拯救他们。

俄狄浦斯是忒拜城的恩人。当年,妖怪斯芬克斯以猜谜为幌子,

版本参照:《罗念生全集》第 2 卷(上海人民出版社 2007 年版)。索福克勒斯著,罗念生译。

残害人民。智慧和勇敢的俄狄浦斯猜中了令人迷惑和恐惧的"斯芬克斯之谜",拯救了忒拜城。依照城邦的规矩,俄狄浦斯迎娶了先王拉伊俄斯的寡妻伊俄卡斯忒,做了忒拜城的国王。

瘟疫因何而起?怎样才能拯救濒于灭绝的忒拜城?妻舅克瑞翁请回了阿波罗的神谕:只要找出杀害先王拉伊俄斯的凶手,瘟疫就能消除。在克瑞翁的提议下,他们请来了忒拜城的盲人先知特瑞西阿斯。没想到,特瑞西阿斯在被逼无奈的情况下,说出了一个惊天大秘密:杀人凶手,就是现任国王俄狄浦斯,是这个冠冕堂皇的国王杀父娶母,触犯天条,才导致了这场瘟疫。

这惊悚的消息让宫廷和城邦陷入了更大的慌乱与惊恐之中。

究竟谁是凶手?

2. 我是谁?

俄狄浦斯非常愤怒,与克瑞翁产生了激烈的争吵。他甚至怀疑,这是克瑞翁为了篡夺王位而与盲人先知特瑞西阿斯密谋的诡计。

王后伊俄卡斯忒非常信任自己的丈夫。为了证明俄狄浦斯不是杀父娶母的凶手,王后还透露了一个埋藏在心底的秘密:当年拉伊俄斯得到神示,说他命中注定要死在他的儿子手中。为了避免悲剧发生,国王夫妇在孩子出生的第三天,就钉住婴儿的脚跟,派人将他抛弃在荒野。孩子已经死了,杀害拉伊俄斯的怎可能是他的亲儿子?

王后还讲述了前国王死亡的真相:拉伊俄斯是被强盗杀死的。拉伊俄斯既然是被强盗所害,俄狄浦斯的嫌疑也就排除了。

伊俄卡斯忒安慰俄狄浦斯,俄狄浦斯闻言却大惊失色。他小心翼翼地询问了先王的相貌、被杀的地点和出行的人数,不禁浑身战栗,悚惧不安。他隐隐感到,自己真的就是凶手。但他还是心存侥幸。

原来,俄狄浦斯原本是邻国科林斯的王子。一个偶然的机会,他在阿波罗神庙得到了他将杀父娶母的预言。为了避祸,他离家出走,浪迹天涯。旅途中,他恰好在忒拜国王拉伊俄斯遇害的那个三岔路口,与人发生争执,在怒火中杀过人。

3. 真相

正当俄狄浦斯陷入绝望的时候,科林斯的报信人来了,送来了科林斯国王驾崩的消息。但同时,这个报信人也道出了俄狄浦斯的真正身世:俄狄浦斯并不是科林斯国王的亲生儿子,俄狄浦斯是科林斯国王收养的弃儿。当时,这孩子的两只脚跟被铁钉死死地钉在一起,已经奄奄一息。

在俄狄浦斯的逼迫下,当年奉命杀死俄狄浦斯的牧人终于承认了事实:当年他并没有杀死俄狄浦斯,出于怜悯之心,他将孩子转送给了别人。而接受孩子的,正是科林斯国王的报信人。大难不死的俄狄浦斯几经周折,做了科林斯国王的养子。

真相大白了。

4. 毁灭

伊俄卡斯忒羞愤难当,悬梁自尽。发狂的俄狄浦斯从她的尸体上摘下两支金别针,乱刺自己的双眼致瞎。他托克瑞翁照看好自己的儿女,并请求克瑞翁将他驱逐出忒拜城。

若按照故事本身的时间顺序,这个故事可这样概括:

俄狄浦斯的父亲、忒拜城的国王拉伊俄斯因为害怕阿波罗的预言将出生才三天的婴儿丢弃;拉伊俄斯的仆人因可怜这个孩子而将其送给科林斯国王的牧人;科林斯国王将这个孩子作为自己的儿子抚养成人;俄狄浦斯在知道自己杀父娶母的命运之后离家出走;他在生身父母的国家无意间杀父娶母而陷入命运的罗网;为解除瘟疫而追查凶手;最终真相大白而刺瞎双眼,自我放逐。

2. 斯芬克斯之谜

我们都是猜谜的人

一个叫斯芬克斯的狮身人面女妖,盘踞在忒拜城附近的一座险恶的悬崖上。女妖有一个怪异的癖好,就是让过路人猜她的谜语。猜不出来的,就会丧生在她的魔爪之下。是什么样的谜语如此刁钻?这个被称为"斯芬克斯之谜"的谜面是这样的:

> 有一种动物,早晨四条腿走路,中午两条腿走路,晚上三条腿走路,腿最多的时候,正是他走路最慢、体力最弱的时候。这是什么动物?

在信息传媒非常发达的今天,这个谜语已经不再神秘。它的谜底,就是你,就是他,就是我,就是人,就是猜这个谜的人。

忒拜城的居民们猜不透这个"斯芬克斯之谜",很多人因此而丧生。而猜中这个谜语的,就是《俄狄浦斯王》的主人公俄狄浦斯。离家出走、四处流落的俄狄浦斯,因此受到忒拜人民的衷心拥戴,做了忒拜城的国王。事实证明,这是一位集智慧、仁慈和勇敢于一身的国王,他不仅能破解"斯芬克斯之谜",而且爱民如子,治国有方,深受城邦百姓的爱戴与拥护。

但是,就是这个能猜透"斯芬克斯之谜"的君王,却猜不透一个关于自己的谜。

这个谜,就是他的身世之谜。

其实,作为一部戏剧,《俄狄浦斯王》的整个情节就像在猜一个关于俄狄浦斯的谜。他在猜,剧中的其他人在猜,观众也在猜。将这个谜分解一下,可表达为:

我是谁?

我从哪里来?

我到哪里去?

俄狄浦斯的身世像迷雾一样,连他自己都莫名其妙。

他来自科林斯,是科林斯的王子,但科林斯的人都说他与国王波吕玻斯毫不相像,有人甚至说他是国王收养的弃婴。我究竟是谁? 如果我真是弃婴,那么我究竟从何而来?

倍感失落的俄狄浦斯怀着一片虔诚去神庙祷告,希望搞清自己的身世之谜。结果,身世之谜没有解开,却得到一个更加让人惊恐的神示:他将弑父娶母。这惊雷一样的预言让他万分恐惧。俄狄浦斯仰天长叹:哪里才是我的存身之所? 我该到哪里去?

俄狄浦斯在惶恐之中逃离了家园。他长途跋涉,风餐露宿,打败了行凶的路人,猜破了妖怪的谜语,来到了忒拜城。做了国王,娶了前国王的王后。在他的治理下,国家呈现出一派太平盛世的景象。俄狄浦斯和王后相敬相爱,生儿育女,身世之谜早已抛诸脑后。

突然间,灾难来了,瘟疫来了。瘟疫肆虐之下的忒拜城恐怖、萧条、荒凉:

> 在血红的波浪里颠簸着,抬不起头来;田间的麦穗枯萎了,牧场上的牛得瘟疫死了,妇人流产了;最可恨的带火的瘟神降临到这城邦,使卡德摩斯的家园变为一片荒凉,幽暗的冥土里倒充满了悲叹和哭声。

无助的百姓聚集在王宫前,恳请他们仁慈贤能的国王解民于倒

悬,救民于水火。其实,俄狄浦斯也心急如焚,回答道:

> 可怜的孩儿们,我不是不知道你们的来意;我了解你们大家的疾苦:可是你们虽然痛苦,我的痛苦却远远超过你们大家。你们每人只为自己悲哀,不为旁人;我的悲痛却同时是为城邦,为自己,也为你们。

这就是《俄狄浦斯王》的开头:瘟疫肆虐的忒拜城,绝望的百姓,以及肩负使命的国王俄狄浦斯。先知说,这瘟疫是上天对忒拜城的惩罚,因为忒拜城的前国王死于非命,案情的真相一直扑朔迷离,而杀人凶手也还逍遥法外。要摆脱这瘟疫之灾,必须找出那个凶手。

谁是凶手?

得到神示之后,俄狄浦斯立刻追查凶手的线索,并号召城邦人民支持他,共渡难关。在这生死存亡之际,盲人先知特瑞西阿斯却站出来指控俄狄浦斯就是凶手。俄狄浦斯非常愤怒。民间一直传说这位先知与国舅克瑞翁图谋不轨,俄狄浦斯一直未予理睬。国难当头,岂容觊觎王位者再犯上作乱? 俄狄浦斯当即与公民们约法三章:无论是谁,追查到底。不仅要为前国王讨个说法,也要还自己一个清白。这样的君王,真是人世的楷模。

这就是故事的开端。大幕拉开的时候,这些扣人心弦的追问立即攫取了每个观众的心。我们必须静下心来,抛开一切杂念,与俄狄浦斯一起追问:凶手究竟是谁?

这就是戏剧的魅力,这就是《俄狄浦斯王》的魅力。

人,才是世界上最大的谜

产生这个魅力的,就是《俄狄浦斯王》开创的叙述手段:追溯法。

所谓追溯法,从叙述的角度看,就是倒叙。它将情节发展中最具有张力的一个"点"作为叙述的起点。这个最具有张力的"点",必须能会聚起前因,又能开启后果,所以,它最扣人心弦,最能刺激观众的探究欲望。高明的戏剧家,总能在故事的叙述中找到这个恰到好处的"点",让观众一下子忘却了剧场外的喜怒哀乐,全身心地参与到戏剧的情节中。打个比方,追溯法就是把观众放在靠近跑道终点的一个位置,使他们无须在沉闷中等待运动员从起点出发,而是一下子就看到一个瘸腿的运动员飞奔而来,冲向终点。观众不禁要问:这个瘸腿运动员究竟有什么故事?他能冲刺到底吗?

确实如此,从被弃,到杀父,再到娶母,俄狄浦斯的人生非常混乱,人生面目非常模糊。若要在舞台上理清他的人生,给观众一个清晰的人生面目,必须找到一个契机,让种种矛盾由此暴露出来。这个契机,就是瘟疫恐怖下的"追凶"。

追溯法的运用神奇般地把费尽周折才能交代清楚的剧情,集中而且顺理成章地表现了出来。这个故事发生在一昼夜,在这一昼夜间,所有的谜团揭开了,所有的罪恶清偿了。

结果真相大白,俄狄浦斯由一个显赫的王者变成了被流放的罪人。

追溯法,将观众置于"猜谜者"的位置,不仅要猜测谁才是真正的凶手,更要猜测这部戏剧到底要表达什么,这部悲剧的主题是什么。随着案件的真相越来越清晰,俄狄浦斯的人生之谜也越来越清晰:

我是杀死我父亲的凶手;

我是我妻子的儿子;

我是我儿女的兄弟;

我是我妻弟的外甥;

我是我故乡的罪魁祸首;

我是俄狄浦斯。

我无处逃遁……

这正是古希腊悲剧热衷探讨的重要话题:认识你自己。据说这句话也镌刻在古希腊的一个神庙里,而古希腊哲学家苏格拉底也有一句同样著名的箴言:未经省察的人生没有价值。

《俄狄浦斯王》是人类最早追问人的本质的悲剧。有研究者做过词频统计,在剧中,不仅有俄狄浦斯对其身世的不断"发现",而且还出现了大量的"知道""明白""发觉""弄清楚"等近义词。其中仅"知道"一词就使用了40余次。在三大悲剧家的经典作品中,同样频繁出现"知道"这个词的,就是埃斯库罗斯的《被缚的普罗米修斯》了。据说在此剧中,"知道"一词出现了30余次。不过,普罗米修斯是个"神",他的"知道"是无所不知的"已知",而俄狄浦斯更接近于人,所以,他对真相是一无所知的"未知"。普罗米修斯是人类的恩人,他最早向人类传授建筑、医病、占卜、观天象等生存技能和知识,尤其是盗取天火送给人类,促成了人类从自然人向文化人的转变。天火其实就是理性、知识和智慧的象征。普罗米修斯几乎是全知全能的,他被钉在高加索山上遭受残酷折磨的真正原因,就在于他知道关于宙斯未来的秘密。所以说,普罗米修斯的力量来自他的知道。相反,俄狄浦斯却什么也不知道,他的价值恰在于他对未知的好奇与探索。所以说,俄狄浦斯更接近于人,因为人都是无知的,只有神才是全知全能的。

人自身成了需要认识的最重要的对象,成了需要破解的最大谜团。这是索福克勒斯一贯的理解。他在《安提戈涅》中感叹道:"奇异的事物虽然多,却没有一件比人更奇异。"对他来说,这一最奇异之物是"世间最幽邃的谜",是个永恒的诱惑,人应当不断地探究自身,人类生活的真正意义就在于对生命的自我认识。

但是,人是世界上最大的谜。从古到今,关于人的追问可能是最丰富多彩的,答案恐怕也是最多的。比如孔孟主张性善论,荀子主张性恶论,究竟谁更接近人的本质?或许,提出问题远比问题的回答更重要。《俄狄浦斯王》中有一个常被人忽略的对比:为什么包括俄狄浦斯与王后伊俄卡斯忒在内的当事人被蒙在鼓里,唯有盲人先知特瑞西阿斯看穿了真相呢?盲人能看穿的事情,明眼人却一无所知;别人能看透的,当事人却浑然不觉。或许正是要借助这个反差告诉我们:其实,面对人生之谜,我们自己才是真正的瞎子。

在悲剧的结尾,俄狄浦斯刺瞎了自己的双眼,以此来惩罚自己。俄狄浦斯为什么不听歌队的劝告,"最好死去,胜过瞎着眼睛活着"呢?照他自己的悲叹是,他的双眼看够了"不应当看的人,不认识我想认识的人"。也就是说,俄狄浦斯认为自己一直是"睁眼瞎":看见而不知,白长了一双肉眼。他刺瞎眼睛,是对自以为是的人类的警醒:人对自我的认识是没有止境的,人永远无法超越自身的局限。

有意思的是,据说古希腊哲学家德谟克利特为了不受外界现象的干扰,故意弄瞎了自己的眼睛。在德谟克利特看来,眼睛看到的现象不仅无助于他对世界和人生的认识,反而妨碍了他接近世界的本质。俄狄浦斯不是哲人,他刺瞎双眼主要是为了赎罪,但他的这一举动,却同样富有深刻的寓意:只有排除各种扑朔迷离的现象、表象、假象的干扰,才能保持内心的洁净与单纯,才能倾听自己的心声,才能听到灵魂的倾诉。

人类的一切探索,归根到底就是为了认识人,完善人;一部人类文化史,说到底,就是一部人类自我认识的历史。在认识自己、拯救自己和完善自己的过程中,人才显示了优于万物的尊严,体现了高于万物的价值。

黑格尔认为,俄狄浦斯是哲学认识的原型和代表,是历史上第一位"哲学家"。

3. 命运是什么

命运是一张无可逃离的网

扼住命运的喉咙。

这是贝多芬的一句座右铭。这位伟大的音乐家以其传奇般的人生为这句话做了最好的注脚,鼓舞了很多身处逆境的人们。但是阅读《俄狄浦斯王》,你会发现,在那里,俄狄浦斯被神秘而强大的命运恣意玩弄,随意摆布,他却找不到反抗命运的机会,因为他根本不知道命运的"喉咙"在哪里。

在古希腊悲剧中,命运是一种不可抗拒的超现实的力量,神秘,令人畏惧,当代人不难在其中读出宿命论的色彩。俄狄浦斯,就是被这样一种力量一步一步推进了命运的深渊,一步一步走上了不归之路。尽管他坚决拒绝命运的安排,一再反抗,希望挣脱这种左右他的力量,但最终,他还是落进了命运预先设置的陷阱。

其实,在人生的每个关键时刻,俄狄浦斯都可以做出另外的选择,但结果,他鬼使神差似的,一步一步走向毁灭。

让我们按照故事发生和发展的顺序,来看看俄狄浦斯是如何在主动的反抗中,一步一步沦落的。

1. 在俄狄浦斯出生的第三天,其父拉伊俄斯出于恐惧,用铁钉残酷地钉穿了他的脚踵,命令心腹仆人把他抛到荒郊野外,以绝后患。若仆人按此办理,一切也就结束了。可是,这个仆人于心不忍,竟然胆大妄为,把这个无辜的孩子送给了科林斯的一个牧羊人,而这个牧羊人又把孩子转送给了求子心切的科林斯国王。于是,俄狄浦斯有了自己的名字,"俄狄浦斯"就是"脚肿"的意思;俄狄浦斯也有了自己的身份,他成了科林斯国的王子。这是他人生的第一次选择,当然这个选择不是他自己做出的。

2. 俄狄浦斯成年后,得知自己将杀父娶母,他面临两种选择。若不信命运,可选择留在科林斯,继续过他的尊贵日子;但他选择了躲避,逃离了科林斯,说明他对冥冥之中的命运充满恐惧。当时,他并不知道科林斯国王和王后是自己的养父母而非生父母,否则,他未必会选择出走。他出走,是出于对人类的伦理道德的尊重,为了保全他的父母。但是,他这种刻意逃避命运的自以为万全之策的举动,反而加速了其人生悲剧的步伐。

3. 他离开养父母,朝忒拜城走去。世间有那么多路,可他偏偏选择了三岔口(在中国的戏曲小说中,三岔口往往是一个常见的象征)。在这个人生的三岔口,他遭遇了一伙路人的凌辱。在寡不敌众的情况下,他以少胜多,一怒之下杀了四个人,这其中就有他正在微服私访的亲生父亲——年迈的忒拜国王拉伊俄斯。一个青年王子,本来养尊处优,突然沦落天涯。在遭遇了羞辱之后,选择反抗与发泄,在相互殴斗中失手杀人,考虑到双方的具体情况,似乎也能原谅。但是,这一次怒火的代价实在太大,注定要让俄狄浦斯为之付出终生的代价——命运的诅咒第一次应验了。

4. 到达忒拜城后,俄狄浦斯遇到了人生中的又一次挫折,或者称之为"人生的奇遇"更合适:女妖斯芬克斯。若非斯芬克斯的恶意"相助",俄狄浦斯怎能登上王位?斯芬克斯以其古怪的谜语作幌子,残害忒拜人民,已成忒拜公害。俄狄浦斯,这个连"我是谁"都没猜破的人,竟然猜破了这个关于"人"的谜,解救了忒拜城,在忒拜王位空缺的时候,顺理成章地被拥戴为王,又理所当然地娶了前王之后伊俄卡斯忒,还和她生育了两男两女四个孩子。此时,天神一定笑了,诅咒应验了。春风得意的俄狄浦斯,浑然不觉地弑了父,娶了母。走到这一步,俄狄浦斯其实已经走到了人生的死角,悲剧的爆发只是时间的问题。

5. 瘟疫爆发后,俄狄浦斯寻求真相,查找凶手,这是他作为国王的本职。本来,盲人先知特瑞西阿斯一开始拒绝说出真相,若非俄狄浦斯以恶言相激,事情或许不会如此糟糕;随着凶手的图像越来越清晰,王后伊俄卡斯忒也意识到事态的严重性。她先是暗示,后来干脆直接请求俄狄浦斯中止追查。她劝说道:

> 看在天神面上,如果你关心自己的性命,就不要再追问了;我自己的苦闷已经够了。

但是,俄狄浦斯的性格中,有一种对真相孜孜以求的执着,这种打破砂锅问到底的性格,终于把他送到了家破人亡、众叛亲离的绝境。

再大的饼大不过烙它的锅

古希腊人相信人和神都是有命运的。在古希腊神话中,有三个专司命运的神,她们在人出生时就赋予他们以善或恶的命运,并且监察神与人的一切犯罪行为。在犯罪者受到惩罚之前,她们绝不停止可怕的愤怒。车尔尼雪夫斯基曾这样评价希腊人眼中的命运:"命运好像一个喜欢表现自己的威力的任性的权势人物,常常预先对他打算加害的人说,'我就预备那样干,你倒试试来阻挡我',他就是这么干的,他预先宣布自己的决定,向我们证明,我们无力与他抗争,也无力躲避;同时在嘲笑我们的软弱、笨拙以及从我们失败的抗争中体味恶意的快感。"

在希腊人眼中,命运是无法抗拒的。

命运是既定的,也是不可抗拒的,而它表现的方式又是无常的,充满了偶然和变数。古希腊神话中的命运三女神:一个负责纺生命之线,一个决定生命之线的长短,第三个负责切断生命之线。命运是什么,命运何时实现,以什么方式体现,这一切都不是由个人选择和主宰的。

俄狄浦斯对命运充满恐惧,他极力逃避,却始终无法预知下一步会发生什么,相反,许多偶然因素促使他离预设的命运越来越近。他越是积极地抵抗,就越深地陷入命运的罗网,他越是真诚地消除灾难,就越临近最终的毁灭。命运之网中的俄狄浦斯每挣扎一下,命运之网就拉得更紧,直至毁灭。

命运看似是注定的结果,但却是通过人自身的一次一次选择和一个一个行为来实现的。这是命运的又一个可怕之处。俄狄浦斯不认命,他有思考命运的自觉意识。在命运面前,他不是消极等待和忍气吞声,从没有放弃与命运抗争。在我们看来,俄狄浦斯非但没有罪,反而是一个为民除害的英雄、受人爱戴的君王。他的选择与人类的道德并没有冲突,他的过错和缺陷也在能够忍受之列。但是,他确实是通过自己的选择和作为,实现了神安排的悲剧命运,这也算是另一种意义上的"自我实现"吧。

命运观念反映了人类早期对自身处境的思考与探索。面对难以把握的强大的自然,面对个体无法左右的强大的社会,人常常感受到自身的渺小与卑微;而面对生命的短暂与无常,面对人生的艰难与曲折,人更能体会到个体的无足轻重和生命的偶然。即便在今天,我们依然还能体会到这种个体的无力感。这就是命运观念产生的现实土壤。在古希腊神话中,命运的力量是强大的,这恰好说明了人类应对生存环境、应对社会难题、应对自身矛盾的茫然无措。

今天,人类的处境发生了翻天覆地的变化。在大自然面前,人类俨然以征服者和主人自居,狂妄自大,甚至到了需要用"敬畏自然"来警醒自己的地步;人类对社会存在与规律的把握也有了空前的进步,连最盲目和最芜杂的经济活动都可以借助数学建模的方式来加以描述;对生命的认识也有了飞跃,精神心理科学连最隐秘的梦境与呓语,似乎都能做出合乎科学的解释。人类似乎已经到了为所欲为、自由自在的地步。那么,今天的人们该怎样理解命运的意义呢?

就俄狄浦斯的人生历程看,所谓命运,本质上就是生命的难以突破的局限性。这种局限性来自环境,来自生命,来自性格,来自人性,正是这众多的局限促成了他的悲剧命运。

人生而平等,这只是一个现代政治学的令人欣慰的假设。而实际上,人生而不平等,有人生下来就是天潢贵胄,有人一降生就是贫儿乞丐。出身不由己,人生可选择,但是,在你选择之前,你已经被选择了一次。俄狄浦斯之所以要承受弑父娶母的命运,是因为其父亲的罪过。对于俄狄浦斯来说,这是一种无法摆脱的"原罪"。谁让你是他的儿子呢?这象征了每个人的出身对于人生的影响。俄狄浦斯终生背负着神的诅咒,这不是他自己的选择,而是因为他不能选择的出身。

其次,俄狄浦斯的命运也源于人性的缺陷。关于人的有限性和人性的缺陷,近现代思想家阐述更多。蒙田在《随笔录》里曾连篇累牍地加以论述;帕斯卡尔在《思想录》中认为人在自然中是十分渺小的,"在各方面都是有限的",虽然他有独立的思想,但也不过是一根芦苇;马尔库泽等现代哲学家更是长篇大论人的片面性与人的单向性,并从中思考生存的偶然性与荒谬性。人非天使,谁能无"过"?周作人甚至用"魔鬼加天使"来形容人性的复杂。

特别是人的欲望与恐惧,不知造成了多少生命的悲剧。在欲望的诱惑与恐惧的攫取中,人的智慧与勇气常常不堪一击。在人类文学史上,像巴尔扎克笔下的葛朗台、契诃夫笔下的别里科夫、托尔斯泰笔下的聂赫留朵夫,可以列出一长串的人物。这些人物,都是在欲望与恐惧的折磨下,堕落了,沦落了,毁灭了,变形了,甚至成了行尸走肉。可是,当他们走在毁灭的道路上的时候,谁能劝阻他们的去路?就拿聂赫留朵夫来说,在姑妈家诱奸卡秋莎的那一夜,他事后想起来该是多么后悔,该是多么羞愧!可在那个夜晚,当他在卡秋莎的房间外,怀着鼓胀的欲望徘徊和焦虑的时候,他可没想到,自己正走在地狱的边缘。

作为一个"类",人类确有摆脱不了的"原罪"。

为什么俄狄浦斯看不清自己的真相?有人质疑,俄狄浦斯担任忒拜国王十余年,关于前国王拉伊俄斯的情况,他的死、他的长相、他的品性,等等,难道他对此真的一无所知?是刻意隐瞒,还是故意回避?伊俄卡斯忒与俄狄浦斯以夫妻的名义朝夕相处,难道就没注意到他脚踵上的伤疤?在《奥德赛》中,当奥德修斯回家时,老仆妇欧鲁克蕾娅凭了他腿脚上的伤疤,刹那间便认出她的主人。伤疤是辨认奥德修斯最可靠的标记,远比振振有词的自我介绍和长相上的酷似更能证示人物的真实身份,一经发现,便证据确凿,通常具备最佳的指证功能。难道俄狄浦斯与伊俄卡斯忒还不如奥德修斯的老仆人?还有,她与俄狄浦斯在年龄上的差距如此显著,就不能激起她的丝毫好奇心吗?

我们可以大胆推测,正是人内心的欲望和害怕失去的恐惧,蔽塞了他们的心智,蒙蔽了他们的双眼。

最暧昧的是,伊俄卡斯忒在真相即将大白于天下时,对俄狄浦斯的劝解:

> 最好尽可能随随便便地生活。别害怕你会玷污你母亲的婚姻;许多人曾梦中娶过母亲;但是那些不以为意的人却安乐地生活。

在强烈的恐惧中,伊俄卡斯忒情愿违背人伦准则,选择过一种污秽不堪的日子。平日隐藏得很深的欲望与恐惧,在这关键的时刻,终于张牙舞爪地跑了出来。从这个角度看,伊俄卡斯忒不但欺骗了他人,而且还在欺骗着她自己。可见,本能的欲望与恐惧在很大程度上支配着人的选择。可怕的是,我们对此常常不自知。

当然,还有人的认识的局限性。古希腊神话中,有双面四目的动物,这其实是人们对自身局限的形象描述,因为人只有一面两目,顾前顾不了后,顾左顾不了右。俄狄浦斯看起来是个很理性的人。他的每次选择都经过了仔细的权衡与比较,经过了深思熟虑的思考与判断。而且,他每次都义无反顾地选择了道德,选择了善。正如翻译家罗念生先生所说:"他之所以遭受苦难,与其说是由于他自身的过失,毋宁说是由于他的美德。"可是,这样的选择带来的,究竟是善,还是恶?如果连人类自以为是的美德与理性都有缺陷,怎能相信人是完美的呢?

此外,俄狄浦斯个人品质上的瑕疵也在悲剧的展开中推波助澜。俄狄浦斯与拉伊俄斯狭路相逢的时候,没有遏制住暴怒,手刃了生父;在缉拿杀害老国王真凶的时候,不顾他人的劝告,反而百般羞辱苦苦相劝的先知,一意孤行地要追查到底,暴露了其性格中的傲慢;他对克瑞翁的无端猜疑和羞辱,更暴露了他的偏狭和武断。

在命运之剑的摆布下,俄狄浦斯从一个"无人不晓"的拥有权力和智慧以及荣誉的人,变成了一个"最可怜""最坏"的人,变成了一个罪犯,为"天神所憎恨"的人,从一个国王沦为了乞丐,又一次被放逐异地。正如连歌队所唱的那样:

> 这就是俄狄浦斯,他道破了那著名的谜语,成为最伟大的人;哪一位公民不曾带着羡慕的眼光注视他的好运?他现在却落到可怕的灾难的波浪中了!

人,永远无法超越他的时代和生命给予他的限制。

这就是人的命运。

4. 就是不认命

真相，致命的诱惑

古希腊悲剧所表现的命运，如同永恒的死亡一样，难以超越。但是，在永恒的死亡面前，人类依然挑战着生存的极限，不断突破死亡的禁区，不断创造生命的奇迹。

面对命运的戏耍，俄狄浦斯给予了有力的嘲弄和反抗，显示出一个悲剧英雄的崇高和壮烈。

俄罗斯评价家别林斯基被俄狄浦斯的精神深深感动，他这样写道：

> 高贵的自由的希腊人没有低头屈服，没有跌倒在这可怕的幻影前面，却通过对命运进行英勇而骄傲的斗争找到了出路，用这斗争的悲剧的壮伟照亮了生活的阴沉的一面；命运可以剥夺他的幸福和生命，却不能贬低他的精神；可以把他打倒，却不能把他征服。

作为一种气质与精神的代表，俄狄浦斯几乎成了悲剧英雄的符号。类似的人物形象不仅反复出现，而且在不同的文化中遥相呼应。中国古代神话传说中射日的后羿、补天的女娲，歌德笔下的浮士德，加缪笔下的西西弗斯，海明威笔下的桑地亚哥等，都是不同时代的俄狄浦斯式的悲剧英雄。俄狄浦斯可以算是人类的一个原型人物，代表了人类的一种精神特质。

面对灾难,俄狄浦斯义无反顾地选择了反抗。在剧中,反抗有三个表现:一是逃避宿命,二是追索真相,三是选择自我惩罚。

俄狄浦斯的时代,人类对命运存有深深的恐惧与敬畏的心理。当他得知自己不幸的命运后,是束手就擒,坐以待毙,还是拒绝接受,起而反抗?俄狄浦斯选择了逃避,他逃离了科林斯。在无可挑战的命运面前,逃避意味着对权威的拒绝,不接受,不合作。命运的泥淖,如同鲁迅先生所说的"无物之阵",它笼罩着你,你却看不见摸不着,即便你手握投枪与匕首,也无从下手。不被它裹挟,不认命,不低头,这就是一种反抗。

俄狄浦斯的反抗,最主要的表现还是他对真相的求索。对真相的求索,包括两条线索:明线是对杀害拉伊俄斯凶手的追查,暗线则是对自我身世的追溯。这两个线索互相交织,彼此关联。细读文本,不难发现,也不难想象,当特瑞西阿斯指认俄狄浦斯就是凶手的时候,俄狄浦斯应该有强烈的反应,因为他之所以逃往忒拜城,就是为了逃避"杀父娶母"的神示。我们有理由相信,俄狄浦斯预感到追查凶手几乎是飞蛾扑火,但他对真相的热爱与对城邦的道义,驱使他甘愿冒着生命的危险,继续前行。

在第一幕开始,俄狄浦斯对先知特瑞西阿斯是很信任的。他说:

> 天地间一切可以言说和不可言说的秘密,你都明察,你虽然看不见,也能觉察出我们的城邦遭了瘟疫;主上啊,我们发现你是我们唯一的救星和保护人。

俄狄浦斯恳请先知利用他的"预言术",查出凶手,"拯救自己,拯救城邦,拯救我,清除死者留下的一切污染吧"!

他的要求遭到先知的一再拒绝。先知说:"我不暴露我的痛苦——也是免得暴露你的。"这话不就是暗示俄狄浦斯:查下去对你没什么好处。

在俄狄浦斯愤怒的激将下,特瑞西阿斯也愤怒了。他直截了当地说:

> 你骂我瞎子,可是我告诉你,你虽然有眼也看不见你的灾难,看不见你住在哪里,和什么人同居。你知道你是从什么根里长出来的吗?你不知道,你是你已死的和活着的亲属的仇人;你父母的诅咒会左右鞭打着你,可怕的向你追来,把你赶出这地方;你现在虽然看得见,可是到了那时候,你眼前只是一片黑暗。等你发觉了你的婚姻——在平安地航行之后,你在家里驶进了险恶的港口——那时候,哪一个收容所没有你的哭声?喀泰戎山上哪一处没有你的回音?你猜想不到那无穷无尽的灾难,它会使你和你自己的身份平等,使你和自己的儿女成为平辈。

这话里有很多刺耳的词儿。先知清楚地告诉俄狄浦斯:你犯了弑父娶母的罪。

俄狄浦斯的内心一定掀起了滔天大浪:这不就是早年在科林斯时神示的内容吗?

王后出场后,道出了"脚肿"的秘密。难道俄狄浦斯自己不知道自己的脚吗?

王后讲述了先王死亡的场景,那个致命的"三岔口",天下竟有这样巧合的凶杀吗?

当报信人指出俄狄浦斯是科林斯国王的养子时,还有什么理由再继续怀疑呢?

倘若为了自保,俄狄浦斯可以在追查的任何一个环节停止,或拖延或阻碍或遮蔽。尽管在命运女神的注视下,这样的延宕没有实质的意义,但绝大多数凡人,都会因为难以遏制的欲望、恐惧和懦弱,做出逃避的选择。

俄狄浦斯没有。俄狄浦斯之所以伟大，就在于他有着凡人的肉身，却做着超凡入圣的、神一样的壮举。

真相，往往是残酷的；而对真相的追问，也许比真相本身更残酷。但是，能够直面真相的人，才是真正的勇士。正如鲁迅先生所说："真的猛士，敢于直面惨淡的人生，敢于正视淋漓的鲜血。"也许掩盖真相能够换来暂时的安全、宁静与欢乐，就像《皇帝的新装》中的人们一样。但是，回避事实，掩盖真相，将会更长久地麻痹和毒害我们。相反，每一次追问真相、揭开谜底的过程，都意味着社会的一次进步，一次飞跃。布鲁诺对真相的追逼，促进了科学的进步；苏联垮台后，大量"肃反""镇压"的真相带着血腥展示在公众面前，进一步昭示了专制与极权的罪恶；"文革"之后的思想解放运动，揭开了许多政治冤案的迷雾，真相给所有的公民上了一节生动的民主法治课。

也有人从俄狄浦斯的遭遇中得出一个结论：认识应该有自己的禁区。倘若俄狄浦斯的好奇心少一点，不去触碰"我是谁"这样的问题，或许他有另一种命运。就像当年的亚当一样，不去品尝智慧的苹果，或许人类就没有原罪了。这些说法是有道理的，只是忽略了一个事实：真相对人类有着致命的诱惑。在俄狄浦斯的执着中，就有一种对真相的执拗的好奇。

逃避，或者担当

俄狄浦斯对命运的最后反抗，是选择自残而非自杀。

歌队曾劝说他："你最好死去，胜过瞎着眼睛活着。"一死了之，这是最简单的逃避办法，但俄狄浦斯拒绝了。他恪守诺言，刺瞎了自己的双眼。他的拒绝固然是为了活着赎罪，但也包含着这样一种启示：以死逃避灾难，并不能消除灾难，并不能改变人的悲惨处境，并不能提升人的境界。有时候，死亡是一种懦夫的行为。俄狄浦斯不回避责任,没有为自己做任何开脱,而是勇敢地承受来自精神和肉体的"双重的痛苦",为自己的余生重新确立了一个新的起点,一个双重痛苦的起点,借此证明自己的清白、崇高和勇敢。

俄狄浦斯身上闪耀着敢于担当的光彩。即便是无意中犯下的错误,即便是客观条件局限下的疏漏,他也义无反顾地掮起了黑暗的闸门,放忒拜人到光明去。

5. 人是折翼的天使

自由与责任

《俄狄浦斯王》是一部拷问人类灵魂的戏。它的思考,始终围绕着人的灵魂。俄狄浦斯不像是一个尘世的君王,倒更像是一个哲学家。

俄狄浦斯有罪吗?俄狄浦斯应该承担他的这个命运吗?

俄狄浦斯的罪孽,可追溯到他的父亲拉伊俄斯。在古希腊神话谱系中,年幼即位的拉伊俄斯被其堂兄篡夺了王位。在忠于王室的贵族掩护下,拉伊俄斯逃出了忒拜,来到临近的皮萨寻求庇护。皮萨国王珀罗普斯热情地接纳了拉伊俄斯,并在拉伊俄斯成年后,把自己最爱的儿子克里西波斯托付给他,请拉伊俄斯教授他驾驭战车的本领。拉伊俄斯没有辜负国王的托付,但却深深地爱上了克里西波斯。在爱情中煎熬的拉伊俄斯最后拐走了克里西波斯,并最终导致其被人杀害。拉伊俄斯背叛自己的恩人,又间接导致了克利西波斯的死亡,愤怒之下的珀罗普斯发下毒誓,诅咒拉伊俄斯将被他自己的儿子杀死。

所以,俄狄浦斯一出生,就背负着珀罗普斯的诅咒,有点像中国人说的"父债子还"。显然,这对于俄狄浦斯来说,实在是太不公平了。

对此,索福克勒斯显然也心知肚明。在戏剧的各个环节,他都极力维护这个小王子的正义和良善的形象。他极力为俄狄浦斯辩护,处处在塑造一个正直、高尚的道德典范。可以说,俄狄浦斯身上的缺点都是可谅解的,而他所遭受的惩罚却超过了人们理解和承受的限度。你看,为了不违反天条,不犯乱伦和凶杀的罪过,他主动选择离开科林斯,须知他是王子,离开也就意味着放弃了王位;他在三岔口打死老头,是失手,但却是出于自卫;他做了忒拜城的国王,不是靠篡夺和僭越,靠的是自己对忒拜人民的恩德;瘟疫流布,不是因为他的荒淫无耻,暴虐无道。相反,为了忒拜城的安宁,他情愿与百姓同甘共苦。这是一位好国王。

是不是因此就可以说他是无辜的呢?

西方人基于他们的文化观念,认为俄狄浦斯不是无辜的。他们的逻辑是,既然你选择了,你就该面对选择的后果,承担选择的责任。选择是一件非常慎重和神圣的事情,一旦行使了选择权,就不能再找任何借口为选择所带来的错误辩护。在每一个关口,俄狄浦斯都有选择的自由,无论因为什么背景,也无论因为什么压力或诉求,都是你自己选择了它。你选择打死这个老头,那么无论这个老头是谁,你都要承担由老头死亡所引起的后果;你选择娶这个寡妇,那么这个寡妇给你带来什么,你就得接受什么;你选择追查瘟疫的真相,无论真相多么丑陋,你都得接受这个真相。你不能以当初知识不够、认识不清来为自己辩解,也不能用主观动机良好、用心良苦之类的理由为自己辩护。

因为,你做选择的时候,本来就该意识到你自己是有限的存在,本来就该意识到自己的选择可能存在局限,可能会有失误,可能会带来巨大的灾难。你没有意识到,你坚持你自己的选择,那就是你自己的责任。

西方存在主义哲学关于"选择"与"责任",有很多精彩的论述。

萨特认为,人的本质不是外塑的,而是由自己选择和决定的。人通过自我选择来塑造自己的人生。人在任何情况下都可以进行选择,都有选择的自由。比如做了俘虏,可以有逃跑的自由,也有自杀的自由。你不选择逃跑或自杀,就意味着你选择了当俘虏。虽然你当俘虏也是被迫的,但毕竟是你自己的选择,你不能将当俘虏的痛苦归罪给他人。当了奴隶,你也有对抗奴隶主的自由。你放弃了对抗,就不要怪罪奴隶主让你当牛做马,因为那是你自己的选择。

人是自由的动物,自由是人的本质。人的自由是永恒的,个人的选择也是自由的。

萨特从他的"自由"出发,提出了"责任"的问题。他强调人应该对自己负责,自己主宰自己,不管发生什么事,都要自己承担全部责任。他说:"一件突然爆发并把我卷入进去的社会事件并非来自外部,如果在一场战争中我被应征入伍,那么这场战争便是我的战争,它反映了我,我是咎由自取。说我是咎由自取,首先是因为我本可以自杀或开小差来逃避战争……既然我没逃避战争,那就是我选择了它。"

既然你没有以开小差这样的方式来逃避战争,那么,你就是自己选择了战争。那么,你就应该对自己在战争中的行为负责,而不能找其他任何理由来为自己辩护。

萨特如此强调"责任",实际上是为了强调人在"选择"的时候,必须慎重和周全。"二战"后,一些法国知识分子为自己在战争中的丑陋行径辩护,他们多以纳粹势力的逼迫为理由,为自己卖国求荣、叛卖变节的行为辩护,以此来推却自己的责任。

萨特的言论,对他们是很好的批驳。

选择,意味着责任;选择,意味着担当。一旦选择错了,你就要敢于负责,敢于忏悔,这个逻辑在托尔斯泰的《复活》、陀思妥耶夫斯基的《罪与罚》中,都能看得很分明。在赎罪的过程中,聂赫留朵夫没有为自己寻找辩词,比如他没有以当年的自己年幼无知为自己辩护,没有借口社会环境的污浊来为自己开脱,也没有以玛丝洛娃自身的堕落为由,来减轻自己道德上的罪过。

作为一个忏悔贵族,他的精神逻辑与俄狄浦斯是一致的。

中国传统文化有别于此。

董仲舒在《春秋繁露》中提出:"正其道不谋其利,修其理不急其功",认为看一个人,主要看他是否出于"道""理"的善良动机,而不在于功利效果。宋代理学家朱熹把董仲舒的"正义不谋利,明道不计功"的思想推而广之。这种"动机论"的传统对中国社会产生了深远的影响。比如在"选择"这个问题上,我们似乎更在乎选择的动机。考察一个人,动机是非常重要甚至是第一重要的。不管结果怎样,只要动机纯正,高尚,似乎就能站住脚。结果好,那是锦上添花;结果不尽如人意,但人家的出发点总是好的。

按照这个逻辑,俄狄浦斯王显然不应该承担那么惨重的命运。因为,戏剧的每一个环节,都在告诉我们,这是一个好王子、好国君,他作的任何选择,都上合天心,下合民意。

这就是文化差异。

注重培养人的良善动机与愿望,培养人内在的"浩然之气",培养读书人"为天地立心,为生民立命,为往圣继绝学,为万世开太平"的宏伟志向,这是具有中国特色的人文主义精神。但是,过于强调主观动机,往往会异化为只看主观动机,而不管客观效果。有的人信奉"己欲立而立人,己欲达而达人",却不想想,人家愿意接受你的"立",愿意让你去"达"吗?还有人认为,只要是出于公心,只要不为私利,好像就可以为所欲为,错了也能理解。在这样的心理作用下,再严重的罪过似乎都可用良好的动机来开脱。

更有甚者,由于主观动机难以分辨,野心家们往往以拯救天下、推行道义之名,行穷奢极欲、专横霸道之实。在现实生活中,伪善者常常以高大全的面目出现,而私下里却蝇营狗苟,这种双重人格,与过分强调"善"的动机的社会心理也不无关系。

自知之明与敬畏之心

人是上帝的骄子,但永远不是神本身,人归根到底只是一个有限的存在。这个"有限"包括了人类自以为了不起的美德、知识与理性。

美德未必就是福祉,知识未必就是力量,理性也不是万能的。善因未必能得善果,良好的动机未必会有良好的结果,根源就在于我们每个人都是有限的。

俄狄浦斯"以为"自己逃离了科林斯,就能维护人伦道统;俄狄浦斯"以为"自己有权力杀死一个冒犯了自己的人;俄狄浦斯"以为"自己能够为忒拜城消灾弭难,为百姓带来福祉。站在他的立场,其动机都是正当的,其选择也都是理性的,其德行也是无瑕的。可问题是,这些自以为是的美德给忒拜城带来了什么,给他自己带来了什么?

其实,人类就如同俄狄浦斯一样,自以为高明,可实际上可能正在搬起石头砸自己的脚。

因此,人要学会敬畏。

这样的逻辑,实际上与西方人关于"原罪"的理解有关。

在希伯来的神话中,人是有原罪的,这种"原罪",不是我们通常所说的敲诈勒索、打家劫舍、草菅人命、以权谋私、剽窃等罪过,"原罪"是一种与生俱来的罪过,是作为物种的"人类"天生的局限性。

《圣经》这样讲述人类始祖亚当与夏娃:神在赐予人类生命的时候,并没有赋予人类辨别善恶并做出正确选择的智慧和能力。但人类的始祖亚当与夏娃出于最本能的好奇心,在蛇的引诱下,偷吃了智慧树上的果子。于是,明亮了眼睛,获得了辨识善恶的智慧。但因违背了神的旨意,遭到了神的宣判与惩罚:"你必汗流满面才得糊口,直到你归了尘土……"

自此,人被永远地逐出了象征着永恒生命与无上智慧的伊甸园,成为有限的存在者,匮乏的劳作者。人类由此所获得的智慧与德行,也不是全能和尽善的,而是有限和片面的。有时候,人类自以为是的智慧和德行,恰好将人类引入深重的灾难与万劫不复的堕落。

但在人类历史上,人类常常陷入自以为是的虚妄的想象之中。在近代科技浪潮中,人们曾经普遍认为,人类通过研究自然科学,就可以为世界找到一个彻底的、最终的解释方案和解决方案。在牛顿力学的鼎盛时期,许多人认定牛顿的科学体系就是一个理想的"方案"。著名空想社会主义者圣西门甚至提出了关于"牛顿会议"的设想。他认为,牛顿是上帝派到人间的万能的使者,他能够教育和指挥一切星球上的居民。只要在世界各地建立"牛顿会议",在"牛顿会议"的统治下,人间变成天堂的日子很快就会到来。人类对自身智慧的自信到了何等膨胀的程度。几百年过去了,到了今天,还有谁会相信,依靠一种科学理论就可以为整个地球和人类"立法"?相反,人类越来越清醒地认识到,科技,这个人类智慧的结晶,在给人类带来巨大福利的同时,也给人类带来了更多的挑战,基因技术、网络技术、核技术,哪一个不是一柄锋利的双刃剑?

更能蛊惑人心的,是关于建设完美社会的种种理论、假说,甚至空想。一直有人坚信,依靠人类的智慧与美德,乌托邦与桃花源就能落户到大地上。悲哀的是,这样的社会实验,似乎还从来没有成功的案例。从孔子的礼俗社会,到西方的空想社会主义。

说到底,无论是作为类的人,还是作为个体的人,我们都是有限的存在。

《俄狄浦斯王》,以一个智慧、圣明、理性的君王的悲剧命运,揭示了这个常识。

6. 戏如人生

悲壮的渲染

《俄狄浦斯王》的结局很凄厉,王后死了,俄狄浦斯流放了,一切都毁灭了。但是,整部戏的精神又是积极乐观的,不仅不让人感到沮丧和绝望,反倒让人深深地体会到了生命的激情、真理的可贵和永不屈服的战斗精神。将伤感转化为激昂,将悲哀转化为悲壮,将痛苦转化为崇高,这正是古希腊悲剧的基调。

俄狄浦斯"知其不可为而为之"的担当精神与"我不下地狱谁下地狱"的牺牲精神,有着强烈的象征意义。俄狄浦斯是个内涵丰富的象征。在浩瀚的宇宙,人类在很大程度上就是一个俄狄浦斯,命运充满了神秘的偶然与未知。既不知道自己从哪里来,也不知道自己究竟往哪里去,还有无穷的灾难和难题,挑战着自己的存在。即便是今天,人类的力量从来没有如此的强大,但人类面临的挑战却也是前所未有的艰巨。但人类没有退路,即便悲壮,即便迷茫,也只能前行。

俄狄浦斯也象征了每一个生命个体的生存状态。每一个人都是俄狄浦斯。我们不知道有怎样的命运在等着我们,也不知道怎样的选择才能合乎命运对我们的安排,我们只能秉持内心的良知和有限的智慧,遵照自己的信念与信仰,踽踽独行。等到我们谢幕的时候,尽管无限哀怨,无限伤感,无限留恋,我们也只能匆匆告别。

《俄狄浦斯王》极力张扬神秘的命运的力量,但不因此而贬损人类的抗争。命运的狰狞与强悍,反衬出人类的渺小与无助;但正是因为这种命中注定的渺小与无助,反而显示出人类伟大的生存精神。

戏剧艺术中的悲剧概念,有别于我们日常所说的"悲剧"。悲惨的、悲伤的、悲哀的结果仅仅是悲剧的一个要素。而要构成戏剧艺术中的悲剧,还得有一个要素,那就是主人公在道德上的高尚、人格上的崇高、精神上的正义、行为上的强大。换句话说,一个品质低下的人,人格卑鄙的人,精神猥琐的人,缺乏行动能力的人,他们所得到的悲伤命运,只能引起人们的同情、嘲弄甚至蔑视。因为,他们只配享有这样的命运。这样的人,只能唤起人们的怜悯与同情,人们哀其不幸,怒其不争,却不能唤起内心的惊惧与震撼。就像鲁迅先生笔下的阿Q、祥林嫂这样一个群体,他们的遭遇很悲惨,但他们的精神也很衰萎。像祥林嫂这样的人,按照她的精神逻辑与性格逻辑,她还有其他的道路可走吗?所以,我们为之流泪,却难以从她身上汲取战斗的力量。

相反,那些伟大的人物,如俄狄浦斯,如哈姆莱特,他们品质超群,德行出众,力量强大,在观众的心中,他们本该挥洒自如,命运顺遂。但是,在未知的力量面前,他们照样惨败。这样的反常迫使我们追问,究竟是一种怎样的力量,连人类最精英的人物都被打得一败涂地?

它唤起我们内心的质疑,激发我们的斗志。

这就是悲剧的力量。悲剧的力量在于正面人物的毁灭,在于伟大人物的挫败。或者如鲁迅所说,悲剧就是将有价值的东西毁灭给人看。通过悲剧,人类思考自己的生存困境。

古希腊是悲剧的全盛时期。悲剧天然具有哲学的色彩,悲剧家天然的具有思想家的气质,事实上,古希腊的很多哲学家本身就是悲剧作家,或者是悲剧的迷恋者。这给了西方文化一个很高的起点。人们常常将古希腊文化和希伯来文化合称"两希文化",将它们作为西方文化的源头。古希腊悲剧既是西方文化的源头,也是西方文化的肥沃土壤。

苦情的诉说

与古希腊悲剧相比,中国古典悲剧的出现要晚得多,一直到元代才有了完备的悲剧作品。由于地理与文化的相对独立,中国古典悲剧较少受到外来文化特别是西方文化的影响,前后相续,一脉相承,从《窦娥冤》《赵氏孤儿》,一直到众多的民间戏曲,水平虽然参差不齐,但总体精神却保持了高度的一致。

戏如人生。《俄狄浦斯王》是最典型的西方古典悲剧,将它与中国的古典悲剧进行比较,从中不难发现一些很有意味的东西。

《俄狄浦斯王》的悲剧主人公是高贵的王子,伟大的王者。西方悲剧一般都以王公贵族、英雄豪杰为主角,以这些高贵人物的毁灭或受挫来思考命运、社会与人生。不只是俄狄浦斯,埃斯库罗斯笔下的普罗米修斯,欧里庇得斯笔下的美狄亚,首先都是货真价实的英雄人物,然后才是悲悯的悲剧主角。

与此形成鲜明对照的是,中国古典悲剧的主人公一般都是弱小善良、无辜受害的"小人物",比如《窦娥冤》。即便出身高贵,也多是没落贵族或者落难英雄,像《赵氏孤儿》。这些人物生来不幸,命运多舛,让人怜悯与同情。

一个很有意思的现象是,女性常常主宰着中国古典悲剧的舞台。为什么在社会舞台上最没有地位的女性,倒反过来成了悲剧舞台的主角呢?显然,这与中国悲剧的精神气质有关。有人总结说,苦、哀、怨,是中国古典悲剧的特质。确乎如此,中国古典悲剧热衷于渲染苦情,表达哀怨,宣泄怨恨。在传统社会,女性没有社会地位,始终是男人的附庸,是弱势群体,是最容易被伤害的对象。以她们为苦主,最容易渲染苦情悲怀,最能唤起人们的同情,最能勾起观众的眼泪。你看《窦娥冤》,窦娥3岁丧母,7岁被迫做童养媳,17岁成亲,不久丈夫去世,真是一个苦命人儿。已经是如此的不幸,偏又遇到了张驴儿这对流氓父子,结果遭遇冤狱。剧中的窦娥对自己的悲苦命运充满了哀伤,对张驴儿父子和善恶不分、草菅人命的官吏充满了怨恨。窦娥的悲剧之所以感天动地,主要就在于她惨绝人寰的悲苦经历,因为她的苦,她的哀,她的怨。

在古希腊悲剧中,主人公大都具有鲜明的个性和强悍的精神力量,他们天生英武,不仅有超群的力量与智慧,而且有着难以动摇的坚定意志。为了实现自己的目的,甚至将个人的诉求凌驾于整个社会之上,敢冒天下之大不韪。因此,他们的悲剧往往源于主动出击,源于对命运与强权的抗争,源于自我挑战和担当。俄狄浦斯是这样,美狄亚亦是如此。她出身高贵,有美丽的外表,而且法术高强,不仅让那个英雄时代的男人们沉醉与眩晕,而且敢爱敢恨,敢作敢当。为了帮助情人伊阿宋,她不惜盗取金羊毛,背叛自己的父王与祖国;为了报复丈夫的忘恩负义,竟然亲手杀死自己与伊阿宋的孩子。美狄亚的强悍与冷酷,远远超出了人们对女性的想象,仿佛妖冶的恶之花,弥散着残忍无情的血腥气息。这样的极端行为,在中国舞台上是要被观众给咒骂的,哪里还会有人为她洒下同情的泪水?

中国古典悲剧的人物,多是社会意义上的"好人""顺民""良民",他们遵循社会道德准则,循规蹈矩,对生活常常只有底线的要求,不求富贵发达,只求过太平日子,更不要说挑战什么权威与体制了。他们是一群善良但软弱的小人物,只是因为遭受了邪恶势力的压迫,或是遭受了某种冤屈,才陷入了命运的低谷,即所谓"好人没好报"的境地。即如窦娥,本来柔弱、温顺、和善,人生理想不过做个贤妻,丈夫死了做个温良恭俭让的贤媳。在不断的损害和屈辱面前,她接受了命运的安排,一忍再忍,把人生希望寄托给来世。她拒绝嫁给张驴儿为妻,除了张驴儿人品的卑下,主要还是为了恪守"一女不事二夫"的礼教古训;为了救婆婆,她屈打成招,除了可贵的正义感,还有一个重要考虑,就是要替丈夫尽孝道。总之,窦娥是个公认的好人,好女儿,好女人,好媳妇,好子民。这样的身份,这样的灾难,自然悲苦之极。

与美狄亚相比,窦娥的反抗,是迫不得已的抗争,而抗争行为也多局限在既定的社会准则和限度之内,没有什么出格的地方。在整个过程中,窦娥步步退让,直到上了刑场,也只能呼天抢地。她那三桩"无头愿",六月飞雪,血溅白练,大旱三年,更像是绝望者的诅咒。她把希望寄托给老天爷,指望老天爷为她平反昭雪,只能说明在最后的关头,她依然没有摆脱对以皇帝、青天们为代表的现存秩序的幻想。无路可走之时,才迸发出反抗激情,但这激情是本能的,原始的,缺乏强大的主体力量。"兔子逼急了才咬人"的窦娥,与虎视眈眈的希腊妖冶美女美狄亚完全不可同日而语。

西方悲剧的矛盾冲突,往往导致人物的最终毁灭。《俄狄浦斯王》的惨烈结局就是一例。相反,中国的苦戏却常常以喜剧形式结尾,所谓先苦后甜,苦尽甘来,结果是善有善报,恶有恶报,是冲突的和解,是皆大欢喜式的大团圆。为了有个"大团圆"的结局,有的戏剧不惜把现实中根本无法兑现的"团圆",搬到了阴曹地府或天界仙境。比如梁山伯与祝英台,生前不能做夫妻,死后也要化蝶成仙,共享美好。这样的圆满结局,既不是矛盾解决了的雨后天晴,也不是主人公抗争所得,只是由于某些外在力量的突然出现,才得以化险为夷。比如在公案戏中,多是皇上驾临,或是青天出现,或是侠客相助;而在悲情戏中,或是老天保佑,或是奸臣遭黜,或是"朝为田舍郎,暮登天子堂",金榜题名了,大权在握了。总之,都是些无助的人们幻想出来的拯救之道。

从某种角度看,这正是主人公不自信和无力感的表现。他们不是依靠自己来解决自身的困境,而是诉诸皇上、清官和侠客。有人说,传统中国人都有一个明君梦、清官梦和侠客梦,这不是没有道理的。鲁迅先生批评说,古典戏剧以"大团圆"的结局,进行"瞒和骗"的勾当,起到了麻醉民众的坏作用。

中国没有《俄狄浦斯王》这样的血淋淋的悲剧。再残酷的人生,也在悲剧中"转化"为大团圆,这种处理方式让悲剧的色彩大大降低。

到了"五四运动",作为传统文学中在民间传播最广、影响最大的门类,戏剧与小说受到"新文化运动"的领袖人物如胡适、鲁迅的批判。胡适提倡"整理国故",主张"重新估定一切价值";鲁迅批评"三国气""水浒气",批评一团和气的"大团圆"。直到曹禺的《雷雨》《原野》等现代剧目出现,中国的悲剧才有了新的气象。

戏如人生,小小的一个舞台,也能折射中国人的生活哲学,折射出中西文化的差异。

八 《水浒传》反叛与规训:

1. 一个江湖行走的故事

这是一群好汉行走江湖的故事。

《水浒传》又名《忠义水浒传》,也称《水浒》。一般认为作者是施耐庵,作于元末明初。《水浒传》开创了中国白话长篇章回小说的先河,是中国四大名著之一。与《三国演义》《西游记》一样,《水浒传》也是在民间传说、戏曲、评书等基础上,由文人加工而成的作品。作为长篇章回小说,无论是思想格调,语言表达,还是故事的讲述方式,都带有明显的民间艺术色彩,对后世影响很大。

《水浒传》传世版本很多。主要有一百二十回本和金圣叹七十回本。金圣叹(1608—1661年),明末清初人。此人狂放不羁,能文善诗,因岁试作文怪诞而被黜革,绝意仕进,以读书著述为乐。评注不少古典,是个怪异卓绝的人才。他将一百二十回本中的七十一回以后受招安、打方腊等内容删掉,增入卢俊义梦见梁山头领全部被捕杀的情节以结束全书,史称"腰斩"。金圣叹的七十回评点本是最为流行的本子。

《水浒传》讲述了108个好汉"撞破天罗归水浒,掀开地网上梁山"的造反和聚义的故事。美国汉学家浦安迪说中国古典章回小说喜欢以百回成篇,追求所谓的圆满之感,而百回之下又常以十回为节点,形成一种特殊的节奏律动。姑且不论这个说法是否合理,仅以《水浒传》的前七十回而论,还是有些道理的。请看:

第一回至第十回,在讲述了《水浒》故事的缘起之后,由史进而转

版本参照:《水浒传》(人民文学出版社2005年版)。施耐庵著。

入鲁智深与林冲的故事,这就是所谓的"鲁十回"。

第十一回至第二十回,主要讲述杨志、宋江的故事,以宋江为主。这里又勾连出晁盖、吴用、阮氏三雄、公孙胜、刘唐、白胜等人。第十八回宋江私放晁盖,成了梁山的恩人,奠定了他最终上梁山的根由。

第二十一回至第三十回,是武松传。

第三十一回至第四十回,又转入了宋江传,这就是"宋十回"(也有人将三十二回到四十二回称为"宋十回")。在这十回中,插入了花荣、秦明、戴宗、李逵、张顺等其他人物的小传。"白龙庙英雄小聚义"之后,小说重点叙述集体行动,后来的三打祝家庄、荡平曾头市等,都是大聚义前的集体行动。

第四十一回至第五十回,叙述李逵、杨雄、石秀等人的故事和三打祝家庄的故事。

第五十一回至第六十回,继续收罗各种头领、朝廷将领的过程,呼延灼、徐宁等在此时加入梁山。

第六十一回至第七十回,围绕卢俊义展开,即"卢十回"。

最完整、最标准的十回结构莫过于"武十回"。武松的十回传记从第二十三回至第三十二回,非常完整地叙述了武松的故事。从他在柴进庄上的第一次出场,到他景阳冈打虎,手刃潘金莲,斗杀西门庆,十字坡遇险,醉打蒋门神,大闹飞云浦,血溅鸳鸯楼,武松是当仁不让的唯一主角。

"收罗一百八人,亦大难事",于是小说选用了"超级链接式"的结构形式,将众多人物、事件一个套一个地连接起来。每个好汉出场,便是一篇人物列传,相对独立,但又为下一个人物的登场做好铺垫,互相勾连,彼此照应。如王进受高俅的迫害,被迫逃出东京,远走华阴,引出了史进;而史进被逼,不得不出逃渭州寻师,引出了鲁达;鲁达被逼,流落东京,又引出了林冲;林冲受高俅的陷害,被逼上梁山、为纳"投名状",又引出了杨志;宋江在柴进庄上与武松相遇,引出了武松;武松十字坡遇害,引出张青、孙二娘,再引出施恩,等等,都是一个连接一个,有专家用"群山万壑赴荆门"的诗句来形容这种出场方式,真是形象极了。

也有一些人物,其行踪断断续续出现在其他人物的故事中,比如柴进。他首次出场是在林冲传中,他接待了遭难刺配沧州的林冲,导演了精彩的"林冲棒打洪教头"。林冲杀死仇敌陆谦之后,又逃到柴进庄上。于是,柴进把林冲荐举到梁山落草。这之后,柴进又活跃在宋江传里,宋江杀死阎婆惜出逃,首选逃亡柴进庄里。等到柴进再次出现,已是在雷横、朱仝的故事中了,且同李逵的故事交叉起来。李逵奉命杀死朱仝照看的小衙内,诱逼朱仝追赶到柴进庄上。由于李逵与朱仝不和,吴用命李逵暂留庄里。接着,发生了李逵打死殷天锡,柴进失陷高唐庄的事件,并诱发了攻打高唐州的战斗。柴进先后出现在林冲、宋江、武松、朱仝、李逵等人的故事中,明显地起着勾连人物和故事情节的作用。

古典章回小说不仅在结构上追求完满,在内容上也追求有始有终,循环往复,形成一种前后呼应、首尾关合的阅读效果。

《三国演义》开首指出"分久必合,合久必分"的历史规律,名为"三国演义",实则从统一的东汉,经历纷乱的三国,最后回到统一的西晋,构成一个完满的"圆"。

《西游记》中唐僧师徒原是天界之人,历经81难,终于取经成功,脱去凡胎回归天界,形成了大团圆。

《红楼梦》就是一块石头下凡历经劫难又回归天界的故事。

《水浒传》更是如此,从洪太尉"误走妖魔",历经梁山大聚义再到招安后风流云散,回归天界,构成一个与天地循环相契合的结局。

金圣叹认为《水浒传》的结构布局,是"字有字法,句有句法,章有章法,部有部法是也",应该不算是夸饰之语。

2. 就是不服你

江湖好汉武松

风可以吹起一张纸片,

却无法吹走一只蝴蝶,

因为生命的本质,就在于不顺从。

这就是生命的自由意志,这就是生命最原始的主体力量。

读《水浒》,最让人震撼的,就是这来自生命深处的最原始、最粗野、最质朴的冲动。这是一群大块吃肉大碗喝酒、敢作敢当、雷厉风行、视死如归、快意恩仇的好汉,在他们的人生哲学中,没有明哲保身,没有贪生怕死,没有优柔寡断,没有暧昧缠绵。仅仅为了那一点做人的尊严,或为了那一点点正义感,为了那一点路见不平的愤怒,为了那一口难咽的恶气,为了睚眦必报的血性,他们就会大吼一声,挺身而出。这样的血性,这样的断然,这样的风采,自然让人心旌摇荡,心驰神往。

梁山好汉,就是这样一群不顺服的人。有的不服地痞,有的不服豪强,有的不服官府,还有人不服皇上。这种不服,有的出于一时的激愤,有的出于生活的遭际,有的出于自己的理念,有的出于不服从的天性……总之,就是不服你。

武松堪称江湖上的自由战士。108个好汉排座次,武松排在36天罡星之第14位。但金圣叹特别偏爱武松,他说武松当为"第一人":"然而此一百六人也者,固独人人未若武松之绝伦超群。然则武松何如人也?曰:武松,天人也。武松天人者,固具有鲁达之阔,林冲之毒,杨志之正,柴进之良,阮七之快,李逵之真,吴用之捷,花荣之雅,卢俊义之大,石秀之警也。断曰第一人,不亦宜乎?"金氏才子称武松为"天人",显然是因为武松的个性魅力吸引了他。

武松的天性中有一种不服、不从、不依、不饶、天不怕、地不怕的英雄气质。即便沦落天涯,也不改浪子之心;即使寄人篱下,也不自矮三分。小说中的武松出场是在柴进庄上,当时他正躲官司,一躲就是一年多。恰逢宋江酒醉,走路趔趄,无意间冒犯了他。以武松那脾气,自然是火星溅到柴草堆里,大发雷霆。有人劝他"不得无礼",因为此人乃柴大官人的"亲戚客官"。武松听了,却是火上浇油,愤愤不平地说:"客官,客官!我初来时也是客官,也曾相待的厚。如今却听庄客搬口,便疏慢了我。正是人无千日好,花无摘下红。"他就不去想一想,你在人家庄上一住就是一年多,惹是生非,搞得鸡犬不宁,你还想人家待你若上宾?可武松不这样想,他自说自话,自视甚高,不容别人对他有一丝的挑衅、羞辱和蔑视。

武松的这个性格,在景阳冈打虎一节中表现得最为明显。先是"三碗不过冈"的酒幌让他不服,凭什么三碗就不能过冈?是英雄,喝酒就不能服输。死缠烂磨,软硬兼施,硬是喝了整整15大碗。接着,"吊睛白额大虫"的告示和店小二恐吓式的劝告又刺激了他:我武松是何等好汉,"便有大虫,我也不怕"。就这样硬是上了山。一直来到山神庙,看到门口张贴的那张带有印信的榜文,武松"方知端的有虎"。怎么办?要是换一个人,也就灰溜溜地原路返回了。但武松不是这样,他怕人"耻笑",他不能输了这口气,他要的是面子。

武松一路上山,固然是因为内心的疑虑,他怀疑这"老虎"是酒店揽客留客的花招,但更是因他心中的那份不服输、不服软的性格。这样的性格反过来强化了他对酒店的猜疑。就这样,他硬是自己制造了一个与老虎狭路相逢的机会。当然,从艺术创作的角度看,正是这样"打出常轨"(孙绍振语)的情节设计,才让武松的性格与气质得以淋漓尽致地展现,为后面的武松杀嫂、斗杀西门庆、十字坡斗法、醉打蒋门神、大闹飞云浦、血溅鸳鸯楼等惊心动魄的情节做了铺垫。但明知山有虎,偏向虎山行的冒失,着实让读者为他捏了一把汗。

武松自视甚高,却也有他傲慢的资本。他武艺高强,且嗜酒如命,酒量惊人。别人喝醉了浑身绵软,烂醉如泥,武松却是"带一分酒便有一分本事,五分酒五分本事,我若吃了十分酒,这气力不知从何而来"。打老虎,靠的就是天人般的神力;醉打蒋门神,靠的还是这股酒力。

武松不仅能打,还很有心计,有谋略。遇事不慌神,做事看机会,看得准,出手快,行得稳。武大死了,虽然既悲又愤,却不贸然动手。他找到殓尸的何九叔,拿到了两块带毒的骨头和西门庆贿赂的十两银子,这是西门庆合谋毒死武大的物证;又找到与武大一起捉奸的郓哥,这是西门庆与潘金莲通奸杀人的人证。人证、物证俱在,官府自然该替哥哥申冤。武松一开始还是寄希望于官府的。因那西门庆使了钱,武松的正当要求被知县拒绝,但他依然有条不紊,决不让仇恨与愤怒遮蔽了自己的理智。他是个都头,知道杀人的后果和规避法律的路子,于是做了精心的准备和周密的安排。他把街坊四邻请来作证,令潘金莲、王婆当众交代合谋杀人的罪行,录了口供,并让四邻签字。这一切都办完之后,才手刃潘金莲,斗杀西门庆,独留王婆性命,带着四邻到县府自首。武松最后被从轻发落,脊杖四十,刺配孟州,保全了性命,这与他的冷静和周全是分不开的。

"醉打蒋门神"那一仗,武松看似酒气熏天,实际上十分清醒和冷静。他自知身为囚徒,再不能闹出命案,所以十分克制,蒋门神一求饶,武松便停下不打了。他知道自己的目的,便提出饶命的三个条件:一是归还快活林;二是让快活林"为头为脑的英雄豪杰"与施恩陪话;三是不许在孟州居住。蒋门神答应了,武松便将他放了,适可而止。武松与林冲一样,遇事冷静理性,但不会像林冲那样能忍则忍,委曲求全;武松与李逵一样,下手干脆,出手狠毒,但绝不像李逵那样莽撞和轻率。

武松天性中有一种桀骜不驯的气质,但却缺乏明确的是非与善恶观念。用民间的俗话说,就是典型的吃软不吃硬。只要你对他服软,俯首称臣,给他戴高帽子,用心奉承与恭维,武松就心花怒放,什么是非善恶,他也就顾不过来了。这是武松的缺点。金圣叹一语道破了武松的"心事":"武松平生一片心事,只是要人叫声好男子。"所以,施恩好酒好菜可以收买他,张都监说几句好话,武松也信以为真,马上发誓:"若蒙恩相抬举,小人当以执鞭坠镫,伏侍恩相。"结果中了张都监的奸计。所以,武松做事,既可以万古流芳,也可能遗臭万年。比如醉打蒋门神,武松到底是在维护正义,还是在为邪恶张目?很难说清。的确,蒋门神可恶,他依仗张都监的权势,又仗着自己有点本事,强占了施恩的快活林。但施恩呢,这位孟州牢城营官营相公的儿子,也是靠父亲的权势经营快活林的酒店生意。施恩与蒋门神之间,本来就是个黑吃黑的事情。施恩有心结交武松,安排武松住单间,不服劳役,不受刑罚,一日三餐好酒好肉伺候着。就这样,施恩把武松收买了。假设蒋门神占了先机,以同样的手段笼络武松,武松又该怎样选择呢?显然,武松这样的人,归根到底缺乏自己的价值判断,今天是英雄,难免明天不沦为帮凶。

以此看,性格本身无所谓好坏。性格对人生的影响,是个很复杂的事情。

在招安事件中,武松是反对声音最高的人之一。在梁山好汉排座次的仪式上,面对"望天王降诏,早招安"的颂词,武松断喝道:"今日也要招安,明日也要招安去,冷了弟兄们的心!"这话让宋江颇为寒心,不禁潸然泪下,埋怨道:"兄弟,你也是个晓事的人。我主张招安,要改邪归正,为国家臣子,如何便冷了众人的心?"从第一次见面开始,宋江都在给武松洗脑,反复申述招安的好处,不想在这个节骨眼上,武松却是如此让宋江失望。其实,宋江早该明白,这样一个天性热爱自由、自我意识特别强烈的人,怎会心甘情愿被招安?

这是武松的性格决定的。最后,武松抛却红尘,出家为僧,同样是出于天性的选择。

义勇侠客鲁智深

鲁智深是一个义勇的侠客,"该出手时就出手"的好汉。鲁智深的愤怒与出手,更多出于内心的那份朴素的正义感,那一份未受污染的良知。金圣叹这样评鲁智深:"写鲁达为人处,一片热血,直喷出来。令人读之,深愧虚生世上,不曾为人出力。"梁山号称108个好汉,其实真正称得上好汉的不多;而真正称得上侠义之士的,更是屈指可数。而鲁智深,善恶分明,疾恶如仇,不畏权势,除暴安良,扶助弱小,好打不平,敢作敢当,是一个光明磊落的好汉,是一个真正的"侠士"。

鲁智深又名鲁达,人如其名,他不受束缚,自由不羁;他虽然出身行伍,整日与棍棒为伍,但出淤泥而不染,身上始终闪耀着良善的光芒。他心胸浩荡,童心烂漫,为所欲为而又不悖乎人情天理。自由,是他生命中最美丽的华彩;纯真,是他生命最本质的底色。"遇事便做,遇弱便扶,遇硬便打。"打死郑屠,解救金氏父女,与史进合力剪除邱小乙、崔道成等恶僧妖道,均是率性而为,绝非沽名钓誉,也不是简单的任性使气。

鲁智深同情弱小,他最不能容忍的,便是恃强欺弱,以大欺小,欺男霸女。他特别怜惜受到伤害的弱女子。梁山好汉向来视红颜为祸水,远离"难养"的女子与小人。但鲁智深不是这样。鲁智深先后帮过三个弱女子:一是被郑屠强霸为妾并敲诈的金老之女金翠莲,二是被逼婚的桃花村刘太公之女,三是林冲的妻子。

解救金翠莲父女时,鲁智深正与史进、李忠一起吃酒,兴致很浓。"说得入港,只听得隔壁阁子里有人哽哽咽咽啼哭。鲁达焦躁,便把碟儿盏儿都丢在楼板上。"以鲁智深的焦躁和直爽,搅扰了他的酒兴,自然要暴跳如雷。但当他听说这是一对父女时,鲁智深凭自己的生活经历,断定其中一定有什么曲折与隐情。所以,他没有驱赶,也没有怒骂,而是吩咐道:"可是作怪,你与我唤的他来。"这就是天然的同情心,这就是善良的天性。一听说郑屠仗势欺人,他便勃然大怒。问清事由之后,便大包大揽下这件与自己完全无关的事情。且凑了银子,给金家父女作盘缠。鲁智深是个眼里揉不进沙子的人,为了这一点不平,他"晚饭也不吃,气愤愤的睡了"。第二天大清早,鲁智深就来到金翠莲父女租住的小店,唯恐店小二去拦截翠莲他们,就"向店里掇条凳子,坐了两个时辰。约莫金公去的远了,方才起身",为金氏父女赢得了宝贵的逃跑时间,然后才不紧不慢去找郑屠。粗犷的鲁智深何来这份细心? 就在于他对受苦受难者的同情,对弱者设身处地的怜悯。

当代杂文家聂绀弩说,鲁智深"完全忘我,完全无畏,完全只问是非曲直,不计个人利害,路见不平,连一秒钟也不踌躇,立即插身于两者中间,面对着强暴者,叫弱小者让开——从此天大的事都与别人无关,只要他鲁智深一人担当就行了。碰见郑屠欺压金老父女,就打郑屠……这是人性的极峰,也是对于人性的最高理想"。

此言不虚。

在与林冲的友谊中,更见出鲁智深的真心与赤诚。野猪林的那段对白,鲁智深对朋友的用心之真之诚之切,真是暖人心怀:

> 兄弟,俺自从和你买刀那日相别之后,洒家忧得你苦。自从你受官司,俺又无处去救你。打听的你断配沧州,酒家在开封府前又寻不见,却听得人说监在使臣房内。又见酒保来请两个公人,说道:"店里一位官人寻说话。"以此洒家疑心,放你不下,恐这厮们路上害你,俺特地跟将来。见这两个撮鸟带你入店里去,

洒家也在那店里歇。夜间听得那厮两个做神做鬼,把滚汤赚了你脚,那时俺便要杀这两个撮鸟,却被客店里人多,恐妨救了。洒家见这厮们不怀好心,越放你不下。你五更里出门时,洒家先投奔这林子里来,等杀这厮两个撮鸟。他倒来这里害你,正好杀这厮两个。

这段诉说,既有久别之后的思念,又有对遇难兄弟的忧心,有无从下手营救的焦虑,还有对兄弟命运的忧患。这位顶天立地的汉子,原来也是这般至真至纯。难怪有论者戏谑说,看鲁智深的这番言论,真似妻子与夫君重逢的口吻。鲁迅先生说:"无情未必真豪杰。"确实,有情有义才是真英雄。

这位率真、纯真的汉子,容不得暴虐与邪恶,也容不得丝毫的卑怯、浑浊和暧昧。所以,他邀约李忠同去饮酒,李忠说:"待小子卖了膏药,讨了回钱,一同和提辖去。"鲁达便回道:"谁耐烦等你,去便同去。"给金翠莲凑银子的时候,见李忠"去身边摸出二两来银子",鲁智深嫌少,便道:"也是个不爽利的人。"索性不要了。虽然鲁莽,毕竟直爽。

正是因了这份真,这份纯,虽然他大闹五台山,吃狗肉,喝得酩酊大醉,暴打众僧,但智真和尚依然坚信鲁智深是最有佛性的人。后来,鲁智深果然坐化杭州,应了智真和尚的预言。

此中真是大有深意。

英雄本色林冲

与武松、鲁智深相比,林冲是一个能够忍辱负重的人,但他的本色,是一位敢作敢当的好汉。他忍,一再地忍,一直到了忍无可忍,是因为他的社会地位,他的家庭牵绊,他的生活态度,他的人生哲学,他的理性与冷静;他不能忍,因为他内心里同样有着男子汉的尊严。

与梁山上的那些赳赳莽夫相比,林冲的气质显属另类。林冲的出场,给人的感觉不像个80万禁军枪棒教头,倒像是个饱读诗书的翩翩儒生。你看:

> 头戴一顶青纱抓角儿头巾,脑后两个白玉圈连珠鬓环。身穿一领单绿罗团花战袍,腰系一条双搭尾龟背银带。穿一对磕瓜头朝样皂靴,手中执一把折叠纸西川扇子。

这位武艺超群的禁军教头,手里拿的,竟是一把"折叠纸西川扇子",这出场真是别致。这把扇子,一则可见出林冲的儒雅与潇洒之气,二则也可见林冲的日子过得是多么优游闲散。

林冲虽为80万禁军教头,但他的人生理想,不过就是过一个普通人的正常生活。在梁山好汉中,能真心爱惜自己的家庭、爱护自己的妻子、珍惜自己羽毛的,除了林冲,难找第二人。他对生活的要求并不高,所以,他才自以为忍一忍,让一让,就能够全身远祸,保全家人。林冲对恶的一再忍让,不能简单理解为软弱,在很大程度上,是正常人渴望正常生活的理性选择。中国人总是讲"退一步,海阔天空",可是在评价林冲的时候,总是有些苛责。这是因为一开始就把林冲当作了"神"了。

有人说,林冲一见调戏自己妻子的是高衙内,"先自手软了"。这样的分析也太概念化了。在一个讲究等级座次、张扬权力霸道的社会,林冲的反应实属正常。林冲虽然没动手,心中却有一股怒气,小说描写林冲"怒气未消","一双眼睁着瞅那高衙内",对这为非作歹的宵小之徒充满了愤恨与仇视,只是考虑到各方面的因素而没有发作罢了。

遗憾的是,忍让有时候并不能唤醒恶人的良知。高衙内有恃无恐,非但没有丝毫的收敛,反而变本加厉,再设奸计,唆使陆谦诓骗林妻到陆宅,以供高衙内淫乐。若非林冲偶然得知消息,妻子定然落入虎口。暴怒之下,林冲将陆谦家"打得粉碎",拿了一把解腕尖刀,等了陆谦三日方始作罢。林冲等的是陆谦,而不是元凶高衙内。有人说,林冲不敢得罪高衙内,只得迁怒于人,将怒火宣泄在陆虞侯身上。这样的指责也有点偏颇。首先,林冲赶到现场的时候,高衙内早已逃之夭夭。若高衙内还在现场,仇人相见,想必林冲也会眼红吧？找陆谦报复,这却怪不得林冲。陆谦说"他和林冲最好",二人平日称兄道弟,但陆谦却是一个"只要衙内欢喜,却顾不得朋友交情"的阴险狡诈的势利小人。朋友的不义与背叛,比起无关者的欺凌,更让人痛恨。而且,收拾陆谦,也能敲山震虎,杀鸡儆猴,让作恶者畏而止步。如此看来,与软弱何关？说到底,还是为了保全自己的家庭,保全眼前正常的日子。文学评论家刘再复先生说林冲是一个生命感觉最正常的人,此话甚是。不能总拿武松、鲁智深这样的火暴性子来对比林冲,林冲的禀赋、处境与他们根本没有什么可比性。

"误入白虎堂"被诬发配后,林冲依然没有放弃回归正常生活的希望。即使在野猪林险遭杀手,他依然阻止了鲁智深杀死两个公人的做法。他知道,董超、薛霸可恶,可他们是官府的差役,是政权的工具,一旦杀了他们,就意味着与官府的彻底对立。他坚信,只要不犯命案,只要不开杀戒,就有机会重归家庭。只是到了火烧草料场,林冲才彻底断了回归的念头,愤然反击,从此走上了不归之路。

林冲的忍让一向被人诟病,这其实也暴露了俗人们的毛病,首先便是一种求全责备、吹毛求疵的心理在作怪；其次,还有一种旁观者的心态。事不关己,便可大发厥词,高谈阔论,指手画脚,鸡蛋里头挑骨头,在唾沫横飞的议论中,人人都是好汉,个个都是英豪,真是站着说话不腰疼。其实,若是身处其境,不知会做出怎样可笑的举动哩。

林冲并不缺少血性,只不过他不轻易出手,不迁怒于人,不滥杀无辜。林冲行事,权衡利弊,考虑全局,兼顾他人,有理、有力、有节,闪现着智慧与理性的光芒。当他发现妻子被无赖（其实是高衙内）拦在大街上的时候，他"赶到跟前，把那后生肩胛只一扳过来，喝道：'调戏良人妻子，当得何罪！'"显然，林冲并不想置人于死地，只是想警告他一番。设想一下，若是李逵、鲁智深或武松见了，会是怎样的一番情景？一定是一番拳脚，暴尸街头。难道这样就是对的吗？这不就是血腥暴力的心理在作怪吗？

正是因为一忍再忍，等到林冲开了杀戒、血债血偿的时候，读者不但不觉得血腥，反倒觉得痛快淋漓，大快人心！林冲是一个富有理性的血性英雄，他的"忍"虽然沉闷，却像一座火山，一旦喷发，便显耀出壮观的火焰。

即便在暴怒之下杀了陆谦等三人，林冲也没有因仇恨而失去理智。这一点将他与武松区别了开来。武松在鸳鸯楼"共计杀死男女一十五名"，除了张都监、蒋门神、张团练这样罪大恶极十恶不赦的，这其中还有多少无辜的人？再看看李逵在江州劫法场，一斧头排头砍下去，又连累了多少无辜的百姓？

林冲杀了陆虞侯三人离开草料场后，小说有一段描写。在这风雪之夜，林冲饥寒交迫。他来到一座草屋：

> 推开门，只见那中间坐着一个老庄客，周围坐着四五个小庄家向火，地炉里面焰焰地烧着柴火。林冲走到面前，叫道："众位拜揖。小人是牢城营差使人，被雪打湿了衣裳，借此火烘一烘，望乞方便。"庄客道："你自烘便了，何妨得。"林冲烘着身上湿衣服，略有些干，只见火炭边煨着一个瓮儿，里面透出酒香。林冲便道："小人身边有些碎银子，望烦回些酒吃。"老庄客道："我们每夜轮流看米囤，如今四更，天气正冷，我们这几个吃尚且不够，那得回与你。休要指望。"林冲又道："胡乱只回三五碗，与小人荡寒。"老庄客道："你那人休缠，休缠！"林冲闻得酒香，越要吃，说道：

"没奈何,回些罢。"众庄客道:"好意着你烘衣裳向火,便来要酒吃。去便去,不去时将来吊在这里。"林冲怒道:"这厮们好无道理!"把手中枪看着块焰焰着的火柴头,望老庄客脸上只一挑将起来,又把枪去火炉里只一搅,那老庄客的髭须焰焰的烧着。众庄客都跳将起来,林冲把枪杆乱打。老庄客先走了。庄客们都动弹不得,被林冲赶打一顿,都走了。林冲道:"都去了,老爷快活吃酒。"土坑上却有两个椰瓢,取一个下来,倾那瓮酒来吃了一会。

林冲终于突破了自己的底线,开了杀戒,这意味着他彻底走上了反叛的不归之路。滥杀者有一个逻辑:杀一个人是杀人,杀一百个人还是杀人。可林冲不是这样。他一开始低三下四,客客气气,一再相求,到最后,也只是挑起"火柴头",将这一帮人撵走了事。

林冲的忍耐,源于他对美好生活的渴望;林冲的愤怒,则源于内心深处神圣不可侵犯的尊严。

不服你,这是一种生命的力量。毕淑敏在《珍惜愤怒》中这样写道:"愤怒是人的正常情感之一,没有愤怒的人生,是一种残缺。当你的尊严被践踏,当你的信仰被玷污,当你的家园被侵占,当你的亲人被残害,你难道不滋生出火焰一样的愤怒吗?当你面对丑恶,面对污秽,面对人类品质中最阴暗的角落,面对黑夜里横行的鬼魅,你难道能压抑住喷薄而出的愤怒吗?!"

3. 野性的规训

当法律成了玩物

梁山的世界充满了不服、仇恨、反抗,这里宣泄的是不服的愤怒,张扬的是力的哲学,奉行的是斗争的逻辑。其实,人在本能上都是不服从和叛逆的,是文明和教化驯服了这些野性。梁山好汉们如脱缰野马般的行径,恰恰说明了法律的失控,道德的失范和文化的失序。这是一个混乱的世道。

人类文明的进步,不仅表现在对自然环境的适应、改造和征服上,表现在对社会关系的理解与处理上,更表现在对人性的认识和驾驭上。

人性问题是最古老、最蛊惑人心、最难证实或证伪的问题。孟子主张"性善论"。他认为"人皆有不忍人之心","不忍人之心"就是"性善"之端。基于性善论的假设,在人性的规训上,孟子强调道德的教化和礼仪的浸染。荀子则主张"性恶论"。他说,"凡人有所一同。饥而欲食,寒而欲暖,劳而欲息,好利而恶害。是人之所生而有也,是无待而然者也,是禹桀之所同也"。在荀子看来,贪图享乐,好逸恶劳乃人之天性。他看到了人性中恶的因子,更强调法律的惩戒作用和规则的约束力量。

在《水浒传》的世界,皇帝无能,官府昏庸,社会腐败,法律对社会的控制力越来越弱,而道德对人心的影响力也越来越乏力。尽管宋江一再称颂徽宗皇帝"至圣至明",但实际上就像画饼充饥,这"至圣至明"的天子却始终不分忠佞,姑息养奸。高俅、蔡京、童贯之流狼狈为奸,陷害忠良,排除异己,任人唯亲。大名府的梁中书是蔡京的女婿,青州知府慕容彦达是徽宗贵妃的兄弟,江州知府蔡得章是蔡京的第九个儿子,高唐知府高廉是高俅的叔伯兄弟,华州城贺太守是蔡京的门人,殷天锡是高廉的妻舅,高衙内是高俅的干儿子。这些人仗势欺人,为非作歹,鱼肉百姓。整个社会贪污盛行,腐败堕落,斯文扫地。

首先便是法律的失控。

对于官府来说,水泊梁山首先就是一个非法的存在。林冲、宋江、武松、戴宗、卢俊义、柴进等人,都曾经是阶下囚。他们或被刺配或被杖刑或遭长途押解,甚至还有从刑场上死里逃生的。像揭阳岭上的李俊、李立,揭阳镇上的穆春、穆弘,浔阳江上的张顺、张横,都是当地欺行霸市、杀人越货的恶霸。鲁达拳打镇关西、母夜叉孟州道卖人肉、七星智取生辰纲、武松醉打蒋门神、张都监血溅鸳鸯楼、石秀大闹翠屏山、众好汉江州劫法场、浪里白条张顺诛杀李巧奴等,都是以武犯禁,以身犯法。但他们不仅成功地逃脱了法律的制裁,还因此声名鹊起,赢得了社会的同情与喝彩。从某种程度看,杀人越货反成了义举,脸上的金印倒成了荣耀的旗帜。这已经说明,法律本身已经失去了合理性,丧失了基本的公道与正义,也失去了对社会最基本的影响力与控制力。

官位就是法律,嘴巴就是条文,法律成了权力的奴婢和工具,这在《水浒传》的世界里,是个通行的法则。高俅一上任,就要求"所有一应合属公吏衙将,都军禁军,马步人等,尽来参拜",80万禁军教头王进因病未能参拜,高俅就认定他"抗拒官府",随便定下罪名,下令抓来治罪。其实他是公报私仇,以发泄被王进父亲殴打之仇。高俅迫害林冲,从头至尾,都假借法律的名义,在法律的幌子下公然作恶。案子到了开封府,有这样一段情节:

府尹道:"他做下这般罪,高太尉批仰定罪,定要问他'手执利刃,故入节堂,杀害本官',怎周全得他?"孙定道:"这南衙开封府不是朝廷的,是高太尉家的?"府尹道:"胡说!"孙定道:"谁不知高太尉当权,倚势豪强,更兼他府里无般不做,但有人小小触犯,便发来开封府,要杀便杀,要剐便剐,却不是他家官府?"

府尹与孙孔目的这番对话,暴露了官场上公开的秘密。开封府就是高太尉家的,是非曲直还不是高俅说了算?林冲毕竟幸运,正巧遇到了为人耿直的孙孔目,否则当时就可能毙命公堂。可是,绝大多数执法者都是贪赃枉法、徇私舞弊之徒,一个孙孔目,又怎能左右这个社会的风气?

不仅权力左右着法律,金钱也买卖着法律。小说中,"通关节""打点""作活"文案,这样的词语频频出现。监狱里的管营、节级与差拨,是司法体制的"神经末梢"。这些人看起来人微言轻,微不足道,但决不可小觑,所谓"县官不如现管",不管你是达官贵人,还是英雄豪杰,一旦落到他们手里,不死也要脱层皮。宋太祖武德皇帝立下一条规矩,凡是新发配到牢城营的囚犯,都必须打一百"杀威棒"。这个规定不仅赋予了管营、差拨合法的加害权,也为其榨取钱财留下了进退自如的操作空间。打与不打,打轻打重,甚至打死打活,只看你孝敬的银子是否到位。结果,这非法的贿赂倒成了"常例钱"。宋江被押解到江州,只因他没有及时送上"常例钱",就有了如下对话:

> 宋江说道:"节级,你要打我,我得何罪?"那人大喝道:"你这贼配军是我手里行货,轻咳嗽便是罪过!"宋江道:"你便寻我过失,也不计利害,也不到的该死。"那人怒道:"你说不该死,我要结果你也不难,只似打杀一个苍蝇!"

打死一个罪犯,如同拍死一只苍蝇,想必戴宗这话并非恐吓之语,在他和李逵手里,不知有多少无辜的冤魂!读者往往只看到了戴宗作为梁山好汉的英雄壮举,却看不到他滥施刑罚、勒索钱财的丑恶行径,这种选择性的评价显然是偏颇的。

不仅金钱与权力公然践踏着法律,人情好恶也以温情脉脉的方式左右着法律的公正。武松诛杀了西门庆与潘金莲,押着王婆到阳谷县衙门自首。那个曾经受过西门庆贿赂的县令或许良心发现,"念武松是个义气烈汉",有意搭救他,便与手下吏员商议:

> 念武松那厮是个有义的汉子,把人们招状从新做过,改作:"武松因祭献亡兄武大,有嫂不容祭祀,因而相争。妇人将灵床推倒。救护亡兄神主,与嫂斗殴,一时杀死。次后西门庆因与本妇通奸,前来强护,因而斗殴。互相不伏,扭打至狮子桥边,以致斗杀身死。"

一桩显而易见的私自复仇的故意杀人案,却被他们改成了因互殴致死人命的激情杀人案。这就是"作活"文案。对此,其上司东平府尹陈文昭心知肚明,但陈"是个聪察的官",有正义感,讲义气,他不仅不去揭穿事实,追究下属的责任,反而主动为武松找关系,通关节,终于免了武松死罪。陈文昭如此袒护武松,并非为了金钱,也不是为了显摆权力的威风,只是哀怜他为兄报仇,"是个仗义的烈汉"。读到这里,我们都会因为对武松的同情而理解了这些"好心"官员的做法,甚至不由得对他们肃然起敬。其实,从法律角度说,这不还是知法犯法、以情害法吗?传统社会是个讲究人情世故的社会,人情对法律的伤害,有时候并不亚于权力对法律的渗透。对后者,人们深恶痛绝;对前者,人们却是褒贬不一。

在权力与金钱的作用下,贿赂公行,枉法滥法,司法一片黑暗。身为公差,宋江为晁盖通风报信,朱仝、雷横以执法为名,假公济私,放走晁盖。宋江杀死了阎婆惜,负案逃匿,知县派公人到宋家庄捉人。宋太公却拿出一张与宋江断绝父子关系的文帖,此案便以悬赏通缉了事。宋江向以"孝义黑三郎"而闻名,对父亲是百依百顺,却被父亲告了忤逆,开除了户籍,断绝了父子关系,个中情由,众位公人自然明白。执法者因为懂法,"吏道纯熟",反而更容易钻法律的空子。

武松孟州入监,施恩为之上下打点;宋江郓城杀人,朱仝为之上下打点;宋江充军江州,吴用为之上下打点;卢俊义北京蒙难,柴进、李固都去打点,不过,一个是要他活,一个是要他死。只要有案子,就会有打点;只要有打点,就会有枉法。在《水浒传》里,这已经是司法界流行的潜规则,人人遵守,人人奉行,没有人觉得有什么不对,小说作者在叙述这些事的时候,口吻也是平淡无奇,像吃饭穿衣一样再正常不过。

法律一旦成了玩物,每个人都可能成为受害者,体制内的走狗也难以幸免。济州府为了抓杨志,逼迫缉捕使臣何涛,限他十日之内捉到案犯,不然,"先把你这厮迭配远恶军州雁飞不到去处!"并且在何涛脸上刺下"迭配……州"的字样,中间两个字空着,根据何涛的追捕情况,再填上相应的州县名。这是何其荒唐!而穷凶极恶的何涛,此刻又是多么可怜!

法律是一个社会的底线的规范。一旦法律的防线突破了,社会一定会陷入失控的状态。

忠义的悖论

传统中国社会,是个礼法并重的社会。在观念上,对道德与礼教的重视甚至超过了法律。《水浒传》通过江湖与朝廷之间的对立与互动,表达了对"忠"与"义"的张扬。"水浒传"又称"忠义水浒传",寓意正在于此。所谓"忠",就是忠君之心;所谓"义",便是兄弟之情。

其实,108个好汉聚义梁山泊,靠的不是对皇帝和朝廷的"忠"。相反,多数人对朝廷充满了怨恨和忌惮,像鲁智深、武松、林冲、李逵、燕青一干人,对朝廷始终怀有深深的戒备,对皇帝也大为不敬。他们凝聚在一起,靠的是兄弟间的"义"。通过"结义",这些异姓人、陌路人成了兄弟,其情义甚至超过了同胞骨肉。所谓"各无异心,死生相托,吉凶相救,患难相扶,一同保国安民","保国安民"姑且不论,"死生相托,患难与共"显然是结义的直接动因。

小说中结义的仪式随处可见。好汉们三两杯酒下肚,彼此投缘,相见恨晚,便对天发誓,歃血为盟。在第七十一回排座次之前,好汉们分散在各地,三三两两各自结义,如鲁智深与史进结义,鲁智深又与林冲结义;武松与张青夫妇结义,又与施恩结义,然后四人共同结义。这样你来我往,纵横交错,到第七十一回的时候,已经形成了一个严密的网络,每个人都被"网"到了网络之中。于是,条件已然成熟,众好汉在"忠义堂""一齐跪在堂上"对天盟誓,这就是总结义、大结义。一个"义"字,将108个好汉联为了一体,成为一个独立于社会的团体。

《水浒传》中最能体现这个"义"字的,莫过于宋江。作为一个领袖,宋江武艺平平,远不及他的兄弟们,如同唐僧的武艺赶不上他的徒弟们一样。而且宋江其貌不扬,既黑又矮,地位卑微,不过一个小吏。但就是这样一个人,却闻名遐迩,声震江湖,具有强大的号召力和凝聚力。宋江结交了那么多好汉,从武松到李俊,从王英到戴宗,从张顺到李逵,结交的路数却是大同小异。所谓不打不相识,多以误会、冲突甚或争斗开始,以"纳头便拜"结束。好汉们在一句"莫不是山东及时雨宋公明"的质疑之后,都久旱逢甘霖一样,跪拜在宋大哥面前。这个场景反复出现,无非是为宋江登上梁山第一把交椅做好铺垫。众英雄何以心甘情愿拜倒在宋江名下?说到底,只为一个"义"字。

宋江极重义气,为兄弟两肋插刀,在所不辞,确实做到了生死与共,有福同享,有难同当。晁盖劫夺了生辰纲,朝野震惊,济州府布下天罗地网,晁盖已成瓮中之鳖。在这九死一生的危急关头,宋江却在何涛的眼皮底下,冒死出城,通风报信。没有江湖义气,断难做出如此举动。

宋江仗义疏财,为人慷慨,出手阔绰,"济人贫苦,赒人之急,扶人之困",在江湖上赢得了"及时雨"的美誉。读《水浒传》,读者大都惊讶,宋江的钱财可真多啊!第二十二回,逃难的宋江邂逅了躲难的武松,"宋江将出些银两来与武松做衣裳",临别又送武松一锭十两银子;第三十七回,发配江州的宋江与牢子李逵初识,"便去身边取出一个十两银子"交给李逵。李逵很感动:"难得宋江哥哥,又不曾和我深交,便借我十两银子,果然仗义疏财,名不虚传。"在宋江眼里,钱财乃身外之物,名声才是立身的资本,对金钱他毫不吝啬。只是这些银子,究竟从何而来?小说倒不做明白的交代。

宋江的仗义为他赢得了巨大的江湖名声,实际上也给他带来了丰厚的回报。怒杀阎婆惜,若非雷横、朱仝放水,宋江怎能逃离郓城县?从清风寨到揭阳岭,从郓城到江州,宋江一路逃亡,一路流放,从来没有脱离过兄弟们的保护。最后,登上梁山的第一把交椅,也是众望所归,人心所向,这是对宋江仗义的最丰厚的回报。

"义"是梁山英雄们遵从的最高美德,也是当时社会奉行的一个道德观念。武松、宋江在犯下人命官司之后,不仅得到了民间的同情,而且也得到了官府的袒护。他们这样做,并不是贪图钱财,而是出于对武松与宋江的敬重。这说明,"义"在民间具有广泛的群众基础和文化根基,对"义"的信奉,已经超过了对法律的信仰。为了义气,他们敢去践踏国家法律。

由此也可见出,作为道德范畴,"义"有其显而易见的局限性。"兄弟之义"不仅与"国家之法"存在着不可调和的矛盾,与社会大众也存在着尖锐的冲突。所谓的患难与共,仗义疏财,所谓的同富同贵,同生同死,都是有特定对象的,那就是兄弟之间,局限在"圈子"之内,一旦超出了这个"圈子",那就是杀戮和冷血,那就是敲诈和欺骗。宋江广散金银,他一个刀笔小吏,钱财从何而来?必然有不法勾当,必然来路不正。晁盖智取生辰纲,生辰纲固然是不义之财,但他们"杀富"却并不是为了"济贫",一旦劫掠在手,还不是被他们自己给分赃挥霍了？时迁为了攫取钱财而盗人坟墓；孙二娘开黑店,杀人劫财,还卖人肉馒头……为了个人的享乐,为了小团体的情义与利益,竟然可以践踏国家的法律,无视他人的性命,劫掠他人的钱财,这样的"义"岂不是很丑陋？血溅鸳鸯楼那一幕,武松见人就杀,丫头、马夫全部杀光,刀都杀得卷了口；宋江杀黄文炳,居然将黄文炳"一门内外大小四五十口尽皆杀了,不留一人"。这样滥杀无辜的"义",岂不是很残暴？

即使在兄弟内部,"义"的正面价值也是有限的。小说中,确实看不到好汉们为了金银财宝起内讧,为了座次而吵嚷,也不见为了女人而争风吃醋,"兄弟"的情义确实发挥了正面的整合作用。但既然是一个军事组织与政治组织,维系这个组织的,就不可能全是一个"义"字。其实,在日常生活中,梁山的军事纪律,早就取代了兄弟间的情义；而兄弟间的情义,又无情地取代了每个人的独立意志。说到底,兄弟间的"义",还是无法解决每个人的人生出路与生命价值问题。80万禁军教头林冲,对高俅恨之入骨,恨不食肉寝皮,杀高俅已经成了林冲的心病,也成了他衡量其人生价值的重要砝码。但兄弟们并没因此而成全他的愿望,他只能眼巴巴地看着他的仇人从他眼前大摇大摆地离开。此时此刻,兄弟之情又在哪里？仗义的宋大哥又在干什么？

在宋江眼中,兄弟间再大的"义",也赶不上对朝廷的"忠"。问题是,落草为寇,杀人越货,如何才算得了"忠"？在发配江州途中,宋江途经梁山泊,不让花荣为他开枷。他说:"此是国家法度,如何敢擅动！"坚决拒绝落草,认为那是"做了不忠不孝的人"。仔细分析这些话,处处都透出了虚伪与狡诈。既然遵守"国家法度",为什么为晁盖通风报信？为什么杀死了阎婆惜却不敢去接受法律的制裁？既然认为落草就是不忠不孝,为什么又要与这些"不忠不孝"的匪徒们称兄道弟？不知他在痛斥落草乃"不忠不孝"之行径时,他的兄弟们的脸面挂在何处?

在《水浒传》中,"忠"与"义"的矛盾十分尖锐。讲义气,就要维护兄弟间的情义,就要反抗官府,就要和朝廷对着干,就要维护和巩固梁山的利益,这就必然走向了不服从,走向了叛逆与反抗。讲忠心,就要牺牲生命的自我意志,绝对服从,忠于朝廷,效忠皇帝,不论朝廷有多么腐败,皇上有多么昏聩,都得维护赵家的江山社稷。一个朝廷,一个江湖,两者是根本对立的,你却硬要调和起来,结局必然是个悲剧,是个闹剧。

或许宋江是真诚的,他要为兄弟们寻找出路,通过招安来报效朝廷,报效国家,得个封妻荫子、光宗耀祖、名垂千秋的结果。但结果,奸臣们弄权,兄弟们离散,树倒猢狲散,这说明宋江的想法实在太天真了。最后,燕青隐逸江湖,鲁智深、武松遁迹禅宇,以对红尘的彻底放弃来获取生命的自由;而宋江、吴用等人,只能以生命的代价来消解忠与义的矛盾,换取一个"忠"的谥号。最悲哀的是李逵。他最终死在宋江手里,因为,只有这样才能保全他以及梁山好汉们的忠义美名。可是,代价却是生命的被迫消亡。

道德的价值在于其规范人心的力量。一旦与生命发生了尖锐的冲突,道德也就陷入了失灵与失范的尴尬。

不超越,难行远

除了法律与道德,一个时代的文化观念,也深刻地影响着这个时代的人们。《水浒传》的时代,不仅法律失控了,道德失范了、沦丧了,而且整个社会的文化观念也极其鄙俗,物欲至上,享乐成风,颓废萎靡,缺乏超越性的精神追求和生命价值。

梁山好汉们的人生梦想,大都停留在动物般的本能满足层面。

他们有着强烈的享乐欲望,尤其是物质财富的占有欲望。打鱼为生的阮氏兄弟,是因为羡慕"论秤分金银,异样穿绸锦,成瓮吃酒,大块吃肉"的生活,才欣然跟随吴用去打劫;浔阳江边的张横,"来也不认得爷,去也不认得娘","不爱交游只爱钱"。晁盖等人劫取生辰纲,完全是出于对"此一套富贵"的占有欲,用小说中的话说,即"做个下半世的快活"。晁盖本是富户,其他几个人的生活也不成问题,即如阮家兄弟这样的无产渔民,整天喝酒赌钱,也用不着为生计铤而走险。他们冒死打劫当朝太师的巨额寿金,就是为了过上大富大贵的日子。

《水浒传》对"吃"特别感兴趣。小说中有各式各样的茶房酒肆,好汉们常常出入其间。酒肉菜肴的铺陈,英雄好汉的酒兴食性,吃法吃相,是宴饮还是小酌,小说总是不厌其烦大加铺陈。吃吃喝喝的场面或细节,例如"安排了酒饭""取十瓶酒,一口猪,赏了众人""一只熟鸡""一盘肥鹅",诸如此类,真是不厌其烦,啰里啰唆。口腹之欲,这也是梁山好汉们的追求。

发达与快活是他们的人生理想。拉拢人入伙,常以物质为诱饵。戴宗路遇落魄的石秀,感慨道:"如此豪杰,流落在此卖柴,怎能勾发迹?不若挺身江湖上去,做个下半世快乐也好。"他怂恿石秀去梁山泊,"如今论秤分金银,换套穿衣服,只等朝廷招安了,早晚都做个官人"。说到底,他们的人生理想,就是俗不可耐的升官与发财。

如果说一般将领追求吃肉喝酒等低层次的物质享受,那么,宋江、卢俊义等领袖则更看重手握权柄和光宗耀祖的荣耀。他们常常提及的终极追求与美好图景,便是"封妻荫子""衣锦还乡"。宋江劝武松:"如得朝廷招安,你便可撺掇鲁智深、杨志投降了,日后但是去边上,一枪一刀,博得个封妻荫子,久后青史上留一个好名,也不枉了为人一世。"卢俊义劝说意欲隐逸江湖的燕青:"自从梁山泊归顺宋朝以来,北破辽兵,南征方腊,勤劳不易,边塞苦楚,弟兄殒折,幸存我一家二人性命。正要衣锦还乡,图个封妻荫子,你如何却寻这等没结果?"

鄙俗的社会文化,正显示了人心的堕落、人性的沦丧。这样的环境,不仅不能给予人性积极的引导和有效的规训,反而会刺激邪恶的欲望,让人堕入罪恶的深渊。

4. 善与恶

"赚上梁山"

清代有个史学家叫钱大昕,他说自古有儒、道、释三教,但从明代以后又多了一教,叫"小说教"。他说,上至文人画士,下至贩夫走卒,都是小说的痴迷爱好者。论及影响,比儒、道、释三教还要大。正因为《水浒传》在民间影响深远,所以,厘清小说内容的是与非、善与恶,就具有特别重要的意义。

人们常说"逼上梁山",以此来证明梁山好汉们造反聚义的正义性。其实,小说中严格意义上的"逼上梁山",只有林冲一人。多数人都是犯罪在先,追捕在后,走投无路之际才投奔梁山,目的无非是寻求梁山的庇护。

还有一种情况,则更为荒唐与无耻,那就是"赚上梁山"。小说中,秦明、萧让、金大坚、李应、朱仝、徐宁、关胜、安道全、卢俊义等人,都是梁山好汉为了自己的需要,想方设法"赚"上山去的;而"赚"的手段之阴险毒辣,超乎常人之想象。难怪夏志清先生说:"为了罗致英雄,梁山好汉常采取极残酷的手段。首当其冲的是宋将秦明。宋江探知秦明有万夫不当之勇,便用计陷害他,使政府视他为叛徒,全家被斩,在宋江的软困下,这位性格暴烈的统制听了宋的请罪,只得向不可避免的命运低头","另一个吃了苦头的是朱仝……李逵和其他两位好汉来到沧州,唯一的目的就是使朱仝犯下大罪,好逼他入伙"。夏先生的评论点到了梁山"赚"人的本质——用残酷的手段强人所难,逼人上山。

秦明是青州兵马统制,善于舞弄狼牙棒,有"万夫不当之勇"。受慕容知府之命,前去征剿清风寨。没想到,却中了宋江设下的埋伏被俘。宋江有心邀请秦明入伙,秦明坚决不答应。宋江、花荣便留他一夜,盛情款待。第二天下山,秦明却发现妻子及一家老小都被慕容知府杀害了,而自己也被当作了叛贼。后经宋江解释,秦明才知道这是宋江设下的毒计:

  总管休怪。昨日因留总管在山,坚意不肯,却是宋江定出这条计来:叫小卒似总管模样的,却穿了足下的衣甲、头盔,骑着那马,横着狼牙棒,直奔青州城下,点拨红头子杀人;燕顺、王矮虎带领五十馀人助战,只做总管去家中取老小。因此杀人放火,先绝了总管归路的念头。今日众人特地请罪。

原来,是宋江派人装扮成秦明的样子去杀人放火,制造了秦明叛变的假象,引发了秦明家破人亡的灾难。宋江或许并无断送秦家老小的主观恶意,但当秦明责备宋江"忒毒"时,看看宋江的解释,就可见出宋江此人,真是心狠手黑,厚颜无耻:

  "你们弟兄虽然好意要留秦明,只是害得我忒毒些个,断送了我妻小一家人口!"宋江答道:"不恁地时,兄长如何肯死心塌地。虽然没了嫂嫂夫人,宋江恰知得花知寨有一妹,甚是贤慧,宋江情愿主婚,陪备财礼,与总管为室,若何?"

你看,人家因你而家破人亡,宋江却无半点愧疚之心,反而还振振有词:杀了你一个老婆,再补偿你一个女人。竟然就这样完事了!

为了赚取秦明,不惜让秦明一家老小死于刀斧之下,更不惜对无辜的老百姓展开无端的烧杀掳掠。小说写道:

> 原来旧有数百人家,却都被火烧成做白地,一片瓦砾场上,横七竖八,杀死的男子妇人,不记其数。

要知道,这些人都是无辜百姓,他们在完全不知情的情况下,白白地做了梁山伟业的牺牲品。

另一件令人发指的事,便是逼迫朱仝上山。美髯公朱仝在沧州知府家当差,深受知府信任,知府将四岁的小衙内托付给朱仝照料。梁山好汉劝说朱仝上山,朱仝不肯,宋江、吴用便设计"赚"他:由李逵乘朱仝不备时抱走小衙内,在孩子的嘴上抹上麻药,让孩子无法出声,带出城外,用斧头把孩子的头"劈做两半个"。如此暴行,仅仅只为了断绝朱仝的后路。朱仝悲愤欲绝,几番找李逵拼命。事后,柴进却若无其事般地给朱仝解释:"因见足下推阻不从,故意教李逵杀害了小衙内,先绝了足下归路,只得上山坐把交椅。"

这把交椅是多么血腥和肮脏!

为了一个朱仝,杀死了一个四岁的孩子;为了逼迫神医安道全上山,杀了四个无辜的人。宋江在攻打北京城时,突然染病,一病不起。吴用便派张顺去请神医安道全上山。安道全因眷恋"十分美丽"的妓女李巧奴,不大乐意上山。当天夜里,安道全与李巧奴共宿的妓院里发生了一桩血案。被杀的人有虔婆、两个使唤丫头和李巧奴。血案现场的粉墙上,还写了数十处"杀人者安道全也"的字样。小说这样描述道:

> 捱到五更将明,只听得安道全在房中酒醒,便叫巧奴。张顺道:"哥哥不要则声!我教你看两个人。"安道全起来,看了四个死尸,吓得浑身麻木,颤做一团。张顺道:"哥哥,你见壁上写的么?"安道全道:"你苦了我也!"张顺道:"只有两条路从你行:若是声张起来,我自走了,哥哥却用去偿命;若还你要没事,家中取

了药囊,连夜径上梁山泊救我哥哥。这两件随你行。"

张顺的这几声"哥哥",直叫得安道全浑身发抖!

逼迫卢俊义上山,更是惨烈。卢俊义乃大名府的大户人家,武艺高强,棍棒天下无双。为了提高山寨的地位与声望,宋江与吴用便打起了他的主意。卢俊义一身清白,既不近官,也不近匪,有名有望,有财有势,有什么理由要落草为寇呢?宋江觉得难度很大,吴用却说这也不难。

吴用是这样干的:他先是扮成算命大师,以"百日内必有血光之灾"来恐吓和引诱卢俊义上当,逃到梁山控制的区域;又题反诗嫁祸于卢俊义,置卢俊义于反朝廷的死罪之中;擒了管家李固又放了李固,让李固散播卢俊义坐了梁山第二把交椅的虚假信息;明知卢俊义下山将遭不测,仍放卢俊义去遭牢狱之灾。整个过程,每个手段,都极为险恶。结果,卢俊义饱受刑罚,身心备受摧残,家庭也四分五裂。更严重的是,为了搭救卢俊义,大名府的老百姓又蒙受了一场"屠城"大难,真是飞来横祸。

小说写道:

> 烟迷城市,火燎楼台。红光影里碎琉璃,烈焰丛中烧翡翠。前街傀儡,顾不得面是背非;后巷清音,尽丢坏龙笙凤管。班毛老子,猖狂燎尽白髭须;绿发儿郎,奔走不收华盖伞。踏竹马的暗中刀枪,舞鲍老的难免刃槊。如花仕女,人丛中金坠玉崩;玩景佳人,片时间星飞云散。可惜千年歌舞地,翻成一片战争场。

这哪里是官逼民反,完全是"民"逼"官"反!林冲被高俅所逼,结果仅是遭受了一场冤狱;高衙内无耻,也并没要了林冲妻子的性命,其他百姓更无牵涉;卢俊义为宋江所逼,自家遭受百般折磨,家破人亡,连带着还毁了半个北京城。难道因高俅是官员,用的是国家机器,而宋江是造反派,用的是"替天行道"的名义,就能证明宋江是正义的吗?高俅的罪恶能反过来证明宋江的道义吗?

善与恶的甄别,真的需要那么多冠冕堂皇的理由吗?

"一片天真烂漫到底?"

李逵是《水浒传》中栩栩如生的角色,几百年受到众多读者的喜欢。明朝李贽说他是"情真意实,生死可托",甚至视他为忠义的代表人物。李贽感慨:"此李大哥之所以不可及也与。"金圣叹也认为李逵是"上上人物",称他是"一片天真烂漫到底",并且用孟子评述大丈夫的话来评价李逵,说他是"富贵不能淫,贫贱不能移,威武不能屈"的典范。当今,也有评论家和文学史家,说他是个淳朴、爽快、"人见人爱"的角色。

李逵出身农民,却是个地地道道的游民,在家乡"因为打死了人,逃走出来。虽遇赦宥,流落在此江州,不曾还乡"。出场时,李逵是江州监狱的小牢子,不务正业,好吃懒做,今朝有酒今朝醉,靠榨取囚犯的钱财和赌博混日子。

李逵粗野,言语粗鄙,谁都是"鸟人",连女人也叫"鸟女人",庙为"鸟庙",称蔡九知府为"鸟蔡九知府",还有"打什么鸟紧""干你鸟事",几乎句句不离个"鸟"字。粗鄙倒也罢了,他还完全不讲理,比如要赌博下注,便向店家去借,不借就打;找渔夫讨鱼,不给也打。在他眼里,拳头才是硬道理。

再看他吃饭的样子:

> 宋江看见道:"美食不如美器。虽是个酒肆之中,端的好整齐器皿。"拿起箸来,相劝戴宗、李逵吃,自也吃了些鱼,呷了几口汤汁。李逵也不使箸,便把手去碗里捞起鱼来,和骨头都嚼吃了。

宋江看见忍笑不住,再呷了两口汁,便放下箸不吃了。戴宗道:"兄长,已定这鱼腌了,不中仁兄吃。"宋江道:"便是不才酒后,只爱口鲜鱼汤吃。这个鱼真是不甚好。"戴宗应道:"便是小弟也吃不得,是腌的,不中吃。"李逵嚼了自碗里鱼,便道:"两位哥哥都不吃,我替你们吃了。"便伸手去宋江碗里捞将过来吃了,又去戴宗碗里也捞过来吃了,滴滴点点,淋一桌子汁水。宋江见李逵把三碗鱼汤和骨头都嚼吃了,便叫酒保来分付道:"我这大哥,想是肚饥。你可去大块肉切二斤来与他吃,少刻一发算钱还你。"酒保道:"小人这里只卖羊肉,却没牛肉。要肥羊尽有。"李逵听了,便把鱼汁劈脸泼将去,淋那酒保一身。戴宗喝道:"你又做甚么!"李逵应道:"叵耐这厮无礼,欺负我只吃牛肉,不卖羊肉与我吃!"酒保道:"小人问一声,也不多话。"宋江道:"你去只顾切来,我自还钱。"酒保忍气吞声,去切了二斤羊肉,做一盘将来,放在桌子上。李逵见了,也不谦让,大把价挞来,只顾吃,抬指间把这二斤羊肉都吃了。宋江看了道:"壮哉,真好汉也!"李逵道:"这宋大哥便知我的鸟意,吃肉不强似吃鱼!"

这样的李逵能叫"天真"和"淳朴"吗?只能称之为粗俗、粗鄙、野蛮了。你看他对酒保的那副凶相,如何能与"义士"联系起来?几千年的文明积淀,中华文明的温良恭俭让,在李逵这里一扫而光,像是回到了茹毛饮血的野兽阶段。

如果说这些粗鄙的行为是因为李逵出身卑微、缺乏教养,尚无害于人的话,那么李逵的无知、野蛮和残忍则让人心惊胆战。且不说他那些奉命行事的"无心"之过,比如江州横砍看客,"三打祝家庄"时虐杀扈三娘一家,为逼迫朱仝上山杀死小衙内,单看第七十三回"黑旋风乔捉鬼"的情节,就令人发指。

李逵为狄太公"捉鬼",结果却发现狄太公的女儿与人私通,李逵便杀了奸夫王小二。你再看他如何对待太公的女儿：

> 李逵道："这等腌臜婆娘，要你何用！"揪倒床边，一斧砍下头来，把两个人头拴做一处，再提婆娘尸首，和汉子身尸相并。李逵道："吃得饱，正没消食处。"就解下上半截衣裳，拿起双斧，看着两个死尸，一上一下，恰似发擂的乱剁了一阵。李逵笑道："眼见这两个不得活了。"插起大斧，提着人头，大叫出厅前来："两个鬼我都捉了。"撇下人头。满庄里人都吃一惊，都来看时，认得这个是太公的女儿，那个人头无人认得。数内一个庄客，相了一回，认出道："有些象东村头会粘雀儿的王小二。"

当太公哭道："师父，留得我女儿也罢。"李逵骂道："打脊老牛！女儿偷了汉子，兀自要留他！你怎地哭时，倒要赖我不谢将。我明日却和你说话。"

如果这样变态的杀戮也算是天真和淳朴，如果这样的冷酷和麻木也算是"一片天真烂漫到底"，那么，这人世间的善与恶究竟该怎样判定？

对李逵的赞美，显示了我们文化中最糊涂的因子。《水浒后传》的作者陈忱评论李逵说："要去养娘，反背来喂虎，不害其为孝；差去请公孙胜，反杀罗真人，不害其为友；赌博而抢注钱，不害其为廉；作主人而自贪饕，不害其为礼；赚卢员外而扮哑道童，访李师师而充伴当，打擂台而妆卧病，坐寿张县而责原告，疑宋江而砍倒杏黄旗，做神行而偷吃牛肉，取鲜鱼而被张顺灌水，任人搏弄，插科作诨，天机所发，触处成趣。"

这一段评论，将粗鄙当有趣，将无知当天真，将凶残当良知，将野蛮当文明，实在是太荒谬了。

人是有思想、有灵魂、有精神、有教养的动物，人的高贵正在于此，人的价值也正在于此。将一个不知善恶、不辨是非、没有头脑、不知文野的莽夫看作天真的赤子,这真是堕落。

李贽说:"李逵者,梁山泊第一尊活佛也,为善为恶,彼俱无意,宋江用之,便知有宋江而已,无成心也,无执念也。"人是能主宰自己的动物,如果为善或为恶都出于无心,人与猪狗还有何异?

5. 超越江湖与庙堂

江湖之"道"

《水浒传》的世界是一个典型的二元对立的世界。在这个世界,官府与强盗,庙堂与江湖,看似界限模糊,实则泾渭分明。二者之间,彼此抗衡,此消彼长。

水泊梁山是一个国中之国,域中之域,本身就是一个颇有寓意的象征。

首先来看这水泊梁山的地理学特征。

小说中,柴进介绍林冲去梁山落草。他这样描述梁山泊:"山东济州管下一个水乡,地名梁山泊,方圆八百馀里,中间是宛子城、蓼儿洼。"这是水泊梁山的概貌。等到林冲与朱贵接上了头,朱贵引领林冲上山,林冲才有机会仔细打量这个远近闻名的山寨:

> 此时天尚未明,朱贵把水亭上窗子开了,取出一张鹊画弓,搭上那一枝响箭,觑着对港败芦折苇里面射将去。林冲道:"此是何意?"朱贵道:"此是山寨里的号箭,少刻便有船来。"没多时,只见对芦苇泊里,三五个小喽啰自摇着一只快船过来,径到水亭下。朱贵当时引了林冲,取了刀仗、行李下船。小喽啰把船摇开,望泊子里去,奔金沙滩来。林冲看时,见那八百里梁山水泊,果然是个陷人去处。但见:山排巨浪,水接遥天。乱芦攒万万队刀枪,怪树列千千层剑戟。濠边鹿角,俱将骸骨攒成;寨内碗瓢,尽使骷髅做就。剥下人皮蒙战鼓,截来头发做缰绳。阻当官军,有无限断头

港陌;遮拦盗贼,是许多绝迳林峦。鹅卵石叠叠如山,苦竹枪森森如雨。断金亭上愁云起,聚义厅前杀气生。

这一段,竭力渲染水泊梁山的险要和杀气。这是一座防守森严的山寨,与外界的联系靠小舟,外人上山要靠朱贵来安排。这个山寨对外界充满敌意,虎视眈眈,是一座与外界保持着有限联系的、割据性的山寨。

水泊梁山不仅在地理上是相对隔绝的,在社会学意义上,也是相对隔绝的,它的人员构成、它的人伦规则也有别于正常社会。

传统社会是以血缘和等级为基础的宗法社会,君臣官民,士农工商,辅以行政管理,把人们组织起来,整合成国家。作为体制内的人,受到国家政权和法律的保护,也同时承担着对国家的义务,如遵守王法、交税纳粮等。如果脱离了社会秩序,游离于体制之外,就成了无所依傍的"游民"。

梁山的社会成员就是这些游民。108个好汉中,多数人都是戴罪之身,有主动上山的,有被迫上山的,还有被"赚"上山的。无论先前什么出身,从事什么职业,从上山的那天起,在正常社会看来,他们就有了一个共同身份:盗贼。因此,多数人对上梁山首先是抗拒的。史进大闹史家庄,朱武三人邀其落草少华山,史进道:"我是个清白好汉,如何肯把父母遗体来点污了。你劝我落草,再也休题。"史进还是想找到师傅王进,讨个出身,在体制内过上好日子。宋江回乡探父被抓,刺配江州牢城,一路谨记父亲教诲,面对晁盖等人的盛情相邀,说道:"小可不争随顺了哥哥,便是上逆天理,下违父教,做了不忠不孝的人在世,虽生何益?"宋江想的是"便断配在他州外府,也须有程限,日后归来务农时,也得早晚伏侍父亲终身"。

带着这样一种矛盾、游移和暧昧的态度,好汉们陆陆续续上了山。从此,他们脱离了正常的社会体制,脱离了正常的生活轨道,不交国税,不纳皇粮,不服劳役,不用听官家指使,在生存上算是能够自由自在了。他们的生活来源主要依靠抢劫和掠夺,而水泊梁山得天独厚的自然条件也满足了他们的部分需要。在正常社会里,杀人放火、烧杀抢掠是法律明令禁止的,但在这里,却是他们的主业,且成为提升自己社会地位的主要途径。

从人员构成看,这里荟萃了各行各业的人才。那些稀缺的人才,梁山也都靠"赚"的方式请上了山,比如屠夫、医生、刻字制印的、铁匠等,基本上实现了千百年来人们向往的自给自足、丰衣足食的生活。从生活方式看,大家人人平等,大碗吃酒肉,大秤分金银,好不悠闲自在。

> 相貌语言,南北东西虽各别;心情肝胆,忠诚信义并无差。其人则有帝子神孙,富豪将吏,并三教九流,乃至猎户渔人,屠儿刽子,都一般儿哥弟称呼,不分贵贱;且又有同胞手足,捉对夫妻,与叔侄郎舅,以及跟随主仆,争斗冤仇,皆一样的酒筵欢乐,无问亲疏。或精灵,或粗卤,或村朴,或风流,何尝相碍,果然认性同居;或笔舌,或刀枪,或奔驰,或偷骗,各有偏长,真是随才器使。

地不分南北,人不分贵贱,踏入江湖,世俗的财富权势就失去了原本的意义,世俗的人生之路也便失去了依存的条件,而人际关系也有了新的内涵。梁山好汉之间的称谓,叫作"兄弟"。少华山陈达从史家庄借道,见了史进开口就说:"四海之内,皆兄弟也。相烦借一条路。"逃避追捕的鲁智深,向赵员外致谢,赵员外也说:"四海之内,皆兄弟也,如何言报答之事。"显然,兄弟是一种游离于正常人伦关系之外的人际关系;既然是兄弟,就不能再依照正常的法律、道德和世俗观念行事了。

儒家有所谓的"五伦",即君臣、父子、夫妇、兄弟、朋友,这里的

"兄弟"指有血缘关系的兄弟。上了梁山,脱离了正常的生活状态,脱离了体制,也就失去了君臣的名分。多数人也不用再考虑父子与夫妇关系。像宋江那样父子团圆的毕竟是少数,李逵本也想将老母接上山来享福,却不想母亲落入了虎口。梁山上夫妻、同胞兄弟倒也有几对,但既上了梁山,婚姻关系和血缘关系就要退居其次。

因此,梁山上最重要的人伦关系,就是江湖兄弟;而梁山上最重要的道德品质,就是兄弟间的所谓"义"。兄弟落难,就是提着脑袋也要出手相救。"担着血海也似干系",宋江也要给晁盖通风报信;为了救宋江,即便倾巢出动,也要去江州劫法场;为了救卢俊义,千里行军攻打北京城,也在所不惜。一人结仇,举寨皆兵,晁盖中箭于曾头市,曾头市便与梁山结下了血海深仇。在不断的寻仇与复仇中,兄弟间同仇敌忾的情义才越发牢不可破。

对于好汉们,兄弟远比妻子重要。为了兄弟情义,为了梁山事业,必要时,好汉们会毫不犹豫地杀掉妻子。杨雄怒杀潘巧云,首要原因便是潘巧云诬陷了石秀,坏了他们的兄弟情分,其次才是潘巧云勾搭奸夫。杨雄用潘巧云的鲜血,洗刷了因怀疑石秀而使兄弟友谊蒙上的阴影。在杨雄看来,怀疑自己的兄弟是莫大的错误,须用鲜血才能表达真诚的歉意。

梁山不仅在地理上处于割据状态,社会成员与人伦关系游离在常态社会之外,他们的行事方式与规则也有别于常人。他们有他们的一套理念和规矩,比如不偷鸡摸狗,不淫人妻女,不欺凌弱小,等等。也正是因为这些朴素的、不乏道义色彩的准则,为他们赢得了民间社会的广泛同情。比如张青讲述十字坡酒店的规矩,说三种人不可害:

> 第一是云游僧道,他又不曾受用过分了,又是出家的人。第二等是江湖上行院妓女之人,他们是冲州撞府,逢场作戏,陪了多少小心得来的钱物。若还结果了他,那厮们你我相传,去戏台上

说得我等江湖上好汉不英雄。第三等是各处犯罪流配的人,中间多有好汉在里头,切不可坏他。

这三类人,都是主流社会所不齿的边缘人,一是化外的出家人,一是卖笑的妓女,一是服刑的罪犯。这三类人,一值得同情,二也惹不起。欺负他们不仅坏了自己的名声,也可能惹祸上身,结果得不偿失。

但是,梁山好汉虽不偷鸡摸狗,却是江洋大盗;虽不淫人妻女,却蔑视和滥杀女性;虽不欺凌弱小,却又滥杀无辜……因此,对路见不平拔刀相助、劫富济贫等所谓的江湖道义,现代人需要理性的辨析。

江湖——一个美丽的噩梦

作为一种社会形态,梁山可作为一个象征,这就是所谓的江湖社会。在古典小说中,《水浒传》一向被作为描写江湖生活的代表作;在日常生活中,人们说到"闯江湖""江湖险恶"之类,也会自然联想到《水浒传》。其实,"江湖"一词也屡屡出现在小说中,据统计,在金圣叹删改本《水浒传》中,"江湖"一词出现87次;《忠义水浒传》中,"江湖"出现了101次。武松在十字坡遭遇张青夫妇,有这样一番描写:

> 两个又说些江湖上好汉的勾当,却是杀人放火的事。武松又说:"山东及时雨宋公明,仗义疏财,如此豪杰,如今也为事逃在柴大官人庄上。"两个公人听得,惊得呆了,只是下拜。武松道:"难得你两个送我到这里了,终不成有害你之心?我等江湖上好汉们说话,你休要吃惊,我们并不肯害为善的人。我不是忘恩背义的,你只顾吃酒。"

武松这话里,提到江湖好汉的勾当,是杀人放火;虽然杀人放火,但绝不忘恩负义。这江湖的法则叫人毛骨悚然,又叫人疑惑不解,否则两个公人也不至于"惊得呆了"。显然,所谓江湖,并非实指地理意义上的一个空间,它强调的是一种游离于正常社会之外的生存状态和生存法则。在那里,国家法律不再能保护你,世俗的道德规范不再发挥作用,那里说江湖黑话,奉行的是另一套江湖规矩,也有自己的潜规则。

显然,江湖社会与正常社会是对立的。江湖与庙堂之间的这种对立,造成了梁山好汉们那种特殊的生存状态与精神状态。

当梁山站稳了脚跟,生存的问题解决之后,发展的问题便凸显了出来。如何发展?这里便有了路线之争。所谓路线之争,说到底,就是两条出路的分歧:是接受招安融入庙堂,获得正统的确认,还是逍遥江湖,自由自在,甚至对抗朝廷,再立一个新王朝?这样的煎熬,正是江湖与庙堂二元对立带来的必然结果。

李逵的声音代表了一种意见:

> 放着我们有许多军马,便造反怕怎地!晁盖哥哥便做了大皇帝,宋江哥哥便做了小皇帝,吴先生做个丞相,公孙道士便做个国师,我们都做个将军,杀去东京,夺了鸟位,在那里快活,却不好!不强似这个鸟水泊里!

李逵的意思,打到东京去,废除赵皇帝,兄弟们自个儿干。这是极端的想法。武松、鲁智深、林冲等多数人,则似乎更希望啸聚山林,独霸江湖,逍遥自在。但占上风的则是以宋江、吴用为首的一派,他们试图调和江湖与庙堂的矛盾,主张招安。他们把梁山看作暂时的栖身之所,宋江一再强调"某等众人无处容身,暂占水泊,权时避难,造恶甚多""某等众兄弟也只待圣主宽恩,赦宥重罪,忘生报国,万死不辞"!

回归正常社会,获取正统的荣耀和地位,才是宋江的最大心愿。

从小说的情节逻辑看,宋江的主张最后占了上风,并取得了最终胜利。招安后,宋江率领兄弟们破辽兵、平定淮西王庆、平定河北田虎和江南方腊,实现了为君分忧、为国立功的愿望,用生命实践了精忠报国的传统道义。虽然兄弟们死的死,伤的伤,但却因此而功成名就,光宗耀祖,名扬后世。这不正是宋江魂牵梦萦的人生梦想吗?尽管奸贼们一再阻挠,宋江还是被敕封为忠烈义济灵应侯,兄弟们也都加官晋爵,梁山泊上建了祠堂,宋江等人的神像被后人供奉,香火绵延不绝,"生当封侯,死亦庙食",传统士人的人生荣耀,还有比这更煊赫显扬的吗?

但在这人生的荣耀背后,却是生命的惨烈和悲凉。为了一个"忠"字,梁山好汉们不得不牺牲自己的天性,在奸臣贼子的玩弄和操控下,忍气吞声,委曲求全,全然没有了当初的自由、奔放和热情。这样的悲壮,显示出传统文化内在的紧张和冲突。这就是功名与生命的冲突。要功名,就得牺牲自我,放弃自由,成为体制下一个无足轻重、任人驱使的工具与走卒;要自由,要生命的快乐,就得保持个性,放弃功名,与体制作对,与世俗的法律与道德作对。当一个人身处如此的矛盾之中,他如何能不焦虑,如何能不幻灭?

其实,在传统社会,何止梁山的武夫莽汉处在这样的紧张与对立中,传统文人士大夫不也是如此?"居庙堂之高,则忧其民;处江湖之远,则忧其君。"范仲淹的这句名言,就是最好的注脚。进入庙堂,高居魏阙,何等荣耀;可泛舟江湖,寄情山水,又何等逍遥。但这二美怎可兼得?

在江湖与庙堂的二元格局中,要追求功名,就得做顺民、臣民、奴才、工具;要张扬生命,就得做叛贼、土匪、狂徒、隐士。这样的悖论,是梁山悲剧的根源,也是无数人心力交瘁的根源。

告别传统社会,建立法治社会,让法律成为通行的、全覆盖的行为底线和规范;建设公民社会,推动公民成长,才能超越江湖与庙堂,才能消解功名与生命的这种惨厉的冲突。

6. 告别暴力思维

杀戮秀·醒酒汤·人肉宴

作为四大名著之一,《水浒传》传播广泛,影响深远,对中国人的为人处世和社会文化都有着深刻的影响。有论者认为,"三国水浒"对国人的影响,超过了四书五经,因此感慨,"五四运动"大批"孔教",却疏忽了对"三国水浒"的批判。这是颇有道理的。"五四"时期,民众受教育程度很低,目不识丁者众,读四书五经的机会几乎没有;而通过评书、戏曲等民间艺术形式,"三国水浒"的故事却是妇孺皆知。不夸张地说,"三国水浒"是许多老百姓的文化启蒙书、历史教科书和人生指南书。

因此,对《水浒传》等古典作品的分析与批评,可看作对传统文化的分析与扬弃。

《水浒传》最刺眼的糟粕,就是对暴力的渲染,对女性的蔑视。这恰是现代文明所不能容忍的。鉴于艺术作品对人的思想、精神和心灵的熏染和浸淫作用,对这样的糟粕不可不辨。

《水浒传》热衷渲染和展示血腥与暴力,那些场面惨不忍睹。小说这样描写武松杀戮潘金莲的过程:

> 那妇人见头势不好,却待要叫,被武松脑揪倒来,两只脚踏住他两只胳膊,扯开胸脯衣裳。说时迟,那时快,把尖刀去胸前只一剜,口里衔着刀,双手去斡开胸脯,取出心肝五脏,供养在灵前。肐查一刀,便割下那妇人头来,血流满地。

作者似乎对杀戮的细节有特殊的嗜好,总是丝毫毕现地展示那不堪目睹的血腥。武艺高强的武松,杀个手无缚鸡之力的潘金莲,岂非易如反掌?但从小说中揪、踏、扯、衔、斡、取等一系列动词看,作者是有意延长读者的阅读时间,加强读者的阅读感受,渲染杀戮的痛快淋漓。显然,这是一种宣泄,这是一种强化。孟子曰:"人皆有不忍人之心","不忍之心"是人性的基本表现,《水浒传》却反复挑战甚至挑逗人的"不忍之心",暴露了作者野蛮的生命观。

再看杨雄杀潘巧云,描写更为细腻,那场景简直让人不敢直视:

> 杨雄割两条裙带来,亲自用手把妇人绑在树上。……杨雄向前,把刀先斡出舌头,一刀便割了,且教那妇人叫不的。杨雄却指着骂道:"我想你这婆娘,心肝五脏怎地生着?我且看一看!"一刀从心窝里直割到小肚子上,取出心肝五脏,挂在松树上。杨雄又将这妇人七事件分开了。

这哪里是杀人,分明是屠宰牲口。其实杨雄本来就是刽子手出身。问题在于,对杨雄的这种兽行,作者非但没有给予谴责,反而用津津乐道、赞赏有加的笔调和口吻,作如此这般的铺陈和点染,似乎不如此便不能伸张正义,便不能表现好汉的英雄本色。

再看《水浒传》中的吃人情景。第四十三回,李逵回家接老娘,杀了假黑旋风李鬼。小说这样描写李逵吃人的场面:

> 又去李鬼身边搜了那锭小银子,都打缚在包裹里。却去锅里看时,三升米饭早熟了,只没菜蔬下饭。李逵盛饭来,吃了一回,看着自笑道:"好痴汉!放着好肉在面前,却不会吃!"拔出腰刀,便去李鬼腿上割下两块肉来,把些水洗净了,灶里扒些炭火来便烧,一面烧,一面吃。吃得饱了,把李鬼的尸首拖放屋下,放了把

火,提了朴刀,自投山路里去了。那草屋被风一扇,都烧没了。

李逵吃人肉就像吃烧烤,神态自若,全无异样。同样让人惊讶的,是作者叙述的口吻依然是那样平静。其实,小说中人吃人的事情太多了,在作者笔下,都是那么稀松平常。

梁山好汉有用人心肝做"醒酒汤"的嗜好。在清风寨,宋江被燕顺一伙捉住以后,小喽啰说:"剖这牛子心肝做醒酒汤,我们大家吃块新鲜肉。"他们在割取心肝时,还有一套"科学"的程序:

> 只见一个小喽啰掇一大铜盆水来,放在宋江面前;又一个小喽啰卷起袖子,手中明晃晃拿着一把剜心尖刀。那个掇水的小喽啰便把双手泼起水来,浇那宋江心窝里。原来但凡人心都是热血裹着,把这冷水泼散了热血,取出心肝来时,便脆了好。

不仅吃人的心肝,还讲究口味的新鲜和脆嫩。
宋江打下"无为军"以后,活捉了黄文炳。

> 宋江便问道:"那个兄弟替我下手?"只见黑旋风李逵跳起身来,说道:"我与哥哥动手割这厮!我看他肥胖了,倒好烧吃。"晁盖道:"说得是。教取把尖刀来,就讨盆炭火来,细细地割这厮,烧来下酒,与我贤弟消这怨气。"李逵拿起尖刀,看着黄文炳笑道:"你这厮在蔡九知府后堂,且会说黄道黑,拨置害人,无中生有撺掇他!今日你要快死,老爷却要你慢死!"便把尖刀先从腿上割起,拣好的就当面炭火上炙来下酒。割一块,炙一块,无片时,割了黄文炳,李逵方才把刀割开胸膛,取出心肝,把来与众头领做醒酒汤。众多好汉看割了黄文炳,都来草堂上与宋江贺喜。

岂不说对同类，即使是猪羊，人们也有不忍之心，不忍心当众宰杀，不忍心目睹它们毙命时的痛苦。可是，这帮高喊忠义、高举"替天行道"大旗的好汉，却是如此暴虐地对待同类。

小说多处描写售卖人肉馒头的黑店。以开酒店为幌子搞情报的朱贵，揭阳岭上的催命判官李立，十字坡的母夜叉孙二娘，都以卖酒肉为钓饵，看到过往客商带有财帛，便把蒙汗药下到酒里，麻翻了人，劫去财物，再把人开剥了，"将大块好肉，切做黄牛肉卖，零碎小肉，做馅子包馒头"。朱贵对这样的勾当也不掩饰，他向林冲介绍时泰然自若："山寨里教小弟在此间开酒店为名，专一探听往来客商经过……但是孤单客人到此，无财帛的放他过去；有财帛的来到这里，轻则蒙汗药麻翻，重则登时结果，将精肉片为靶子，肥肉煎油点灯。"

这些黑店里，大都有人肉作坊。在十字坡，小说写道：

> 张青便引武松到人肉作坊里看时，见壁上绷着几张人皮，梁上吊着五七条人腿；见那两个公人一颠一倒，挺着在剥人凳上。

多少过往客商都被当作猪羊宰杀了，武松、宋江都险些遭此凶险。

历史上，人吃人的事情也发生过不少。古代社会，生产力低下，防御自然灾害的能力很弱，尤其在战争频仍的乱世，往往会发生大范围的饥荒。饥民动辄数十万、上百万，流离道路，饿殍遍野，"人相食"甚至"民父子相食"的惨剧时有发生。即便在20世纪，世界范围内有记载的人吃人现象也并不少见。

问题在于，《水浒传》在叙述、描写这些人吃人的血腥情节时，使用的都是正面的、肯定的甚至欣赏的口吻，小说的逻辑是，恶人就该生吞活剥，就该食肉寝皮，吃了他才是正义之举。这种非人性的麻木与冷酷，正显示了小说在文化观念上的野蛮与落后。

所以，问题不在于描写罪恶与苦难，而在于以什么样的心态来表现罪恶与苦难。

对李逵赞美有加的李贽,在这个问题上倒还有几分见识。"安史之乱"时,名将张巡守城,城中食尽,张巡出爱妾说:"驻军经年乏食,而忠义不少衰,吾恨不割肌以啖众,宁惜一妾而坐视士饥?"乃杀妾以犒劳士兵。后来,围困日久,马匹杀尽,就杀老弱病残作为食物。张巡一向被作为忠义之名将而为人们传诵,他的杀人守城之举向为人们津津乐道。但在李贽看来,张巡的行为很"丑""可厌""真不成话",认为与其如此守城,还不如投降以保全百姓。是啊,你守城的目的不就是为了保卫老百姓不受侵害吗?结果敌军未到,老百姓已被吃了,还要你守城干什么呢?

吃人,这是人类文明绝不能容忍的恶行。无论是谁在吃,吃的是谁,怎样吃,以什么样的理由吃,都是人性与道德不允许的。

红 颜 祸 水

另一个畸形的观念,就是对女性的严重蔑视与羞辱。

《水浒传》是一部男人写的关于男人的书,108将中,除了扈三娘、孙二娘、顾大嫂三个女头领外,其余的都是男性。从梁山好汉的行为准则看,他们大碗喝酒,大块吃肉,杀人越货,无所不为,唯独不亲近女色。像王矮虎、周通这样贪恋女色的人,猥琐不堪,在梁山上始终低人一等。用宋江的话来说,"但凡好汉,犯了'溜骨髓'三个字的,好生惹人耻笑"。宋江的话基本上代表了梁山好汉们的女人观。

《水浒传》中的女性可分为三类。

第一类是弱女子。被郑屠糟蹋后又抛弃的金翠莲,被高衙内父子逼死的林冲之妻,被桃花山周通抢掠的刘太公女儿等。对这些弱女子,梁山好汉们秉持不欺凌弱小的原则,总体上予以同情和帮助。当然,这个同情主要是对"弱者"的同情,而非对女性的特别尊重。在中国文化中,女性作为依附于男性的性别,太卑贱、太微弱、太无力,以至于《水浒传》《三国演义》中的一帮大老爷们儿,想找个有点儿绅士风度的一个也没有。有救美的英雄,怜香惜玉的公子哥儿,坐怀不乱的呆子,或者荒淫无耻的采花大盗,唯独没有绅士。

第二类是女英雄,就是孙二娘、顾大嫂、扈三娘。在小说中,孙二娘、顾大嫂完全被男性化甚至妖魔化了。请看孙二娘的外形外貌:

> 见武松同两个公人来到门前,那妇人便走起身来迎接。下面系一条鲜红生绢裙,搽一脸胭脂铅粉,敞开胸脯,露出桃红纱主腰,上面一色金钮。见那妇人如何?眉横杀气,眼露凶光。辘轴般蠢坌腰肢,棒槌似桑皮手脚。厚铺着一层腻粉,遮掩顽皮;浓搽就两晕胭脂,直侵乱发。红裙内斑斓裹肚,黄发边皎洁金钗。钏镯牢笼魔女臂,红衫照映夜叉精。

再看母大虫顾大嫂:

> 乐和见酒店里一个妇人坐在柜上。用眼看时,生得如何?但见:眉粗眼大,胖面肥腰。插一头异样钗环,露两臂时兴钏镯。红裙六幅,浑如五月榴花;翠领数层,染就三春杨柳。有时怒起,提井栏便打老公头;忽地心焦,拿石碓敲翻庄客腿。生来不会拈针线,正是山中母大虫。

母夜叉与母大虫,这两个绰号强调的都是她们的凶狠、暴烈与粗俗,强调的是夜叉的杀气与大虫的凶猛,"女"字不过是个无关紧要的修饰语。她们只会弄棒舞枪,杀人放火,说起来是女性,但无论是穿着打扮,还是外形气度,与男性都没什么区别。显然,小说要突出的,是他们杀人越货的"英雄本色",而非女性的性别色彩与意义。

一丈青扈三娘是个例外。她容貌美丽,武艺高强,似一朵"天然美貌海棠花",却被宋江许配给了王矮虎,就像潘金莲嫁给了武大郎一样。扈三娘本来许配给了祝家庄的祝彪,在"三打祝家庄"中,祝彪被李逵杀了,扈三娘被林冲擒获。宋江立即将其送上山寨,并认作义妹,把她嫁给了王矮虎。扈三娘虽有一万个不乐意,也只能忍气吞声,黯然接受。不能说美女嫁丑男有什么不对,但小说的这个情节安排,足以说明,在作者眼里,女人不过是男人的附属物;而一个真正的好女人,更不能有女性的爱恨情仇。作为英雄,扈三娘在108将中自有她的名次;作为女人,她不过是宋江奖赏给兄弟玩儿的一个礼品、一个物件。

第三类是由潘金莲、潘巧云、阎婆惜、贾氏、白秀英等人组成的淫妇群像,这是小说中最像女人的女人群体,也是在人物塑造上最有艺术感染力的女性形象。但吊诡的是,这些最像女人的女人,无一例外都是美丽的淫妇、漂亮的毒妇。她们外表美丽,热情似水,却生性淫荡,招蜂引蝶,结果导致家破人亡,"夫"离子散,而自己也落得个身首异处,遭万人唾弃。小说感慨道:"半晌风流有何益,一般滋味不须夸。他时祸起萧墙内,血污游魂更可嗟。"

对比一下女英雄群像与淫妇群像的塑造,不难发现,在小说中,好女人大都丑陋不堪,而美丽的女子多是招惹祸患的害人精。这个逻辑,就是典型的红颜祸水。红颜是祸水,愈是美丽的女子,对男人、对社会的危害愈大;倾城倾国之貌,带来的常常是国破家亡。殷商的灭亡是因为妲己的美貌,周的灭亡源于褒姒的嫣然一笑,唐朝的衰乱起因于杨贵妃,陈圆圆倾国倾城,才有了吴三桂的"冲冠一怒为红颜"。这样的观念在传统社会根深蒂固,《水浒传》不过是以一系列偷人养汉的女人形象,印证这个歪理邪说而已。

在现实生活中,不排除有潘金莲这样因贪恋风情而谋杀亲夫的毒妇人。但在艺术作品中,将众多的美貌女子类型化,在渲染她们外在美的同时,又赋予她们令人惊恐的内在恶,且不遗余力地加以鞭挞,不加掩饰地渲染杀戮女人的快感,充分暴露了作者丑陋的女性观。小说以莫名其妙的逻辑宣泄对女性的仇视,却不去关注女性的生命需要,不去追溯这些女人的悲苦与不幸,不去表现这些女子的精神痛苦,这样的女性观,已经不仅是一种偏见,简直就是野蛮和堕落了。

对女性从肉体到精神上的羞辱难道不也是一种暴力?

阅读,有时候是为了告别

《水浒传》算得上经典中的经典,受到历代读者的追捧。五四新文化运动以后,随着民主、人权、法治、男女平等新的社会思潮和文化观念的涌入,对《水浒传》的评价也开始发生变化。虽然无法撼动它在传统典籍中的地位,但对它的剖析与批判,从来没有停止过,而批判的焦点,也大都集中在其宣扬的暴力逻辑以及丑陋的女性观上。毋庸讳言,这确实是《水浒传》的致命伤。

我们该如何对待《水浒传》中的糟粕?推而广之,我们该如何对待经典中的糟粕?有些《水浒传》的拥趸者,根本听不进丝毫的否定意见,似乎一提及经典的缺陷,就是否定传统,就是数典忘祖。其实,如果能够仔细地、用心地读一读原著,体会一下作者所强化的思想倾向,便不难发现它与现代文明相背离的地方。

鲁迅先生在谈到国粹的问题时说,要不要保存国粹,先要看国粹能不能保存我们。对待经典,也可借鉴鲁迅的这个论断。为什么要读经典?根本目的还是为了当下的生活,是为了让当下的生活和社会变得更好,而不是回到过去。人,不是被动地储存传统的容器;我们来到这个世界,也不是为了"被当作"一只传递文化的接力棒。我们继承与弘扬传统,是因为传统有助于我们的生存;那些妨碍我们发展的传统,它的命运必然是被唾弃、被淘汰。

对于经典,我们需要尊重,但不能跪拜,绝不能在膜拜中丧失了独立的思考与判断。批判性的阅读,这才是一种独立的阅读姿态。

阅读,有时候是为了走近,有时候却是为了告别。

九 《哈姆莱特》使命与命运……

1. 一个关于复仇的故事

《哈姆莱特》主要人物：

哈姆莱特——丹麦王子。

克劳狄斯——丹麦现任国王。

鬼魂——哈姆莱特的父亲死后化成的鬼魂。

乔特鲁德——丹麦王后，王子的母亲。

波洛涅斯——克劳狄斯的御前大臣。

雷欧提斯——波洛涅斯的儿子。

奥菲莉娅——波洛涅斯的女儿。

霍拉旭——哈姆莱特大学密友。

罗森格兰兹与吉尔登斯吞——哈姆莱特的同学。

哈姆莱特正在德国的威登堡大学学习，国内传来噩耗，父王突然惨死，叔叔克劳狄斯继承王位，母亲改嫁克劳狄斯。

哈姆莱特回国奔丧。一天深夜，他在城堡上见到了父亲的鬼魂，鬼魂告诉了他父王被害的经过：克劳狄斯趁老哈姆莱特在花园午睡，把致命的毒草汁滴进了他的耳朵，毒液流遍他的全身，最后夺去了他的生命。老哈姆莱特要求儿子为他报仇，但不许伤害他的母亲，只让她受到良心的责备。

哈姆莱特知道真相后，精神恍惚，整天穿着黑色丧服，行为怪诞。

版本参照：《哈姆莱特》（人民文学出版社 1977 年版）。莎士比亚著，朱生豪译。

奥菲利娅把王子的情况告诉了波洛涅斯,波洛涅斯又报告给克劳狄斯。克劳狄斯虽然不知道老国王鬼魂出现的事,但他心中有鬼,派人试探哈姆莱特。哈姆莱特一方面想复仇,一方面又碍于母亲的面子,同时又不十分确定鬼魂的话,因此非常苦恼。

哈姆莱特决心要证实克劳狄斯的罪行。正好宫中来了一个戏班子,他便安排了一出戏,内容是一个与谋杀、爱情有关的故事。演戏时,他在旁边观察克劳狄斯,见克劳狄斯坐立不安,中途就离去。哈姆莱特确认了鬼魂的话,决定复仇。

一天,克劳狄斯独自一人在忏悔,哈姆莱特本可以杀死他,可又觉得忏悔中的人被杀后会进入天堂,这样倒便宜了凶手,便罢手。克劳狄斯派王后劝说哈姆莱特,哈姆莱特与母亲发生争执,误杀了躲在帷幕后偷听的波洛涅斯。

克劳狄斯借故将哈姆莱特送往英国,准备借英王之手除掉哈姆莱特。哈姆莱特识破克劳狄斯的诡计,中途返回丹麦。当时,奥菲利娅受刺激发疯,落水身亡,哈姆莱特回国时,正赶上她的葬礼。克劳狄斯挑拨奥菲利娅的哥哥雷欧提斯同哈姆莱特决斗,并在暗中准备了毒剑和毒酒。

哈姆莱特第一回合获胜,克劳狄斯假意祝贺并送上毒酒,但哈姆莱特没喝。哈姆莱特第二回合获胜,王后非常高兴,端起毒酒喝了下去。决斗中,哈姆莱特中了对手的毒剑,但他夺过毒剑后又击中了对方。王后中毒死去,雷欧提斯在生命的最后一刻揭露了克劳狄斯的阴谋。在生命的最后一刻,哈姆莱特用手中的毒剑击中了克劳狄斯,自己也毒发身亡。

2. 王子的使命

别 无 选 择

人生在世,究竟缘何而来,究竟所为何事?在自由的环境中,每个人都有最美的设想、最好的愿望。然而,出生不由自己,人生的路也不能完全由自己选择和主宰。这就决定了生命具有强烈的被动性和偶然性。

哈姆莱特出身高贵,天资不凡,算得上人中龙凤,时代的宠儿。在他的恋人奥菲利娅的眼里,哈姆莱特完美无缺:他有朝臣般敏锐的眼睛,有学者般高超的辩论艺术,有军人般强健的体魄;他是时代的明镜,人伦的典范。美丽的奥菲利娅是朝臣波洛涅斯的女儿,他们互相倾慕,彼此向往,他们的爱情是那么甜蜜。

如果时间就这样静静流淌,如果人生就这样平静地铺开,哈姆莱特顺利地继承了王位,或许他能成为一代英武有为的君王。古老的丹麦王国死气沉沉,正需要一位意气风发的年轻君主来励志图新,革除时弊。德国诗人歌德对哈姆莱特似乎有着天然的好感。他说,哈姆莱特"这个皇族的花朵,本来是娇嫩而高贵的,在国王直接的庇荫下成长起来,正义与皇室尊严的概念、善良与纯正的情感,以及他贵族出身的意识在他身内同时发展着。他是一个王子,一个天生的王子,他希望统治,只是为了善良的人不受任何阻碍,永远善良"。

然而,正如中国谚语所说:天有不测风云,人有旦夕祸福。灾难在毫无征兆的情况下突然降临到了这位年轻王子的头上。

父王死了。

父王死得很突然。若是一个平民百姓,突然毙命倒也罢了,但他是一国之主。一国之主突然驾崩,这事儿就小不了。

而公开的死因,更让人感到蹊跷:父亲是在后花园睡觉时被毒蛇咬死的。这里是王宫,不是荒郊野外。一个国王,在自己宫廷的后花园被毒蛇咬死了,可信吗?

接下来的事情更让人疑窦丛生:继承王位的,不是哈姆莱特,而是老国王的弟弟、哈姆莱特的叔叔克劳狄斯。

更耸人听闻的是,在老国王死后不到两个月,哈姆莱特的母亲,前王后乔特鲁德就嫁给了新国王克劳狄斯,摇身一变成了新的王后。

一日长过百年。短短两个月,这些连续发生的不可思议的事情,彻底粉碎了哈姆莱特在不长的生命历程中所建立起来的信仰和理念,关于人,关于人性,关于亲人,关于国家。

他最不能接受的,是叔父克劳狄斯完全不符合他对一国之君的理想。

这就是"王子复仇记"的开端。中国人最早将这部戏译作《王子复仇记》。

关于克劳狄斯,剧中用了大量的、近乎诅咒的称谓:奸淫的畜生,过人的诡诈,天赋的奸恶,阴险的手段,一个卑劣龌龊的人,一个杀人犯,一个恶徒,一个不及你前夫百分之一的庸奴,一个冒充国王的丑角,一个盗国窃位的扒手,一个下流的国王等。莎士比亚似乎要将人类的一切诅咒都集中到这个野心家身上。一句话,克劳狄斯就是恶的化身、人间的撒旦。

与这位兄弟形成鲜明对照的,是死去的老国王天神般的完美:

瞧这一幅图画,再瞧这一幅;这是两个兄弟的肖像。你看这一个的相貌多么高雅优美:太阳神的鬈发,天神的前额,像战神一样威风凛凛的眼睛,像降落在高吻穹苍的山巅的神使一样矫健的姿态;这一个完善卓越的仪表,真像每一个天神都曾在那上面打下印记,向世间证明这是一个男子的典型。

在哈姆莱特心目中,父王才是一个完美的王者:他风姿伟岸,神采动人,是哈姆莱特生命中难以替代的偶像和榜样。

父王蹊跷的死让他体验到了从未体验过的挫败感,而母亲不体面的改嫁让他体验到了从未体验过的遗弃感。家仇国恨,聚结心头。

为了掩饰自己的罪恶,为了迷惑和笼络哈姆莱特,同时也为了安抚王后(曾经的嫂子)的情绪,狡猾的克劳狄斯主动承诺,哈姆莱特将继续享受王子的待遇,并公开宣布哈姆莱特是他的直接继承人。克劳狄斯用公告天下的"善意",为哈姆莱特编织了一个笼子:若哈姆莱特拒绝叔父的"善意",就等于宣告他与新国王的对立,宣告他对母亲的悖逆,他不仅将因此失去权力的庇护,也为克劳狄斯的迫害留下了口实;若顺从克劳狄斯的"善意",就意味着他必须从"老哈姆莱特的王子"变成"克劳狄斯的王子",他必须出卖自己的尊严,忘却父王的不幸,放弃对父王暴毙原因的怀疑与追查,放弃自己作为人子的责任。

在猝不及防的情况下,哈姆莱特被卷进了这场政治风暴。别人可以袖手旁观,唯独他别无选择。他必须选择,在归顺与叛逆、安逸与动荡、荣华富贵与生死存亡中,做出自己的选择。

谁叫你是王子?

哈姆莱特选择了抗争。因为哈姆莱特有着自觉的、强烈的王子意识。他深知,自己的一举一动、一言一行都影响这个国家及其臣民。雷欧提斯劝告妹妹奥菲利娅,要她远离哈姆莱特,因为他是王子,"他有这样高的地位,他的意志并不属于他自己,因为他自己也要被他的血统所支配;他不能像一般庶民一样为自己选择,因为他的决定足以影响到整个国家的安危"。雷欧提斯的这番话,毫无疑问也是哈姆莱特对自己的期许。

是的,他是王子,他不是一般庶民,他别无选择。

王子的身份使哈姆莱特能够在一定程度上超越个体的狭隘,也使他的复仇具备了更多的社会意义,而不再是单纯的血亲复仇。在他眼里,国王的邪恶、王后的堕落与国家的混乱、宫廷的淫靡、社会的分裂、人心的散失联系在一起。国王与王后,首先是一种社会身份,他们的一举一动,必然会造成对国家的影响。他们堕落了,丹麦也就堕落了。克劳狄斯的宫廷,充斥着阿谀奉迎的谄媚,觥筹交错的迷醉,礼炮狂鸣的喧嚣,哈姆莱特对此深恶痛绝。他说,世界是"一所很大的牢狱,丹麦是其中最坏的一间",丹麦是"一个荒芜不治的花园,长满了恶毒的莠草",这里只有"压迫者的凌辱、傲慢者的冷眼,被轻蔑的爱情的惨痛、法律的迁延、官吏的横暴和费尽辛勤所换来的小人的鄙视"。

对国家深深的爱与责任感,也使他不能放弃对事件真相的追查。

王子的使命是上天注定的,无可选择,也无可推脱,无论多么艰难。"这是一个颠倒混乱的时代,唉,倒霉的是我却要负起重整乾坤的责任",明知艰难,依然前行。这一声悲壮的感慨,正是哈姆莱特自觉的身份意识的体现。

他是儿子,也是王子。家仇国恨,集于一身,责任担当,义不容辞。

在深重的痛苦中,哈姆莱特想到了"to be or not to be"这个问题。但可以断定的是,哈姆莱特并不是一个贪恋生命的怕死鬼。在父王死后的那段最难熬的日子里,处在悲痛与忧郁之中的王子说:"我把我的生命看得不值一枚针。"他怕的不是死,他怕的倒是像行尸走肉一样活着。作为人子,为父报仇是他应尽的孝道;作为王子,恢复国家的秩序是他的责任;作为接受了人文主义新思想的新人,张扬正义,拯救世道人心,更是他义不容辞的义务。挽乾坤于既倒,救国家于乱世,这就是哈姆莱特王子的使命。用中国人的话说,哈姆莱特肩负着齐家、治国、平天下的三重重任,要为天地立心,为生民立命,为万世开太平。

哈姆莱特的复仇,非匹夫的复仇所能比拟。

选择之所以艰难,是因为必须决然地舍弃很多东西。为了王子的使命,他必须付出比普通人更惨重的代价,包括爱情、友谊,甚至生命。这是常人难以做出的抉择。

哈姆莱特深爱着奥菲利娅。但是,与王子的使命相比,爱情毕竟只属于个人,因此,在选择的序列上,只能屈居在后。在鬼魂出现并初步确认了事情的真相之后,哈姆莱特决定放弃世俗的一切欲求与享乐,包括爱情。他决定装疯卖傻,在他的表演中,奥菲利娅也不幸成了他的道具。他爱奥菲利娅,但他认为自己再无权沉醉于花前月下。不仅如此,他还要用各种尖酸刻薄的疯话和诡异乖张的行为,来羞辱和折磨奥菲利娅,这样才能证实自己疯癫的真实性。

> 进尼姑庵去吧;为什么你要生一群罪人出来呢?
>
> 要是你一定要嫁人,我就把这一个咒诅送给你做嫁奁:尽管你像冰一样坚贞,像雪一样纯洁,你还是逃不过谗人的诽谤。进尼姑庵去吧,去;再会!或者要是你必须嫁人的话,就嫁给一个傻瓜吧;因为聪明人都明白你们会叫他们变成怎样的怪物。进尼姑庵去吧,去;越快越好。
>
> 我也知道你们会怎样涂脂抹粉;上帝给了你们一张脸,你们又替自己另外造了一张。你们烟视媚行,淫声浪气,替上帝造下的生物乱取名字,卖弄你们不懂事的风骚。算了吧,我再也不敢领教了;它已经使我发了狂。……进尼姑庵去吧,去。

每个字都像钢针一样扎在奥菲利娅的心上。奥菲利娅在绝望中哀叹道:

> 我是一切妇女中间最伤心而不幸的,我曾经从他音乐一般的

盟誓中吮吸芬芳的甘蜜，现在却眼看着他的高贵无上的理智，像一串美妙的银铃失去了谐和的音调，无比的青春美貌，在疯狂中凋谢！啊！我好苦，谁料过去的繁华，变作今朝的泥土！

哈姆莱特伤害着奥菲利娅，也在更深地伤害自己。为了实现自己的复仇梦，这样折磨心上人，哈姆莱特的内心承受了多大的压力！

他握住我的手腕紧紧不放，拉直了手臂向后退立，用他的另一只手这样遮在他的额角上，一眼不眨地瞧着我的脸，好像要把它临摹下来似的。这样经过了好久的时间，然后他轻轻地摇动一下我的手臂，他的头上上下下点了三次，于是他发出一声非常惨痛而深长的叹息，好像他的整个胸部都要爆裂，他的生命就在这一声叹息中间完毕似的。

在哈姆莱特疯癫的外表下，隐藏着一颗饱受摧残的心灵。这声叹息把王子矛盾、曲折、隐晦的内心传达了出来。但他只能这样演下去。年轻、单纯、不谙世事的奥菲利娅，沦为克劳狄斯和波洛涅斯的政治工具，也更为不幸地成了恋人的复仇工具。

哈姆莱特亲手葬送了自己的爱情。在奥菲利娅的葬礼上，哈姆莱特终于发出了"四万个兄弟的爱合起来，还抵不过我对她的爱"的爱情表白。可惜，奥菲利娅再也听不到这句表白了。

以个体的血肉之躯，承担如此重大的责任，王子的使命，真是生命中不能承受之重。

3. 延宕的复仇者

快意恩仇的逻辑

在文学创作中,复仇是个抢手的题材。写复仇,不仅可以宣泄道德的怒火,而且可以设置扣人心弦的情节,让读者欲罢不能,尽显作家创作的天分。写复仇的作品多如牛毛。国外的如《美狄亚》《威尼斯商人》《基督山伯爵》《呼啸山庄》《三个火枪手》《双城记》,都是复仇题材的名作。在中国文学中,复仇文学更是蔚为大观。在《史记·伍子胥列传》里,司马迁用他惯常的传奇笔触,不仅叙述了伍子胥为父报仇的曲折故事,还涉及吴王夫差与越王勾践的仇恨、郧公与平王的杀父之仇等。这么多家仇国恨积聚在一起,连他自己也不禁感慨:"怨毒之于人甚矣哉。"元杂剧《赵氏孤儿》是一个典型的家族复仇故事,体现了"前世造孽,后辈遭殃""父债子还""君子报仇,十年不晚"等传统的复仇理念。明代小说《水浒传》则塑造了具有强烈复仇精神的英雄群像,像武松,崇奉的是以牙还牙、睚眦必报的复仇精神。鲁迅先生也写过复仇故事,他的历史小说《铸剑》,将一个古代的复仇故事写得荡气回肠。

复仇,几乎是人的本能;杀人偿命,血债血还,这是多数人崇信不疑的理念。复仇题材的作品往往站在弱者的立场,站在民众的立场,站在被压迫者的立场,为他们伸张冤屈,洗雪屈辱,而结局也常常是正义战胜邪恶,光明战胜黑暗,能给读者带来阅读快感。

一部《水浒传》,主旨就是官逼民反,就是逼上梁山,就是报仇雪恨,就是快意恩仇。108将,大多有着奋争与反抗的经历,有着复仇与雪耻的过程。林冲一忍再忍,终于忍无可忍,杀了陷害他的陆谦与富安,而对罪魁祸首高俅,更是念念不忘,恨不食肉寝皮;武松对西门庆、潘金莲以及张都监等人毫不手软,打杀他们如同追杀猛虎;宋江高举"替天行道"的旗帜,名义上是除暴安良,而实际上斩杀黄文炳、三打祝家庄、荡平曾头市这些行动,无一例外都是为了报仇,或为自己或为兄弟或为组织。

应当说,当罪恶还得不到法律与制度的规约与制裁之时,依靠自身的力量维护自己的生命与权利,伸张正义,惩戒邪恶,具有一种崇高和悲壮的道义之美。有人讽刺说中国人有三个梦,所谓的明君梦、清官梦与侠客梦,意思是愚民们总将自己的命运寄托在明君、清官和侠客身上。其实,中华民族也是有血性的民族,历史上从来不乏睚眦必报的好汉子,也不乏以生命求自由、以鲜血求正义的好男儿。

复仇具有天然的合理性,但不意味着复仇具有天然的正当性。相反,随着人类文明的进步,复仇的反文明、反道德与反生命的消极意义越来越被人们所认识。以暴制暴以恶制恶式的复仇,虽然能够惩治恶人,但却难以消灭罪恶的土壤。复仇的本能往往让人丧失理智,使复仇的行为扩大化、盲目化,手段与方式往往更加血腥、更加残忍,常常殃及无辜、危害社会、危害人心。在古代作品中,复仇者不仅要让作恶者偿付相应的代价,而且还要让他付出加倍的代价,这样才能洗雪耻辱,从心理上抚慰罹难者,从精神上激励受害者。

伍子胥为报杀父之仇,竟然将死去的楚平王掘墓鞭尸,足见复仇的残酷性与野蛮性。而《水浒传》中的好汉,常常为了报一箭之仇而族灭一姓,甚至诛灭整个村镇。那些被极力美化的复仇行为,往往只能给人一时的、肤浅的快感,而不能给人道义上和精神上的舒展。武松为了给大哥报仇,刀剐潘金莲,斗杀西门庆,还算占了几分道理;大闹快活林,醉打蒋门神,算是为朋友出头,勉强还能理解;大闹飞云浦,大开杀戒,总算是出于自卫;到了血溅鸳鸯楼,武松不仅杀了仇人张都监、蒋门神以及张团练,连他一家老小包括佣人、仆从都给杀了。这样的杀戮,既不是为了自卫,也不是为了灭口逃亡,而仅仅是为了满足报仇的快乐,宣泄嗜杀嗜血的本性。可叹的是,作品却处处为武松叫好,引得读者也跟着热血沸腾,全然忘记了武松的杀戮已经超越了人性的底线。

复仇,其实也有一个正当性与正义性的问题。

思想的巨人,行动的矮子?

《哈姆莱特》是一个复仇的故事,而且涉及三桩错综复杂的仇杀。但剧本的旨意,显然不在渲染复仇的快感与满足。实际上,剧本渲染的始终是仇恨带来的焦虑,是杀戮之后的罪恶感(连剧中最大的恶人克劳狄斯也不例外),是报仇过程中不堪承受的精神压力。哈姆莱特完全没有梁山好汉们那种大块吃肉大碗喝酒大刀片子砍人的气魄,他想的比做的多,他思想的深刻远胜于他行动的果决。他第一次主动出击,杀错了人;最后在诛灭了仇人的同时,自己也走到了生命的终点。单从报仇的角度看,他总在延宕,总在迟疑,难以配上英雄的徽号。有人甚至说哈姆莱特是个懦夫,是"思想的巨人,行动的矮子",正是他的懦弱和迟疑,让他一而再再而三地丧失良机,最终导致了他的毁灭,也殃及了一堆无辜的人。

《哈姆莱特》里有三个年轻人深陷复仇的漩涡。一个是福丁布拉斯,其父在与老哈姆莱特的决斗中死掉,并输掉了自己的土地。福丁布拉斯纠集人马,要为父报仇,并要收回父亲的土地。其实,根据当时的"法律和骑士精神",骄矜好胜的老福丁布拉斯与勇武的老哈姆莱特的决斗,乃出于双方的自愿与约定,愿赌服输,老哈姆莱特并不需为此负责。福丁布拉斯的复仇,带有挑衅的色彩,缺乏必要的理由和依据。

另一个是雷欧提斯——宠臣兼弄臣波洛涅斯的儿子,其父趋炎附势,搬弄是非,投机取巧却又弄巧成拙,被哈姆莱特误杀;其妹奥菲利娅因为哈姆莱特的"发疯"而饱受摧残,最后坠河而亡。得知父亲死讯,雷欧提斯立即从国外折返丹麦,带领叛军,气势汹汹地冲进宫殿,不仅要消灭哈姆莱特,而且不惜篡权夺位(士兵们喊叫"让雷欧提斯做国王")。只要能够痛痛快快地为父亲报仇,他什么都不顾,愤怒战胜了理智,家族荣誉超越了君臣秩序。正是雷欧提斯的鲁莽和冲动,给克劳狄斯提供了可乘之机,结果雷欧提斯成了克劳狄斯手里的工具,不仅害死了哈姆莱特,自己也死在毒剑之下。

与雷欧提斯形成鲜明对照的,是哈姆莱特王子。父亲被谋杀,母亲被霸占,王位被僭夺,情人被阴谋利用,朋友们被收买来监控自己。要说仇恨,那真是血海深仇。但是,哈姆莱特完全不同于雷欧提斯,他始终保持着冷静和理性。

在鬼魂那里印证了自己的预感之后,哈姆莱特立刻像常人一样陷入了疯狂的仇恨之中。"让我驾着像思想和爱情一样迅速的翅膀,飞去把仇人杀死",这个念头在一瞬间攫取了他的头脑,这是一个血性男儿的本能反应。但是,在短暂的冲动之后,理性重新回到了他的头脑。他做出了决定:让众人宣誓不泄露在城堡上见到鬼魂这件事;以装疯来遮掩内心的真实,躲避克劳狄斯的监视,进而寻找报仇的机会。

能做出这样的选择,说明哈姆莱特是个深知韬光养晦、懂得谋略和隐忍的人。毕竟他的对手是当今国王,上上下下都是他的近臣和奸细,随时都可以把自己碾成齑粉;毕竟仇人是自己的叔父,而他的王后曾经是父亲的爱侣,自己的母亲。投鼠忌器,稍有不慎,不仅身败名裂,伤及无辜,而且羞辱先父,危及国家。哈姆莱特怎能轻举妄动? 装疯卖傻,排戏试探,都是他的谋略。

对于哈姆莱特,杀死克劳狄斯是他的目的,但却不是他的最终目的。

分析哈姆莱特复仇的逻辑,他考虑的主要有三点:

1. 确定杀死父王的凶手究竟是谁;
2. 揭露凶手的罪恶,把他的罪恶暴露在阳光下面;
3. 让凶手受到应有的审判,并最终受到惩治。

确定凶手,才能不滥杀无辜;揭露凶手,才能让罪恶昭然若揭,才能证明自己复仇的合理性与合法性;审判凶手,才能将他的灵魂送下地狱。

在生命的最后一刻,哈姆莱特反复叮嘱霍拉旭:

> 霍拉旭,我一死之后,要是世人不明白这一切事情的真相,我的名誉将要永远蒙着怎样的损伤!
> 你倘然爱我,请你暂时牺牲一下天堂上的幸福,留在这一个冷酷的人间,替我传述我的故事吧。

人之将死,其言也善。哈姆莱特临死之际,念念不忘的是自己行事的"始末根由",消除人们的误解,解除世人的疑惑。可见,实现对罪恶的正义的审判,给自己一个正义的评价,才是哈姆莱特的最终目的。

哈姆莱特深受人文主义的熏陶,他深知,猎杀一个人,剥夺一个人的生存权,需要合理、合法的理由。他必须像侦探一样去查清事实。鬼魂的诉说虽然印证了他的猜测,但还不能直接证明克劳狄斯就是罪犯。其实,鬼魂的诉说更近似于梦幻。日有所思,夜有所梦,梦幻和错觉总是伴随着心事重重的人。他对鬼魂的诉说心存疑虑:

> 我所看见的幽灵也许是魔鬼的化身,借着一个美好的形状出现,魔鬼是有这一种本领的;对于柔弱忧郁的灵魂,他最容易发挥它的力量;也许他看准了我的柔弱和忧郁,才来同我作祟,要把我引诱到沉沦的路上。

谜团一定要解开,仇一定要报,哈姆莱特必须找到有说服力的证据。于是他导演了戏中戏,把鬼魂诉说的死状植入戏剧的情节之中,以此来试探克劳狄斯的现场反应。他确信,"凭着这一本戏,我可以发掘国王内心的隐秘",可以获得比鬼魂所泄露的"更切实的证据",只要探视到叔父"稍露惊骇不安之态",他就能做出自己的判断,就能采取正确并坚定的复仇行动。果然,克劳狄斯被吓得魂飞魄散,慌乱中逃离了现场。所谓做贼心虚。到这里,哈姆莱特确认了鬼魂诉说的真实性。

但哈姆莱特依然不能下手。戏中戏只是印证了自己的怀疑与猜测,但还是缺乏可以诉诸公众的理由与证据。单凭克劳狄斯的现场反应,能让公众相信他是凶手吗?客观地说,任何一个国王看到国王被毒死这样的戏剧场景,都难免要产生相应的心理反应,此乃人之常情。

哈姆莱特陷入了一个自己编织的怪圈。他越是相信自己的判断,就越想证实自己的判断。但每次证明之后,旋即又陷入新的质疑,开始新一轮的证实。这样的延宕,正反映了他内心深处对复仇的合理性与正义性的焦虑。

在戏中戏的试探之后,克劳狄斯陷入了巨大的恐惧与焦躁,他独自一人忏悔自己的罪行。这是哈姆莱特下手的最好机会。此刻的克劳狄斯毫无防备,而哈姆莱特武艺超强(这在与雷欧提斯的剑斗中显露无遗),若下手,必不会失手。但是,哈姆莱特还是迟疑了:

> 他现在正在祈祷,我正好动手;我决定现在就干,让他上天堂去,我也算报了仇了。不,那还要考虑一下:一个恶人杀死我的父亲;我,他的独生子,却把这个恶人送上天堂。啊,这简直是以恩报怨了……现在他正在洗涤他的灵魂,要是我在这时候结果了他的性命,那么天国的路是为他开放着,这样还算是复仇吗?不!收起来,我的剑,等候一个更惨酷的机会吧;当他在酒醉以后,在

愤怒之中,或是在纵欲的时候,有赌博、咒骂或是其他邪恶的行为的中间,我就要叫他颠踬在我的脚下,让他幽深黑暗不见天日的灵魂永堕地狱。

此刻处死克劳狄斯,容易,但不合乎哈姆莱特的目的。从宗教上说,处死一个忏悔的人,处死一个正在洗涤灵魂的人,本身就是罪过。若此刻结束了克劳狄斯的性命,不仅他的罪恶得不到清算,反倒是解脱了他,成全了他,而自己却将因此而堕入罪恶的深渊。哈姆莱特不仅要结果罪人的性命,更要亲自把他罪恶的灵魂送进地狱,让他永世不得超生。

很多人为此扼腕叹息,责怪哈姆莱特这致命的迟疑不决。但是,若杀了克劳狄斯,他还是哈姆莱特吗?

哈姆莱特追求的是正义,他要借克劳狄斯的罪恶来彰显其复仇的合理性、合法性与正义性。哈姆莱特面对的是一个老奸巨猾的阴谋家,他最害怕的是弑兄娶嫂的阴谋被揭露;而哈姆莱特最在乎的,恰恰就是公开揭露他的罪恶,让他认罪伏法。这使得哈姆莱特的复仇一波三折,跌宕起伏。

在生命的最后时刻,哈姆莱特终于当着众人的面,发出了自己的判词:

> 你这败坏伦常、嗜杀贪淫、万恶不赦的丹麦奸王!喝干了这杯毒药——你那颗珍珠是在这儿吗?——跟我的母亲一道去吧!

高贵的王子用自己的生命,使真相得以昭示,使正义得到伸张。

什么样的复仇才是正义的?哈姆莱特一直在思考,究竟该以怎样的名义剥夺叔父的生命。在他尚未为自己的行动找到一种正义的驱动力量时,他始终把复仇和血腥屠杀、冤冤相报、滥杀无辜等野蛮行径联系在一起。倘若那样,他就沦为与其叔父一样的滥用权力和暴力的恶人了。

因此,他的延宕和迟疑是必然的,而这种延宕和迟疑恰恰反映了哈姆莱特对道德、真理和文明的渴望和追求,也表现了他思维的审慎、情绪的自控和人性的高贵。

4. 权力魅影

权欲的辩证法

物欲、情欲和权欲,构成了人的基本欲望。这其中,物欲与情欲直接作用于人的生理机能,对财富和异性的追逐和占有,内容直接而具体;相比之下,权欲倒显得比较抽象,比较虚浮,看不见,摸不着。但是,权欲却是实实在在的欲望。为了这个看似抽象的东西,古往今来,多少人日思夜想,梦寐以求,又有多少人醉生梦死,梦断黄泉!

在莎士比亚笔下,为了权力而堕落的绝不仅克劳狄斯。在他的《麦克白》里,苏格兰将军麦克白,因为女巫预言他将晋爵为王,他那深藏不露的野心由此迅猛膨胀,在夫人的怂恿下谋杀了国王并取而代之。但最后,众叛亲离,身首异处。野心的驱使,权欲的放纵,最终毁灭了这个能征善战的将军。这与克劳狄斯何其相似,想当初,爬上王位风光无限;转眼间,机关算尽遗臭万年。

权欲是人的本能,这个本能可在动物身上得到充分的印证。比如动物大多具有本能的地盘意识。有了地盘,也就有了稳定的食物来源、栖息地、性炫耀的空间或产卵地。地盘有着强烈的独占性与排他性,对地盘的控制和支配就是权力。人类也有权欲本能,吃奶的孩子都有地盘意识,婴儿会本能地拒绝外人接近其母乳。对地盘的控制与支配伴随着人的一生,区别只在于每个人对地盘的理解有异,要求地盘的大小不同。有的人视天下为囊中之物,"普天之下,莫非王土";更多的人,只能看顾自己的一亩三分地,"卧榻之侧,岂容他人鼾睡"。

《君主论》的作者马基雅维利非常肯定地说,追求权力和财产是人的基本欲望。

同物欲、情欲一样,权欲本身无所谓好坏,若正常释放,它不仅能促进个人的价值实现,而且也可推动社会的发展与文明的进步。但是,若权欲不受限制,其破坏力将远远超过情欲和物欲。历史上的野心家比比皆是,但给人类带来巨大灾难的,往往是那些权欲熏心的野心家。《三国演义》里的那帮野心家,如董卓、曹操、吕布,他们要金钱,要女人,但他们最为看重的,还是权力,还是地盘。他们的算盘打得很清楚,一朝权力在手,谁敢不俯首听命?权欲是满足物欲与情欲的捷径。他们处心积虑的,就是攫取对天下的控制权和支配权。

权欲熏心的群丑

《哈姆莱特》是一出关于复仇的戏,但各方争来争去,争夺的焦点还是权力,是权杖,是王位。无论是克劳狄斯的弑兄,还是乔特鲁德的失节,抑或是哈姆莱特的复仇,以及众多奸臣弄臣的表演,他们争讼不休的轴心,都是权力。在每个人物身上,在戏剧的每个环节,我们都能看到权力的魅影,也同样能看到权力的魔力。

在丹麦宫廷,权力正在释放它罂粟花般绚烂又恶毒的能量。我们无从知道克劳狄斯的更多背景,当幕布拉开的时候,我们看到的是,那个毒死了前国王的野心家,一旦获得了国王的权杖,朝臣们便迅速地簇拥在他的身边。中国观众对于这样的场景一点也不陌生。几千年历史,你方唱罢我登场,哪一次改朝换代,不上演这样的丑剧?所谓的忠孝节义,所谓的忠君报国,在权力的魅惑下,是那么不堪一击。

剧本一开始,就是克劳狄斯与乔特鲁德的盛大婚礼。短短两个月,老国王尸骨未寒,乔特鲁德就花团锦簇地嫁给了新国王。这怪异的氛围,连厚颜无耻的克劳狄斯都有点难为情,他不得不装腔作势,为自己的罪恶遮掩:"在一种悲喜交集的情绪之下,让幸福和忧郁分据了我的两眼,殡葬的挽歌和结婚的笙乐同时并奏,用盛大的喜乐抵消沉重的不幸,我已经和我旧日的长嫂,当今的王后,这一个多事之国的共同的统治者,结为夫妇……"多么无耻的辩护!

克劳狄斯究竟有什么魅力,让这个曾经享受过一个伟大男人的爱情的女人,心甘情愿嫁给他?

同样可以追问:是什么样的魔力,让哈姆莱特的老同学罗森格兰兹、吉尔登斯吞,心甘情愿地做了克劳狄斯的走狗,成了谋杀王子的帮凶?

还有那个在王室服务多年的老臣波洛涅斯。这个自诩学识渊博、料事如神的人,难道对老哈姆莱特的死因就没有一丝怀疑?难道他对旧主的王子就没有半点怜悯之心?难道他对道德如此麻木,竟然还为新国王乱伦的婚姻欢欣鼓舞?令人感慨的是,人性中的那一点点良知,在权力的光环下立刻就黯淡了,冷寂了,熄灭了。他摇身一变,短短两月就以精明赢得了克劳狄斯的信任。为了讨好新王,他使出浑身解数,喋喋不休,插科打诨,讨好卖乖……这样的表演非常有效,连克劳狄斯也不由得赞许他们的友谊胜过了"手足之情"。这位忠心的奴才,也伶俐地借机大献殷勤:"我把我对于上帝和我的宽仁厚德的王上的责任,看得跟我的灵魂一样重呢。"可以设想,曾几何时,他也同样向老国王这样表达他的忠心!

波洛涅斯究竟是个怎样的人呢?必须承认,波洛涅斯是个人生经验丰富的老人,是个对儿女关怀备至的好父亲。不妨摘录几条他告诫儿子雷欧提斯的话:

> 不要想到什么就说什么,凡事必须三思而行。对人要和气,可是不要过分狎昵。相知有素的朋友,应该用钢圈箍在你的灵魂上,可是不要对每一个泛泛的新知滥施你的交情。留心避免和人家争吵;可是万一争端已起,就应该让对方知道你不是可以轻侮的。倾听每一个人的意见,可是只对极少数人发表你的意见;接

受每一个人的批评,可是保留你自己的判断。尽你的财力购制贵重的衣服,可是不要炫新立异,必须富丽而不浮艳,因为服装往往可以表现人格;法国的名流要人,就是在这点上显得最高尚,与众不同。不要向人告贷,也不要借钱给人;因为债款放了出去,往往不但丢了本钱,而且还失去了朋友;向人告贷的结果,容易养成因循懒惰的习惯。尤其要紧的,你必须对你自己忠实;正像有了白昼才有黑夜一样,对自己忠实,才不会对别人欺诈。

若非阅尽人间沧桑,看透人性弱点,怎能总结出这些既冠冕堂皇又满是市侩算计的箴言呢?

但显然,饶舌的老头、慈祥的父亲只是波洛涅斯为人的一面。不错,波洛涅斯是个慈爱的父亲,但他的慈爱是自私的,是有限度的,甚至是残酷的。这个底线,就是不能危及他在宫廷中的地位,就是要有利于维持和巩固他的权力。他之所以反对女儿与哈姆莱特交往,并不单是害怕女儿被哈姆莱特玩弄,这一点恰是奥菲利娅的哥哥雷欧提斯所担忧的。比女儿的命运更让他忧心的是,奥菲利娅与哈姆莱特的爱情与婚姻,是否合乎他的政治利益,是否合乎他的权力诉求。

因为,他对哈姆莱特的"反骨"心知肚明,他当然不愿因为女儿的爱情而开罪于国王。在第一幕中,他就发现了哈姆莱特对克劳狄斯的不满。在国王的婚宴上,哈姆莱特身着孝服,满脸阴霾,语调阴阳怪气,与国王对话时含沙射影,话中带刺,以波洛涅斯的丰富阅历,怎会看不出哈姆莱特的心思?他清楚地知道,克劳狄斯与哈姆莱特的冲突是不可避免的;而且他也十分清楚,一介书生哈姆莱特与凶残国王克劳狄斯相斗,鹿死谁手,结局已是十分明了。这是一场基本上没有悬念的谜局。所以,他明智地站在了克劳狄斯一面。他的这一选择,毫无疑问是出于他的权力需求,女儿的感情并没有为哈姆莱特添加砝码。

波洛涅斯积极介入哈姆莱特与克劳狄斯的冲突，也不仅仅因为爱管闲事的性格，也不单纯是为了逢迎新国王，其实他是想借此巩固自己的权力，在权力的角逐中占据主动。一方面他为克劳狄斯出谋划策，主张囚禁哈姆莱特，另一方面又装扮成夸夸其谈的饶舌鬼，一个插科打诨的小丑，回避与王子的直接冲突。

久经官场的波洛涅斯，明晓得哈姆莱特斗不过克劳狄斯，但也知道，宫廷权力斗争，波诡云谲，瞬息万变，不到最后谁也不敢说自己是赢家。在巴结克劳狄斯的同时，他又两面三刀，对哈姆莱特留了一手。哈姆莱特毕竟是名义上的王子，名义上依然是王位的直接继承人。倘若哈姆莱特向克劳狄斯俯首称臣，权力争斗的格局就可能为之一变。波洛涅斯的伪装和表演居然奏了效，哈姆莱特虽不认为他是良善之辈，却也没有料到波洛涅斯竟是迫害自己的同谋。在他看来，波洛涅斯只是一个无足挂齿的庸俗多事的"老小孩"，误杀了他之后还有几分后悔。

郑板桥有个命题，叫作"难得糊涂"，混迹官场的人们奉之为至理名言。波洛涅斯就是这样一个"难得糊涂"的人。他是权力角斗场上的不倒翁，是个"大智若愚"、老谋深算的弄臣加权臣，几十年的宦海生涯早已练就了他炉火纯青的官场生存技能与表演技巧。权力就是他的主心骨。他的是非标准，他的善恶选择，他的爱恨情仇，都取决于他对权力的维护和追逐。

这就是权力对人的异化。

另一个委身于权力的，就是两任王后乔特鲁德。母亲的背叛之所以给哈姆莱特致命的打击，是因为他目睹过父母的恩爱与深情，却又目睹了母亲的无耻和背叛。父亲生前疼爱母亲，"甚至于不愿让天风吹痛了她的脸"；而母后，也"依偎在他的身旁，好像吃了美味的食物，格外促进了食欲一般"。然而，父亲去世两个月，母后流泪的眼睛还未褪去红肿，送葬时的鞋子尚未破旧，就自食前言，迫不及待地嫁给了叔父,"钻进了乱伦的衾被"。

　　这是多大的耻辱！哈姆莱特将母亲的堕落归结为"女人的脆弱"和"情欲的罪恶"。他无法理解母亲的选择,只能用"魔鬼蒙住了你的眼睛"来解释她的所作所为,他认为定是"地狱中的孽火可以在一个中年妇人的骨髓里煽动了蠢劲,那么在青春的烈焰中,让贞操像蜡一样融化了",才使她的理智在情欲面前败下阵来,"让丹麦的御寝变成了藏奸养逆的卧榻"。

　　将乔特鲁德的背叛归结为情欲的力量,恐怕还是低估了权欲的作用。乔特鲁德经历了与老哈姆莱特的爱情,他们彼此深爱。前夫高雅优美,仪表堂堂,几十年的夫妻恩爱,这些美好的记忆一定铭刻在心;相反,克劳狄斯猥琐、卑下、阴沉,不及她前夫的二百分之一。但是,权力是女人的催情剂,在权力的诱惑下,乔特鲁德屈从了,顺从了,甚至欣然相从了。她将自己的情欲献给了邪恶的克劳狄斯,也将自己钉在耻辱柱上。

　　在克劳狄斯、波洛涅斯和乔特鲁德身上,我们看到了权力对人的异化,对人性的异化,对生命的异化。权力是一种神秘的力量,它足够强大,足够持久,足够魅惑,使追逐权力的人反而成了权力的附属品和牺牲品。

　　疯狂的权欲,使他们丧失了一切人性之美,生命之美。

5. 成长的悖论

是生存,还是死亡?

从无忧无虑、不谙世事的王子,到父丧母嫁、饱受屈辱的忧郁王子,再到以复仇为己任的复仇王子,哈姆莱特短短的人生颇为曲折。他最终完成了自己的使命,成了父亲希望他成为的那种人。

在成长过程中,叔父克劳狄斯、父王、母后扮演了不同的角色。

克劳狄斯是哈姆莱特人生中必须跨过的一道坎。生命中有很多坎,有的可以回避,有的可以绕过,但有的坎儿却必须跨过去,哪怕付出再大的代价。克劳狄斯是哈姆莱特必须跨过的一道坎,因为克劳狄斯不仅威胁着王子的生命,而且也剥夺了他活着的尊严,啃噬着他生存的价值。哈姆莱特别无选择,只能拿生命博取生命,拿尊严换取尊严。

他们之间没有任何调和的余地。

在剧中,克劳狄斯是绝对的"恶"的象征。面对这绝对的"恶",除非你选择堕落,选择同流合污,否则你别无选择,只能与他战斗。

如此残酷的选择,就是生与死的选择:

> 生存还是毁灭,这是一个值得考虑的问题;默然忍受命运的暴虐的毒箭,或是挺身反抗人世的无涯的苦难,通过斗争把它们扫清,这两种行为,哪一种更高贵?

哈姆莱特的喃喃自语成了世界文学作品中久负盛名的内心独白。

生与死，他第一次直面这个问题。每个人都希望掌握生命的秘密，但若不触及生与死的问题，谁能真正理解生命的意义？必须承认，多数人对生与死的思考，都是隔靴搔痒，蜻蜓点水，甚至视而不见，存而不论。古希腊哲学家伊壁鸠鲁说，当我们活着的时候，死亡还没有来到；当我们死去的时候，我们已经一无所知，死亡与我们何干？恐怕这也是多数人对死亡的态度吧？但是，死亡是我们每个人必须面对而且必须亲自面对的事情，谁能逃避它呢？若因为恐惧而回避，因为无知而茫然，因为虚无而冷漠，那么，我们对生命的理解必然是片面的、肤浅的。

如果没有克劳狄斯的谋杀和政变，哈姆莱特或许也像芸芸众生一样，在懵懂中走向死亡，度过一生。但在克劳狄斯的屠刀面前，哈姆莱特不得不"向死而生"，必须面对狰狞的死神，来凝视自己的存在，这就使他对生命的理解超越了一般的泛泛之论。

哈姆莱特不仅是忧郁王子，是复仇王子，在对生命的思考中也成了一个哲学王子。

从这个意义看，克劳狄斯所代表的"恶"，从反面成就了哈姆莱特的生命意义。

王子的成人仪式

在哈姆莱特的成长中，父王与母后的角色意义非同寻常。

在人的成长中，父母所担当的角色是不同的，心理学家弗洛姆对此有精彩的表述：

> 母亲是我们的故乡，是大自然、大地和海洋。而父亲不体现任何一种自然渊源……父亲虽然不代表自然世界，却代表人类生存的另一个极端：即代表思想的世界，人所创造的法律、秩序和纪律等事物的世界。父亲是教育孩子，向孩子指出通往世界之路的

人……父爱是有条件的爱,父爱的原则是:我爱你,因为你符合我的要求,因为你履行你的职责,因为你同我相像。

在生物学意义上,母子原为一体,母亲对子女的爱往往是无条件的,生物学色彩更强。母爱的逻辑是:你是我的孩子,我就爱你。与母爱相比,父爱具有更多的社会内涵,带有更为自觉和强烈的价值色彩和功利色彩。父爱的逻辑是:我爱你,因为你符合我的愿望和要求。在塑造儿童的社会意识和角色意识方面,父亲所发挥的作用似乎更为明显。对于伦理道德意识和社会角色意识的灌输,父亲往往比母亲更为自觉和在意。

作为王位的自然继承人,哈姆莱特从小受到父亲的深刻影响。他崇拜父亲,父亲是他心中的英雄,是男人的典范,是统治者的榜样。成为像父亲那样的英雄与国王,是哈姆莱特的人生梦想。

命运的安排却彻底改变了他的人生面貌。父王蹊跷去世,母亲仓促改嫁,叔父慌忙登基,一切都是如此不可思议。哈姆莱特有限的人生经验和见识,显然还不足以应付这些莫名其妙的变故。

父王去世了,哈姆莱特的王子身份一下子变得很可疑了。王子,这是天然的身份,不用证明,不用维护,从来如此,生来便是。王子,既意味着待遇与恩宠,又意味着责任与重负。他将君临天下,担负起丹麦的未来。而现在,这个身份一下子丧失了它的合法性。我是谁的王子呢?我是谁?

奸王克劳狄斯为了讨好如今的王后、曾经的王嫂,在公开场合慨然允诺:

> 我请你抛弃了这种无益的悲伤,把我当作你的父亲;因为我要让全世界知道,你是王位的直接的继承者,我要给你的尊荣和恩宠,不亚于一个最慈爱的父亲之于他的儿子。至于你要回到威

登堡去继续求学的意思,那是完全违反我们的愿望的;请你听从我的劝告,不要离开这里,在朝廷上领袖群臣,做我们最亲近的国亲和王子,使我们因为每天能看见你而感到欢欣。

克劳狄斯的许诺越是真诚和慷慨,讽刺意味就越浓。如同一个强盗,抢走了你的财物,反过来恩赐给你,你还得感恩戴德。本来属于自己的、不证自明的王子身份,如今却需要剥夺者来命名,否则就不具有合法性了。

相比之下,母亲的改嫁让哈姆莱特体验的是深深的屈辱和耻辱感。爱情再也不可信了,誓言再也不可靠了。"这样一种行为,简直使盟约成为一个没有灵魂的躯壳,神圣的婚礼变成一串谵妄的狂言;苍天的脸上也为它带上羞色,大地因为痛心这样的行为,也罩上满面的愁容,好像世界末日就要到来一般。"这就是母亲改嫁给哈姆莱特带来的压力。

> 霍拉旭　殿下,我是来参加您的父王的葬礼的。
> 哈姆莱特　请你不要取笑,我的同学;我想你是来参加我的母后的婚礼的。
> 霍拉旭　真的,殿下,这两件事情相去得太近了。
> 哈姆莱特　这是一举两便的办法,霍拉旭!葬礼中剩下来的残羹冷炙,正好宴请婚筵上的宾客。霍拉旭,我宁愿在天上遇见我的最痛恨的仇人,也不愿看到那样的一天!我的父亲,我仿佛看见我的父亲。

母亲不知廉耻、近乎乱伦的行为让哈姆莱特受到侮辱。其实,丹麦人对此也是心照不宣,所以当他的朋友说参加他父王的葬礼的时候,他索性揭开了这层可耻的面纱:父王的葬礼就是母后的婚礼。

在剧中,鬼魂是一个颇有意味的象征,从戏剧角色看,鬼魂是父王的化身。但从哈姆莱特的成长看,鬼魂的象征意义是多层的。鬼魂既象征事实与真相,也象征了父亲的引导与激励。从鬼魂那里获悉了真相之后,哈姆莱特陷入狂躁与愤怒之中,他发誓:

> 记着你!是的,我要从我的记忆的碑版上,拭去一切琐碎愚蠢的记录、一切书本上的格言、一切陈言套语、一切过去的印象、我的少年的阅历所留下的痕迹,只让你的命令留在我脑筋的书卷里,不掺杂一丝下贱的废料;是的,上天为我作证!

真相是丑陋的,如同鬼魂的外表一样恐怖。阴谋之卑鄙,手段之毒辣,堕落之深重,结果之惨痛,都超越了哈姆莱特的心理限度。真相让哈姆莱特震惊,但却揭开了世界的秘密:世界原本如此。信仰破灭了,希望破灭了,美德破灭了,爱情也破灭了。这是成长的代价,也是成长中必须经历的一个阶段。他必须抛弃对世界的想象性美化,直面现实,直面罪恶。成长是收获,更是舍弃。他决心忘却一切,抛弃记忆,做一个彻底的复仇者。

此前的哈姆莱特还处在懵懂的伤感和悲愤的屈辱之中,是残酷的真相让他彻底走出了这种非理性的伤感与浑浑噩噩的忧郁状态。如果鬼魂不出现,哈姆莱特或许真的难以走出这种消极状态。鬼魂的指令,其实象征了文化对人的作用。父王被人谋杀了,王子就该为父王报仇,这就是文化的指令。人在创造文化,而文化在更大的范围里创造着人。哈姆莱特是文化的产物,"王子"的教育培养了他特有的价值观和人生追求。在他的潜意识中,王子的使命与责任是天赋的,驱使着他做出合乎他身份的选择,逼使他采取复仇的行动。

从这个意义上看,人的生命历程和内涵,在没有出生之前已经开始。生命首先是一种被塑造的产物,不仅指肉体,也指人的精神。

与母亲的诀别,可以看作哈姆莱特在精神上的断奶。在最终确认了杀父凶手后,哈姆莱特知道,与克劳狄斯的决战终究不可避免。哈姆莱特利用与母亲独处的难得机会,让内心的愤怒、屈辱、郁闷和绝望像暴风雨一样倾泻而出。此前的王子,一直难以割舍与母亲的亲情,尽管他为母亲的变节而感到深深的屈辱。但此刻,哈姆莱特放弃了他的母亲,他割断了与母亲的最后一丝联系,就像割断了与母亲之间的脐带一样。

此刻之后,哈姆莱特将成为一个真正意义上的孤儿。在这个孤独的世界,除了复仇,他没有任何牵挂。此刻,他不再是以儿子的身份与母亲对话,而是和父王站在一起,居高临下义正词严地审判他的母亲:

> 凭着十字架起誓,我没有忘记你;你是王后,你的丈夫的兄弟的妻子,你又是我的母亲——但愿你不是!
>
> 我要把一面镜子放在你的面前,让你看一看你自己的灵魂。
>
> 你的行为可以使贞节蒙污,使美德得到了伪善的名称;从纯洁的恋情的额上取下娇艳的蔷薇,替它盖上一个烙印;使婚姻的盟约变成赌徒的誓言一样虚伪。
>
> 生活在汗臭垢腻的眠床上,让淫邪熏没了心窍,在污秽的猪圈里调情弄爱——一个杀人犯、一个恶徒、一个不及你前夫二百分之一的庸奴、一个冒充国王的丑角、一个盗国窃位的扒手,从架子上偷下那顶珍贵的王冠,塞在自己的腰包里!

别过了母亲,告别了尘世间最后的牵挂,剩下的,就是最后的行动。

剑斗一场,是哈姆莱特的成人仪式。哈姆莱特完成了父王赋予他的使命:真相终于大白于天下,奸王暴露了自己的丑恶嘴脸,复仇的剑穿过了仇人的胸膛。

哈姆莱特以自己的生命为祭品,宣告了自己的成长与成人。

成长伴随着失落

在成长的过程中,哈姆莱特越来越发现,这个世界竟然是那么丑陋,而自己又是那么渺小。哈姆莱特本来对人充满了信心,他相信人性的善,相信人的美好:

> 人类是一件多么了不得的杰作!多么高贵的理性!多么伟大的力量!多么优美的仪表!多么文雅的举动!在外表上多么像一个天使!在智慧上多么像一个天神!宇宙的精华,万物的灵长!

可是,现实中的人,却少有人符合他的理想。丑恶奸邪的克劳狄斯、不忠不贞的母亲、饶舌谄媚的波洛涅斯自不必说,连他的同学罗森格兰兹、吉尔登斯吞也卖身求荣,甘做国王的密探。就是曾经热恋的奥菲利娅,也并非他想象中的那样完美。雷欧提斯称奥菲利娅为"五月的玫瑰"。的确,她就像鲜花一样,美丽却脆弱。她年轻、单纯、不谙世事,她爱哈姆莱特,却无法触及他的灵魂。在哈姆莱特最危难的时候,她非但无能为力,反而沦为克劳狄斯和波洛涅斯的工具。正是由于毫无主见和对父亲的唯命是从,她亲手葬送了自己的爱情。

生活改变了哈姆莱特。他不得不牺牲自己的理想,成为一个自己原本不想成为的人。冷酷、绝情、杀戮,这都是他厌恶的,但他必须冷酷,必须绝情,必须杀戮。要复仇,就要用暴力,但暴力本身就是罪恶。以暴易暴,以罪恶反抗罪恶,无论如何不能说是一种高尚的选择。这不是哈姆莱特理想的方式。于是,不断的拖延,不断的延宕,一直把自己逼到无路可退。

生命无常。陷入复仇漩涡的哈姆莱特,经常有一些近似中国人的生命感受。在坟场,他嘲笑曾经不可一世的律师:

> 又是一个;谁知道那不会是一个律师的骷髅?他的玩弄刀笔的手段,颠倒黑白的雄辩,现在都到哪儿去了?为什么他让这个放肆的家伙用龌龊的铁铲敲他的脑壳,不去控告他一个殴打罪?哼!这家伙生前也许曾经买下许多地产,开口闭口用那些条文、具结、罚款、双重保证、赔偿一类的名词吓人;现在他的脑壳里塞满了泥土,这就算是他所取得的罚款和最后的赔偿了吗?……这个小木头匣子,原来要装他土地的字据都恐怕装不下,如今地主本人却也只能有这么一点地盘,哈?

他嘲笑国王的弄臣:

> 可怜的郁利克……这儿本来有两片嘴唇,我不知吻过它们多少次——现在你还会挖苦人吗?你还会蹦蹦跳跳,逗人发笑吗?你还会唱歌吗?你还会随口编造一些笑话,说得满座捧腹吗?你没有留下一个笑话,讥笑你自己吗?这样垂头丧气了吗?现在你给我到小姐的闺房里去,对她说,凭她脸上的脂粉搽得一寸厚,到后来总要变成这个样子的;你用这样的话告诉她,看她笑不笑吧。

生命的价值究竟是什么呢?

> 比方说吧:亚历山大死了;亚历山大埋葬了;亚历山大化为尘土;人们把尘土做成烂泥;那么为什么亚历山大所变成的烂泥,不会被人家拿来塞在啤酒桶的口上呢?

即便是亚历山大,死后的世界也是永恒的虚无。

成长伴随着失落,失落激励着哈姆莱特的求索。对生活的追问,必然导向对生命意义的追问。

生命只是一瞬间,活着的荣耀之后,伴随的是永恒的死寂。在这样的矛盾中,哈姆莱特走向了剑斗场。

明知生命终将虚无,还是勇于承担使命,这就是成长,这就是成熟。

哈姆莱特完成了他的使命。

他在这世界上活了一次。

6. 一千个哈姆莱特

说不尽的哈姆莱特

在欧洲文学中,最耐人寻味的形象莫过于哈姆莱特,最让人捉摸不透的形象是哈姆莱特,最复杂难解的也非哈姆莱特莫属。哈姆莱特最大的魅力,恐怕就在于它说不尽,就在于"一千个观众就有一千个哈姆莱特"。

几乎所有重要的作家和评论家都曾表达过对莎士比亚及《哈姆莱特》的看法,而这些看法之间,常常存在着种种差别,有的差别甚至形同天壤。

德国诗人歌德是莎士比亚的崇拜者。他说,哈姆莱特是一个纯洁而高贵的人,遗憾的是,他的心灵脆弱,难以担当复仇的大任。他徘徊、辗转、恐惧、进退维谷,最后丢了性命。他认为莎士比亚创作的目的,就是表现一个难以担当大任却被阴差阳错的赋予了使命的人的命运。

俄罗斯作家屠格涅夫认为,哈姆莱特是一个典型的利己主义者。为了复仇,他自以为是地制订了周详的计划,而动起手来却是一塌糊涂,正是他的失误和迁延导致了波罗涅斯、奥菲利娅、雷欧提斯、乔特鲁德等人的死亡。

柯尔律治在《关于莎士比亚的演讲》中说:"哈姆莱特是勇敢的,也是不怕死的;但是,他由于敏感而犹豫不定,由于思索而拖延,精力全花费在做决定上,反而失却了行动的力量。因此,这个悲剧与《麦克白》形成了直接的对照,一个以极端的缓慢进行着,另一个则以一种忙碌的、喘不过气来的速度进行着。"

精神分析学派鼻祖弗洛伊德则用"俄狄浦斯情结"来解释哈姆莱特的延宕和迟疑。他认为,哈姆莱特在报仇中之所以不断延宕,是出于"恋母情结"。

难怪人们都说"一千个观众就有一千个哈姆莱特"。在《哈姆莱特》及其解读中,人类自由的心灵、无边的想象力和智性,都得到淋漓尽致的展现。

当然,这首先归功于《哈姆莱特》剧作本身所拥有的无限的解读空间。一部作品,能跨越时间、空间的阻隔,跨越文化与价值观的鸿沟,在全世界流传而不断引发共鸣,流传了几百年而长盛不衰,本身就说明了它具有非凡的辐射力和包容性。

《哈姆莱特》内容丰富,内涵复杂,具有多种解读的可能性。比如说它的人物。中国古典小说、戏剧的人物形象往往是扁平的,性格单一、心理单一、德行单一,如《三国演义》中曹操的奸、刘备的忠、诸葛亮的智、董卓的烂、吕布的变,时刻如此,始终如此,既显单调,又缺乏变化。

与他们相比,《哈姆莱特》的人物要复杂得多。克劳狄斯是"恶"的化身,但他的有些言行却难与"恶"画上等号。譬如他对乔特鲁德很痴情。为了安抚乔特鲁德,他甚至可以不断地迁就哈姆莱特的挑衅;他治国有方,对福丁布拉斯的乘人之危,他审时度势,选择了绥靖政策;他下旨保留哈姆莱特王子和继承人的地位,在接连发现了哈姆莱特复仇的蛛丝马迹之后,也没有断然下手,斩草除根。如果说哈姆莱特因延宕而贻误了自己的战机,克劳狄斯却也因糊里糊涂的拖延而丢了自己的性命。

一个靠谋杀篡位的人,为什么要如此反复权衡,容忍先王的儿子整天在宫廷装疯卖傻?一直拖到不能再拖了,克劳狄斯还是选择了效率较低的借刀杀人之计,难道他不知道夜长梦多?一个敢于对自己的兄长下手的野心家,何以在诛杀一个"疯子"的时候优柔寡断?

最让人疑惑的是,当克劳狄斯发现自己的阴谋被揭开之后,他迅速陷入了恐惧和后悔之中,完全失去了一个野心家的嚣张气焰。听,他在忏悔:

> 啊!我的罪恶的戾气已经上达于天;我的灵魂上负着一个元始以来最初的咒诅,杀害兄弟的暴行!我不能祈祷,虽然我的愿望像决心一样强烈;我的更坚强的罪恶击败了我的坚强的意愿。像一个人同时要做两件事情,我因为不知道应该先从什么地方下手而徘徊歧途,结果反弄得一事无成。要是这一只可咒诅的手上染满了一层比它本身还厚的兄弟的血,难道天上所有的甘霖,都不能把它洗涤得像雪一样洁白吗?慈悲的使命,不就是宽宥罪恶吗?祈祷的目的,不是一方面预防我们的堕落,一方面救拔我们于已堕落之后吗?……

这是那个无恶不作的奸王克劳狄斯吗?在莎士比亚的笔下,克劳狄斯这样一个"恶"的象征,却也同样具有人的怜悯、恐惧、犹豫、羞愧和罪孽感等复杂的情感。

这样的复杂与多面,也同样表现在乔特鲁德、波洛涅斯等"反面人物"身上。作为"正面人物"的哈姆莱特,其性格的复杂性,更是显而易见。他坚定又软弱、热情又冷漠、温柔又冷酷、足智多谋又优柔寡断,难怪英国哲学家布拉德雷说他是个"精神分裂症患者"。

从情节看,《哈姆莱特》的情节设置也具有解释的多种可能性。比如剧中最核心的情节复仇。为什么哈姆莱特一而再,再而三,延迟他的复仇呢?是希望克劳狄斯得到正义的审判,还是因为性格中的恐惧与软弱?是因为顾及母亲的感受,还是因为爱情拖了他的后腿?似乎每一种解释都有它的道理,却都有它的不够圆满之处。

这些模棱两可的模糊地带,究竟是莎士比亚的创作匠心,还是他创作中的失误呢?这本身也是一个问题,这个问题甚至成了"莎学"研究中的一个争讼不休的公案。约翰·厄普代克,这个以《哈姆莱特》为素材创作了著名小说《乔特鲁德与克劳狄斯》的美国小说家,认为《哈姆莱特》是一出很草率的戏剧,剧中有太多任意而为和违背逻辑的地方。即使气候也很怪异,这边你还走在城堡冰冷的墙头上,不出几个月,你就来到了奥菲利娅采花的五六月份。显然,莎士比亚是在压力之下进行创作的,为了讨好演员、剧场经理和低俗的观众,他留下了这些遗憾。你能说厄普代克的这些话毫无道理吗?

这一回,乔特鲁德成了主角

厄普代克的《乔特鲁德与克劳狄斯》,本身就是《哈姆莱特》魅力的一个佐证。《哈姆莱特》问世后,后世的人们据此做了数不清的再创作。这些再创作,对原作解构与重构,颠覆与继承,有的严肃,有的戏说,百花齐放,花样繁多。厄普代克的再创作,就是基于对《哈姆莱特》的一些疑问和思考。他在后记中说:如果撇开克劳狄斯的谋杀,他似乎是一位很能干的国王,而乔特鲁德也是一位很高贵的王后,奥菲利娅是一颗很可爱的珍宝,波洛涅斯虽然迂腐,但也不是什么罪大恶极之人,但哈姆莱特却把他们都置于死地。

再者,在《哈姆莱特》中,乔特鲁德是一个陪衬人物,她出现在舞台上的时候,就以一个淫荡、下贱的女人形象陪伴在克劳狄斯身边。问题是,乔特鲁德为什么要委身于这个猥琐的克劳狄斯呢?难道仅仅是因为情欲和对权力的服从吗?

于是,厄普代克就以《哈姆莱特》为素材,创作了《乔特鲁德和克劳狄斯》,对莎剧做了现代的想象和解释。在他笔下,乔特鲁德成了一个敢于追求爱情,敢于享受幸福的女性形象。她爱克劳狄斯,因为老哈姆莱特代表了丹麦的保守与腐朽势力,残暴、穷兵黩武、好勇斗狠,与邻国连年兵祸不断,而且性格粗鲁骄横,空有一身愚勇。而克劳狄斯,长年征战在地中海流域,在欧洲文明的源头之地,亲身感受到了人文主义的气息。他虽然其貌不扬,却是一个英武的男子汉和温柔体贴的好情人。

显然,厄普代克抛弃了原剧"复仇"的主线,把一个古老的宫廷阴谋和仇杀的传说,演绎成了一个浪漫的爱情故事。在《哈姆莱特》里,莎士比亚讲述的是英雄事迹,展现的是江山社稷、君臣父子、伦理纲常,侧重的是男性的感受;而厄普代克展现的却是家庭、爱情、婚姻,侧重的是女性的感受。

厄普代克对哈姆莱特这一角色的笔墨并不多,但却不掩饰他对王子的厌恶。在作品中,哈姆莱特一出生就很不健康:"总断不了小小的毛病——肚子痛,小屁股上出疹子,没完没了地感冒和咳嗽、发烧"。小小年纪,就沾染了男性中心主义的习气:"他还不到六岁,就知道可以对女人的话不屑一顾"。长大之后,更变得阴郁敏感而且自闭,缺乏年轻人的热情:"在他创造的宇宙里面,他是唯一的人。一旦里面出现了另一个充满感情的人,这场表演马上就会变得鲜活生动起来,那么,他就要逃之夭夭了"。

厄普代克的创作显然属于"戏说"一类,对于原作作了颠覆性的解构与重构,赋予这个古老的戏剧以现代色彩。

这不也是《哈姆莱特》的魅力?

后记

让智慧启迪人生

余党绪

很久以前,读过一篇小说,叫《飘逝的花头巾》。主人公是个美丽的女大学生,多少年过去了,还清晰地记得她系在船舷上的那条花头巾。小说的后来,她变了。为了让人刮目相看,为了挤进上流社会的交际圈子,她拼命背诵"人名词典",桌上刻意摆着几本名著,以此来显示自己的学养和风雅。显然,小说把她塑造成了一个爱慕虚荣、附庸风雅的人。

我对这个故事记忆犹新,恐怕与小说中的这个"阅读"的细节相关。那是一个热爱阅读的时代。一首小诗,一篇小说,一本新上市的名著,都能迅速成为奔走相告的新闻和街谈巷议的话题。正是有了这样的背景,这个女学生的行为才显得有些荒唐,有些刺目:她动机不纯。

想一想自己,何尝没有过这样"不纯"的念头?那是一个以读书、读名著为时尚的年代。15岁的时候,我读了《红与黑》。书被读得无影无踪了,但我还清晰地记得它的封面,暗红色的,当时关注的是司汤达这个作者,译者是谁倒没在意。后来留心比照了一下,想必是罗玉君翻译、上海译文出版社的那个版本。那段时间,我把于连挂在嘴上,只要与人说话,就想炫耀一把。同龄人的羡慕,师长的赞赏,确实极大地满足了我的虚荣心。至于书的内容,那时处在青春期,恐怕用心多在于连的爱情冒险上。当年的读物十分稀少,一本《红与黑》算是稀罕之物,我从前往后读,从尾往头读,从中间往两边读,随手翻着读,专找有玛蒂尔德的地方读……终于有一天,书散架了;终于有一天,有些页码失散了;终于有一天,再也找不到书的踪迹了。好在于连已经活在了我的心中,虽然不明白他为什么选择死亡,还是为了他谜一样的人生而伤神。

每个人的心里都装着一颗于连一样的野心,那个"飘逝的花头巾"想必也有于连一样走进"巴黎客厅"的梦想。到现在,我还是很难说清于连在阳光下走上刑场的逻辑,但于连的人生轨迹和他的心路历程,却刻在了我的心里。"野心"与"尊严"的较量,这是我对于连人生的理解。人都不是安分守己的,每个人都在突破各种有形的藩篱,无形的禁锢,为自己的野心而狼奔豕突。只是,这条荆棘丛生的路上,有太多的迷惘,太多的沟壑,太多的歧路,稍有不慎,便把自己给弄丢了。有时候我想,于连短暂的一生,就是为了用最集约、最耀眼的方式来展示青春的苏醒与沉沦。《红与黑》常常让我想起《肖申克的救赎》中那句经典台词:有些鸟儿是笼子关不住的,因为它们的羽毛太美了。可惜的是,于连最终还是死在一个笼子里。

一个人一生能读多少书呢?随便翻翻的肯定不少,但说用心读,反复读,并浸淫成自己血肉的,恐怕就有限了。以前羡慕陈寅恪、钱锺书这些博览群书的人,怎么想都不明白,他们竟敢夸下海口,说这世界上已无书可读了。人们对"无书可读"有各种解读,就我而言,我倒坚信,书是上苍的恩典,绝不会让一个爱书的人产生无书可读的遗憾。总有一颗灵魂让你震撼,总有一种智慧让你欣悦。那些震撼了一代又一代的,又欣悦了一个族群又一个族群的,便是被我们称之为"经典"的东西。

我与书的缘分,因为职业而固定了下来,就好像由恋爱而成为婚姻。读书、教书、偶尔写点书,成了我生活的主要内容。也是在这个过程中,我越来越明确地认识到,交人要交伟大的人,读书要读伟大的书,而把二者结合起来的捷径,便是读经典名著。我主张经典名著要进课程、进课堂、进教学,就是因为我看到,人生的智慧、生命的密码、生活的真谛,虽然因人而异,却都储存在经典的字里行间。

经典的意义,首先在于它是一个智慧的对话者。人们常把经典比作"教科书",在我看来,经典首先是一个对话者,它的价值与意义,取决于与之对话的那个对话者。你是个什么样的人,便会遇到什么样的人;你遇到了什么样的人,你便会成为什么样的人。我读经典,一直有个卑微的念头,希望自己的心智能够配得上经典。当然这也就有了另一个发现,有些所谓的经典似乎渐渐配不上我的心智了。这让我惶恐,却也让我欣悦。

十多年前,开始为学生开设经典阅读课。我相信,引着学生在高中读上三五本经典,总会有其奠基意义的;而读法,也从早期的注重知识与解构,转向了对人生图像和生命形式的思考。读《鲁滨孙漂流记》,一起思考"冒险与生存"的情结;读《西游记》,一起思考成长的路径与成功的意义;读《三国演义》,思考那些"图王"者们在功名与道义上的抉择;读《复活》,讨论的却是生命的堕落与自我的救赎……人生的阶段各个不同,生命的境遇各自有别,在同一部作品中,每个人都能寻获自己的表达,都能得到智慧的启迪。因此,我把自己定位于一个"陪伴者",我的任务就是陪学生一起读几本名著,一起思考几个人生问题。而名著的选择,就是在我的阅读视野中最能揭示某个人生问题的经典。比如,揭示"功名与道义"的冲突,首选《三国演义》;谈论"命运"与"担当",《俄狄浦斯王》是个最"集约"的选择;而要理解"苦难与罪恶",我想多数人都会不由自主地想到《悲惨世界》……

人生与经典,总有些同构。反思自己走过的路,感慨万千。在野心与尊严的较量中我的游移和失落,在野性的规训中我的叛逆和降服,在命运与选择中我的悔恨与挣扎……每一个人都有自己的酸甜苦辣,与其说我与学生分享的是一部著作,还不如说分享的是我的人生。也正是在这个意义上,我的生命才散发出了一个语文教师的人文意义。而我的学生,在共享我的体验时,也或多或少给了我智慧与力量。我一直觉得,师生是一种彼此见证的关系:我见证你的成长,你见证我的衰老。这就是缘。

我选择了九部名著,聚焦人生路上的九个问题,以此来阐述我理解的"经典名著的人生智慧"。在写作过程中,我也有意将九部名著的内容关联起来,尽可能形成一个互相照应、彼此互文的关系。比如,从鲁滨孙关联到唐僧四人,他们在精神气质上确有相通的一面;从《三国演义》的政治野心家关联到《红与黑》的个人野心家,由此可更好地理解"野心"的内涵;从《复活》的忏悔与《悲惨世界》的宽恕,关联到《水浒传》的复仇哲学;从《哈姆莱特》关联到《俄狄浦斯王》,因为它们都涉及关于"命运"的话题。当然,这种关联有明,有暗,有直接,有间接,也算是我自己的一种理解吧。

在成书过程中,我也得到了诸多好友的帮助,尤其是唐秋明、石海红、史文、周赟、徐芳、孔超琼、陈晓琼等人,在初期的研讨中,都贡献了自己的智慧。在此一并致谢。

感谢何勇、易英华、张少杰等编辑的倾力付出。

更要感谢于漪老师与孙绍振老师慷慨作序。于老师是德高望重的教育家,孙老师是重量级的大学者,我对他们,高山仰止,心向往之。请他们作序,固然是希望我的阅读理念能得到他们的肯定,但更希望有更多的人关注思辨性阅读,关注学生批判性思维的培养。

    每个人都有一个属于自己的花头巾。忘记了那个女孩的花头巾是丝绸的,还是棉布的,或者其他什么材质。它会飘到哪里去呢?

图书在版编目（CIP）数据

经典名著的人生智慧 / 余党绪著. —— 2版（修订本）. —— 上海：上海教育出版社，2019.7
（中学生思辨读本）
ISBN 978-7-5444-8410-7

Ⅰ.①经… Ⅱ.①余… Ⅲ.①阅读课 – 中学 – 课外读物 Ⅳ.①G634.333

中国版本图书馆CIP数据核字(2019)第141365号

责任编辑　易英华
书籍装帧　一步设计

中学生思辨读本
经典名著的人生智慧（修订本）
余党绪　著

出版发行	上海教育出版社有限公司
官　　网	www.seph.com.cn
地　　址	上海市闵行区号景路159弄C座
邮　　编	201101
印　　刷	上海展强印刷有限公司
开　　本	890×1240　1/32　印张 13.125　插页 1
字　　数	330 千字
版　　次	2019年7月第2版
印　　次	2024年11月第12次印刷
书　　号	ISBN 978-7-5444-8410-7/G·6967
定　　价	39.00 元

如发现质量问题，读者可向本社调换　电话：021-64373213